石油和化工行业"十四五"规划教材

普通高等教育智能制造系列教材

智能工厂规划设计

马 靖 蒋增强 郝烨江 等编著

化学工业出版社

·北京·

内容简介

在全球日益激烈的竞争环境下，新工业变革与制造业高质量发展已经成为国家制造业转型升级的重要议题与必要趋势。本书针对制造业转型升级的驱动因素、转型过程中所面临的主要问题进行了系统性的梳理分析，并围绕新工业变革中的智能工厂主题，从“卓越工厂”分析与启示、数智化转型战略与方法、智能工厂规划设计框架与体系方法等方面进行了系统性介绍。本教材重点围绕企业数智化转型战略与方法，提出了一种包含企业数智化转型评估、目标确定、预规划、概念规划、详细设计等阶段在内的LDGF4.0体系框架，并对每个阶段的规划设计方法进行了介绍。

基于上述内容，希望本书能够为企业数智化转型、智能工厂规划与建设提供更加系统性的实施架构与体系方法指导。本书可作为高等院校智能制造工程、工业工程、机械制造等装备大类专业的教学用书，亦可作为从事智能制造、智能工厂规划与建设等专业的工程技术人员、管理人员的参考用书。

图书在版编目（CIP）数据

智能工厂规划设计 / 马靖等编著. -- 北京 : 化学工业出版社, 2025. 9. -- (石油和化工行业“十四五”规划教材). -- ISBN 978-7-122-48650-9

Ⅰ. F407.4

中国国家版本馆CIP数据核字第2025GB8987号

责任编辑：张海丽　　文字编辑：刘建平
责任校对：宋　玮　　装帧设计：刘丽华

出版发行：化学工业出版社
（北京市东城区青年湖南街13号　邮政编码100011）
印　　装：三河市航远印刷有限公司
787mm×1092mm　1/16　印张22¼　字数520千字
2026年1月北京第1版第1次印刷

购书咨询：010-64518888　　售后服务：010-64518899
网　　址：http://www.cip.com.cn
凡购买本书，如有缺损质量问题，本社销售中心负责调换。

定　　价：69.00元

前言

PREFACE

工业革命是人类历史上最为伟大的进程，自18世纪至今的两百余年间，工业形式发生了翻天覆地的变化，影响并重塑了人们的生活方式、世界的经济与政治格局，甚至地球的生态环境。制造作为人类区别于其他生命的核心能力，在工业化的助力下实现了惊人的提升，大量的产品（包括耐用品与非耐用品）通过工业化的方式生产出来，人类社会积累了空前庞大且丰富的物质财富，进而驱动着人口激增，文化、艺术、科学技术等领域也得到了飞速发展。

工厂作为工业化的主阵地，是承载工业制造的主体，人类生活中所用的方方面面的物品几乎都是通过工厂制造出来的，如衣服、食品、汽车、家电等。工厂通过组织相应的制造资源，如工业基础设施、机器设备、物料、人员等要素，以工业化的方式开展生产活动。随着工业革命的推进，工厂也经历了多个发展阶段（从第一次工业革命期间以水力、蒸汽动力为能源主体的纺织工厂、钢铁工厂，到20世纪以电力为主要能源主体的汽车工厂、化工厂，直至目前正在朝清洁能源为主体方向发展的各类数字化工厂）。工厂的资源构成方式、组织运行模式、动力来源都在发生改变，工厂作为一个“系统”而言，效率越来越高，但同时其构成与运作方式却越来越复杂。早期的工厂规划设计往往由工厂管理者、机械师与建筑师配合即可完成，但随着系统的复杂度逐步提升，工厂规划设计开始专业化分工，形成了工业建筑设计、设施与布局规划等多专业协同设计的局面。在新的产业转型升级背景下，数字化、智能化、绿色化的元素引入，使得工厂的规划设计复杂度进一步提升，传统的专业分工已经无法满足未来工厂的规划设计与实施建设要求，迫切需要一套系统性的方法框架来组织、指导相关工作。

此外，企业数智化转型与智能工厂的规划建设需要大量兼具专业技能与系统化素养的人才，高校与企业作为人才培养的两个主要阵地，需要构建一套融合产业实践与学科教育的人才培养体系，包括相应的课程体系、教学实训、企业实践等。工厂规划凭借其突出的系统性特征，非常适合承载有关智能制造系统性思维的培养。

本书针对新工业变革趋势下企业高质量转型升级的重要性及当前存在的主要问题，围绕新工业变革中的智能工厂建设，系统性地阐述了企业数智化转型的战略方法以及智能工厂规划设计框架与体系方法。希望本书可以帮助高校师生以及对工业转型感兴趣的读者对制造企业数智化转型与智能工厂规划的相关主题有一个系统性的了解，同时根据自身的工作学习需求，能够从本书中获得相应的启发与参考指导。

本书分为三个部分——背景主题篇、战略方法篇与规划设计篇，共 9 章。

背景主题篇包括第 1 章，主要介绍经济与技术视角下的工业革命的历程与驱动因素、新一轮产业革命的背景与驱动因素、全球主要经济体产业转型升级战略，最后介绍工厂以及工厂规划设计的发展历程及重要性。

战略方法篇包括第 2～3 章。第 2 章主要介绍智能制造“卓越工厂”的分析与启示，聚焦于制造业数智化转型升级经验的总结与分析；在此基础上，第 3 章主要提出并描述了企业数智化转型双擎驱动理念、蓝图、框架与路径，并对数智化转型的技术引擎与管理引擎进行了详细介绍。

规划设计篇包括第 4～9 章。其中，第 4 章主要介绍常见的智能工厂规划设计方法以及本书所提出的 LDGF4.0 规划设计方法的理念与体系框架；第 5 章为 LDGF4.0 数智化转型评估阶段，主要介绍企业数智化转型评估模型及量化评估方法；第 6 章为 LDGF4.0 智能工厂转型目标确定阶段，主要介绍智能工厂转型主要目标及制约因素、智能工厂转型项目的评价指标体系；第 7 章为 LDGF4.0 智能工厂转型预规划阶段，主要包括项目调研与数据收集、关键数据校核以及产品与双流（价值流与能量流）分析；第 8 章为 LDGF4.0 智能工厂转型概念规划阶段，主要包括生产系统模式选择与分析、工时测定与产能规划、工厂布局与仓储物流规划、工厂生产质量管理规划、柔性智能化产线规划、规划方案仿真分析、数字化系统规划、规划方案评比分析；第 9 章为 LDGF4.0 智能工厂转型详细设计阶段，主要包括生产工艺详细设计、工厂布局与仓储物流详细设计、柔性智能产线详细设计、数字化系统详细设计、工厂布局与建筑协同详细设计、智能工厂数字化模型集成与数字化交付。

本书由马靖、蒋增强、郝烨江、王强、鄂明成、李琦、王译晨等长期深耕企业数智化转型与智能工厂规划设计领域一线从业专家联合撰写。其中，第 1 章由郝烨江、马靖、蒋增强负责；第 2～4 章由马靖、郝烨江负责；第 5 章由蒋增强、鄂明成、李琦负责；第 6 章由马靖、蒋增强负责；第 7 章由蒋增强、李琦负责；第 8～9 章由马靖、王强、郝烨江、王译晨负责。值得说明的是，本书在编写过程中结合了各位作者在工程实践中的大量实施经验，并吸纳了行业内专家学者的研究成果。在此，向有关作者和专家表示感谢，并对未能注明出处资料的原作者表示歉意。

感谢北京交通大学机械与电子控制工程学院在工业工程一流专业建设及教学改革方面的大力支持。感谢中车工业研究院有限公司、北京纵横机电科技有限公司、航天新长征大道科技有限公司、中国航空规划设计研究总院有限公司、中国航空综合技术研究所、长扬科技（北京）股份有限公司、无锡雪浪数制科技有限公司、大技狮（北京）科技有限公司等企业长期以来与本书作者在企业数智化转型领域的交流与项目合作，为本书整体体系框架的构建与实施方法的完善提供了丰富的实施经验与实践支撑。感谢无锡雪浪数制科技有限公司和长扬科技（北京）股份有限公司在开放自动化和网络安全部分所提供的帮助。

感谢北京交通大学机械与电子控制工程学院智能制造与系统优化研究团队（CIMSO）的全体老师以及研究生尹若军、闫瑞锋、张家绮、田圆、宋昊、韩越、李帅、王学民、范朝阳、尚兴富、王禹、胡晋涛、郭洪荣、曹帅航、杨镇宇、王倩倩、王垚鑫、魏孜恒在资料搜集、内容梳理与书稿查校等方面的支持。

本书配套课件和习题参考答案，读者可扫描书中二维码获取相关资源，辅助学习。

智能工厂规划设计的知识体系庞大，由于编写时间仓促以及笔者水平有限，书中难免会出现一些不足之处，恳请读者批评指正。同时，本书侧重于实施框架与体系方法方面介绍，相关知识内容没有详细展开。需要特别指出的是，企业数智化转型是一个持续不断的过程，因此，笔者今后还需结合产业转型前沿与研究实践对本书内容进行更新，使其始终紧跟企业数智化转型发展趋势，始终贴近智能工厂规划设计的需求。

编著者

2025 年 5 月

本书配套资源

目录

CONTENTS

背景主题篇

战略方法篇

规划设计篇

背景主题篇

第1章 绪论

知识图谱

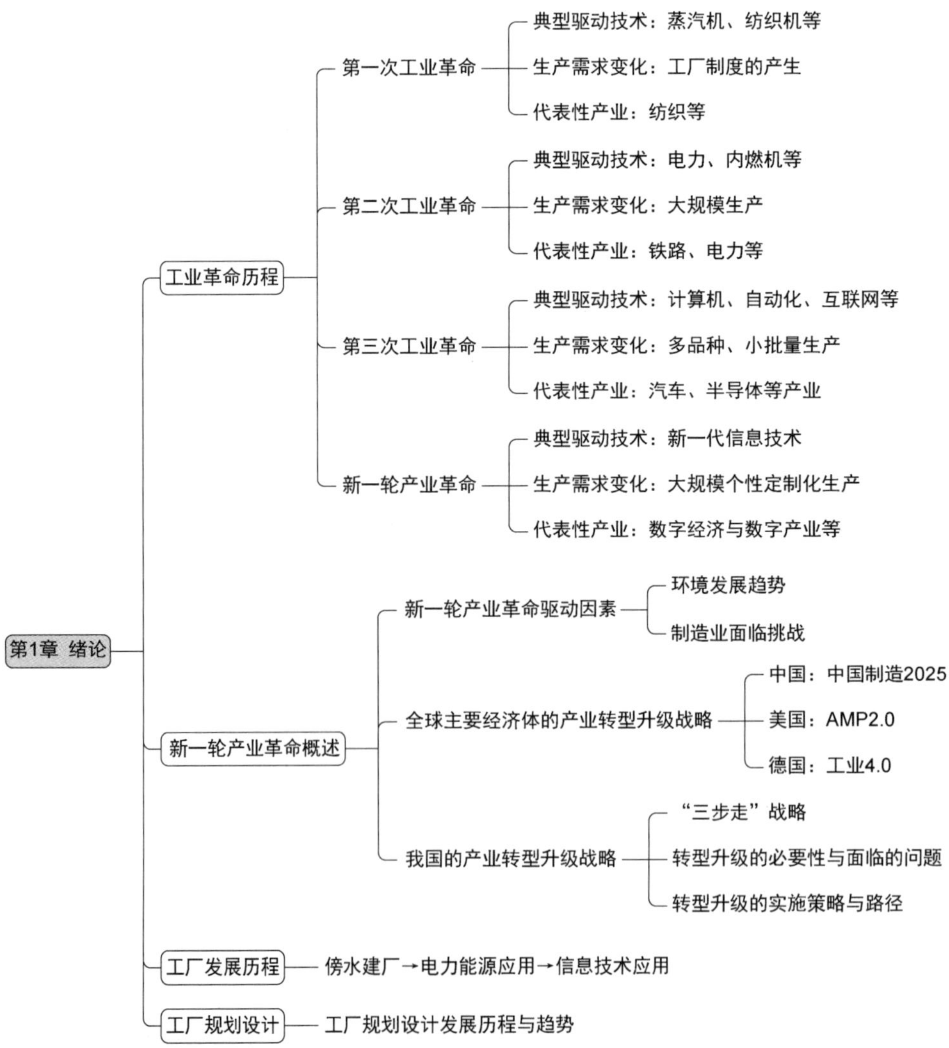
第1章 绪论
工业革命历程
第一次工业革命
典型驱动技术：蒸汽机、纺织机等
生产需求变化：工厂制度的产生
代表性产业：纺织等
第二次工业革命
典型驱动技术：电力、内燃机等
生产需求变化：大规模生产
代表性产业：铁路、电力等
第三次工业革命
典型驱动技术：计算机、自动化、互联网等
生产需求变化：多品种、小批量生产
代表性产业：汽车、半导体等产业
新一轮产业革命
典型驱动技术：新一代信息技术
生产需求变化：大规模个性定制化生产
代表性产业：数字经济与数字产业等
新一轮产业革命概述
新一轮产业革命驱动因素
环境发展趋势
制造业面临挑战
全球主要经济体的产业转型升级战略
中国：中国制造2025
美国：AMP2.0
德国：工业4.0
我国的产业转型升级战略
“三步走”战略
转型升级的必要性与面临的问题
转型升级的实施策略与路径
工厂发展历程
傍水建厂→电力能源应用→信息技术应用
工厂规划设计
工厂规划设计发展历程与趋势

学习目标

① 能够描述前三次工业革命的主要驱动因素；
② 能够理解新一轮产业革命的背景与驱动因素；
③ 能够辨别全球主要经济体产业转型升级战略的差异；
④ 能够分析中国产业转型升级的必要性与面临的主要问题；
⑤ 能够阐述中国产业转型升级的基本实施策略与路线；
⑥ 能够了解前三次工业革命工厂的发展历程；
⑦ 能够理解未来工厂发展趋势；
⑧ 能够表述工厂规划的重要性及发展阶段；
⑨ 能够理解未来工厂规划设计的发展趋势。

1.1 工业革命历程及驱动因素

工业革命是人类社会漫长发展进程中非常重要的组成部分，其历程如图 1-1 所示。每一次工业革命都对人类社会产生了深远的影响，从民主政治、工商经济、多元社会的现代化组合视角来看，工业革命所带来的是深层次的结构性变革，而不仅仅是通过高新技术革新引领生产力提升。实际上在第一次工业革命时期，技术的先进程度还远未达到引领变革的程度，但又正因为这些技术“可望可及”，被实业家所接受并快速工程化应用，催生了社会性的变革，改变了人们行为习惯、生产关系、社会体制，而这都是农业社会所无法实现的。每一次工业革命都会伴随着新兴市场的出现，这个市场的规模必须足够大并具备全球化的特点，以此为依托才能支撑其革命，技术在其中扮演的是助推的作用。

图 1-1 工业革命历程

本节没有专门叙述“第四次工业革命”，主要考虑到其定义、内涵、规模化的革命属性尚不明确，因此，暂将其作为第三次工业革命的第二阶段进行介绍。在三次工业革命中，由于第一次工业革命的伟大历史意义（下面谈及的工业革命，主要指第一次工业革命），将会在篇幅上有所侧重，帮助大家理顺工业革命背后的主线思路。

工业革命需要从多元的视角去看待与研究，但其内容又纷繁复杂，在行文的逻辑上，本章还是按照历史进程的组织方式来分别介绍三次工业革命，在每个小节中围绕革命的历史背景、技术驱动、产业格局等方面展开介绍，帮助大家了解工业革命历程。由于工厂在工业革命塑造世界的过程中扮演了重要角色，了解工业革命的发展历程也有助于后续关于工厂内容的学习。

1.1.1 第一次工业革命

第一次工业革命起始于 18 世纪中期的英国，工业革命发展的前半段几乎与英国历史相重合。著名历史学家埃里克·霍布斯鲍姆曾经这样评价第一次工业革命时期的英国："世界唯一的工厂、唯一的大规模进出口国、唯一的货运国、唯一的帝国主义者、几乎唯一的外国投资方，而且因此也是世界唯一的海军强国、唯一拥有世界政策的国家。这种垄断地位很大程度上决定了开路先锋的独行无双，既然不存在其他拓荒者，英国便是开天辟地的主人。"这样的评价看似夸张，但事实却是如此。在第一次工业革命的鼎盛时期，英国生产了占世界总量约 2/3 的煤炭、约 1/2 的铁、5/7 的钢、约 1/2 的棉布、2/5 的金属器件。人类的生产力发生了翻天覆地的变化，社会结构、世界格局也随之而变。

驱动英国率先发起工业革命的因素有很多，历史学家、政治经济学家、技术史专家从不同的视角对工业革命进行过剖析，其中非常重要的一个研究结果表明工业革命的爆发并非偶然因素或者某些片面的因素（如气候、人口、政治）导致的，英国自身的政治、经济制度自 1215 年之后数百年的发展，已经具备相比于欧洲大陆更加灵活的特性以及良好的基础环境，如发达的私营经济、重商的政治环境等，在全球化贸易网络构建的需求下，新兴的工业技术可以快速地融入英国的工业化进程中。在强大利益的驱使下，技术创新、科技创新的爆发也是显而易见的，珍妮纺纱机、蒸汽动力装备、铁路、混凝土等发明层出不穷，如图 1-2（a）和图 1-2（b）所示。

正如前文所述，工业革命在某种程度上是巨大的利益所驱动的，而承载利益的则是庞大的商品市场，正是来自市场的需求，为大规模生产带来了动力。第一次工业革命可以分为两个阶段。第一阶段的全球市场主要围绕棉花以及棉纺织产品展开。棉布由于其优良性能，在 17 世纪晚期成为欧洲服饰与家装的重要原料。伴随着人口的增长，棉布的需求也开始激增。19 世纪 40 年代，棉纺织产品的全球市场发展接近极限，市场竞争激烈，增长乏力。第二阶段全球市场则主要围绕煤炭与钢铁这类资本货物展开，由于当时全球可以获取资本货物的途径有限（主要是英国），因此，英国在第二阶段的工业发展甚至远超于第一阶段。第二阶段的发展与第二次工业革命之间的边界并不是十分清晰，这也与工业革命的一个特征有关，一旦开启工业革命，车轮就不会停止，它会不断寻找新的经济增长点。

面对市场需求，传统的生产模式显然无法满足要求，需要新的技术以及组织管理方式。本书的主题——"工厂"开始走向历史舞台，从某种程度上讲，工厂带来了一个全新的世界，改变了人类生活与全球环境。根据历史学家的研究，工厂的发明早于工业革命，但其诞生的逻辑与工业革命并无二致。1721 年，位于英国德文特河附近的德比丝绸厂据说是世界上第一座真正意义的现代工厂，如图 1-2（c）所示，大量的劳动力使用动力推动的机械装置进行协作生产，其动力主要来源于河流。德比丝绸厂的建立是为了从一种用于经纱的紧俏丝线中获利，其工厂的建造与运行模式成为工业革命时期棉纺织工厂的模板。

(a) 珍妮纺纱机　(b) 瓦特蒸汽机　(c) 机器生产工厂

图 1-2　第一次工业革命

伴随着巨大的市场需求，棉纺织工厂需要大量的棉花，而欧洲本土并不适于种植棉花，英国需要从全世界采购棉花，这催生了美洲棉花种植园的发展。为了满足英国的巨大需求，伊莱·惠特尼的轧棉机应运而生，它可以很好地解决南方生长的短纤维棉花的棉籽与棉绒分离的难题，生产效率成倍增长，获取棉花后，会将其纺为纱线。18 世纪 60 年代左右，英国的纺纱主要为家庭手工作业，效率较低，而且质量较差，难以满足织布的需要。随着飞梭的出现，这种产能的不平衡更加显著，英国的商人、发明家、工匠进行了大量的探索来提高纺纱的效率，如哈格里夫斯的珍妮纺纱机、阿克莱特的动力纺纱机等。此外，工厂的动力也在悄然发生变化。初期，工厂的运转主要依赖于水力，工厂往往需要依河而建。而蒸汽机的出现则改变了工厂的布局，它可以在城市内部、偏远的矿区与农村（需要考虑劳动力问题）建立，蒸汽机可以为工厂提供更加稳定、强劲的动力，生产效率与生产规模又得到了进一步的提升，动力设备开始不断出现。伴随着英国国内生产规模的扩大，交通运输的方式也更加多样化，从蒸汽动力船舶到铁路，交通运输的方式在改变物流效率的同时，也改变了传统的空间观念。尤其是铁路的诞生，不仅催生了资本货物的大发展，为英国延续第一次工业革命带来先发优势，同时带来了很多先进的管理理念，如时刻表、作业规程、标准化等。

伴随着技术的突破，人们开始走进工厂从事生产，不论是否自愿，大量的人口开始从事工业生产，生产组织方式、社会关系与阶层开始发生改变，工业革命带来的影响无疑是深远的，其前进的脚步将不会停歇。

1.1.2　第二次工业革命

第二次工业革命紧随第一次工业革命的第二阶段（有一定的重合），起始于 19 世纪 70 年代，延续至 20 世纪初。不同于第一次工业革命中英国独领风骚，第二次工业革命期间，发达国家的工业化进程与欠发达国家的经济开放并行，英国在第二次工业革命的初期凭借先发优势，大量出口资本货物，德国、美国则开始快速工业化并成长为世界主要的经济体，南美洲等地区则作为主要的原始材料产地与产品倾销市场加入全球贸易网络。可以说，第二次工业革命的全球化程度进一步加强。

第二次工业革命早期，钢铁行业已然超越纺织工业而成为工业发展的核心。铁路的发展与普及，极大促进了钢铁行业的发展，相比于 1840 年，1880 年全球铁路总里程约为 33.7 万公里，增长了近 50 倍。就像第一次工业革命中纺织行业所发生的大规模技术创新，在庞大的市场需求与利益驱动下，钢铁行业的技术革新也层出不穷，如改进的高炉、Bessemer 冶炼炉等。伴随着产量的提升、产品种类的增多，钢铁厂的规模逐步扩大，位于德国的克虏伯钢铁厂于 1873 年雇用了 12000 名员工，而在 1848 年这个数字仅为 72 名。不同于纺织行业，钢铁行业的生产系统更加复杂，不太可能由一个工人操纵机械装置完整地生产出钢铁制品，哪怕仅仅是一个简单的马蹄铁，钢铁厂工人必须协调配合，并且具备一定的专业技能。这带来了两个方面的改变：

① 工人阶级（无产阶级）的组织更加强大，当然这也为后续各类斗争创造了基础，部分斗争是惨烈的；

② 技术工人的就业规模快速扩大，劳动力从薪酬较低的行业向薪酬较高的行业转移，工人阶级的生活品质与消费能力得到一定的改善。

面对数千人规模的复杂工厂，管理革新呼之欲出，其中最著名的莫过于“科学化管理”，由 Frederick Winslow Taylor 发起，通过系统化、工程化的思维来管理制造企业。科学管理为工厂引入了成本控制、库存控制、时间动作研究、标准化作业、车间工艺布局等理念、工具与方法，使得粗放的工厂变得更加井井有条，生产力也得到进一步的提升。钢铁行业的发展，驱动着机械装备制造、武器、建筑、运输等行业的快速发展，不同于第一次工业革命中技术创新主要围绕有限的行业展开，在第二次工业革命中，技术的创新多点开花，其中较为革命性的技术创新包括：

① 发电机的发明。发电机的发明使得人类步入电力驱动时代，它不仅带来了照明，还带来了可以更加精准驾驭的动力，电力的使用使得人类可以制造更加精密的产品，可以以更加标准、低成本的方式为生产、生活提供动力，如图 1-3（a）所示。伴随着工业革命的推进，电力设施逐步成为社会基础设施。

② 内燃机的发明。相比于蒸汽机的能量转化效率，内燃机无疑是革命性的，动力装备变得更加高效紧凑，从而引发了交通运输装备的“进化”，汽车、飞机行业开始蓬勃发展，如图 1-3（b）所示。

③ 石油化工行业的兴起。内燃机的大规模普及，引发了对燃料的巨大需求，石油化工行业开始快速发展。由于石油中包含丰富的有机物质，人们可以通过一定的技术手段从石油中炼化出苯、氨等化学原料，并由此合成塑料、人造纤维等化合物，而不再依赖于动物油脂，化工行业也开始蓬勃发展并成为人类工业体系中的基石。石油化工行业的影响力逐步增强，并一直延续至今。

这三项革命性的技术创新中，化工与电气属于成长型行业，它们的发展以科学知识为基础，这也为新的经济增长点创造了有利条件。

技术的飞速发展，驱动着大量产业发展到空前的规模，工业系统越来越复杂，组织管理的模式也随之发生变化。其中，突出的无疑是“福特主义”或者“大规模制造系统”，它们在科学管理的基础上进行了更多创新性的探索，例如在汽车生产过程中，让车辆流动起来，依次经过多个专业化分工的装配作业站位，此种流水线装备大大提升了装配作业的效率，并保证了较为稳定的作业质量，如图 1-3（c）所示。福特汽车的装配流水线几乎成为了 20 世纪初大多数行业推动大规模制造的参考样板，影响深远。

(a) 格拉姆型发电机　(b) 奥托四部冲程内燃机　(c) 高地公园工厂T形车生产流水线

图1-3 第二次工业革命

第二次工业革命时期，主要工业国家的工业产值全面超越农业产值，为了获得更多的国家利益，20世纪上半叶发生了两场世界大战，大战期间世界主要工业强国的生产增长都在下降，这是工业革命爆发以来首次出现。第一次世界大战减少了约20%的产值，世界大战阻碍了国际贸易的开展，第一次世界大战结束后经济虽然有所回升但又快速崩溃下探，某种程度上也推动了第二次世界大战的爆发。第二次世界大战及其前后的一段时间，产业的格局发生了一定改变，部分传统产业（如采矿）继续萎缩，化工、电子产业等则快速发展，世界经济进入一段繁荣期。经历了两次世界大战，世界格局相对稳定，现代社会治理结构得到一定的重塑，为工业革命的继续发展创造了良好的基础。

1.1.3 第三次工业革命

工业化一旦开启就无法停止。全球经济在协作与竞争中不断寻找新的增长点。关于第三次工业革命的定义存在一定的争议，部分专家倾向于将20世纪50年代至今的工业发展阶段定义为第二次工业革命的延续，或称为第二次工业革命的第二阶段。例如，Jeremy Rifkin在其著作《第三次工业革命》中从能源、交通、通信三个核心的人类基础设施的维度对第三次工业革命进行了论述，其认为能源的消费方式是驱动深层次革命的关键。书中作者还梳理了支撑工业革命快速发展的五大支柱：

① 向可再生能源转型。

② 将每一大洲的建筑转化为微型发电厂，以便就地收集可再生能源。

③ 在每一栋建筑物以及基础设施中使用氢和其他存储技术，以存储间歇式能源。

④ 利用互联网技术将每一个大洲的电力网转化为能源共享网络。

⑤ 将交通运输工具转向插电式以及燃料电池动力车。

某种程度上，Jeremy Rifkin的理论确实从本质上对工业革命的历程进行了划分：在第一次工业革命时期，人类工业生产的能源主要来自水力、煤炭，动力转化装置主要依靠水车与蒸汽机；第二次工业革命时期，人类工业生产的能源主要来自电力、石油与其提炼物，动力转化装置更加多样，包括内燃机、发电机与电动机等。即使是在当下火热的数字化时代，能源的底层结构也并未发生根本性的改变，但确实新能源已经开始如火如荼地发展，可以认为我们处于第四次工业革命的启蒙阶段。

历史发展历程研究一般都会随研究学者的框架而定，难以有效统一，甚至关于第二次工业革命的定义在埃里克·霍布斯鲍姆的论述中也存在过质疑。我们不必过于纠结于准确的时代划分定义，因为这些历史阶段都是工业革命永不停歇的进程中的一部分。

第二次世界大战结束之后，世界经济进入快速发展时期。虽然 1947 年冷战开始，其间伴随着数次危机与冲突，但是世界总体格局相对稳定，世界各国的发展重点依然在经济上面。1950 年至 1973 年间的“长期繁荣”阶段的最后十年间，日本、西班牙、法国、苏联等国家的工业生产总值增长了 1～3 倍，传统的工业强国，如美国、西德等也至少增长了 50%，传统的工业强国英国则持续衰落。

第三次工业革命延续了第二次工业革命产业结构发展的趋势，科学技术主导的新兴产业持续快速发展，并取得了相当庞大的规模。例如电子计算机，如图 1-4（a）和图 1-4（b）所示，从第一台电子计算机 ENIAC 和 1946 年冯·诺依曼开发了人类第一款二进制结构通用计算机开始，计算机的发展经历了电子管、晶体管、集成电路、超大规模集成电路的发展历程，拉动了芯片、存储器、新型材料等先进技术领域的快速发展，形成了万亿美元级的市场规模。而且这个过程一直在持续，根据摩尔定律，自上一代芯片出现之后的 18～24 个月，新一代芯片的晶体管数量将提升一倍，性能也将提升一倍。电子计算机的应用，也为人类的劳动效率提升做出巨大贡献，不仅提供了强大的算力，还革命性地改变了传统的工作方式，计算机辅助技术深入各行各业，不仅提升了工作效率，还改变了人们的行为习惯与文化。电子计算机之后，互联网技术以及移动互联网技术的迅猛发展，为信息技术产业注入了强大的活力，并拉动传统行业的转型升级。除了信息技术，航空航天、原子能、生物医药工程等领域也在快速发展，科技、工程、产业加速融合转化。

如同前两次工业革命，管理革命也在持续，并且形成了相关的专业研究领域，如运筹学、质量管理体系、精益生产体系、供应链管理、企业架构等，某种程度上可以将其称为管理的工业化进程，起源于企业的实践型管理正在向科学的方向发展，并具备推广应用的可能。这些管理科学理念与工具在工业生产中大放异彩，进一步提升了工业系统的运作效率，同时也在潜移默化地影响工业与社会的组织形式、专业分工与行为习惯。丰田公司通过应用精益生产系统，如图 1-4（c）所示，建立持续改进的组织与文化，通过消除浪费、连续生产，极大地提升了生产效率并改善了企业的利润水平。2006 年，丰田公司在油价高企与激烈的市场竞争环境中实现 131 亿美元的盈利，而同期的福特汽车、通用汽车都面临巨大的亏损局面。

(a) 第一台电子计算机ENIAC　　(b) 冯・诺依曼计算机　　(c) 丰田生产系统

图 1-4　第三次工业革命

工业与农业的高度发达，使得经济活动的类型更加多样，第三产业开始蓬勃发展，发达国家以及部分发展中国家的产业规模与就业人口规模超越第二产业，就如同第二次工业革命期间，工业产业规模超越农业规模。工业革命的发展往往会伴随产业结构调整与劳动力流动。信息技术的应用，尤其是互联网与移动互联网技术与产业的融合，加速了这个过程，使得经济活动的节奏更快，数字经济也成为新的经济增长点，在中国尤为突出。值得提出的是，经济的高速增长依赖于市场这个关键因素，虽然新兴技术的发展仍在加速，但是新兴产业的发展速度显然并未如所预见的那般爆发，相反，在很多领域还陷入了停滞阶段。这也直接导致了全球经济增长乏力，国际局势的各类不稳定因素也进一步加剧了这种情况。

人工智能、大数据、工业互联网等时下火热的技术，是否可以为经济发展带来真正意义的增长点，是否可以通过工程化应用快速扩大产业规模，是我们判断其在下一轮工业革命中价值潜力的关键。

1.2 新一轮产业革命概述

1.2.1 新一轮产业革命的背景与驱动因素

人类社会进入 21 世纪后，科学技术、社会经济依然实现了持续快速发展，虽然在金融危机、新冠肺炎疫情的影响下出现过低谷期，但全球经济与生产力的总体规模依然保持着增长势头。新的时期，人类社会的发展环境开始发生变化，主要呈现以下趋势，如图 1-5 所示。

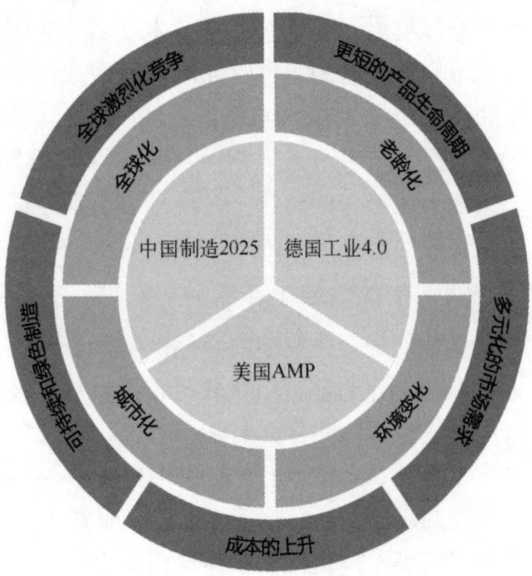

图 1-5　新一轮产业变革趋势与面临挑战

（1）全球化

严格意义上讲，全球化并不能成为一个确定的趋势，它往往受到经济发展、政治格局等多方面因素的影响，甚至在某些情况下呈现逆全球化的趋势。本节所讲的全球化，读者将其理解为一个影响世界经济发展的关键要素即可。全球化是一柄双刃剑，它既有利于促进全球范围下的资源优化配置，通过广泛的分工协作提升经济系统的效能，同时也会对发展中国家形成挑战，加剧经济发展的不均衡性，甚至部分国家被动参与到全球化进程中，如部分非洲国家主要以原材料供应方的身份参与到全球协作中，这些国家甚至都没有完成本国工业化进程。据统计，目前工业化国家的人口占世界人口 1/6，而其收入却占全球的 80%，63 个发展中国家的人口占全球 60%，而其收入只占 6%。

（2）老龄化

伴随着人类工业化进程的持续推进与经济社会的快速发展，人类的生产生活环境（如饮食安全、医疗条件、居住条件等）得到了极大的改善，平均寿命不断延长。据统计，中国的平均寿命由20世纪50年代的约35岁提高到2020年的77.9岁，同期全球的平均寿命约为72岁，部分发达国家的平均寿命超过80岁，如日本的平均寿命为84.2岁。伴随寿命增长的是低生育率的普遍现象，在发达国家尤其突出，从而共同造成人口结构的改变。预计2025年，全球65岁以上人口占比约为10%，发达国家的占比则达到19.5%左右，我国的占比约为15%。可以发现，人类社会正在快速步入老龄化社会，老年抚养率持续走高。

（3）城市化

城市化是工业革命的典型产物，是所有国家工业化进程的必然结果，大量的劳动力将进入城市中从事工业生产以及第三产业的相关工作。城市化的推进不仅加速了社会价值创造的步伐，同时也伴随产生了相应的消费群体，促进了经济发展。据统计，我国2025年的城镇人口数量占比达到65%左右，同期，世界城市化率约为58.20%，发达国家（如美国、日本等）的城市化率普遍超过90%。当然，部分地区的城市化并不能完全代表其工业化程度，如非洲的部分国家，凭借能源出口支撑经济发展，从而实现城市化，但这种城市化的基础并不牢固，高失业率、单一的产业结构均对其持续发展带来挑战。

（4）环境变化

某种程度上，经济社会发展与环境保护是相冲突的。伴随着人口增长与经济发展，人类社会需要大量的资源以支撑生产、生活等相关活动，其间会产生各种形式的污染物，对土地、空气、水源等自然环境要素造成污染。这些污染不仅对生态环境造成破坏，还严重威胁到人类的生存，据估计，20～30年内缺水人口可达15亿～20亿人。环境变化已经成为世界经济，甚至人类社会发展不得不考虑的重要议题。

在上述趋势的背景下，全球制造业也面临着前所未有的巨大挑战，包括全球激烈化竞争、更短的产品生命周期、多元化的市场需求、成本的上升、可持续与绿色制造等。

（1）全球激烈化竞争

竞争是全球化发展的必然产物，处于工业化进程中的国家，除满足国内市场的消费需求外，都希望通过出口获取更多的收益以及更广阔的发展空间，那么一定会对当下的市场格局形成挑战，并将面对来自“传统玩家”的竞争，甚至是打击，例如，20世纪下半叶日本汽车工业、半导体工业受到来自美国的制裁与打压。进入21世纪，全球化的竞争将会是全方位的，涉及产品功能、性能、成本、产能、供应链稳定性等方方面面，同时贸易保护、技术封锁等不确定性因素将会依然存在。

（2）更短的产品生命周期

产品的丰富性、技术的快速迭代使得产品的生命周期不断被压缩，以快速适应需求趋势的改变，这在消费电子等高科技产品市场更加突出，如国内大部分手机的热销周期在6个月内甚至更短，换机时间则在28个月左右。更短的产品生命周期，对于研发、制造等环节的压力无疑是巨大的，需要整个系统具备足够的敏捷性与柔性。

（3）多元化的市场需求

城市化创造了庞大的消费者群体，而消费者的需求、喜好、经济承受能力各异，对于产品的多元化需求较为突出。需要注意，这种多元化并不等同于定制化，定制化是未来消费市场的需求之一，但并不绝对。多元化的市场需求不仅创造了更多细分市场的发展机遇，同时也给制造企业的经营发展带来了挑战，即如何更高效地满足多元需求。

（4）成本的上升

造成产品成本上升的因素较多，包括人力成本、原材料成本、运营成本等。全球化背景下，跨国企业的海外生产基地会向成本较低的区域转移，但当这些国家逐步完成工业化时，生产成本的上升似乎不可避免，而大多拥有更低人力成本的地区则往往不具备相对稳定的社会环境、完善的供应链体系等基础条件。

（5）可持续与绿色制造

环境变化是人类社会发展的主要议题，制造业作为产业革命的主体，无疑是难以回避这个问题的。据统计，2018 年，我国工业领域碳排放占总排放量的 65.93%，其中，制造业、电力与热力行业的碳排放量占到工业领域的 94%，制造业无疑是节能减排的重中之重。随着世界主要经济体“碳中和”相关战略的提出与执行，制造系统正面临着更高的可持续、绿色环保等方面的要求。正如前文所述，经济社会发展与环境保护往往是相互冲突的，制造企业将面临巨大的转型压力，需要依赖政府、产业界、学术界的通力合作，共同寻求更加经济、绿色的制造解决方案。

制造业所面临的挑战远不仅限于上述内容，但机遇往往与挑战并存，在科学技术日新月异的今天，人工智能、云计算、大数据、机器人等新兴的技术为制造业转型升级带来了新的可能性与转型动力。

1.2.2 全球主要经济体产业转型升级战略

在全球日益激烈的竞争环境下，世界各主要经济体纷纷制定了适应自身国情的制造业转型升级战略，期望在竞争中占据有利位置，如德国工业 4.0、美国 AMP2.0、中国制造 2025 等，如图 1-6 所示。

	中国制造2025 (跻身制造强国)	德国工业4.0 (保持领军地位)	美国AMP2.0 (保障美国全球竞争力)
战略提出	中国制造2025于2015年5月由国务院印发，统筹考虑我国制造业发展的国际国内环境和基础条件，提出实施“三步走”战略，力争用三个十年的努力，实现制造强国的战略目标	工业4.0是“德国2020高科技战略”的十大未来项目之一。最早于2011年提出，2013年4月在汉诺威工业博览会正式提出，用于构建新的生产制造与服务模式，推动德国制造业的整体转型升级	2011年6月，美国首次提出AMP，2014年10月正式发布了《振兴美国先进制造业》报告，俗称AMP2.0，代表美国国家级制造业战略。AMP2.0突出强调了先进制造业的重要意义，通过产学研的深度合作以及先进技术与制造业的融合，推动美国制造业的转型升级
基础条件	•工业门类齐全、产业链配套完善、市场规模庞大。但先进制造领域与欧美国家存在差距，尤其是高端装备与核心零部件制造 •互联网与移动互联网技术发展迅猛，信息技术发达但在工业软件方面较为落后	•拥有强大工业基础能力，装备制造与自动化技术能力领先世界，拥有大量的制造业隐形冠军 •基础创新研发的产业化能力较强 •互联网、移动互联网产业发展落后于中美，工业软件方面有一定的积累	•在先进制造领域拥有强劲实力，在化工、电子、航空等领域领先世界 •在基础创新研究方面投入巨大，但科技成果转化不充分，中小企业无法从中获益 •软件、信息技术、互联网与移动互联网领域发达，具有较强的领先优势
实施战略	•加强工业化发展，积极利用信息技术 •通过信息化和工业化“两化”深度融合来引领和带动整个制造业的发展	•在强大的工业基础上，基于物联网、ICT等技术的应用推动虚拟世界与物理世界的融合，构建高度灵活的生产服务新模式 •产业的整合与协作，中小企业的参与	•充分发挥美国在互联网、高新技术方面的优势，拉动制造业的升级与新模式探索，解决基础创新研究与制造产业化应用方面的衔接问题

图 1-6 全球主要经济体转型升级战略

1.2.2.1 德国工业 4.0

德国是世界第三大经济体，经济总量位居欧洲首位，同时，德国也是欧洲工业化程度最高的国家，2017 年，加工工业在德国总产值中的占比为 23.4%，为欧洲最高（同期法国仅为 12.7%）。德国工业的出口比重为 48.4%，汽车、机械制造、化工、电气装备主导着德国工业，涌现了一批世界知名的制造业企业，如大众汽车、蒂森克虏伯工业、蔡司、巴斯夫化工、西门子等工业巨头，同时也有超过 800 家从事工业生产的隐形冠军，这些隐形冠军深耕各自的专业领域，贡献了超过 60%的工业出口。此外，德国工业大多围绕产业进行聚集，如德国北部的风能产业、索林根的刀具产业、沃尔夫斯堡的汽车产业等，产业集群助推了德国工业的规模化发展。德国企业虽然在信息技术方面与中美存在一定差距，但在工业领域依然拥有像 SAP、西门子、FAUSER 等实力强劲的工业软件公司。德国工业企业积极投资新技术研发，据统计，2016 年德国加工工业的创新研发投入高达 534 亿欧元，是其他经济部门总额的 5.6 倍。创新驱动下，德国在欧洲专利局的专利申请数量在 2022 年高达 24684 项，仅次于美国，位居总体第二，欧洲第一（欧洲第二位的法国为 10900 项）。

德国凭借良好的工业基础与持续的工业创新能力，稳居全球制造业综合竞争力前列。在新的历史时期下，复杂的环境不仅带来了挑战，同时还创造了新的发展机遇，德国政府与产业界高度重视新一轮的产业革命，希望通过国家战略引导与产业协作发展，继续保持德国在工业领域的领军地位。2010 年 7 月，“德国 2020 高科技战略”发布，其后“工业 4.0”成为高技术战略中的十大项目之一，并于 2013 年 4 月在汉诺威工业博览会正式推出。工业 4.0 代表了德国政府与产业界关于制造业转型升级的一致共识，是德国制造业转型升级的国家级战略。德国认为工业发展在过去经历了三个阶段，分别为 1.0 的机械化时代、2.0 的电气化时代、3.0 的信息化时代，而 4.0 则代表了下一个发展阶段，即以信息物理系统（cyber-physical system，CPS）为基础的智能化、网络化的制造业形态，其目标是构建一个高度灵活的、满足客户定制化需求的新型生产协作模式。工业 4.0 战略推出之后，依托于弗劳恩霍夫研究院、德国机械设备制造业联合会（Verband Deutscher Maschinen-und Anlagenbau，VDMA）、德国工程院的相关产学研联合工作小组纷纷成立，开始对工业 4.0 战略实施系统性的研究与推进，包括参考框架的开发与发布、相关技术标准的编制、关键技术（如 CPS）预研等。

工业 4.0 战略的推进采用双重策略，即领先的供应商战略与领先的市场战略。其中，供应商战略主要指德国的装备制造业应不断地将信息和通信技术与传统的高技术战略融合，保持其在市场中的领导地位，成为智能制造技术的主要供应商。另外，积极开拓以 CPS 技术及相关产品为核心的新兴市场，为产业转型升级提供消费市场。双重战略的落实依托于三大集成：通过价值网络实现横向集成、贯穿整个价值链的端到端集成、通过网络化制造系统实现纵向集成。三大集成的实现需要在相应的技术领域开展预研工作，工业 4.0 工作小组提出了八大关键领域，即标准化与参考架构、管理复杂系统、为工业建立全面宽频的基础设施、安全和保障、工作的组织与设计、培训与持续的职业发展、规章制度、资源利用效率，经过数年的积累，相关领域取得了丰硕的成果，包括资产管理壳、工业 4.0 参考架构模型（reference architecture model industry 4.0，RAMI4.0）等相关研究成果，为工业转型升级提供了重要支撑。

1.2.2.2 美国 AMP2.0

美国是世界第一大经济体，2022 年美国国内生产总值（gross domestic product，GDP）达到 23.8 万亿美元，几乎等于第二位中国与第三位日本的 GDP 之和。其中，制造业产值约为 2.3 万亿美元，虽不及中国，但位列第二名。美国的 GDP 主要依靠规模庞大的第三产业支撑，制造业占比在 2021 年为 10.8%，相比于 2011 年的 12.2%有所下滑。2021 年，美国制造业产品出口占商品出口总额的 58%，为历年最低，但依然是美国出口市场的重要组成部分。美国的工业化进程虽然晚于欧洲主要国家，但是得益于技术进步、地理与资源优势等，在 19 世纪中叶开始快速发展，并于 19 世纪末超越英国成为世界头号工业强国。此后，伴随着两次世界大战，进一步巩固了美国作为世界第一经济体的地位，并一直延续至今，虽然其间苏联、日本等经济体的 GDP 规模对美国形成了“一定的”挑战，但均未实现持平与超越。化工、电子产品、食品饮料、汽车为美国制造业的主导产业，包括大量的知名公司，如陶氏化学、埃克森美孚、杜邦、苹果、Intel、德州仪器、英伟达、百事、福特汽车、通用汽车等。美国对于制造业的技术研发投入非常重视，制造业研发人员占全国研发人员的 60%以上，绝大多数的专利为制造业企业所有。根据统计数据，美国制造业单位小时的产量在 2000～2009 年间上升了 42.5%，而劳动岗位却减少了 32.4%，自动化技术应用在其中发挥了重要作用。美国制造业企业更倾向于雇用高学历员工，以进一步提升生产效率。

美国制造业空心化对于美国贸易出口、就业机会、经济结构与社会稳定、产业链安全等方面造成了巨大的影响，并且美国正在面临来自中国等新兴制造强国的挑战，制造业回归及其转型升级在一定程度上成为美国政府与产业界的共识。总体而言，美国制造业的综合实力依然强劲，尤其是在技术创新方面的持续投入，使得美国制造业企业拥有领先的技术实力与竞争壁垒，这一点在电子、化工、航空等产业尤为突出。相比于德国，美国在基础技术研发领域的投入并没有得到很好的产业化转化，制造业企业缺乏相应的支撑服务来进一步促进创新落地，这对于中小型企业而言更加重要。2011 年 6 月，美国总统科技顾问委员会发布了《确保先进制造业的领先地位》报告，在这份报告的建议基础上，先进制造伙伴关系（advanced manufacturing partnership，AMP）诞生，其主要目的是促进美国制造业企业、学术领域以及政府之间的协作，从而促进美国先进制造业的发展。2012 年 7 月，“AMP1.0 报告”发布，美国国家制造创新网络（national network for manufacturing innovation，NNMI）计划的建设构想被提出。截至 2017 年，全美共建成 14 个创新研究院，涵盖轻量化制造、数字化设计与制造、增材制造等先进制造研究方向，旨在解决基础创新研发在产业化落地过程中的问题。2014 年 10 月，美国总统科技顾问委员会发布“AMP2.0 报告”，AMP2.0 旨在加速美国制造业创新和可持续发展，NNMI 的运行机制更加完善。

AMP 计划是美国制造业转型升级的国家级战略，包含三大支柱，分别为：加速创新、人才输送以及改善营商环境。其中，投资与创新是美国对于制造业转型的核心理解，投资既包含国家层面对制造企业创新活动的资助与扶持，也包含营商环境的改善，如配套的法律与政策制定等。创新则是美国制造业发展壮大的动力来源，AMP 计划希望通过弥合基础研究与产业化应用之间的鸿沟，实现创新活动的价值释放，夯实美国在制造业的竞争力。此外，人才是制造业转型升级的重要资源，制造业的升级需要大量的高水平技能人才，因此，人才培养对于AMP计划的落地至关重要。围绕三大支柱的构建，AMP计划还提出了16条具体的行动建议，指导计划的具体落地实施。

1.2.2.3 中国制造2025

（1）制造业现状与国家“三步走”战略

制造业是国民经济的主体。改革开放以来，我国制造业持续快速发展，建成了门类齐全、独立完整的产业体系，有力推动了工业化和现代化进程，显著增强了综合国力。然而，与世界先进水平相比，中国制造业在自主创新能力、资源利用效率、产业结构水平、信息化程度、质量效益等方面略有差距，制造业转型的任务越发艰巨。面对现阶段制造业现状，我国提出了中国制造2025“三步走”战略，如图1-7所示，力争通过三个十年的努力，把我国建设成为引领世界制造业发展的制造强国，具体描述如下。

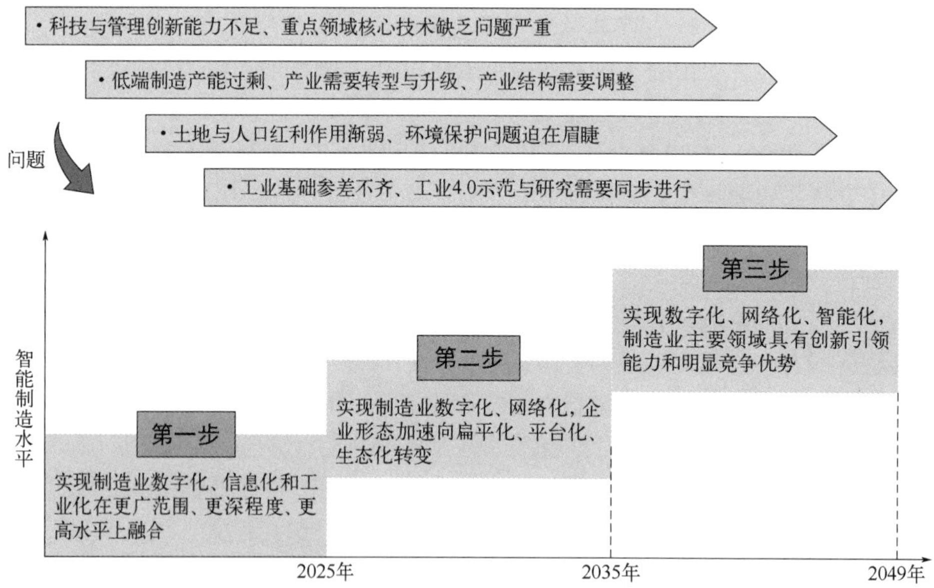

图1-7 中国制造2025“三步走”战略

① 到2025年，实现制造业数字化、信息化和工业化在更广范围、更深程度、更高水平上融合发展，新一代信息技术向制造业各领域加速渗透，范围显著扩大，程度持续深化，质量大幅提升，制造业数字化转型步伐明显加快，全国“两化融合”得到进一步发展。

② 到2035年，实现制造业数字化、网络化，企业形态加速向扁平化、平台化、生态化转变。网络化、智能化、个性化生产方式在重点领域得到深度应用。整体竞争力明显增强，优势行业形成全球创新引领能力，全面实现工业化。

③ 到中华人民共和国成立一百年时，实现制造业数字化、网络化、智能化，制造业主要领域具有创新引领能力和明显竞争优势，建成全球领先的技术体系和产业体系。

（2）中国制造业转型升级的必要性及面临的主要问题

① 中国制造业转型升级的必要性。中国制造业转型升级的加速发展是内外部双重驱动因素的综合作用结果，也是必然趋势，如图1-8所示。

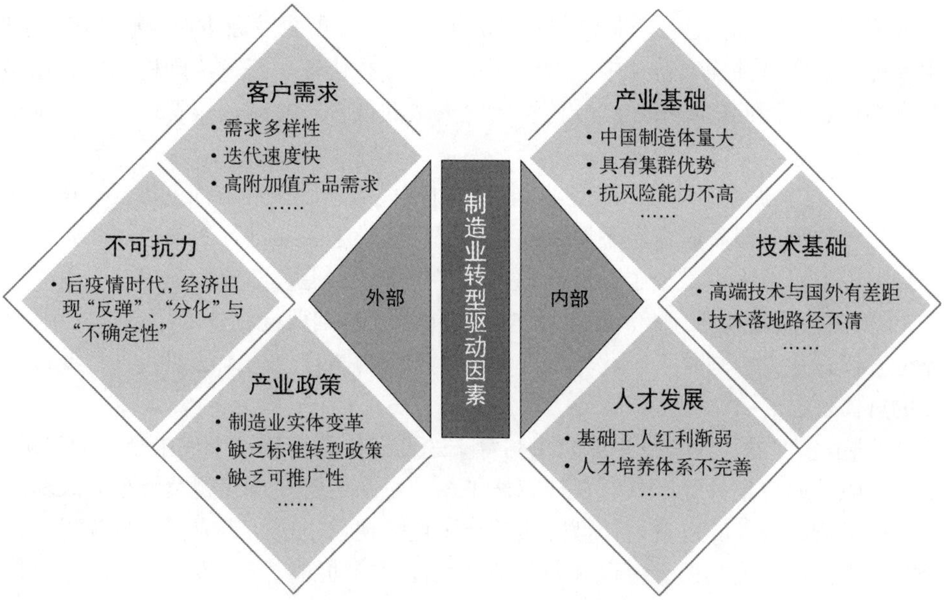

图 1-8　中国制造业转型升级的驱动因素

a. 产业基础。中国制造业的整体体量大，产业具备全产业链以及规模化、集群化优势，在全球制造业价值链中的地位稳固。但大部分企业处于全球价值链的中低端地位，产品附加值较低，且抗风险能力有待提高。因此，在新一轮产业变革趋势下，中国制造业产业结构调整、敏捷性提升将会成为中国经济发展的驱动力。

b. 客户需求。消费升级带来高附加值产品需求增长，产品需求多样性、迭代速度提升明显，同时，客户需求从有形产品向服务体验延伸，使得制造体系的复杂度显著增加。

c. 产业政策。中国智能制造政策范围广、推进力度大，从顶层设计到落地应用全面支撑制造业实体变革，但在制造业转型升级方面仍然处于试点困境，无法形成可规模化推广复用的转型升级规范及相关标准，产业转型仍需持续探索。

d. 技术基础。中国持续加强研发支出，新型基础设计相关技术发展势头向好，但高端技术的发展与发达国家之间还略有差距，“卡脖子”现象仍然存在，同时也面临技术落地路径不清晰、规模化扩展遇到阻碍等问题。

e. 人才发展。在制造业整体转型升级背景下，智能制造人才的重要性日益凸显，智能制造人才的红利显著提升。但中国当前面临着基础劳动力红利渐弱、智能制造人才缺口大的严重挑战，同时，创新型人才和组织的培养或将成为实施制造转型升级的首要障碍。

f. 不可抗力。当前社会存在诸多不确定、不稳定影响因素，促使制造业需要通过数智化转型升级来提高企业的抗风险能力。在后疫情时代，全球经济呈现出“反弹”、“分化”与“不确定性”等特点，进而导致全球市场竞争环境的不确定性与不稳定性。

② 中国制造业数智化转型升级面临的主要问题。产业变革是一个集成多学科领域知识与技术交叉融合的系统工程，也是一个持续推进的过程，因此，产业变革的过程必然会遇到较多问题。2015 年，随着“中国制造 2025”战略的提出，重点行业的龙头与骨干企业率先开展了企业数智化转型升级探索，并在效果初步显现后得到了更多行业内规模以上企业的积极响应，中国制造业通过近十年的转型升级行动，取得了显著的成效，但也暴露出

诸多共性问题。近两年，随着产业转型升级的步伐向中小型企业迈进，专精特新“小巨人”企业也率先开始尝试并探索符合中小型企业特色的数智化转型路径，同样也面临很多共性问题与个性问题。因此，本书通过分析和研究大量的报告，并结合作者近十年的制造业数智化转型实施经验，总结分析如下：

a. 产业差异与试点困境。由于行业以及公司规模等基础条件方面的差异，在中国制造业第一个十年转型升级阶段内，主要依靠行业龙头或骨干企业进行示范，逐步带动产业链上其他规模以上以及中小微型企业进行数智化转型升级。但大部分行业仍然受困于“试点困境”，不具备可规模化推广和分享的最佳实践体系、基础架构、技术平台与应用案例等，无法充分发挥行业龙头与骨干企业转型升级的全部潜力与价值，无法取得各行业以及集团企业内的规模效益。

b. 意识理念方面。大多数行业龙头与骨干企业在转型前期过于追求技术的先进性等，或采用技术驱动的转型升级模式，往往忽略了企业生产运营管理问题及转型升级需求的重要性，造成了资源投入的浪费与转型升级效果不佳等现象，进而造成很多规模以上以及中小型企业负责人在主观意识上错误认为转型是纯技术驱动的重资产投入，迟迟不愿梳理转型升级需求并开展行动。除此之外，也有部分企业认为现有生产能力能够满足客户订单需求，暂时不需要进行转型升级准备与实施，忽略了制造环境的复杂性（如用工成本增加、供应链不确定性及不稳定性高）与市场竞争的客观规律。

c. 转型方法方面。导致企业转型升级过程中组织变革难以推动的核心因素之一是难以做到系统性规划与阶段性实施的协调和统一。然而，大部分企业在转型过程中往往忽略了系统性规划的重要性，侧重从短期投资回报或局部瓶颈角度考虑转型升级，缺少对企业生产制造流程及转型约束问题进行系统性的诊断分析、规划设计与仿真验证，造成企业转型升级的需求不完整，进而导致企业中长期整体转型升级成效差、效益低。而上述问题的产生是由于企业缺少行业内成功且可规模化复制推广的转型升级方法体系与经验引导，进而制造业转型升级进度相对缓慢，这种问题对中小型企业的困扰尤为严重。因此，需要建立一种有效的机制来应对企业在数智化转型升级方面存在的方法不足等问题。

d. 人才培养方面。在当前新一轮科技革命与产业变革背景下，随着各个地区“两化融合”工作的推进，企业转型升级进入深化、推广与高质量发展新阶段。企业在实施转型升级过程中，智能制造人才的缺失与供给侧培养能力不足的问题尤为凸显，目前已经成为制约制造企业可持续转型升级与高质量发展的重要瓶颈。同时，由于工业 4.0 环境下的智能工厂更加复杂，技术更加多元化、集成化，传统的以高等院校为核心的单向人才培养与输送不仅很难满足企业数智化转型过程中的高标准用人需求，而且大幅度增加了企业数智化转型过程中的人才培养周期与成本。因此，在新一轮技术革命与产业变革大背景下，智能制造人才培养亟须转型，面向产业发展的实际需求重塑人才培养模式，将教育发展与产业发展真正融合、贯通起来。

e. 其他方面。除了上述四个主要问题外，还面临智能制造解决方案供应商的社会责任差异化、资金约束、产业政策导向与支持、企业自身条件不足等多方面的问题。

(3) 企业数智化转型基本实施策略与路线

① 企业数智化转型基本实施策略。结合中国制造业数智化转型升级面临的主要问题，

通过调研和分析大量企业数智化转型升级实施案例与经验，总结并梳理出以下几个方面的企业数智化转型基本实施策略。

a．问题导向，价值驱动。企业转型升级必须以问题为导向，不盲目追求技术的先进性，需要综合考虑转型升级的效益与收益。

b．整体规划，阶段实施。企业转型升级需要在整体顶层规划下才能做到系统性规划与阶段性实施的协调和统一。

c．管理为核，技术赋能。企业转型升级应该以企业生产与运营管理活动为核心，通过新一代信息技术与先进制造技术的深度融合促进生产与运营管理的变革与创新。

d．夯实基础，保障升级。企业转型升级需要扎实的数字化基础，如信息技术（information technology，IT）、网络安全、数据存储与云计算设施等，以及健全的保障体系，如全价值链的精益体系与流程优化、智能制造标准体系等。

e．学科交叉，产教融合。信息技术与制造技术的多元交叉与深度融合催生很多新业态、新模式和新岗位，推动了供给侧新工科建设以及产教融合发展，交叉学科背景下复合型人才的培养能够有效满足企业数智化转型与高质量发展需求。

f．持续发展，保持优势。在“双碳”背景下，企业应借助数字化技术，规划并逐步建立绿色低碳优势，破解经济增长与可持续发展的矛盾。

② 企业数智化转型的实施路线。由于各个行业的数智化转型升级基础差异性大，为了统筹考虑不同企业的转型升级基础，本书在结合以往工业革命及变革性技术的基础上，通过分析大量的实施案例与经验，梳理出图1-9所示的制造企业数智化转型升级实施路线，主要包括精益化、自动化、互联、智能化四个阶段。

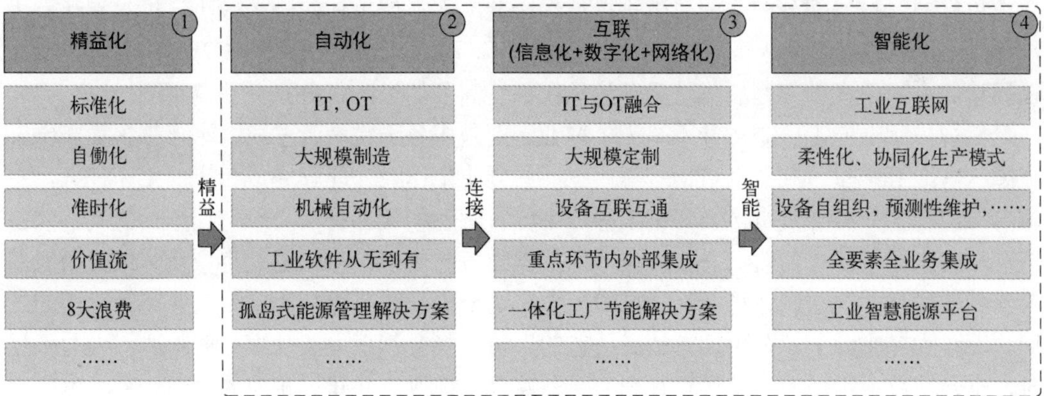

图1-9 制造企业数智化转型升级实施路线

a．精益化。在排除工艺本身的落后因素外，企业通过价值流与浪费分析持续发现企业生产经营管理活动中所存在的增值环节与浪费环节，不断通过实施以标准化、准时化和自働化[1]为核心的精益生产体系实现生产经营管理活动的持续优化，为后续以物料流与信息流为核心的自动化升级奠定良好的基础。

b．自动化。自动化是在精益化的基础上，分别从机械设备（设备之间无法互联互通

[1] 精益生产中“自働化”里的“働”采用的是日本汉字，“自动化”中“动”的繁体字是“動”，但是日本汉字加了一个人字旁，表示“自働化=人+自動化”。在本书中，精益生产相关内容中使用“自働化”。

与协同）自动化与工业软件的从无到有[如企业资源计划（enterprise resource planning，ERP）、产品数据管理（product data management，PDM）]两个方面实施。在这个阶段，生产模式主要采用面向订单与面向库存的生产模式，主要用于满足大规模制造需求。

c．互联。互联是在精益化和自动化的基础上，采用物联网等技术在实现设备互联互通的基础上，实现工控层、制造执行层与企业管理层等重点环节的纵向集成。在这个阶段，生产模式主要采用面向订单与按单配置/装配的生产模式，主要用于满足大规模定制需求。

d．智能化。智能化则是在精益化、自动化与互联阶段实施的基础上，通过搭建工业互联网平台，实现工业技术与经验知识模型化、软件复用化，以工业 APP 的形式支撑制造企业全要素、全流程、全生命周期乃至全产业链环境下的智能化生产、网络化协同、产品服务化延伸、数字化协同研发等各类创新应用。

1.3 工厂的重要性及发展历程

1.3.1 工业革命前的工厂

“制造”是人类区别于其他物种的关键特点，“制造”代表了人类利用环境、改变环境的主观意愿与能力。伴随着文明的发展，人类所能制造的物品种类不断丰富，但是在工业革命之前，人类社会的主体依然是传统的农业社会。绝大部分的制造都是以作坊、家庭为单位进行的，虽然部分产业的总体规模已经十分庞大，但单体的规模较小，远没有达到大规模制造的程度。1776 年，仅印度达卡地区就有近 8 万名纺纱工和 2.5 万名织布工，分布在周边的乡村中，以家庭、作坊为单位承接棉花商人的生产任务，并获取报酬。

大规模制造的工厂雏形并不是为了商业，而是服务于宗教、皇权、军事等，如庙宇、陵园、宫殿等修建，武器制造，等等，工匠必须集中作业才能够完成相应的生产任务，由政府部门、工匠协会负责协调管理工程。中国古时各朝代都有负责统一管理兵器制造的部门，如唐宋时期的军器监，它会根据军队武器装备的需求，建立遍及京城及各地方州府的兵器制造体系。这些制造场所往往规模庞大，这个规模甚至远超大多数工业革命时期的工厂。工匠大多来源于军队中拥有较高技艺的人员，终身甚至世袭从事兵器制造，人力不足时，也会招募征用民间工匠进行补充。军器监分工细致，并建立相应的管理体系，生产定额、质量管理等管理理念与方法已经得到应用。虽然工业革命普遍被认为是在 18 世纪中期兴起的，但服务于商业的工厂已经于 18 世纪早期诞生，包括铸铁厂、水动力丝绸厂、木材厂，这些工厂已经具备了部分现代工厂的属性与工业革命特质，如服务于商业目的并采用集中生产方式，科学技术、组织管理等新的理念与工具开始在工厂中应用，为工业革命的爆发创造基础。

从动力角度，工业革命之前的作坊式制造普遍使用的是人力，即所谓的手工生产，部分场景下使用到畜力。对于集中生产的工厂，通常以水力作为主要的动力方式，这种形式来源于磨坊，它相比于风力更加稳定且持续，但是受限于地理位置，因此，大部分早期的工厂都分布在水力资源丰富的地带，如位于英国德文特河的德比丝绸厂。实际上，早在1712年，托马斯·纽卡门已成功将蒸汽动力应用于矿井抽水，但是蒸汽机作为工厂主要动力来源还是在工业革命时期。水力驱动的生产方式一直延续到工业革命之后相当长的一段时期，直至工厂的主流动力来源被蒸汽机所取代，1838年，英国棉纺织行业依然有约25%的动力来源于水力。

正如前文所述，工业革命之前的工厂制造并不存在严格意义上的大规模的商业雇佣关系（当然，越临近18世纪末期，商业雇佣的属性会越发突出），工人或匠人一般是独立的个体或者由外部力量进行组织，一般不会自发形成组织，如以家庭为单位的作坊式匠人、官营的制造所匠人、部分民间商业组织雇佣的匠人。工匠代表了一种社会阶层，在不同的历史时期会表现出相应的特征，影响力也随之不断改变。

工业革命前的工厂大多服务于封建政权，因此，工厂大多也是由政权的相关责任部门负责规划、设计与建造。例如，始建于明朝洪武年间的龙江船厂，由工部都水司负责督建与管理。船厂的布局根据造船工艺而定（这一点至今依然是工厂规划设计的核心），船厂分为前后两厂，分别有水道通向龙江，根据造船工艺需要，厂区内还设有完整的配套生产体系，诸如蓬作、旗作、细木作、鼓作、铜作、铸作、舱作、铁作、索作、缆作、箍桶作等类作坊。欧洲早期的工厂，大多也遵循以工艺为核心的设计原则，一般由掌握工艺技术或者装备制造技术的工程师进行规划设计。进入18世纪后，动力源逐步成为工厂规划设计的核心要点，工厂的选址、结构设计与工艺布局均围绕动力源展开，如约翰·洛姆在英国德比郡创建的水动力丝织厂就是根据其在意大利皮埃蒙特学习的纺织机技术并结合德文特河的水力资源而设计、建造的。

1.3.2 工业革命时期的工厂

正如前文所述，工业革命一旦开启就不会停止，所以本节所涉及的内容横跨18世纪工业革命爆发至今近300年的历程，相比于人类社会的漫长历史，只是一段短暂的片段，但在这段时间内，人类社会却完成了由农业社会向工业社会的伟大转变，如图1-10所示。

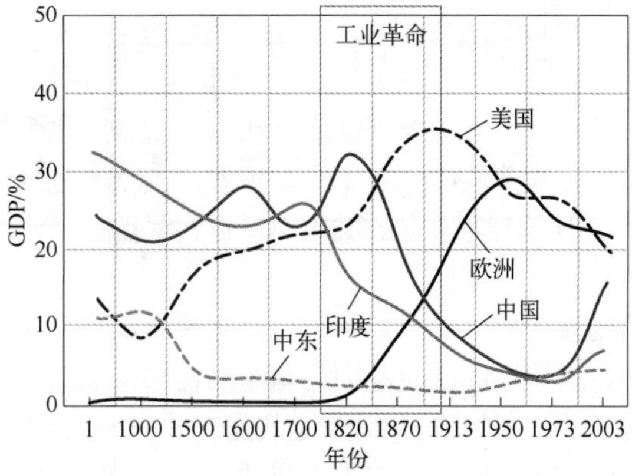

图1-10 人类社会发展历程中主要经济体GDP占比示意图

工厂作为工业生产的主体，源源不断地输出现代社会运行与发展所需的产品，某种程度上“工厂”“工业制造”定义了我们所熟知的现代社会，改变了人类的生活方式与品质、改变了生态环境、改变了人类社会与环境之间的交互关系、改变了国际格局与人类文明的发展走向。虽然大多数的工厂均看似普通平常，但工厂的创立往往需要非凡的志向、勇气、智慧以及不畏艰难的决心，这一点在工业革命的酝酿期尤为重要。18 世纪初，托马斯·科切特就在英国德比郡尝试建立丝织厂，但均告失败，直至约翰·洛姆于 1721 年才成功建立人类历史上首个水力驱动机械的纺纱工厂（人类工业进程的首个工厂），开启了工业化生产的序幕。

1.3.2.1 第一次工业革命时期

在工业革命爆发之初及其后的数十年，纺织业无疑是工业革命的核心支柱型产业，而其中棉纺织行业则居于核心主导地位，大部分进入工业革命的国家均以棉纺织行业为起点，包括英国、德国、美国等。棉纺织相关产品是当时工厂生产的主要产品，包括纱线、棉布、棉袜、窗帘等。1840 年左右，英国的兰开夏郡就有超过 1100 家的棉纺织工厂（其中大部分为纱线工厂），“工厂”这种全新的生产方式开始快速推广，并逐步累积催生了新的社会形态的产生，城市化进程开始加速。1760 年至 1830 年，曼彻斯特的人口增长了近 10 倍。城市化的加速激发了煤炭行业的发展，1840 年，英国的煤炭消费占到整个西方世界的 2/3，大量的技术创新也在不断涌现，包括蒸汽机（纽卡门发动机）、铁路等。其中，铁路的发展激发了钢铁行业的快速工业化，钢铁冶炼的庞大需求又反向激发了煤炭行业的发展。煤炭与钢铁两大新兴资本货物的工业化发展帮助英国延续了工业革命第一阶段的先发优势，在棉纺织产品增长乏力时，成为工厂制造的主要产品。同一时期，其他制造业的工厂大多还是按照传统的方式运作，如机器制造、制鞋、制陶、建筑等行业，大规模制造尚未普及，但食品工业中面粉与啤酒行业发展相对超前。因此，如果以大规模制造作为主要特征，则第一次工业革命时期工厂生产的产品主要以棉纺、煤炭、钢铁及其相关衍生产品为主。

使用动力驱动的装备进行生产是工厂的主要特征，在第一次工业革命早期，工厂的主要动力来源于水力，因此，当时大部分的工厂都修建在水力资源丰富的区域，由水车驱动动力织机等设备进行生产，为了充分利用水力资源，工厂的结构多为多层厂房，例如德比丝织厂为五层厂房，由一个直径为 7m 的水轮进行驱动，其后出现的纺织工厂大多遵循此类形式。但是，水力资源丰富的区域往往位于较为偏远的地区，劳动力匮乏，制约了工厂的选址与建设。位于英国伯明翰的苏豪工厂，在 18 世纪末期采用詹姆斯·瓦特改良的旋转式蒸汽机（冲压机）进行铜币的大规模制造，证明蒸汽机具备作为工厂动力来源的潜力，此后大量工厂开始采用旋转式蒸汽机作为工厂动力源，工厂的选址不再受限于水力分布的影响，甚至可以直接修建于劳动力丰富的城镇、港口，曼彻斯特、兰开夏郡、伯明翰等城镇开始逐步繁华。

工业革命中工厂的创建动机不同于封建时代，几乎全部来自对商业利益的追求，属于典型的投资行为。例如，纺纱厂的创建是因为纺织品需求快速增长、纺纱效率与织布效率不平衡，如果能够高效、高品质地生产纱线（尤其是纬纱），则必将从中获利。据史料记载，英国商人塞缪尔·克雷格于 1784 年建立的水力纺纱工厂，自创建之初就获得了可观的利润，每年的投资回报率为 18%。工厂的创建改变了传统的生产关系，传统的由商人预支棉花、农户分布式生产，转变为实业者投资工厂、雇用工人进行集中生产。

早期的工厂中，工人主要从事枯燥重复的工作，例如纺纱厂中更换纱锭、捻接断线等，工厂的管理模式也相对原始粗放。伴随着复杂机器设备的引入、钢铁与煤炭等行业的工业化发展，工厂组织管理的理念也在不断进步，包括亚当·斯密在《国富论》中所提出的“专业分工”、查尔斯·巴贝奇在《论机器和制造业的经济》中所提出的观察制造业以及科学分析的方法，这些先进的理念、工具对于制造效率提升有所贡献，但此时工业所关注的重点更多还是在装备与技术本身，管理科学处于酝酿发展阶段。不少工厂主也通过办学校、加强工人社区纪律管理、革新利润分配等方式，提升劳工队伍的水平，以期获得更高的生产效率。工人阶级开始产生，工人的组织也开始诞生，源自纺织行业，逐步扩展到钢铁、煤炭等行业。工人阶级的力量在早期是比较弱小的，直至钢铁行业的发展壮大，工人组织才逐步拥有了与资产阶级斗争的力量。

工厂从诞生之初就极具魅力，画家、诗人、作家采用不同的艺术形式对“工厂”这种代表未来属性的事物进行描绘，如图 1-11 所示。现在较为流行的工业旅游，实际上在工业革命早期就已经诞生，毕竟机器生产、多层的工业建筑在当时属于新鲜的事物，大量来自英国本土、欧洲大陆甚至北美洲的观察者、游客纷纷到 18 世纪末期的英国工业城镇，一睹工业化的魔力。当然，围绕工厂的文化表现也呈现出两极分化的状态：一方面工厂代表了苦难、压迫与剥削，同时还破坏着城市环境，部分批评家甚至称其为“黑暗的撒旦工厂”；另一方面，工厂又代表了生产力的提升，是人类社会改良的源泉，毕竟相比于过去，一切都在发生改变。

图 1-11 门采尔于 1875 年创作的作品《轧铁工厂》

第一次工业革命时期工厂的规划设计一般由掌握制造工艺、生产设备原理的工程师与建筑设计师配合完成，工艺依然是驱动工厂规划设计的核心主线，建筑师往往并不专注于工厂这一单一领域。工厂的选址会综合考虑动力获取、交通运输、劳动力供给等多方面因素，例如，英国兰开夏郡的纺织业蓬勃发展即依托于当地丰富的水力资源以及邻近港口所带来的进出口便利等因素。第一次工业革命前半段的工业建筑大多延续了传统的砖木结构，伴随着钢铁行业的发展，铸铁以及钢材逐步应用于工厂，1814 年左右，位于英国格洛斯特郡的斯坦利工厂为了提升防火特性，采用了铸铁框架。1824 年，水泥也在第一次工业革命时期诞生，但是并没有广泛应用于工厂建筑，其首次大规模应用是在泰晤士河隧道工程中。

1.3.2.2 第二次工业革命时期

第二次工业革命时期，电力成为工厂的主要动力来源，工厂的生产设备大多由电力驱动进行生产，包括机床、传输设备（传送带）等。在钢铁、有色金属冶炼、化工等行业，电力的应用甚至重塑了产品的整个工艺过程，如电冶金使用电能作为还原剂与热源以从熔盐中分离出金属，电弧炉、电阻炉、感应电炉等设备得到了广泛的应用。相比于蒸汽机，电力的应用增加了一次能源形式的转化，即由化石能转化为电能，然后电能转化为机械动能或者直接消费（电化工、电冶金等）。由于电力的传输特性，工厂的工艺布局可以采用更加灵活、更加符合制造工艺的方式进行设计，同时工厂的环境也得到了充分的改进，噪声、污染物排放都得到了有效的控制。

第二次工业革命时期，工厂的创建依然主要由商业利益驱动，资产阶级与无产阶级之间的关系没有发生实质性的改变，但伴随着无产阶级的不断壮大，以工会为主要形式的工人组织开始出现，并在当时的社会环境下形成了具有相当规模的影响力，工业依旧凭借其强大的魅力吸引大量的人口进入工厂，从事工业生产。

不同于纺织行业，钢铁、冶金、化工、机械制造、汽车制造等行业的生产系统复杂性更高，依靠高级管理人员及其助手的传统管理方式已经难以确保工厂的有效运行，包括成本、效率、质量的控制。工厂的组织管理也在不断发展进步，包括泰勒所提出的科学化管理，利用系统化、科学化的思维方式管理工厂，通过观察、记录、研究，不断改进生产系统，推动生产效率的提升。伴随着科学化管理，工厂中的专业分工在第一次工业革命基础上更进一步，一方面标准作业让生产专业分工更加细致，另一方面辅助生产的管理性岗位开始出现，现代工厂的组织架构形式开始演进。福特的流水线生产方式则将大规模制造提升到一个新的高度，这源于可互换零部件与流动生产的融合。可互换零部件的理念诞生于第一次工业革命时期的枪支生产，其为制造带来了标准以及建立在标准之上的稳定性，而这正是大规模制造的基石。流动生产则通过创新性的理念，进一步强化了专业分工，并为工厂的运作带来了“节奏”，某种程度上降低了管理难度。综上可见，第二次工业革命期间，生产系统的效率提升不仅来源于技术，管理创新也发挥了重要作用。

第二次工业革命时期，工业化依然代表了人类社会的进步，工业几乎是以肉眼可见的速度重塑了人们的生活。工厂作为工业化的主要组成部分，同样是艺术家、作者、记者所关注的重点，当然，评论与艺术表现依然呈现两面性：一部分主要歌颂工业化的魅力，另一部分则主要抨击工业所带来的苦难。这个时期，伴随着摄影技术的发展与普及，产生了大量写实性更强的摄影作品，如伯克·怀特于《时代》周刊以及《生活》杂志所发表的工业摄影作品，并且还做出了“工业之美，在于它的真实和简单”的描述。艺术作品的关注重点也逐步由机器、建筑逐步扩展到工人，表现内容也更加多元、丰富，如迭戈·里维拉的名画《底特律工业》中所描绘的胭脂河工厂中充满了各类工人。1936 年发行的电影《摩登时代》则以批判的视角讨论了人的自由属性与工业化生产的机械属性的冲突。总体而言，伴随着物质生活的丰富以及工业化进程的不断推进，人们关于工厂、工业的文化理解也更加深入。

第二次工业革命期间，无论是工厂的数量还是规模，都得到了快速的增长。1914 年，美国有超过 1000 座工厂的雇员超过 1000 人，其中有将近一半的工厂是从事汽车相关的生产，这些汽车制造厂的雇员规模甚至远超钢铁行业。可以说，现代工业建筑诞生于第二次工业革命，大量新兴理念、新技术应用于工业建筑的规划设计与建造。

① 工厂的规划设计方法得到了总结，如阿尔伯特·卡恩对工厂规划的表述："如果你想建造一座工厂，那么就应该做出你的机械装置布局、搞清楚物料的流动情况，然后围绕这两点盖建筑物。而不是先盖起建筑物再考虑机器和材料。"制造系统管理的相关理念也融入了其中，如流动生产、相关性分析等，这些理念与方法在汽车行业以及后续的第二次世界大战期间武器工厂的规划设计中大放异彩。

② 钢筋混凝土结构开始应用于工厂的建造，相比于传统建造方法，钢筋混凝土不仅具备成本低、可靠性高、防火性能优异等优点，同时还可以帮助工厂采用更大跨度的结构，从而使工厂的空间利用更加灵活。卡恩在福特胭脂河 B 楼的建造中采用了单层工业厂房形式，使用钢结构搭建厂房主体，并融入了自然采光，使得工厂更加灵活、简洁、美观，充满现代主义色彩。

1.3.2.3 第三次工业革命时期

根据第 1.1.3 节的相关内容，关于第三次工业革命的定义尚未统一。自 20 世纪 40 年代至今，延续了第二次工业革命所构建起的以石油与电力网络为基础的能源消费形式，同时也爆发了以信息技术为主导的科技创新热潮，对人类社会的发展产生了深远影响。为了便于行文组织，本节称之为第三次工业革命，重点梳理 20 世纪 40 年代至今工厂的发展脉络与特征属性。

第三次工业革命延续了工业化的进程，技术、文化、经济的蓬勃发展催生了更多的产品类型，据统计，2016 年 Amazon 在线及商场销售的产品种类达到 3.53 亿种（不包含图书、媒体产品、服务等）。其中，尤为耀眼的是消费电子行业的发展，伴随着电子技术的进步，诞生了很多智能化的嵌入式系统，改变了人类生活的方方面面，从早期的冰箱、洗衣机、电视机，到后来的个人计算机、传统移动通信设备，直至目前的智能手机、平板电脑、移动穿戴设备等。除产品种类外，产品的数量也在不到百年的时间中得到了爆发式的增长，据统计，人类生产的物质总质量已经在 2020 年左右超越自然生物的总质量，而其中绝大部分物质是通过工业化手段（即工厂）生产出来的。其中关键的影响因素是第二次世界大战后相对和平的全球发展环境催生了人口的快速增长（图 1-12），使得产品消费需求激增，进一步加速了相关产业的工业化进程与转型。正如第 1.1.1 节所述，工业革命的驱动力来自庞大的商品市场，满足庞大的市场需求离不开工厂的支持。

第三次工业革命时期，电力依然是工厂的主要动力来源，大部分的生产设备、辅助设施都是由电力驱动的。这个阶段的主要发展趋势是电力来源发生变化，伴随着各国"双碳"目标的提出与部署，工厂开始寻求新的能源解决方案，包括采用清洁的电力来源，如奔驰汽车公司的 Factory 56 工厂屋顶约 40%的面积铺设了太阳能电池板，供给厂房照明、部分生产与办公用电。西门子南京工厂采用屋顶光伏发电来获取清洁电力以及采用地源热泵技术来高效使用电力。清洁能源的使用是趋势，但是具体的实施效果随地域、技术成熟度、运营效果而异。此外，变频技术、高功率密度电机等新型技术与装备的应用，帮助工厂提升能源使用效率、降低能耗，这也是目前工厂节能改造的主战场之一。

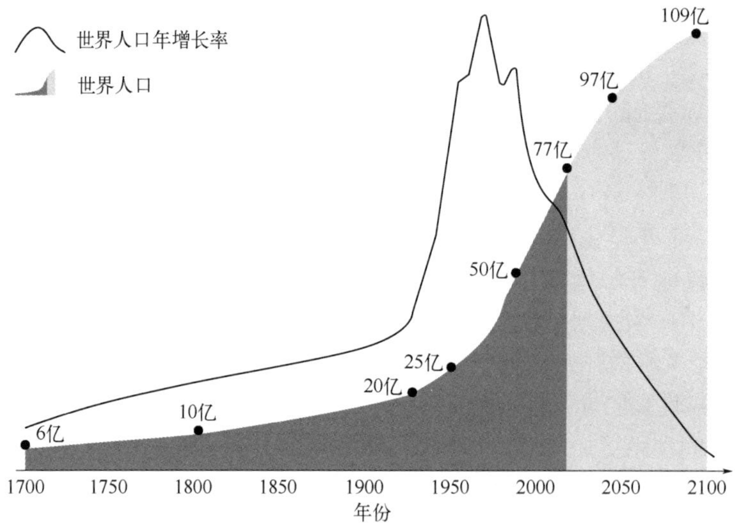

图 1-12　世界人口年增长

第三次工业革命时期，伴随着劳动保护相关法律法规，健康保险、失业保险、养老金等社会与工厂福利制度的发展与健全，工人可以感受到更强的安全感，而这种安全感来源于相对公平的待遇与劳动保障。当然，这种安全感并不是持久不变的，会随着经济发展的波动而变化，例如经济低谷期的裁员依然会对工人家庭产生较大的影响。工会在处理劳资关系中依然扮演着重要的角色，通过协商等方式为工人谋取相应的权益（随地域、文化而异）。总体而言，第三次工业革命时期的劳资关系相对平稳。此外，第三次工业革命时期，产业构成也在发生改变，第三产业开始蓬勃发展，美国第三产业的经济比重在 1948 年左右就已超越第一产业与第二产业，其后逐步开始去工业化进程。我国第三产业规模也于 2013 年超越第二产业。产业结构的变化使得劳动力拥有更多的选择权，进入工厂工作不再成为仅有的选择或者首选，同时工会的形式也更多样化。

第三次工业革命时期，基础工业工程相关的科学化管理方法开始不断拓展边界，与系统工程、运筹学、信息技术管理、计算机科学、人机工程学等专业进行融合，产生了大量新的研究方向与工程应用，供应链协作是其中的热点研究方向。伴随着经济与社会的发展，人类社会对于产品的消费需求更加多元且庞大，这使得工业化开始了新一轮的分工。制造商开始意识到单凭自身完成所有制造活动是难以满足市场需求的，所以分工开始进一步由工厂内部向外部延伸，企业会根据自身的价值定位审视其价值创造与传递的价值链甚至价值网络，寻求总体效能最佳的协作生产模式。同时，伴随着协作的大规模展开，仓储物流体系成为决定系统总体运行效率的关键因素，包括库存管理与成本优化、采购策略、准时化生产系统（just in time，JIT）等研究课题开始兴起，并于 20 世纪 90 年代左右形成供应链管理的理论体系，一直延续发展至今，全球化浪潮进一步助推了其发展。此外，基于信息技术的精细化管理也是第三次工业革命期间重要的管理实践，大量的工业企业开始使用信息系统辅助管理活动，如 ERP 系统、客户关系管理（customer relationship management，CRM）系统、制造执行系统（manufacturing execution system，MES）等。这些信息工具的应用极大地提升了管理效率，协助工厂管理人员制定并执行更加有效的决策。

第三次工业革命时期，工厂已不再是一种新鲜事物，虽然工业化进程依然在加速改造人类社会，但人们对于工厂的关注不再像前两次工业革命时期那样，如曼彻斯特的纺织厂、福特汽车的高地公园工厂对于人们的吸引。工厂开始隐藏于“幕后”，城市化以及科技所带来的生活改变（产品及服务）则占据了人们的关注点。另外，企业家则更多关注市场、产品以及工厂的运营绩效，只有部分企业家愿意主动分享并宣传自己的工厂，而这种宣传则更多源于对产品以及品牌市场推广的角度，而非单纯地围绕工厂本身。当然，围绕工厂的文化创作依然存在，形式也更加多样，包括美术、纪录片、电影，甚至包括模拟类游戏（如纪元 1800、Production Line）。总体而言，关于工厂的艺术创造与文化作品依然包含批判与赞美的多元角度，但总体热度并不高，即使是在当下智能制造的转型浪潮下，围绕工厂的艺术创作依然属于小众领域。

根据统计，截至 2021 年，中国规模以上工业企业总数达到 40 万家，庞大的工厂规模同样驱动着工厂规划与建设实现工业化。实际上，早在第二次工业革命时期相关的工业化活动就已经开启，例如，Albert Kahn 的建筑事务所通过专业化分工开展工业建筑（也包括民用建筑）设计，其雇用了庞大的工程师队伍，可以高效地完成相关设计工作。第三次工业革命时期，工厂规划建设按照工业门类也进行了相应的细分，如石油工业、冶金工业、机械制造、食品工业等，不同行业会采用不同的标准、方法开展相关规划与建设活动。伴随着计算机与软件工程的发展，工厂规划设计更加专业化，这部分内容将在第 1.4 节介绍，此处不再展开。建筑领域的新材料、新技术也在不断应用于工厂，包括预制构件拼接建造技术、大跨度钢结构厂房等，工厂的总体结构形式大多延续了第二次工业革命的。

1.3.3 未来工厂的发展趋势

进入 21 世纪，世界主要经济体在新一轮产业转型升级的背景下纷纷制定了雄心勃勃的国家级制造业转型战略。工厂作为制造业的主要阵地，也将成为转型升级的主体，在物联网、5G、人工智能、协作机器人、云计算与边缘计算等新兴技术的融合改造下，逐步向数字化、智能化的方向发展。关于制造业转型升级的宏观趋势在很多文献与著作中都有所论述，在本书第 1.2 节也有所涉及，故本节关于未来工厂发展趋势的讨论将主要围绕工厂相关要素的发展趋势，分析的框架结构与本章前述内容基本一致，涉及工厂制造的产品类型、动力来源、劳资关系、管理体系、文化表现、工厂建筑结构形式等内容。

2007 年苹果公司发布 iPhone 以来，人类社会加速进入移动互联网时代，智能手机、可穿戴设备等智能化产品激发了新的消费需求，芯片产业、终端制造产业得以持续蓬勃发展。但伴随着市场渗透饱和、新冠肺炎疫情、逆全球化等因素影响，消费电子行业的未来发展依然存在复杂的挑战和不确定性。此外，电动汽车、新能源（光伏、氢能）等新兴产业依然处于发展初期，尚无法形成支撑整个人类社会产业转型的庞大商品市场。从某种程度上讲，工业化进程的加速度正在降低，表现出来即经济的发展低迷、缺乏增长点。根据 Jeremy Rifkin 在《第三次工业革命》中的论述，通信、交通、能源三个领域的深度变革是新一轮工业革命的主要领域，三者共同推动人类社会的进步。就目前人类社会的发展阶段而言，通信的变革已领先于交通与能源领域，尤其是能源领域，在过去的 50 年内并未发生革命性的变革。

就工厂系统的动力而言，电力凭借其便捷性以及成熟的基础设施，将继续作为工厂的主要动力来源，并且目前绝大多数的制造装备均为电力驱动，暂时没有较为突出的替代型动力来源。关于电力的获取，在“碳中和”的战略影响下，清洁能源将逐步成为所有工厂考虑的重要因素，太阳能光伏、地源热泵、风力发电等绿色电力来源将得到广泛的应用。工厂的选址也将被纳入绿色发展的考虑要素。

工厂的劳资关系方面，新一代的产业工人大部分出生于数字时代，或称为“数字原生代”。这些年轻的产业工人崇尚自由、开放、效率，注重工作环境以及相应的体验，工厂管理者不仅需要关注传统雇佣关系中的要素，还需要考虑人文关怀、工作环境、社群发展等影响劳资关系的新要素。体验将成为劳资关系管理中的核心，数字化新时代的“洛厄尔”或将出现并表现出新的内涵，劳动者的“共建”将成为关键成功要素。

未来的工厂管理体系，将更多依赖于数据，大量的管理决策将通过模型辅助或者交由系统自动完成，这一点在自动化程度较高的工厂中将更加突出，如汽车、电子、化工等领域。数据也将作为一类重要资产进行管理。此外，精益化等传统的工厂科学管理内容将在数字化技术的赋能下，呈现出新的表现形式，相关管理活动将更加高效，例如通过构建工厂的数字孪生模型，可以在虚拟环境中对管理决策进行验证优化，进而指导现场执行。

文化表现方面，智能制造的发展使人们开始关注工厂的转型，但这种关注通常是在一定的语义环境下发生的，如贸易战、产业投资、科技进步等，或者是面向某些特定的人群，如人工智能（artificial intelligence，AI）、云计算、大数据等期望进军制造业的新型产业从业人员。某种程度上，只有当智能制造发展到一定阶段，再次深远影响到人们的生活，工厂才有可能重新走向台前，进而催生各种形式的文化创作。

工厂的结构形式方面，绿色化与模块化将成为主要的发展趋势，其中，绿色的建筑材料、施工方法将成为主流，同时工厂在退出生产后，其相关构件可以重复利用到其他的建筑设施。模块化，是伴随大规模定制化需求而产生的新要求，工厂需要具备足够的柔性以应对各类来自市场的不确定性，快速调整、快速重构，如 5G 应用将使现场的设备布置更加灵活，线缆铺设将不会成为主要影响因素。各类传感器将遍布工厂，实时感知工厂的状态并做出相应的调整，工厂将更像一台庞大的、有机的机器设备。关于工厂规划设计的发展趋势，将在第 1.4 节进行介绍。

总体而言，上述关于未来工厂发展趋势的构想，对于大多数人来讲都是可以想象的，尤其是数字原生代出生的人。或许只有当能源消费的结构发生根本性改变的情况下，工厂才会呈现出其他更加新型的形态与特征。

1.4 工厂规划设计的重要性与发展历程

1.4.1 工厂规划设计的重要性

在讨论工厂规划设计的重要性之前，我们首先需要对规划设计的主要对象“工厂”有一个基本的了解，包括其定义及关键要素。然后在此基础上去分析规划设计的主要驱动因素，即为什么需要规划设计。根据德国工程师协会（Verein Deutscher Ingenieure，VDI）发布的 VDI 5200 标准，工厂的定义为：“**Place** where **value** is created by the manufacture of **industrial goods** based on **division of labour** while utilizing **production factors**.”

定义中包含几个关键的要素：

① place（空间）。工厂生产活动相关的空间要素的抽象集合，不仅局限在工业企业的自有工厂，还会扩展至更大尺度的生产网络协作。

② value（价值）。价值包括两个层面，一是根据市场需求，创造并传递价值，二是工业企业需要通过经营活动获取利润以支撑企业的持续发展。

③ industrial goods（工业产品）。工业产品是工厂价值创造的主要载体，即最终被客户感知到的价值的主体。严格意义上，其还包括围绕工业产品的相关服务。

④ division of labour（劳动分工）。价值创造的过程是复杂的，涉及一系列的操作以及专业门类，需要分工协作。

⑤ production factors（生产要素）。价值创造需要一系列的生产要素作为支撑，包括人员、厂房、设备、物料、辅助设施等。

这些关键要素中，空间、劳动分工、生产要素构成了工厂运作的基础，通过生产工业产品来创造价值，如图 1-13 所示。

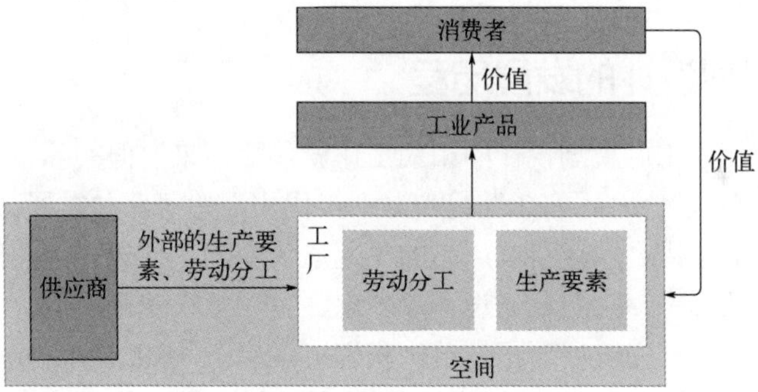

图 1-13　工厂要素之间的关系示意图

工厂的价值创造活动是一个复杂的过程，这种复杂性体现在多个方面，包括产品的复杂性、工艺的复杂性等。而且在现代制造的背景下，生产活动也不再局限在一家工厂内部，而是通过广泛的制造网络协作完成，如 Boeing 公司 747 客机的制造是由全球 500 余家供应商协作完成的。工业活动的复杂性，使得工厂在组织安排生产要素与劳动分工方面面临巨大的挑战，因此也迫切需要系统性的规划来应对复杂问题。

工厂规划设计的重要性 1：通过工厂规划，指导工厂合理安排劳动分工与生产要素，更高效地创造价值，降低风险。

① 工厂规划不一定是在新建工厂时才会需要，在既有工厂的改造中也需要。只要生产要素与劳动分工不满足价值创造的要求，我们就需要对生产系统进行调整，因为生产系统的复杂性，调整需要在系统性的规划指导下完成。此外，在工厂退出、再利用的过程中，也会需要工厂规划。

② 工厂规划不仅仅涉及固定资产，如厂房的规划设计、设施设备的布局规划等，还

包括生产系统运作的相关要素，如流程体系、信息系统规划等。

③ 工厂的新建、改造往往涉及大规模固定资产投资，缺乏良好的规划可能会导致投资失败，无法达到预期的建设效果，进而影响价值的创造与企业自身发展。

工厂规划设计是对工厂进行系统性、结构化“描绘”的过程，这一点与企业架构类似。这个过程中，工厂中业务域定义不清晰的问题可以暴露出来，如缺乏统一编码规范的资产列表、结构化工艺与管理规范等。这些不明确的内容将伴随着工厂规划设计的过程，逐步完成定义（部分情况下是初步定义，满足规划需求即可）。工厂规划设计的结果并不仅仅是一系列的蓝图与实施方案，规划设计过程中形成的相关制品也将成为企业的无形资产，如工厂模型、资产清单等。

工厂规划设计的重要性 2：工厂规划设计可以形成可复用的企业资产，夯实基础能力。

① 工厂规划设计一般会以项目的形式组织开展相关工作，其项目周期从目标设定开始一直到工厂的实际投产。工厂规划设计不会仅进行一次，伴随着工艺的改变、外部市场环境的改变，工厂所生产的产品、价值主张、劳动分工与资源要素都有可能发生改变，如果能够形成可以在工厂规划设计中复用的工厂构建块，将大大提升工厂规划设计的效率以快速应对各类变化调整。

② 工厂规划设计可以帮助企业全面、系统审视自身的体系，并通过可复用构建块的整理对相关业务过程与资源要素进行定义，支撑企业相关运作过程的转型。

1.4.2 工厂规划设计的发展历程

自工厂诞生之初，工厂规划设计的相关工作就伴随而来，但实际上工厂规划设计作为一门专业的应用科学领域，直至 20 世纪六七十年代才开始萌芽并发展。进入 21 世纪后，数字化等新兴技术的应用、现代科技产品的飞速迭代变化、管理思潮的涌现都在不断挑战工厂以及工业系统的形态，工厂规划设计的理念、方法也在随之而变。

在介绍工厂规划设计的发展历程之前，我们可以参考 VDI 5200 标准关于工厂规划定义的要素框架，对工厂规划设计发展历程不同阶段的特点进行分析。定义为：“**Systematic, objective-oriented process** for planning a factory, structured into a sequence of phases, each of which is dependent on the preceding phase, and makes use of particular **methods and tools**, and extending **from the setting of objectives to the start of production**.”

定义中包含几个关键的要素：

① systematic（系统性）。由于工厂是由各类生产要素构成的复杂系统，因此，工厂的规划设计也必然需要遵循系统性的原则与相关方法。

② objective-oriented（目标导向）。工厂存在的意义是创造并传递价值，价值主张将转化为企业相应战略目标，而这些目标则是工厂规划设计中最核心的要素，所有的规划设计工作都将围绕目标展开。

③ process（流程）、methods and tools（工具和方法）。工厂规划设计的过程由一系列的步骤组成。各步骤的实际操作会使用相应的方法与工具；不同类型、不同规划层面的工厂规划项目、流程及其方法、工具都会有所差异。

④ from…to…（延续阶段）。工厂规划的延续阶段从目标确定开始，到工厂生产正式

结束。根据企业的实际需求，工厂规划设计项目会在企业发展的不同阶段发起。

工厂规划设计的发展历程在学术界并没有统一的断代划分，考虑到工厂规划设计的主要对象是工厂，而工厂的形态伴随着历次工业革命的发展不断改变，因此，可以参考工业革命的历程并围绕上述相关要素对工厂规划设计的历程进行梳理分析。在相关要素中，延续阶段、目标导向都属于基础的要素，贯穿整个发展历程，如图 1-14 所示。

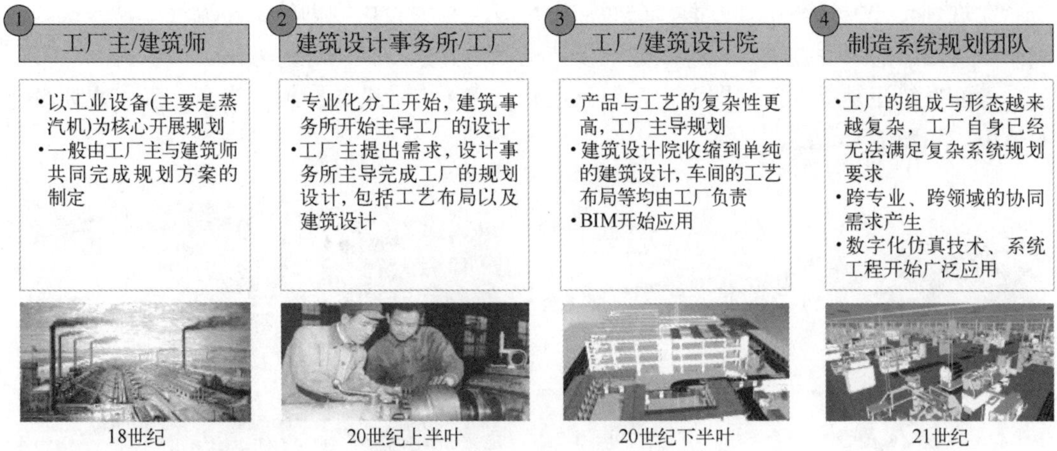

图 1-14 工厂规划设计的发展历程

（1）第一次工业革命时期

工厂作为一种新型生产方式的代表，诞生于工业革命的萌芽期。这个时期的工厂基本已经涵盖了主要的要素，包括厂房、动力、人员、物料、工艺方法（设备）、初级的管理制度（更多带有压迫性质的监管）等。这些要素中，较为突出的是动力以及工艺方法（设备），这两点决定了厂房的形态、人员配置等其他要素。在蒸汽动力出现前，动力来源都是工厂规划设计选址的关键，大部分的棉纺厂都会选择水力资源丰富的地区，虽然这里劳动力紧缺。蒸汽动力诞生后，工厂选择更加灵活，但无论是水力、畜力还是蒸汽动力，厂房的构建都是以动力源为核心展开的。动力会通过皮带、链条、传动轴等各类机构自源头传递至各个生产区域。工艺方法则是工厂竞争力，尤其是效率与品质的核心，它通常是通过机械装置实现，如珍妮纺纱机。

这个时期的工厂规划重点就是围绕动力、工艺方法展开的，规划设计工作通常由工厂主与建筑师、机械师配合完成（建筑师更多是配合），有些情况下工厂主本身就掌握相关工艺技术，如发明水动力织机的阿克莱特于 1771 年在曼彻斯特附近创建了一座纺织工厂。工厂规划设计的图纸采用手工绘制，机械与建筑相关的图纸会参考行会相关符号“约定”，直至 18 世纪末期，画法几何诞生后，相关的规划设计工作才逐步标准化、规范化。

（2）第二次工业革命时期

第二次工业革命时期，动力设备以及电力的广泛使用使得工厂的空间形态更加灵活多样，建筑师有了更多的表现空间，建筑师不再是作为配合的角色，而是开始更多地主导整个工厂的规划设计，包括工艺布局与建筑设计。这个时期产品及其工艺的复杂性大多处于建筑师相对“可控”的范围内，尤其是以装配作业为主的行业，如 Albert Kahn 在底特律设计的一系列汽车工厂。这个时期，大量新型的建筑材料（如混凝土）、建筑形态（如大跨度厂房、大面积天窗采光）被投入使用。作为主要投资方以及核心制造工艺的持有者，企业提出具体的需求即可，建筑设计事务所会组织完成整个工厂的规划设计。此外，伴随着科学管理、标准化、劳工关系等管理思想的涌现与实践，工厂规划设计过程中也会融入相应的要素，如改善工作环境、8h 工作制等。

在规划设计方法与工具方面，已经初步形成了相关设施规划的工作流程（以建筑为主线）以及图纸的表现技法与标准。建筑设计也在借鉴大规模制造的方法，借以提升效率。工具方面虽然还是以人工制图为主，但已经开发出了专业的绘图板，提高了工厂规划设计的效率，如图 1-15 所示。

图 1-15　20 世纪上半叶的绘图员

（3）第三次工业革命时期

人类进入科技大爆发的时代，自动化、航空航天、原子能、信息化等技术纷纷涌现并产业化。工业产品的类型不断丰富，工艺门类更加细分并且越发复杂与专业化。工厂的动力来源依然以电力为主，因此，工厂的总体形态与第二次工业革命时期的工厂并无较大差异。但是装备以及生产线更加复杂，尤其是自动化装备的引入，使得传统工厂中以人工操作设备生产方式转变为人与机器设备在同一工厂空间中协作生产（物理上是隔离的）方式，自动化设备甚至取代了大量的人工作业。

建筑事务所主导工厂规划设计的时代已经过去，建筑师无法掌握复杂的工艺技术，规划出合理的工艺布局与流线方案。建筑师开始聚焦于建筑本身，工艺布局、组织架构、设备选型等相关的大部分工厂规划设计工作由甲方负责完成。自动化相关的工作则由相应的供应商协作完成。某种程度上，工厂变得更加复杂了，系统性协作的需求开始变得重要。工厂规划设计作为一项专业工作诞生，设施规划的相关理论、实践方法开始广泛应用于各个工业领域。

此外，信息技术的快速发展也改变了传统的工作方式，包括规划设计本身。大量的设计工作开始转由工程师操作设计软件完成，快速取代传统的人工绘图方式，极大地提升了效率与图纸一致性水平。软件还可以对工厂的建造过程、交付过程进行模拟仿真以及信息化过程管理，如图 1-16 所示。

（4）进入 21 世纪后的工业发展

进入 21 世纪，在动力来源方面并没有发生实质性的改变，清洁能源的发展目前依然处于初级阶段，太阳能光伏、地热等新的能源形式仅能用于取代工厂的办公场所与辅助设施供电，尚无法完全取代传统的电力供应。因此，工厂的总体形态保持不变。

图 1-16 Intergraph 化工厂电子设计方案呈现

数字化技术的飞速发展，不断推动生产制造系统的转型，大量的设备具备互联的能力，生产制造过程开始逐步转向数据驱动以取代人工经验主导的运作方式。某种程度上，工厂相比于上一阶段更加复杂了，在工厂规划设计阶段，需要将数字化的要素融入其中。经典工业工程中的设施规划方法更多关注的是传统的硬件与运作方式，对于未来互联设备以及数字化的运作方式则难以有效应对。2011年，鉴于高效率工厂的重要性以及生产制造系统自身产生了较大的变化，VDI-GPL 技术委员会下设的一个联合工作组开始协调产业界、学术界的相关单位共同编制了 VDI 5200 标准，为复杂工厂的规划设计提供参考的方法框架。经典工业工程、新型的数智化转型策略等可以在 VDI 5200 框架下进行协同。

工厂主方依然主导整个规划设计过程，但是面临的主要挑战是如何有效协同多方的资源。VDI 5200 虽然提供了框架，但是在实际的操作过程中依然需要丰富的实践经验支撑。因此，诸如西门子、通用电气、施耐德等老牌的工业巨头开始纷纷组织起专业的制造系统规划设计团队，团队成员具备大量的工厂规划设计与建造的经验，并且具有多专业协作的背景。

工厂规划设计工具方面，主要变化是高保真仿真技术的深化应用，可通过仿真技术对方案进行模拟验证，指导迭代优化工作的展开，如图 1-17 所示。

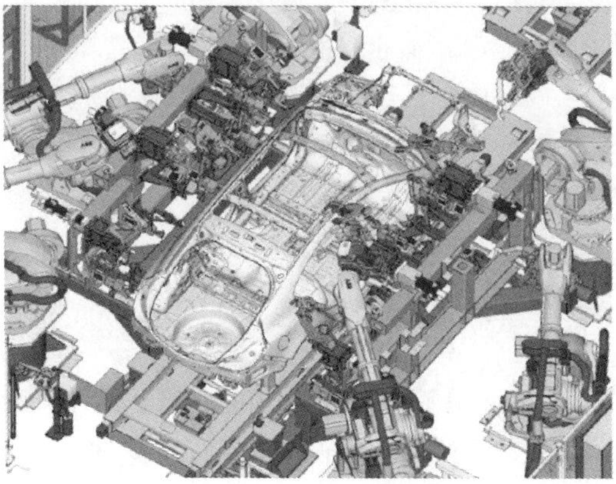

图 1-17 仿真技术应用于汽车生产线规划

1.4.3 工厂规划设计的发展趋势

制造业是国民经济的核心支撑，而工厂则是制造业价值创造的主要阵地。在新冠肺炎疫情冲击、技术创新遭遇瓶颈等因素的综合影响下，制造业固定资产投资增速放缓，新建工厂主要集中在半导体、新能源汽车、光伏等行业，其他传统行业则重点关注既有工厂的数字化改造，以期通过提质增效支撑企业持续发展。

工厂规划设计作为一个专业的工程服务门类，其系统性特点可以有效统筹相关人员的协同（业主方、建筑设计院、设备供应商、自动化与信息化集成商等）。不同区域、不同行业对工厂规划设计的理解与接受程度有所差异，有时会将工厂规划设计等同于建筑设计、精益生产中的设施规划等工作。认识的改变需要一个过程，而最有效的方式就是使业主方可以切实感受到价值，而这种价值往往是在运营阶段体现出来的。

工厂规划设计的发展趋势 1：工厂规划设计与工厂运营融合，延续价值。

① 工厂规划设计的交付物将发生改变，由传统的方案、图纸转变为可以在企业运营阶段复用的模型、数据。例如，规划设计阶段形成的资产模型可以在运营阶段作为企业资产管理（enterprise asset management，EAM）的基础数据，同时可以用于支持数字孪生。这一点可以参考建筑信息模型（building information model，BIM）的应用，可实现规划设计、施工建造、交付使用、运维保养的全程数字化。

② 在工厂规划设计的标准框架下，规划设计过程中使用到的相关方法与工具需要沉淀下来，形成企业可以复用的知识，这也是本书的关注重点之一，只有复用才能够使价值得到延续。

工厂规划设计的工具方面，数字化辅助设计与仿真技术将继续扮演重要的角色，并且将逐步走向平台化，这一点在流程行业（发电厂、化工厂等）已经较为成熟，如 Intergraph、Bentley 公司的平台解决方案，它们大多由建筑行业的先进实践经验演变而来。离散行业由于工业门类众多，差异性较大，因此尚未形成统一的平台，但伴随着技术的发展，融合是大势所趋。

工厂规划设计的发展趋势 2：面向具体行业的工厂规划设计数字化平台。

① 需求定义、概念设计、详细设计、施工管理、交付使用等阶段使用的各类数字化设计与仿真工具可以通过统一的平台进行协同，包括统一模型构建、图文档管理以及工作流管理。平台的使用，对于 VDI 5200 框架的落地至关重要，复杂的多专业协同需要依赖数字化工具的辅助。

② 行业的差异性会导致难以出现适用于所有行业的普适性平台，因此，面向行业的数字化平台将成为重点。这些平台将首先出现在半导体、汽车、消费电子等热门行业。行业中工厂规划设计沉淀的资源、工作方法将通过平台实现数字化封装与复用，提升行业在工厂规划设计方面的效率。

课后习题

1. 区分第一次工业革命到第三次工业革命的主要技术驱动因素与代表性变革产业。
2. 试论述新一轮产业革命的背景以及面临的挑战。
3. 简要描述中国制造 2025“三步走”战略。
4. 列举中国制造业数智化转型升级的主要驱动因素。
5. 总结中国制造业数智化转型升级面临的主要问题。
6. 列举中国制造业数智化转型升级基本策略与实施路线。
7. 简述三次工业革命时期工厂的发展历程。
8. 总结新工业时代未来工厂规划设计的发展趋势。

参考文献

[1] 斯文·贝克特. 棉花帝国: 一部资本主义全球史[M]. 徐轶杰, 杨燕, 译. 北京: 民主与建设出版社, 2019.
[2] 乔舒亚·B.弗里曼. 巨兽: 工厂与现代世界的形成[M]. 李珂, 译. 北京: 社会科学文献出版社, 2020.

[3] 埃里克·霍布斯鲍姆. 工业与帝国：英国的现代化历程[M]. 北京：中央编译出版社, 2017.

[4] 阿瑟·赫尔曼. 拼实业：美国是怎样赢得二战的[M]. 李永学, 译. 上海：上海社会科学院出版社, 2017.

[5] 中国电子信息产业发展研究院. 美国制造创新研究院解读[M]. 北京：电子工业出版社, 2018.

[6] 西蒙·富迪. 突破：工业革命之道 1700—1860 年[M].董晓怡，译. 北京：中国科学技术出版社, 2020.

[7] 彭慕兰. 大分流：中国、欧洲与现代世界经济的形成[M]. 黄中宪, 译. 北京：北京日报出版社, 2021.

[8] 《新工业建筑：工业建筑趋势与案例》编委会. 新工业建筑：工业建筑趋势与案例 [M]. 上海：同济大学出版社, 2020.

[9] 萨利·杜根, 戴维·杜根. 剧变：英国工业革命[M]. 孟新, 译. 北京：中国科学技术出版社, 2018.

[10] Rifkin J. The Third Industrial Revolution: How Lateral Power is Transforming Energy, the Economy, and the World[M]. New York: St. Martin's Griffin, 2013.

[11] 日本日经制造编辑部. 工业 4.0 之智能工厂[M].石露, 杨文, 译. 北京：东方出版社, 2018.

[12] Azizi A, Barenji R V. Industry 4.0: Technologies, Applications, and Challenges (Emerging Trends in Mechatronics)[M]. New York: Springer, 2022.

[13] Misra S. Introduction to Industrial Internet of Things and Industry 4.0[M]. Florida: CRC Press, 2020.

[14] 宁振波. 智能制造的本质[M]. 北京：机械工业出版社, 2022.

[15] 克里斯蒂安·曼蔡, 李努斯·施劳宜普纳, 罗纳德·海因策. 全球背景下的工业 4.0[M]. 李庆党, 张鑫, 译. 长沙：湖南科学技术出版社, 2021.

[16] 张小强. 工业 4.0 智能制造与企业精细化生产运营[M]. 北京：人民邮电出版社, 2017.

[17] 赵光辉. 中国智造助推交通强国[M]. 北京：人民邮电出版社, 2018.

本书配套资源

战略方法篇

第 2 章

智能制造“卓越工厂”分析与启示

知识图谱

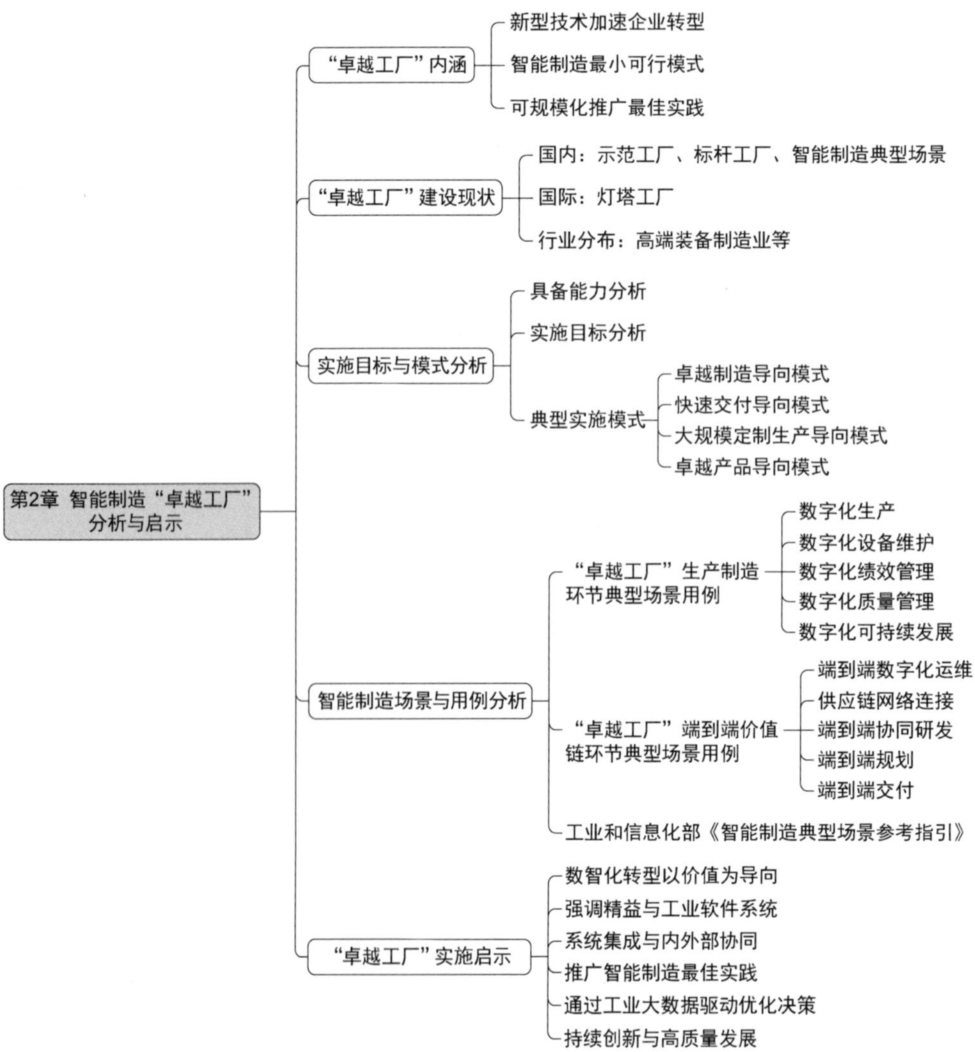

学习目标

① 能够阐释“卓越工厂”建设的意义和价值；
② 能够理解“卓越工厂”应具备的四个方面的能力及实施目标；
③ 能够区分不同类型实施模式的差异性；
④ 能够了解“卓越工厂”典型智能制造场景与用例；
⑤ 能够理解并描述“卓越工厂”模式对企业数智化转型的重要启示。

2.1 “卓越工厂”整体概述

2.1.1 “卓越工厂”内涵

近年来，在新一轮科技革命与产业变革趋势下，新型技术的迅猛发展加速了企业转型升级的步伐，重塑了企业的研发、制造与运营管理等模式，各行业对转型升级的关注与重视达到了前所未有的高度，企业的转型升级在局部范围或领域内取得了明显的效果，但大部分企业仍然受困于“试点困境”。因此，以“塑造先进制造和生产的未来”为核心的“卓越工厂”行动正成为企业数智化转型的风向标。

“卓越工厂”通过整合典型的智能制造场景及用例，创建了整个企业转型升级的最小可行产品，从生产制造到智能装备、生产系统，再逐步发展至知识、智慧的应用与创造，“卓越工厂”通过形成可规模化推广的最佳实践，促进了整个企业价值链或工厂创新。成功打造“卓越工厂”的企业被视为创新变革的表率，“卓越工厂”也是中国制造企业数智化转型升级的新目标。

2.1.2 “卓越工厂”建设现状

智能制造作为全球转型热潮，正在促进新技术不断突破并与先进制造技术加速融合，我国也正以智能制造为主攻方向，在产业模式、企业形态等方面进行着深刻变革。实施数智化转型可以帮助企业提质降本增效、加速产品迭代、提升智能化水平等。因此，作为提升核心竞争力的重要途径，数智化转型势在必行。

“卓越工厂”的建设是企业数智化转型的重要体现和手段。国内“卓越工厂”主要由工业和信息化部协同多部门评选的 200 余家智能制造示范工厂构成，培育了一批高水平数智化转型标杆企业。此外，国际上“卓越工厂”的构成主要可参照由世界经济论坛公布的“灯塔工厂”名单。根据 2025 年最新数据显示，共 17 家工厂新入选，其中，8 家位于中国。至此，全球“灯塔工厂”数量上升到 189 家，中国“灯塔工厂”增至 82 家，其代表性行业分布情况如图 2-1 所示。

目前，全球“卓越工厂”主要分布于电子产品、消费品、家用电器、汽车、电气元件、工业装备等 35 个行业与领域。其中，国内“卓越工厂”主要集中在家用电器（15 家）、电子产品（12 家）、汽车（8 家）、消费品（6 家）、工业装备（6 家）、食品（4 家）、光电（4 家）、新能源（3 家）、金属制品（3 家）、医疗设备（2 家）、电气元件（2 家）、半导体（2 家）、实验室设备（1 家）、轮胎（1 家）、制药（1 家）、核电（1 家）、装备制造（1 家）、轨道交通（1 家）、煤矿（1 家）、建筑材料（1 家）、生物技术（1 家）、个人护理品（1 家）、化学化工（1 家）、服装（1 家）。由此可见，无论是在电子、汽车、消费品等大体量行业还是在其他行业，各个行业的制造企业都在努力以打造“卓越工厂”为目标来促进企业数智化转型，提升企业竞争力。

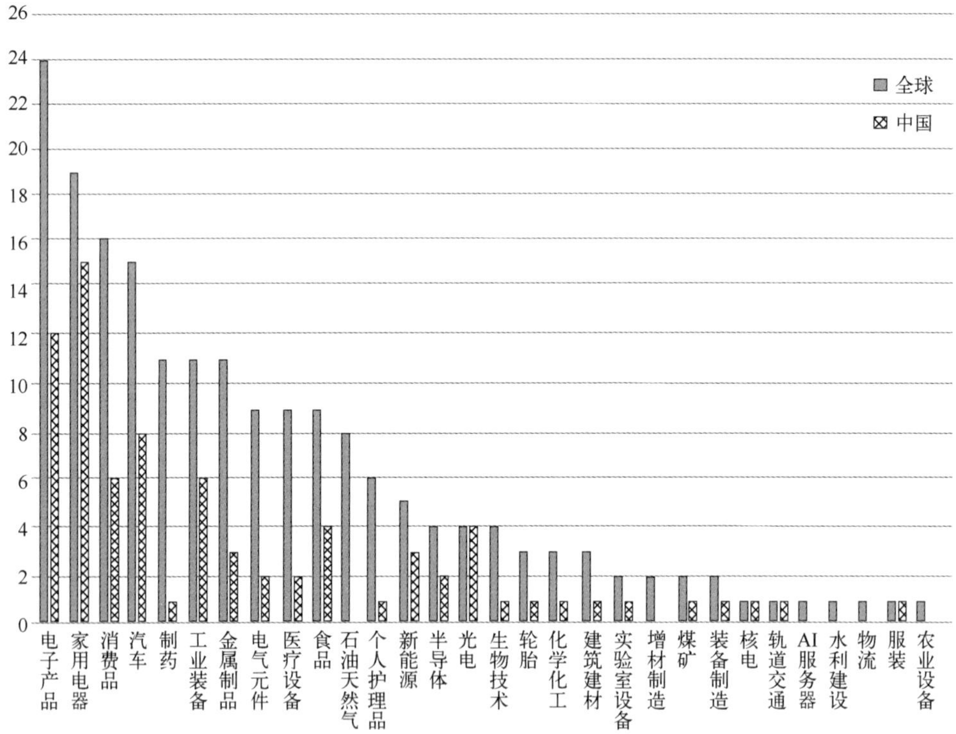

图 2-1 “卓越工厂”行业分布情况

2.2 “卓越工厂”典型实施目标与模式分析

2.2.1 实施目标分析

“卓越工厂”在建设过程中，通过部署应用案例来实现企业的转型升级，在全球卓越工厂中，遵循两种独特互补的发展路线。生产制造创新路线：企业侧重通过应用先进技术，实现制造过程数字化，数字化实施主要侧重生产、设备维护、绩效管理、质量管理以及可持续发展等五个方面的提升。端到端价值链创新路线：主要侧重供应链网络连接（数字化采购）、端到端协同研发（数字化研发）、端到端规划（数字化供应链）、端到端交付（数字化物流）以及客户连接性（数字化营销和后服务）等五个方面的提升，如图 2-2 所示。

(a) 生产制造创新路线　　(b) 端到端价值链创新路线

图 2-2　智能制造发展路线

随着全球气候变暖与环境的日益恶化，可持续发展作为生态绿色发展的核心，逐步成为“卓越工厂”的创新发展新方向，近些年已经有部分企业聚焦可持续发展搭建“卓越工厂”案例，促进企业可持续发展。由此可见，在生产制造创新路线下，聚焦绿色可持续发展的“卓越工厂”应用场景的企业案例将会持续增加。

在以上发展路线下，衍生出四种类型的“卓越工厂”业务或制造模式，即卓越制造导向模式、快速交付导向模式、大规模定制生产导向模式以及卓越产品导向模式。其中，卓越制造导向模式典型的应用行业主要有钢铁、轨道交通、航空航天、兵器工业、电子制造、半导体等；快速交付导向模式典型的应用行业主要有日用品、食品饮料等；大规模定制生产导向模式典型的应用行业主要有家用电器、汽车和服装等；卓越产品导向模式典型的应用行业主要有电气装备、工业装备等。随着企业业务的发展以及数智化转型范围的进一步扩大，企业的“卓越工厂”实施案例和场景将进行交叉或延伸，从而适应快速变化的市场环境。综合对现有“卓越工厂”的案例分析，“卓越工厂”需具备四个方面的能力，如图 2-3 所示。

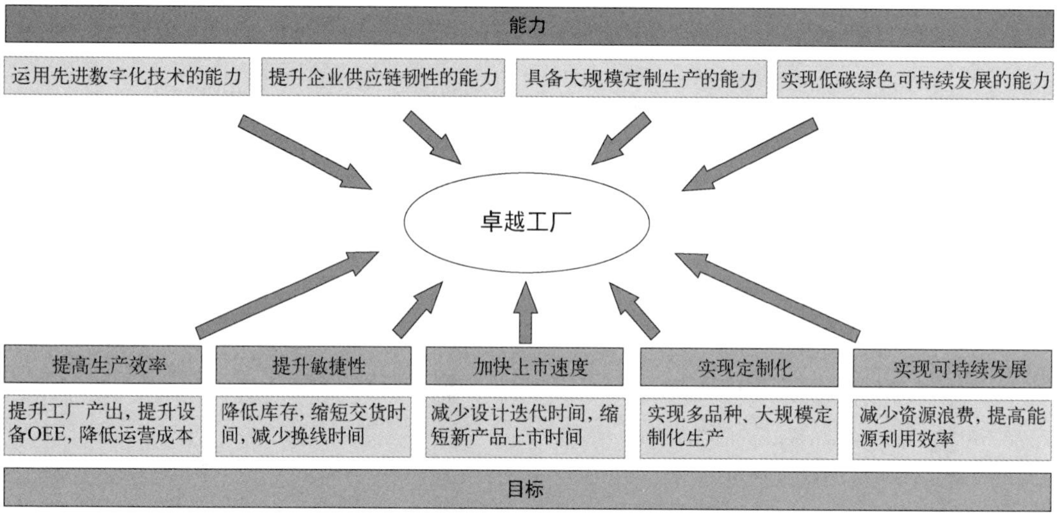

图 2-3　“卓越工厂”基础能力要求与发展目标

① 运用先进数字化技术的能力。新型信息技术（如物联网、5G、人工智能、大数据）与制造技术的深度融合加快了企业数智化转型的步伐，其应用范围不断向生产核心环节和全价值链拓展，依托数字化技术的企业创新积淀有助于企业智能制造能力的提升，促进企业不断突破生产极限，持续释放生产力，提高企业创新效率。

② 提升企业供应链韧性的能力。随着全球化竞争的加剧，企业环境的不确定性和不稳定性日益凸显，供应链越发重要。因此，深入整合全产业链资源，联动上下游企业适应市场需求变化，是保持企业数智化转型升级、重塑竞争优势的重要途径。

③ 具备大规模定制生产的能力。在全球经济一体化背景下，传统大批量生产模式或者多品种、小批量的生产模式已经不能完全响应大规模个性化定制生产需求，企业需要不断地面向“研—产—供—销—维”全价值链以及全生命周期进行转型，提升企业全价值链、全生命周期的快速响应能力。

④ 实现低碳绿色可持续发展的能力。随着全球气候的变暖，全球视野逐渐聚焦环境问题，发展绿色经济与产业迫在眉睫。目前，我国经济发展面临“双碳”新机遇，制造型企业在提升生产能力与创造价值的同时，需要进一步提升企业绿色制造能力，提高能源利用效率，降碳减排，促进企业可持续发展。

企业在进行数智化转型升级过程中，围绕上述卓越能力开展智能工厂规划与实施，以卓越制造为核心逐步向以订单、客户、产品为中心的业务与制造模式拓展其数智化转型发展道路，并在发展过程中逐步实现以下目标：

① 提高生产效率，提升产出，提升设备综合利用效率，降低运营成本。

② 提升敏捷性，降低库存，缩短交货时间，减少换线时间。
③ 加快产品上市速度，减少设计迭代时间，缩短新产品上市时间。
④ 实现多品种、大规模定制化生产。
⑤ 提升企业可持续发展能力，减少资源浪费与环境污染。

2.2.2 典型实施模式

不同制造企业从行业与自身特点出发，依据企业整体战略规划与发展需求，以提高生产效率、提升敏捷性、加快产品上市速度、满足定制化需求以及提升企业可持续发展能力等为目标，选择合适的实施模式开展“卓越工厂”建设。

2.2.2.1 模式一：卓越制造导向模式

卓越制造导向模式以实现卓越制造为主要愿景，典型应用行业有电子制造、半导体、航空航天、轨道交通、兵器工业等。数字化能力发展侧重于生产制造、设备维护、质量管理、绩效管理以及数字化可持续发展等方面。

（1）半导体制造行业

其产业链涵盖材料、设备、芯片设计、芯片制造、芯片封测等上下游行业，对产品智能化生产制造（如多源海量异构数据的收集、处理与分析）、质量控制（如无人化质检）、运维管理（如生产设备的高效智能化维护）有着更高的要求。这些半导体行业的发展需求与目标促使企业向卓越制造导向模式转变。

某半导体制造企业通过将大数据基础设施与工业互联网相结合，构建了融合物联网技术与大数据技术的分析平台，提高了数据分析能力；通过实时共享产品数据信息，消除信息孤岛；通过构建人工智能驱动的物料搬运系统实现物料快速转运，缩短了物料配送时间，提高了物流自动化水平；通过实施人工智能驱动的光学检测，代替人工进行质量管控，大幅提升了质检速度和精确度，保证了产品质量。该企业通过卓越制造体系的构建与实施，取得了显著成效：设备空闲时间缩短了 22%、产品质量偏差率降低了 40%、计划外停机率减少了 20%、新产品良率提升周期缩短了 20%。

（2）航空航天行业

作为制造业的最高端水平，其产品具有战略地位重要、制造技术复杂、安全防护严格、测试使用环境严峻、维护服务困难、产品价格昂贵等特性。内在因素（如产品生产制造成本降低与产品性能、安全性、可靠性提升等）和外在环境（如绿色可持续发展等）的共同要求，使得航空航天企业向卓越制造导向模式转变的需求极为迫切。

某航天智能工厂在其数智化转型过程中，以航天复杂构件生产研制为核心，围绕智能工艺设计、智能装备配置、生产过程智能化、软件系统集成化等开展了持续的升级活动。在智能装备方面，该企业通过高端数控装备、工业机器人、增材制造装备、检测与装配设备、传感与控制系统、物流仓储装备等集成应用，大幅提升了航天产品质量（如贮箱箱底抗拉强度提高等）；在生产效率方面，企业运用智能运营管控系统，在生产准备、制造执行、生产记录、问题处理等阶段，实时采集、传输、分析、处理、使用各类数据，进而减少了非增值活动，提高了追溯效率与管理效率。

（3）轨道交通行业

轨道交通装备制造业作为高端装备制造的代表，产品正在向安全保障、装备轻量化、保质保寿和节能环保等方向发展。这些目标和导向使得卓越制造导向模式成为轨道交通行业数智化转型的主要手段。

某轨道交通企业以工位制精益生产为理念，以生产制造运营管理系统实施为载体，推进产品制造环节数智化转型，实现制造全过程状态监控、质量追溯、调度优化、实时管控等，主要体现在：

① 将协作机器人、自动导引车（automated guided vehicle，AGV）等多种技术相结合，实现自动上下料，并且根据生产状态实时优化运输路线；

② 采用了混线生产模式，缩短了切换时间，提高了生产柔性；

③ 通过对设备运行数据的实时采集、传输、分析、处理，构建设备预防性维护维修模型，实现设备预防性维护维修；

④ 利用物联网技术在对能耗数据进行实时采集与传输的基础上，构建智慧能源管理平台，实时分析关键设备能耗数据，并结合生产计划生成高效的能源问题解决方案。

2.2.2.2 模式二：快速交付导向模式

快速交付导向模式主要打造以订单为中心的一体化供应链，典型应用行业有日用品、食品饮料等。这些行业注重提升快速响应能力，以应对市场需求的变化，提升客户体验，其中，数字化建设侧重于营销、采购、供应链、物流。

目前食品饮料制造业工业化进程较慢，自动化水平较低，前沿技术应用范围较窄。由于行业特点以及市场的快速变化，企业需加强数字化生产管理水平，打造数字化生产体系，以实现生产效率与产品质量的提升，并通过对市场需求的精准预测，实现快速交付，进而满足消费者需求。

某啤酒企业作为百年老字号，针对企业自身特点开展模式转型升级：在产品质量方面，构建全方位数智化质量管理体系，保证食品质量；在生产制造方面，打造柔性化、智能化拉动式生产模式，提高生产效率，缩短交付周期；在快速响应方面，分析消费者大数据，精准识别用户需求，并与研发部门、生产部门、物流部门、供应商、销售终端实时共享数据，精准预判并快速应对需求波动。该企业通过快速交付导向模式的构建与实施，取得了显著成效：品种切换时间降低近 70%、生产线效率提升近 30%、订单交货时间缩短近 50%、个性化定制的最小订单由 3000 箱降至 15 箱、订单定制交付周期从 45 天降至 20 天。

2.2.2.3 模式三：大规模定制生产导向模式

大规模定制生产导向模式打造以客户为中心的体验模式，典型应用行业有家用电器、汽车和服装等。其中，数字化建设侧重于研发、采购、供应链、物流、售后服务与营销。

（1）家用电器行业

随着新一轮科技革命和产业变革蓬勃兴起，家用电器行业面临世界范围内新一轮工业革命的历史性机遇，有了新的发展目标：

① 将新一代信息技术与家电产业深度融合，提升资源配置优化、管理精细化和决策

科学化水平。

② 助力企业洞察用户需求和需求匹配，并提高生产效率、产品质量以及服务水平。最终形成以用户为中心的大规模定制生产导向模式，实现需求实时响应。

某家电企业通过实施大规模定制生产导向模式，实现从产品体验到用户场景定制的闭环，通过模式实施能够有效地组织生产资源，带动企业产业链变革升级。企业的转型搭建了以大规模定制生产导向模式为核心的工业互联网平台，依托工业互联网平台进行数字化改造，通过数字化手段帮助用户参与到研发设计、生产制造环节中，进而实现产业链的连接随用户需求灵活变化。该企业通过大规模定制生产导向模式的构建与实施，取得了显著成效：产品设计速度提高近 50%、产品质量提升近 26%、订单响应速度提高近 25%、生产效率提高 31%。

（2）汽车行业

作为中国制造 2025 十大重点发展领域，汽车行业具备如产业链复杂、产业规模大、影响范围广、带动效应强、产品种类多、质量要求高、涉及体系庞大、产品需求多元化等特点。目前汽车行业正从传统制造模式走向个性化定制模式，这种转变要求制造企业必须建立一个高度灵活、个性化、数字化、一体化的产品生产与服务体系，以满足大规模定制需求。

某车企以用户需求为中心，将消费者到企业（customer to business，C2B）大规模个性化智能定制理念融入整车生产制造体系，驱动整个制造体系的智能化升级。该企业突破传统汽车生产链条上的标准化供应和标准化生产，以 C 端用户的个性化需求为中心，支持海量用户的个性化选配组合；打造智能生产线，为客户个性化定制提供制造基础；借助物联网、云计算以及人工智能技术等新型信息技术，驱动生产线的智能化转型，使生产更加透明、高效和智能。该企业通过大规模定制生产导向模式的构建与实施，取得了显著成效：实现用户产品需求及使用数据全收集以及客户驱动的产品研发，个性化产品生产率提高了近 20%，有效缩短了交货周期，提高了定制化产品的总体利润。

2.2.2.4　模式四：卓越产品导向模式

卓越产品导向模式形成以产品为中心的卓越产品全生命周期管理，典型应用行业有电气装备、工业装备行业，数字化建设侧重数字化研发、采购、营销和服务。

（1）电气装备行业

作为国家重要标杆性产业，实现电气装备行业的智能化转型与产业升级势在必行。行业目前的主要发展目标为：提高产品智能化制造水平，促使产品标准化、模块化以及参数化，提高产品质量与可靠性，增强用户体验，提升服务水平。为实现以上目标，行业内通过建设自动化物流、智能化生产线、数字孪生工厂等，实现数字化赋能产品全生命周期管理，使行业向卓越产品导向模式迈进。

某电气设备制造中心，以小批量、多品种产品生产为特点，在精益制造和数智化转型方面长期处于领先地位。工厂基于工业 4.0 技术重建其端到端价值链，使用自动化供应链管理等最新数字工具，结合 5G、增强现实（AR）、数字孪生等技术，将数字化技术覆盖到采购、生产、交付以及维护等各个环节，提高生产制造的柔性、效率与可持续性，实现卓越产品导向模式的全生命周期数字化服务。该企业通过卓越产品导向模式的构建与实施，取得了显著成效：产品上市时间缩短近 25%、准时交货率提升近 30%，在交付环节所采用的智能柔性仓储解决方案，使得仓储空间节省达 52%。

（2）工业装备行业

随着我国制造业进入快速发展期，大型成套机械设备等优势领域步入成熟期，产品同质化竞争激烈，下游用户选择余地大，进而造成单一依赖提供设备获得的营收增长乏力。因此，企业针对当前的自身需求与市场需要，应在提供工业设备的基础上，从产品全生命周期出发，构建卓越产品导向模式，助力行业发展。

某制造型企业作为全球领先的工程机械制造商，在行业内开创了全新价值链服务时代：

① 从自身盈利角度出发，为满足市场需求，开始向工程机械行业后服务转型，设置全渠道客服，全方位响应产品维护需求。

② 通过数字化技术实现对 50 万台工程设备的实时监控。

③ 打造生态互联，连接经销商、服务工程师等，实现线上智能派工服务，覆盖到产品全生命周期，提供涵盖从设计研发到后期维护服务的卓越产品。

该企业通过卓越产品导向模式的构建与实施，取得了显著成效：生产周期缩短近 80%、生产效率提升近 85%，实现了从订单、交付到维护全流程的数据驱动。

2.3 “卓越工厂”典型智能制造场景及用例分析

“卓越工厂”的场景建设分别侧重于两大方面：

① 在生产制造环节，不断提升企业内部的数字化生产能力，分别从生产、设备维护、绩效管理、质量管理以及可持续发展等场景借助先进智能制造技术并结合企业当前生产模式与业务，打造卓越智能制造体系，提供优质产品。

② 在端到端价值链环节，分别从端到端数字化运维、供应链网络连接、端到端协同研发、端到端规划以及端到端交付等场景运用数字化技术实现端到端价值链环节的全向打通，实现研发设计、生产制造、供应链、产品及服务运维等业务的有机融合，打造稳固且可持续的产业链条。

通过总结，智能工厂亮点场景用例与应用企业如图 2-4 所示。

2.3.1 生产制造环节场景分析

在生产制造环节，通过主要生产制造场景和关键赋能技术的深度融合与相互协作，提升企业核心竞争力，以下内容围绕数字化生产、数字化设备维护、数字化绩效管理、数字化质量管理和数字化可持续发展五大场景展开介绍。

① 数字化生产。在数字化生产场景中，将新型信息技术与先进制造技术融合，借助精益工具以及先进智能设备，实现人机协同作业、智能加工和装配、生产资源动态调配、生产作业精准管控、柔性化生产和精益化管理，进而提高生产过程管控的精细化水平与透明化程度，进一步助力企业提质降本增效。

生产制造	场景用例	应用企业	端到端	场景用例	应用企业
数字化生产	•数字化精益工具 •协作机器人与自动化 •基于XR的数字化培训 •模块化可重构生产线系统 •基于数字孪生的柔性生产 ……	➢博世 ➢上汽大通 ➢三一重工 ➢美的 ➢京东方 ……	端到端数字化运维	•基于XR的产品远程运维支持 •基于5G的远程监控与诊断 •产品预测性维护维修 •产品健康管理 ……	➢纬创资通 ➢富士康 ➢西门子 ……
数字化设备维护	•数据分析与预测性维护 •基于AR设备维护维修 •设备全生命周期管理 •设备维修知识库 •基于物联网的设备运行监控 •设备远程监控与运维指导 ……	➢博世 ➢潍柴 ➢三一重工 ➢富士康 ➢西门子 ……	供应链网络连接	•基于条码/RFID的零部件追溯 •与设备供应商进行联合数据分析，实现流程优化 •供应商数字化绩效管理 •数字化供应链 •数字化叫料系统 ……	➢博世 ➢美的 ➢海尔 ➢爱科集团 ➢纬创资通 ……
数字化绩效管理	•生产过程实时监控与可视化 •基于数字孪生的生产优化 •监控OEE的数字看板 •数字化绩效管理系统 •数字工具增强员工互联与协同 •基于高级分析的调度与派遣 ……	➢博世 ➢京东方 ➢富士康 ➢西门子 ➢纬创资通 ……	端到端协同研发	•面向制造的产品智能研发平台 •产品设计与测试协同管理平台 •基于虚拟现实的产品设计 •基于3D打印的快速样品设计 •基于数字孪生的产品设计与虚拟样机 ……	•中信戴卡 •宁德时代 •潍柴 •海尔 ……
数字化质量管理	•产品精准评估 •自动化光学检测 •先进传感器检测 •数字化质量管理 •数字化防呆防错工具 •基于AR的质量在线检查 •基于高级统计分析的质量监控 ……	➢中信戴卡 ➢美光科技 ➢上汽大通 ➢宁德时代 ➢潍柴 ……	端到端规划	•预测性库存补货 •基于动态仿真的仓储设计 •基于数字孪生的实时生产调度 •仓储资源动态调度与规划 •端到端实时供应链可视平台 •实时库存管理与监控 ……	➢博世 ➢京东方 ➢上汽大通 ➢爱科集团 ➢美的 ……
数字化可持续发展	•基于预测分析的能源消耗优化 •能耗与排放数据的统计与分析 •基于物联网数据采集的能耗与排放管理 •高级分析支持的可持续优化 ……	➢博世 ➢潍柴 ➢纬创资通 ➢宁德时代 ➢美的 ……	端到端交付	•端到端智慧物流中台 •数字化物流运输系统 •数字化拣货和运输 •数字化跟踪与追溯 •智能运输管理系统 ……	➢博世 ➢爱科集团 ➢纬创资通 ➢宁德时代 ➢西门子 ……

图 2-4　智能工厂亮点场景用例与应用企业

② 数字化设备维护。在数字化设备维护场景中，通过 5G、云计算、大数据、边云协同、扩展现实（extended reality，XR）技术等，对设备运行数据进行采集、传输、处理与分析，实现对设备运行状态的实时感知与管控，并赋能设备维护维修，提高维修过程透明化，缩短维修响应时间，提高设备维护效率与预测性维护维修的准确性。

③ 数字化绩效管理。在数字化绩效管理场景中，利用射频识别（radio frequency identification，RFID）、超宽带（ultra-wideband，UWB）、人工智能、大数据等新型信息技术，对生产绩效、人员绩效、设备效率等指标进行实时统计分析，实现企业绩效管理的数字化，并通过对生产过程的实时监控，持续优化生产过程，从而提升各个环节的综合效率。

④ 数字化质量管理。在数字化质量管理场景中，通过运用 RFID、UWB、智能传感、

机器视觉等技术，对产品质量数据进行精准采集和高效传输，并借助人工智能、大数据等技术对数据进行增值，从而实现对产品质量的精准检测，进而提升产品质量与可靠性，提升企业竞争力。

⑤ 数字化可持续发展。在数字化可持续发展场景中，基于5G、云计算、大数据、人工智能等新型信息技术，主要从生产设备能源消耗以及生产过程污染排放等方面进行场景及案例建设，借助物联网技术对能耗等数据进行实时采集、传输与分析，支撑能耗以及资源的优化，实现数字化可持续发展。

2.3.2 端到端价值链环节场景分析

在端到端价值链环节，整体围绕五大典型场景构建稳固的产业链条以实现横向集成，即端到端数字化运维、供应链网络连接、端到端协同研发、端到端规划以及端到端交付。

① 端到端数字化运维。在端到端数字化运维场景中，通过采用物联网等数字化技术，构建大数据分析平台，对产品的运行数据进行实时采集、传输、预分析，实时监控产品的健康状态，并依据产品的使用状态与产品相关退化模型，实现对产品的预测性维护维修，提升端到端数字化运维能力。

② 供应链网络连接。在供应链网络连接场景中，通过对供应链各个环节的跟踪与追溯，实时监控供应链上下游状态，从而实现对供应链网络的管理；同时通过供应链信息的实时共享，提升供应链的透明程度，从而加强供应链中各个环节的连接性。

③ 端到端协同研发。在端到端协同研发场景中，通过5G、增材制造、虚拟现实等数字化技术，使产品的数字化研发突破空间约束，实现多点实时在线产品研发与设计，提高产品研发效率，降低研发成本；同时，客户也可参与其中，满足客户个性化定制要求，提高客户满意度，快速响应市场需求。

④ 端到端规划。在端到端规划场景中，通过数字化技术对供应链各环节进行状态监控，包括上游供应商与下游客户，实时获取供应商供货能力，预测客户订单，并与企业的仓储水平和生产能力进行实时匹配，进一步支撑端到端的规划设计，从而满足客户的多样化订单需求。

⑤ 端到端交付。在端到端交付场景中，通过搭载端到端智慧物流平台以及智能运输系统，借助数字化技术对产业链各组成部分进行动态监控，实时响应不断变化的需求，实现端到端敏捷交付。

2.3.3 工业和信息化部《智能制造典型场景参考指引》

智能制造典型场景是智能工厂的基本组成单元，面向产品全生命周期、生产制造全过程和供应链全环节核心问题，通过新一代信息技术与先进制造技术的深度融合，部署智能制造装备、工业软件和系统，实现具备协同和自治特征、具有特定功能和实际价值的应用。《智能制造典型场景参考指引》根据十余年来我国智能制造探索实践，结合技术创新和融合应用发展趋势，总结了15个环节的40个智能制造典型场景，如表2-1所示。

表 2-1　智能制造典型场景

环节	智能制造典型场景
工厂建设	工厂数字化设计与交付
	数字孪生工厂运营优化
产品设计	产品数字化研发设计
	虚拟验证与中试
工艺设计	工艺数字化设计
	可制造性设计
计划调度	生产计划优化
	智能排产调度
生产作业	产线柔性配置
	人机协同作业
	工艺动态优化
	先进过程控制
	数智精益管理
质量管控	在线智能检测
	质量追溯与分析改进
设备管理	设备运行监控
	设备智能运维
仓储物流	智能仓储
	精准配送
安全管控	危险作业自动化
	安全一体化管控
能碳管理	能源智能管控
	碳资产全生命周期管理
环保管理	污染在线管控
营销与售后	智慧营销管理
	产品智能运维
	智能客户服务
供应链管理	供应链计划协同优化
	供应商数智化管理
	供应链物流智能配送
信息基础设施	先进工业网络应用
	工业信息安全管控
	工厂数据资源管理
多环节模式创新	数据驱动产品研发
	大规模个性化定制
	网络协同制造
	研—产—供—销—维深度集成
	弹性供应链
	全员数字化管理
	可持续制造

① 工厂建设。智能制造的基础之一是工厂建设的数字化和智能化。通过工厂数字化设计与交付，利用建筑信息模型、生产系统建模、物流仿真等技术，能够在规划和设计阶段精确优化工厂布局，缩短工厂建设周期。同时，借助数字孪生技术，通过虚拟与现实的双向互动，实现对工厂的实时监控和优化调整，确保工厂在运营过程中的高效性和持续改进。

② 产品设计。智能制造在产品设计阶段的应用，主要体现在通过数字化研发设计来提升设计效率和质量。在产品设计过程中，借助数字化设计工具和仿真平台，设计人员能够通过多学科联合建模和性能分析，实现产品的结构和功能优化，缩短研发周期。此外，通过虚拟验证与中试技术，能够在产品开发的早期阶段，利用虚拟仿真进行产品的功能验证和可靠性分析，从而降低实验成本，确保新产品的快速成熟。

③ 工艺设计。在工艺设计环节，智能制造的技术优势尤为突出。通过工艺数字化设计，能够利用仿真工具进行工艺的建模和优化，显著提高设计效率和准确性。在此基础上，可制造性设计提供了一种有效的方法，通过跨越产品研发、工艺设计和生产过程的数据联通，全面评估和优化产品的可加工性、可装配性和可维护性，从而确保产品设计能够顺利转化为高效生产。

④ 计划调度。生产计划与调度优化是智能制造的重要组成部分。借助生产计划优化系统，可以实现对销售订单的预测和生产计划的精确制定，优化采购、生产和仓储环节的数据流通，确保交货周期的缩短。而智能排产调度则通过先进的排产建模和优化算法，在多变的生产环境下动态调整排产计划，提升资源利用效率，缩短生产周期，减少生产过程中的不确定性和浪费。

⑤ 生产作业。在生产作业过程中，智能制造技术使得生产线的柔性化与高效化成为可能。通过产线柔性配置技术，企业可以根据实际需求和订单情况快速调整生产线配置，从而减少生产线的改造周期和换线时间。人机协同作业则通过工业机器人等智能设备与人工操作的协同，提高了作业的效率和安全性，尤其在复杂产品的加工和装配过程中，能够充分发挥人机协作的优势。借助工艺动态优化和先进过程控制等技术，能够实现生产过程中的工艺参数实时调优和过程控制，确保产品质量的一致性和生产过程的高效性。此外，通过构建数智化精益管理体系，将精益管理理念与大数据、云计算、人工智能等数智技术深度融合，实现基于数据的人、机、料、法、环等生产要素精准、高效管理，提升整体运营效率。

⑥ 质量管控。在智能制造的质量管控中，在线智能检测通过机器视觉、物性成分分析等技术，能够实现产品缺陷的实时检测和质量自动判定，大幅提高质量检测的效率和准确性。同时，质量追溯与分析改进通过条码、RFID、5G 等技术，实现对产品从设计到生产、使用的全过程追溯，帮助企业及时发现和解决质量问题，优化产品和生产过程。

⑦ 设备管理。设备管理是智能制造中的关键环节。通过设备运行监控系统，能够实时采集设备的运行数据，对设备状态进行分析，并及时预警潜在的故障问题，从而提升设备的运行效率与可靠性。设备智能运维则结合智能传感器和预测性维护技术，能够基于设备的运行数据预测故障并进行预防性修复，降低设备的运维成本，并保障生产的连续性。

⑧ 仓储物流。在智能制造的仓储与物流管理中，智能仓储技术通过条码、二维码、RFID、自动化仓储设备等技术，实现物料的自动入库、出库与拣选，大幅提高仓储效率和

库存周转率。精准配送技术则通过高精度室内定位与物流路径优化，能够实现对厂内物料的快速、精准配送，提升物流系统的响应速度和运作效率。

⑨ 安全管控。智能制造不仅强调生产效率，还高度重视生产过程中的安全管理。通过危险作业自动化技术，能够实现危险作业的自动化操作和智能化管控，从而提高作业安全性并降低人员暴露风险。同时，安全一体化管控系统通过实时监控和应急响应机制，有效提高了对生产过程中安全风险的识别、预警和处置能力，确保生产环境的安全稳定。

⑩ 能碳管理。能源和碳管理是推动智能制造向绿色生产转型的重要动力。通过能源智能管控系统，企业可以实时监控能源的消耗情况，并通过数据分析和优化调度实现能源的精细化管理，降低单位产值的能耗。碳资产全生命周期管理技术则通过精准的碳排放监测和数据分析，帮助企业追踪和核算产品的碳足迹，从而推动绿色生产和可持续发展。

⑪ 环保管理。在智能制造中，环保管理和可持续发展已成为企业的核心关注点。通过污染在线管控技术，企业能够实时监控和控制污染物的排放，实现污染物的源头控制和全过程监测，从而减少环境污染。

⑫ 营销与售后。智能制造的应用不仅体现在生产环节，还扩展至营销和售后服务领域。通过智慧营销管理，企业能够通过大数据分析精准识别市场需求，优化产品营销策略，提高销售效率。产品智能运维针对服务周期长、响应不及时等问题，通过远程监控、预测性维护等技术，为客户提供增值服务，提升产品的附加值。智能客户服务则针对客户响应不及时、服务体验感差等问题，利用 5G、AI 等技术提供主动式客户服务响应，进一步提升客户满意度和品牌忠诚度。

⑬ 供应链管理。供应链管理是智能制造成功的关键因素之一。通过供应链计划协同优化，企业可以基于市场需求、生产和库存数据优化供应链计划，确保生产和物流的协调性。供应商数智化管理技术则通过数据分析帮助企业评估供应商风险和优化供应商选择，从而确保原材料的及时供应和成本控制。而供应链物流智能配送通过智能物流设备和实时定位技术，实现供应链物流的高效管理和准时交付。

⑭ 信息基础设施。智能制造的发展离不开先进的信息基础设施。通过先进工业网络应用，企业可以构建高可靠、低时延、大带宽的工业互联网环境，确保智能制造系统的高效运行。同时，工业信息安全管控提供了全方位的网络安全防护措施，通过对数据流和网络安全的严格管控，确保生产过程中的信息安全。此外，针对数据格式不统一、价值释放不充分等问题，建设数据中心、工业互联网平台等基础设施，融合数据跨域控制、数字合约、隐私计算等技术，开展数据治理，实现企业内或跨企业的数据安全可信流通和挖掘应用，推动数据价值化。

⑮ 多环节模式创新。智能制造还推动了多环节的模式创新，如数据驱动产品研发、大规模个性化定制、网络协同制造、“研—产—供—销—维”深度集成、弹性供应链、全员数字化管理、可持续制造等。这些创新不仅提升了产品研发的效率，还能够满足市场上个性化、多样化的需求，同时推动了制造资源的共享和协同优化。

智能制造不仅在生产环节提供了技术创新和效率提升，更在各个领域内推动了企业的数智化转型。从工厂建设到供应链管理，从产品设计到售后服务，智能制造为企业提供了一种全面提升生产力、降低成本、增强竞争力的新路径。在未来，随着技术的不断发展，智能制造将在更多领域实现深度应用，并为全球制造业的可持续发展提供强大动力。

2.4 “卓越工厂”实施启示

当前，随着数智化转型升级进程的深入以及我国制造业整体水平的提升，我国制造业已经进入了由高速增长向高质量发展转变的新阶段。因此，企业数智化转型需要持续推进。通过研究全球“卓越工厂”的最佳实践经验，总结和分析出了以下企业数智化转型的重要启示：

① 数智化转型应以价值与问题为导向，不断夯实数智化转型升级基础、人才发展体系与智能制造实施体系，逐步构建面向全价值链的精益体系并实现业务流程持续优化。

② 以点带面，重点提升核心工艺装备的数智化水平，并在关键生产环节部署工业软件系统，通过制造物联技术实现重要生产环节的集成与协同。

③ 面向产品全生命周期和生产订单全生命周期进行系统集成和内外部协同，实现全流程的敏捷响应。

④ 在实现企业全要素互联互通的基础上，积极构建并部署工业互联网平台，实现企业内外部的协同与产业链协同，促进研发设计、生产制造、供应链等模式创新。

⑤ 基于大量的工业数据沉淀，深入挖掘工业大数据内在价值，基于知识和模型驱动“研—产—供—销—维”的智能运行与决策优化。

⑥ 针对智能制造的系统性实施、高质量和持续性发展等特点，搭建可持续的数智化转型升级体系，为企业建立持续的竞争优势。

此外，全球“卓越工厂”通过长期实践搭建了具备规模化的可复制、可推广的智能制造场景及用例，这些场景及用例已经在很多行业的龙头企业进行长期深入的实践和验证，并产生了规模化效益，具备一定的参考和借鉴价值。目前，我国多数企业仍面临智能制造项目经验无法复制和推广的困境。因此，智能制造示范工厂或企业有必要借鉴“卓越工厂”企业的典型智能制造场景及用例的实施经验，打造符合企业内部需求的智能制造场景及用例，并向企业内其他使用模块进行快速平移和复制，发挥其规模效应和价值。

同时，智能制造赋能技术作为企业智能制造转型实施的关键支撑，在第四次工业革命背景下，云计算、大数据、物联网、人工智能等新兴信息技术与制造业的深度融合，正在引发研发设计、生产制造、供应管理、销售服务、运营维护等方面的深刻变革。这些关键技术被应用到产品不同的生命周期阶段、企业不同的业务流程，发挥着从基本应用到场景优化、集成协同乃至模式创新等层面的功能，企业需要以价值和问题为导向，结合不同业务维运行优化需求，匹配合适的关键技术来赋能企业整体转型升级。

企业数智化转型不仅仅是简单的技术驱动，需要企业构建完善的数智化转型蓝图与架构，明确转型路径。同时，通过跨部门、跨环节、跨层级的业务集成与协同优化，逐步实现企业数智化转型与高质量发展。

课后习题

1. 总结“卓越工厂”建设的意义和价值。

2．列举“卓越工厂”应具备的主要能力。

3．列举“卓越工厂”的实施目标。

4．简述“卓越工厂”典型实施模式与差异。

5．列举“卓越工厂”的生产制造与端到端价值链环节的典型智能制造场景。

6．总结“卓越工厂”模式对企业数智化转型的启示。

参考文献

[1] 中华人民共和国工业和信息化部，等．“十四五”智能制造发展规划[R/OL]. (2021-12-21)[2025-03-03]. https://www.gov.cn/zhengce/zhengceku/2021-12/28/content_5664996.htm.

[2] 中华人民共和国工业和信息化部．“十四五”信息化和工业化深度融合发展规划[R/OL]. (2021-11-17)[2025-03-03].https://www.gov.cn/zhengce/zhengceku/2021-12/01/content_5655208.htm.

[3] 中华人民共和国工业和信息化部. 智能制造典型场景参考指引（2024年版）[R/OL].(2024-9-19) [2025-03-03]. https://www.gov.cn/zhengce/zhengceku/202409/content_6977718.htm.

[4] Toro C, Wang W, Akhtar H. Implementing Industry 4.0: The Model Factory as the Key Enabler for the Future of Manufacturing [M]. New York: Springer, 2021.

[5] 弗里德里希·佩施克，卡斯滕·埃卡德. 数字化实现柔性生产的德国实践[M]. 丁树玺，译. 北京：机械工业出版社，2022.

[6] 杨汉录，宋勇华. 打造灯塔工厂：数字—智能化制造里程碑[M]. 北京：企业管理出版社，2022.

本书配套资源

第3章

企业数智化转型战略与方法

知识图谱

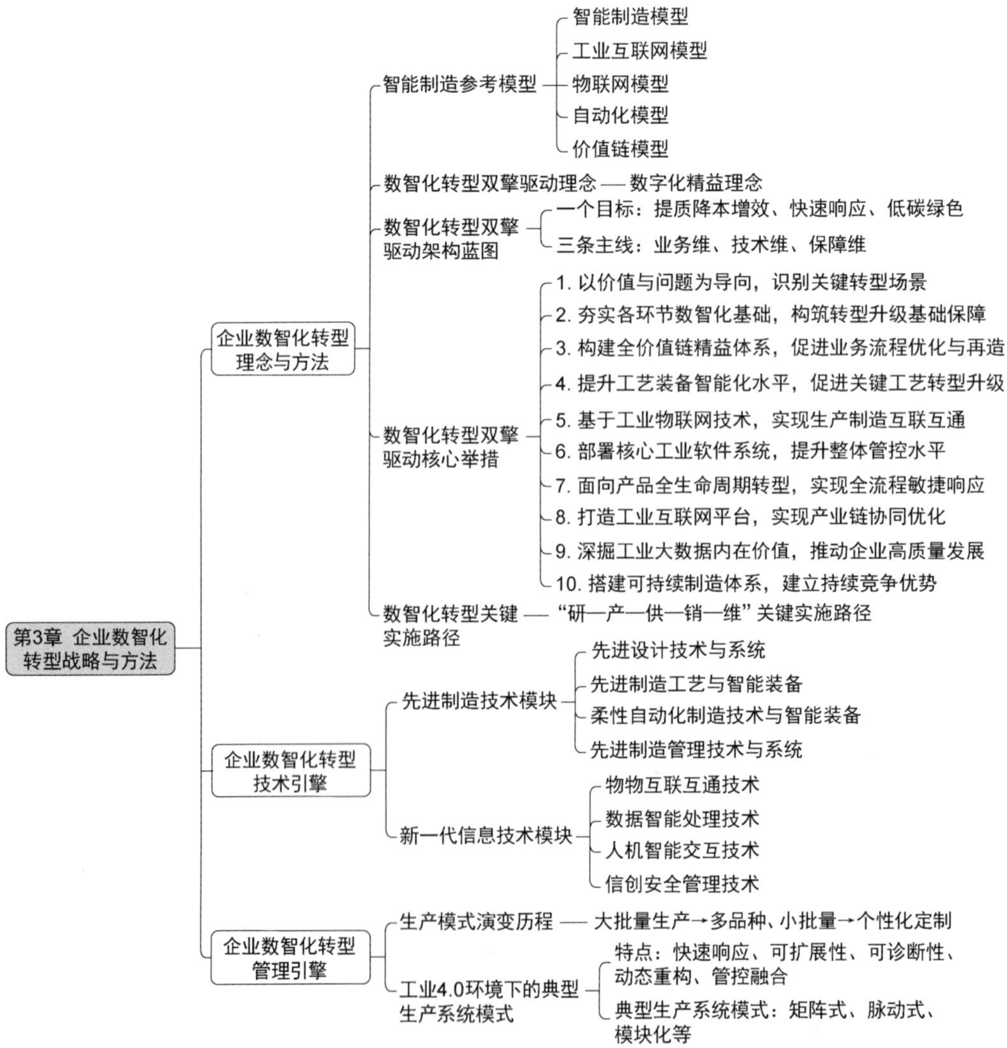

学习目标

① 能够了解国内外常见的智能制造参考模型；
② 能够辨别并阐释管理与技术融合的数智化转型理念；
③ 能够正确理解企业数智化转型的目标；
④ 能够理解并阐释企业数智化转型的核心举措；
⑤ 能够了解“研—产—供—销—维”业务发展实施路径与成熟度；
⑥ 能够列举新一轮产业变革中的关键先进制造技术与新一代信息技术；
⑦ 能够理解并描述智能制造关键技术的主要应用场景；
⑧ 能够理解生产模式的演变历程；
⑨ 能够理解并描述工业 4.0 环境下的生产系统的特点；
⑩ 能够区分并阐释工业 4.0 环境下的典型生产系统模式。

3.1 企业数智化转型理念与方法

3.1.1　智能制造参考模型

智能制造参考模型是一个关于智能制造系统如何构建、开发、集成、运行、实施的参考体系架构。本节在对比分析智能制造模型、工业互联网模型、物联网模型、自动化模型、价值链模型等成熟模型的基础上，总结出它们之间的差异性与相似性，为后续提出双擎驱动的企业数智化转型架构提供参考依据。

3.1.1.1　智能制造模型

① 工业 4.0 参考架构模型 RAMI4.0。由德国发布，以支持工业 4.0 计划，主要侧重于工业生产。该框架介绍了如何以结构化方式部署工业 4.0，其主要目标是确保所有工业 4.0 活动的参与者都有一个共同的框架来相互理解，旨在确定标准。

② 智能制造生态系统 SMS。由美国国家标准与技术研究院提出，在制造业务中广泛应用，包括设计、生产和管理等功能。该模型在企业设备、工厂和系统的垂直集成中发挥作用，在产品全生命周期每个维度使用的集成制造软件系统有助于实现产品全生命周期实时控制，并辅助工厂与企业做出最佳决策。

③ 智能制造系统架构 IMSA。该模型是由中国国家智能制造标准化总体组发布的一个通用的制造体系模型，主要涉及智能制造十大领域，模型从生命周期、系统层级和智能特征三个维度描述了智能制造所涉及的要素、装备、活动等内容，明确了智能制造的标准化对象和范围，指导国家智能制造标准体系建设。

④ 智能制造标准路线框架。由法国国家制造创新网络提出，旨在提供现行标准的映射和连接，协调如国际标准化组织（International Organization for Standardization，ISO）、

国际电工委员会（International Electrotechnical Committee，IEC）发布的标准和其他实用标准，以便通过未来工厂数字模型描述行业活动。智能制造标准路线框架使标准化利益相关者能够为每个相关标准确定与其潜在角色相关的特征及其在行业中的使用影响。其中，通过对标准库的过滤，可以构建不同的图形表示，以促进对问题的理解并做出最优决策。

⑤ 国际商业机器公司（international business machines corporation，IBM）工业 4.0 架构。IBM 发布了工业 4.0 的两层（混合云层及设备层）参考架构用于描述制造系统的功能架构。该模型将应用程序与相关功能封装在独立和自治服务模块中，可提升企业灵活性与生产力。

3.1.1.2 工业互联网模型

工业互联网参考架构（industrial internet reference architecture，IIRA）由工业互联网联盟发布，是一种基于标准工业互联网系统的开放式架构。IIRA 通过广泛的行业适用性来推动互操作性，映射适用技术并指导技术制定标准，从而使价值最大化。IIRA 旨在根据架构要求确定技术差距，推动新技术开发。

3.1.1.3 物联网模型

① 物联网概念模型。该模型支持在端到端的环境中查看物联网系统。顶层是代表运营和管理的用户域；第二层是应用程序服务以及资源和交换域；第三层是传感和控制域，包括本地控制系统、物联网网关、传感器和执行器等；底层是物理实体域，包含感知和受控的物理对象。

② 电气电子工程师学会（Institute of Electrical and Electronics Engineers，IEEE）物联网参考模型。模型中定义了物联网的体系架构，包括物联网域的描述、物联网域抽象的定义以及不同物联网域之间的共性识别。此体系结构的功能视图包括应用程序、物联网业务流程管理、虚拟实体、物联网服务、通信和底部的设备，旨在协同不同参考模型以达到相同的系统质量。

③ 国际电信联盟（International Telecommunications Union，ITU）物联网参考模型。模型中定义了应用层、业务与应用支持层、网络层、装置层，模型中强调多层之间的互联和通信。

④ 物联网架构参考模型。由 oneM2M 物联网协议联盟提出，包括应用层、公共服务层与网络服务层，该模型提供了在不同层级和以不同角色工作的应用程序实体（application entity，AE）、公共服务实体（common service entity，CSE）和网络服务实体（network service entity，NSE）。AE 负责应用程序逻辑，CSE 为其他 CSE 或 AE 提供通用服务功能，NSE 为 CSE 提供底层网络服务。AE 和 CSE 可以位于移动设备、网关或服务器上。

3.1.1.4 自动化模型

① ISA-95 参考架构。由国际自动化学会和美国国家标准协会联合开发的国际标准，旨在为企业业务系统和制造操作系统之间的信息交换提供抽象模型和标准术语，促进利益相关者的有效沟通，降低总拥有成本并实现无差错集成。

② 5C 架构模型。基于自动化过程模型实施的提案，包括连接、转换、网络、认知、配置五个系统操作级别，分别对应连接层（connection）、转换层（conversion）、计算网络

层（cyber）、认知层（cognition）与配置层（configuration），该模型以工业设备的数据采集为中心。

③ 8C 架构模型。在 5C 架构中添加联盟（coalition）、客户（customer）和内容（content），该模型强调 CPS 的横向整合、纵向整合以及制造过程中的客户。因此，8C 架构更加专注纵向与横向集成，有利于量产与大批量定制。

3.1.1.5 价值链模型

工业价值链参考架构（industrial value reference architecture，IVRA），由日本工业价值链计划组织自主开发，基于日本制造理念设计，认为智能制造能实现自主制造单位的相互通信与协作，在满足个性化需求的同时，可实现生产效率飞跃性的提高。IVRA 列出了实现智能制造的三个常见要求：通过互联实现价值链、使用宽松标准的自主协作和基于平台的生态系统。

3.1.1.6 参考架构模型对比分析

通过以上智能制造参考模型的基本介绍，可以发现不同类型的参考模型侧重点均有所不同，本节从发布时间、应用领域、主要特征三方面对以上模型进行综合对比分析，如图 3-1 所示。

① 智能制造模型对比分析。五个模型均面向制造业且针对全生命周期能力进行描述。工业 4.0 参考架构模型与智能制造标准路线框架认为智能工厂或未来工厂是实现智能制造的核心要点。工业 4.0 参考架构模型、智能制造生态系统、智能制造系统架构、IBM 工业 4.0 架构四个模型均为分层级控制的模型，智能制造标准路线框架则提供了一种具有标准化能力的模型。

② 工业互联网模型分析。基于工业互联网促进执行层、传输层、管理层之间的实时连接和智能交互，形成以信息数据链为驱动，以模型和高级分析为核心，以开放和智能为特征的新型工业系统。

③ 物联网模型对比分析。各模型所面向的领域呈现多样化态势，并都强调了企业间协同与集成的重要性。物联网概念模型主要对模型实体之间的概念和关系做出统一定义和规范；IEEE 物联网参考模型主要定义了多种模型之间的关系与协同；ITU 物联网参考模型和物联网架构参考模型中均涉及安全能力，它是实现企业间互联互通的基础和保障。

④ 自动化模型对比分析。三个模型均关注制造业的自动化过程，ISA-95 参考架构定义了五个自动化级别，5C 架构模型关注纵向自动化整合，8C 架构模型是在 5C 架构模型的基础上增加了对于联盟、客户、内容三个方面的考虑，更强调 CPS 的纵向与横向整合。

⑤ 价值链模型分析。表示企业智能制造单元，是面向工业需求的多样性和个性化的复杂系统，通过制造单元的互联互通，提高其生产力和生产效率，同时支持企业不必为遵循公共模型而过多改变自身业务流程，呼吁企业从多种参考模型中选择适配自身的模型。

通过对上述不同类型参考模型的介绍与对比分析可知，各种类型模型之间存在相似性与差异性，主要体现如下：

① 有五个模型在企业内部的互联互通能力的定义与描述上存在相似性，互联互通能

力有助于企业间的协同和集成，但均局限于企业内部，缺少企业间、供应链上下游之间的互联互通能力描述，无法规范横向集成与协同。

模型		发布组织(人)	发布时间	应用领域	主要特征
智能制造模型	工业4.0参考架构模型(RAMI4.0)	德国工业4.0平台	2015.04	制造	•基于CEN和CENELEC制定的智能电网架构模型 •三个维度：层级结构、生命周期和价值链、类别 •强调三个集成：企业内网络化制造体系纵向集成、企业间横向集成、全生命周期端到端工程数字化集成 •智能工厂是实现RAMI4.0的最小单元 •嵌入式智能：所有制造单元都是带有本地软件的嵌入式设备或系统、所有制造单元都具有自组织的计算和通信功能、大量部署各类传感元件实现信息的大量采集、自动化技术实现智能制造单元间的集成 •智能产品：被制造的产品具有制造过程中各阶段所必需的全部信息(标识、位置、状态、路线) •自治制造系统：互联制造单元的自组织(自组织生产)、制造步骤根据订单情况灵活定制(自组织工艺)
智能制造模型	智能制造生态系统SMS	美国国家标准与技术研究院NIST	2016.02	制造	•三个维度：产品、制造系统、商业。每个维度表示独立的生命周期 •制造金字塔是其核心，三个生命周期在这里汇聚和交互 •强调在每个维度上制造软件的集成，有助于车间层的先进控制，以及工厂和企业层的优化决策 •三项优先考虑的变革制造技术：高级传感、控制和制造平台，虚拟化、信息化和数字化制造技术，先进材料制造 •八种制造范式：精益制造、柔性制造、绿色制造、数字化制造、云制造、分布式制造、智能制造、敏捷制造
智能制造模型	智能制造系统架构IMSA	中国国家智能制造标准化总体组	2015.12	智能制造(重点十大领域)	•三个维度：生命周期、系统层级和智能功能 •生命周期是指包含一系列相互连接的价值创造活动的集成，不同行业有不同的生命周期 •相对于RAMI4.0系统层级维度做了简化，将产品和设备合并为设备层级 •生命周期维度细化为设计、生产、物流、销售和服务，但忽略了样品研制和产品生产的区别 •智能功能维度突出了各个层级的系统集成、数据集成、信息集成 •重点解决当前推进智能制造工作中遇到的数据集成、互联互通等基础瓶颈问题 •强调核心装备：高档数控机床与工业机器人、增材制造装备、智能传感与控制装备、智能检测与装配装备、智能物流与仓储装备 •强调五种新模式：离散制造、流程制造、网络协同制造、大规模个性化定制、远程运维服务
智能制造模型	智能制造标准路线框架	法国国家制造创新网络AIF	2016.12	制造	•旨在提供现行标准的映射和连接，以便通过未来工厂数字模型描述行业活动(产品、生产、供应链、工业服务) •框架介绍了一种分析过程：给出描述标准蓝图的信息模型，现有标准填入信息模型，形成标准库。根据需求过滤标准库，建立不同的图形表示，用于理解问题并做出决策
智能制造模型	IBM工业4.0架构	IBM	2018.05	制造	•三个维度：边缘、工厂、企业 •是一种面向服务的架构，由两层组成，描述智能制造系统的功能架构，包括平台或混合云层，以及设备或设备层 •包括这些技术：区块链、云制造、IIoT、人工智能和软件定义网络 •描述了用户、机器、应用、供应链集成和技术之间的关系 •体系结构中心提供了基于专家与客户交互的参考体系结构，每个体系结构中的解决方案和示例提供了构建、扩展和部署应用程序的路线图
工业互联网模型	工业互联网参考架构(IIRA)	工业互联网联盟IIC	2017.01	能源、健康、制造、运输、公共部门	•按照工业互联网系统的关注点可分为四个视角：商业、使用、功能、实现 •五个功能域：商业、运营、信息、控制、应用 •正建立垂直领域应用案例分类表，在参考架构下体系化推进应用 •以工业互联网为基础，通过软件控制应用和软件定义机器的紧密联动，促进机器间、机器与控制平台间、企业上下游间实时连接和智能交互，形成以信息数据链为驱动，以模型和高级分析为核心，以开放和智能为特征的工业系统 •九大系统特性，包括：系统安全、信息安全、弹性(容错、自修复、自组织等)、互操作性、连接性、数据管理、高级数据分析、智能控制、动态组合
物联网模型	物联网概念模型	ISO/IEC-JTC1/WG10物联网工作组	2015.10	能源、建筑、工厂、健康、物流等	•旨在提供公共结构和定义，用于描述物联网系统中实体之间的概念和关系 •表示方式是基于修正的UML类图表示法
物联网模型	IEEE物联网参考模型	IEEE-P2413物联网工作组	2015.10	智能自动化、智能电网、智能交通系统	•定义了多种参考模型及其关系，如物理实体模型、领域模型、通信模型、功能模型、信息模型、完整性模型 •旨在协同不同参考模型以达到相同的系统质量 •它使用ISO/IEC/IEEE 42010中规定的符号进行描述
物联网模型	ITU物联网参考模型	ITU-TSG20物联网及其应用	2012.06	智能交通系统、智能电网、健康医疗等	•四个层次：设备层、网络层、服务支持和应用支持层、应用层 •两个跨层能力：管理能力、安全能力 •强调三方面的互联和通信：任意物体、任意时刻和任意地点
物联网模型	物联网架构参考模型	oneM2M物联网协议联盟	2015.06	能源、智能交通、公共服务、智能家居等	•三个层次：应用层、公共服务层、网络服务层。使用三层模型以支撑端对端的M2M服务 •专注于物联网应用层标准的制定，以实现各领域间的信息互通，包括：用例、接口、互操作、安全等
自动化模型	ISA-95参考架构	国际自动化学会 美国国家标准协会	1995	制造	•五个自动化级别：生产过程层、生产过程感知层、生产过程自动化层、制造运营自动化层、企业运营逻辑层 •ISA-95的理念是提供一个可实践、可操作的解决方案
自动化模型	5C架构模型	JayLee等人	2015.01	制造	•五个级别：连接、转换、网络、认知、配置 •从5C架构中，可以突出以下I4.0属性：自我意识、自我预测、自我比较、自我配置、自我维护、自我组织 •更多地关注垂直整合，而不是横向整合 •不强调产品全生命周期服务 •适合批量生产
自动化模型	8C架构模型	Jehn-Ruey Jiang	2018.06	制造	•8C架构是在5C架构基础上添加3C来实现的。3C内容：联盟、客户、内容 •它强调CPS的纵向整合和横向整合，以及制造过程中最重要的一方，即客户 •强调产品全生命周期服务
价值链模型	工业价值链参考架构(IVRA)	日本工业价值链计划IVI	2016.12	制造	•三个维度：资产、活动和管理视角 •智能制造单元(smart manufacturing unit，SMU)，表示智能制造的一个自主单元，是面向工业需求的多样性和个性化的复杂系统，通过制造单元的互联互通，极大地提高其生产力和生产效率 •提出建立企业间"宽松接口"标准框架。利用宽松定义的标准，企业可根据自身实际情况，从大量模型中选择出一种最为适合的模型，而不必为了遵守唯一的公共模型而过多地改变业务流程，如此可令更多的开发者和企业接受并使用参考模型，形成良性循环

图 3-1　智能制造参考模型对比分析

② 有部分模型在安全能力的定义与描述上存在相似性，安全能力作为企业互联互通及智能制造顺利实施必须解决的关键问题，尤其在工业互联网环境下，网络安全问题尤为凸显，需要模型或标准层面的定义与规范。

③ 模型面向的领域不同，其中，智能制造、自动化及价值链模型主要面向制造业，工业互联网及物联网模型面向的应用领域较为广泛。

④ 模型的结构不同，其中，智能制造模型描述的内容更为全面和复杂，多以三维结构形式表达，物联网及自动化模型的描述内容较为聚焦，多以二维结构的形式表达。

3.1.2　企业数智化转型双擎驱动理念

自改革开放以来，我国在短短几十年内建立了全面的现代化工业体系，并逐步发展成为制造大国，我国紧抓全球新一轮科技革命与产业变革的重大机遇，通过深化“两化融合”加速制造业数智化转型进程。但我国制造业数智化转型升级过程中面临诸多问题（如试点困境、意识理念不清和转型方法不当等），而数智化转型意识理念不清问题最为凸显，其中，过多追求技术先进性或单纯依靠技术驱动的转型理念，将会从根本上造成企业投入大，但效果与效益不理想情况的发生。而如何有效且低风险地实施新技术驱动下的数智化转型是企业所面临的核心问题。针对该问题，工程经济学家 E. Paul Degarmo 指出，企业在实施先进制造模式之前应该首先导入先进的生产管理理念与方法，在此基础上才能引进先进技术推进制造模式的转变，否则先进制造模式的实施将会面临较多风险。因此，在当前不确定、不稳定的制造环境下，以价值与问题为导向的数智化转型战略，能够有效促进企业转型效果与效益的显现。除此之外，更值得强调的一点是企业战略目标的实现主要依赖生产与经营管理活动的高效精准运转，企业应以服务组织管理变革与创新为核心，通过技术赋能转型升级。

精益生产作为一种以消除浪费和创造价值为核心的先进生产管理模式，在我国制造业中有着较为广泛的应用背景，能够为管理与技术的融合提供现实基础，其持续改进的理念，能够在不断融合多种制造模式与引入先进技术的基础上更好地适应企业不断变化的需求。基于此，本节在对比分析较多企业转型成功案例的基础上，提炼出“精益为核、技术赋能”的企业数智化转型双擎驱动理念，即数字化精益理念。该理念要求基于技术赋能实现制造过程物料流和信息流的自动化，并从系统工程的角度对企业的生产活动进行全面持续不断地分析与整体优化，旨在消除浪费、创造价值与优化生产运营指标。

为了进一步阐明数字化精益理念，本节围绕质量指标优化，构建了图 3-2 所示的示例。示例中以生产线产品质量提升为导向，以精益生产体系中的“自働化/JIDOKA”功能为切入点，逐步梳理并形成生产线质量转型场景下的数字化精益功能，如质量缺陷分析、故障模式分析、Andon 系统、防错等。在此基础上，以防错为例，通过因果关系图或鱼骨图分析防错项，并根据防错要求映射相应的防错技术，如传感器、机器视觉等技术在作业过程中的应用，能有效减少人员作业过程中的错装、漏装等问题。

3.1.3　企业数智化转型双擎驱动架构蓝图

企业数智化转型是一项面向企业发展的长期持续性系统工程，而数智化转型架构蓝图是企业有序推进数智化转型的整体框架，是企业制定转型路径与构建转型方案的重要依据，是企业整体发展战略有效落地的核心保障。因此，针对企业数智化转型架构蓝图的重要性，本节基于前面提出的“数字化+精益”的双擎驱动理念，构建如图 3-3 所示的企业数智化转型双擎驱动架构蓝图，图中主要包含了三条主线（业务维、技术维和保障维）和一个目标。

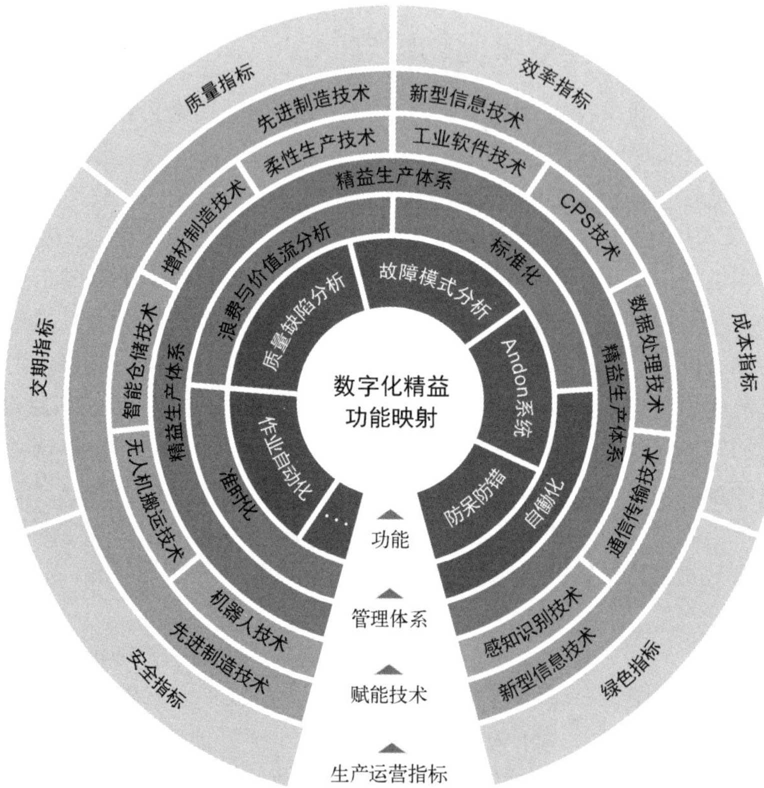

图 3-2　数字化精益功能映射

（1）一个目标

在新一轮技术革命与产业变革趋势下，企业转型的主要目标之一是能够快速响应日益凸显的个性化市场需求。除此之外，随着全球气候变暖和环境的日益恶化，企业的可持续发展也成为企业转型的另外一个重要目标。因此，在长期以提质、降本、增效为核心的生产运营目标的基础上，本节增加了快速响应和绿色低碳类的指标。

（2）三条主线

① 业务维主线。个性化市场需求驱动下的企业数智化转型是要求企业具有全业务维的快速响应能力，通过推动“研—产—供—销—维”五条业务主链的数智化转型实现各业务维的有效集成与协同管控，进而提升企业的快速响应能力与整体生产运营能力。

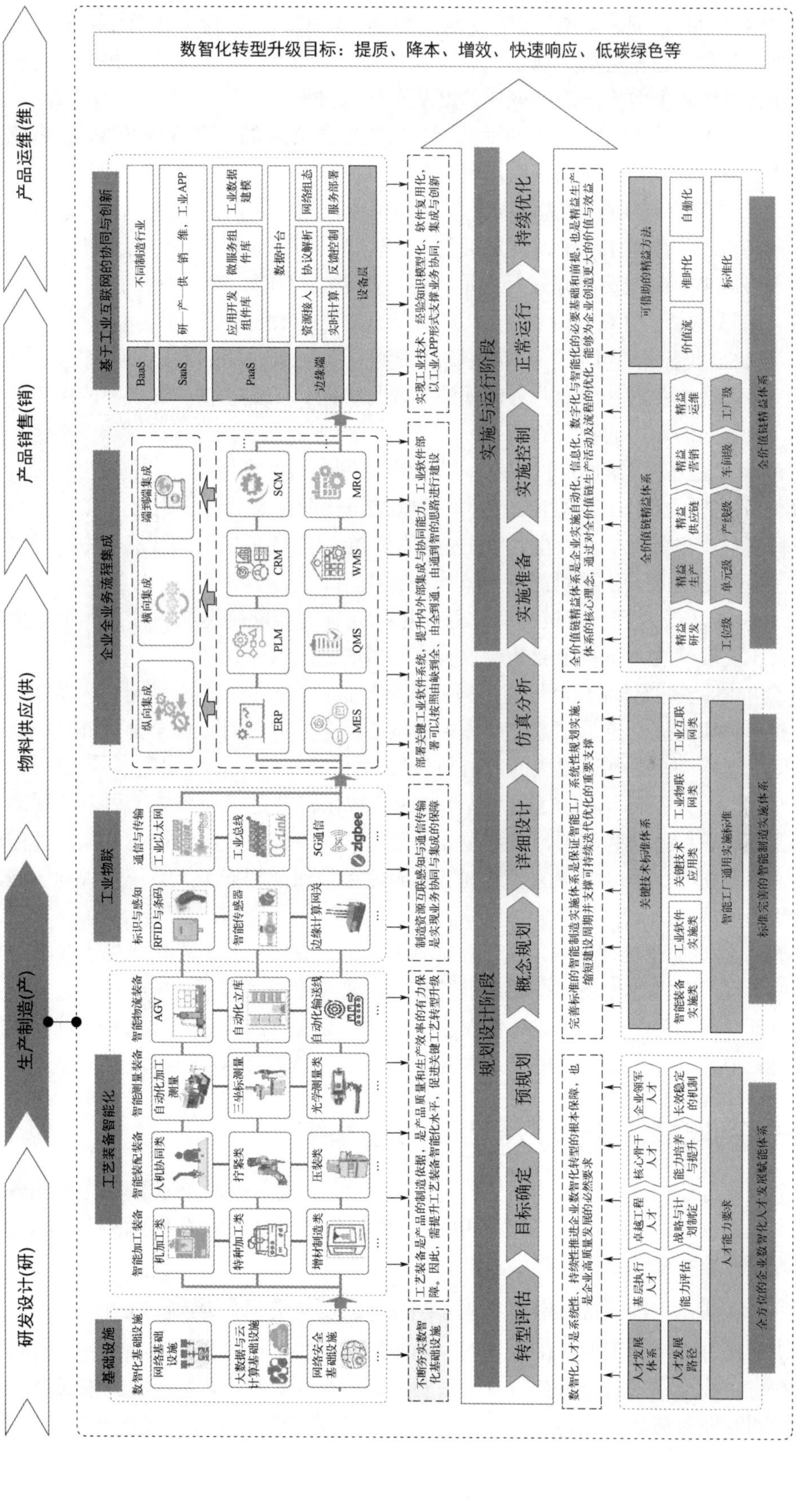

图 3-3　企业数智化转型双擎驱动架构蓝图

② 技术维主线。技术维主线主要包括数智化转型基础设施、工艺装备智能化、工业物联、企业全业务流程集成、基于工业互联网的协同与创新这五个技术模块，各模块之间按照企业数智化转型的推进深度或成熟度从左往右排列。

a．数智化转型基础设施。为企业数智化转型提供必要的基础设施条件，如网络基础设施、大数据与云计算基础设施、网络安全基础设施。

b．工艺装备智能化。工艺装备是产品的制造依据，是产品质量和生产效率的有力保障，提升工艺装备智能化水平，促进关键工艺转型升级是企业转型过程中的重要环节。

c．工业物联。制造资源互联互通是实现企业全流程业务集成与协同的前提保障，也是驱动 IT（信息技术）与 OT（操作技术）融合的关键技术因素。

d．企业全业务流程集成。在实现制造资源互联互通的基础上，通过部署关键工业软件系统能够实现企业内外部全业务流程的集成与协同。工业软件的部署与应用整体呈现由缺到全、由全到通、由通到智的特点。

e．基于工业互联网的协同与创新。工业互联网平台综合运用工业物联网、云计算、大数据和人工智能等技术，实现工业技术、经验知识模型化及软件复用化，以工业 APP 的形式支撑制造企业全要素、全流程、全生命周期、全产业链环境下的智能化生产、网络化协同、产品服务化延伸等各类创新。

③ 保障维主线。全价值链精益体系、标准完善的智能制造实施体系、全方位的企业数智化人才发展赋能体系是企业开展数智化转型的三项核心保障。

a．全价值链精益体系。全价值链精益体系是企业实施自动化、信息化、数字化与智能化的必要基础和前提，也是精益生产体系的核心理念，通过对企业全价值链生产活动及流程的优化，能够为企业创造更大的价值与效益。

b．标准完善的智能制造实施体系。企业数智化转型是一项系统工程，从基础设施建设到重点领域业务系统的部署，再到全业务流程的内外部集成、协同与创新，都需要智能制造实施体系支撑。标准完善的智能制造实施体系是保证智能工厂系统性规划实施、缩短建设周期及可持续迭代优化的重要支撑。

c．全方位的企业数智化人才发展赋能体系。企业数智化转型是集成先进管理与技术的复杂系统工程，对人才种类与技能要求较高，需要企业领军人才、核心骨干人才、卓越工程人才与基层人才等全方位的数智化人才。因此，全方位的企业数智化人才发展赋能体系是数智化转型系统性实施与高质量发展的重要支撑和必不可少的保障。

3.1.4 企业数智化转型双擎驱动核心举措

本节依据上述所提出的整体框架蓝图，在结合“卓越工厂”企业数智化转型典型成功经验与实施案例的基础上，总结并梳理出企业数智化转型过程中的十项核心举措，如图 3-4 所示，为企业数智化转型升级提供参考。

（1）核心举措一：以价值与问题为导向，识别关键转型场景

在“两化融合”和工业 4.0 背景下，智能制造正在从技术和解决方案驱动转向价值与问题驱动。企业应根据自身特点与发展需要，确定企业数智化转型的实施模式（如卓越制造导向模式）；在实施数智化转型的过程中，企业要考虑当前业务模式及产品是否需要创新，

通过智能制造要实现什么目标，以及智能制造场景如何搭建等问题，进行核心业务模式改进与核心业务流程规划再造，并评估新业务模式与新业务流程价值；根据评估结果修正企业智能制造转型升级方向，在关键场景扎实开展转型工作，稳步推进企业数智化转型。

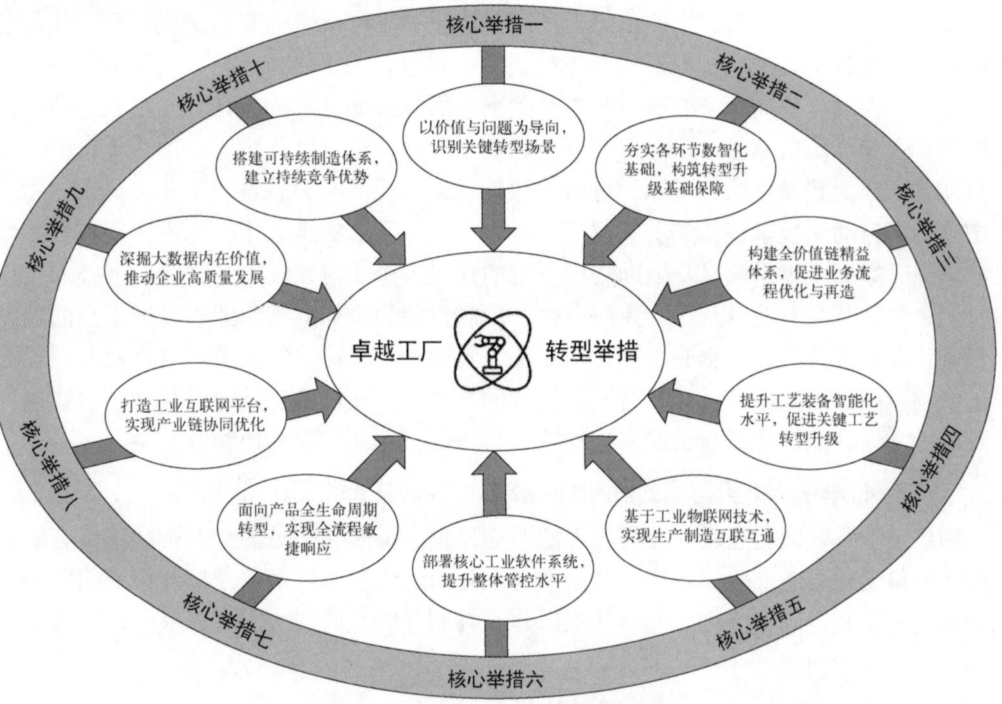

图 3-4　“卓越工厂”典型转型举措

（2）核心举措二：夯实各环节数智化基础，构筑转型升级基础保障

企业在进行信息化、数字化、智能化建设过程中，数智化转型基础建设尤为重要，是企业推进智能工厂建设行稳致远的核心保障，具体内容如下：

① IT 基础。通过基础设施、制造物联与协同服务，为企业的智能制造转型提供基础保障。其中，基础设施建设包括网络基础、数据库与数据仓库、企业主数据标准化、网络信息安全等；制造物联包括标准化数据接口、数据集成与共享、数据平台等；协同服务包括全要素、全流程互联，数据中台，云计算平台与工业互联网平台，等等。

② 数智化人才基础。人才的发展要求在能力上独立专精，在实践中复合交织，能力提升按照夯实通用能力、具备复合交叉专业能力、提升全局创新能力的思路进行规划与提升发展。

③ 智能制造实施体系基础。企业智能制造实施体系需按照初步规划、逐步完善、持续优化的思路进行建设，重点关注制造体系、智能制造成熟度、关键技术标准体系、实施流程四部分内容的建设。

（3）核心举措三：构建全价值链精益体系，促进业务流程优化与再造

业务流程优化与再造是企业实施信息化、数字化与智能化的必要基础和前提，也是精益化管理的核心理念，通过流程优化与消除浪费，能够为企业创造更大的价值与效益，因此，企业需要逐步构建面向单元、产线、车间、工厂、企业、集团全局乃至整个价值链的

精益体系，为企业数智化提供强劲的内核支撑。该路径主要包括精益水平提升、精益工具应用和精益价值链延伸。

（4）核心举措四：提升工艺装备智能化水平，促进关键工艺转型升级

核心工艺装备是产品制造的依据，是产品质量和生产效率的有力保障，新一代信息技术赋能工艺装备实现生产过程自适应控制、加工参数智能优化和选择、故障自诊断与修复等功能，不仅可以提高产品的质量与生产效率，而且降低能源的消耗。工艺装备智能化水平的提升需要经历自动化、数字化与智能化三个阶段。在自动化阶段，侧重于自动化装备与自动化产线的建设，企业可以通过引入数控机床、检测检验装备、工业机器人、AGV、立体仓库等自动化技术装备实现关键工艺或生产制造环节的少人化、无人化；在数字化阶段，侧重于数据采集系统以及纵向集成系统的建设，企业可以利用各种物联网技术实现制造资源之间的互联互通以及纵向集成管控，同时也能为企业后续工业互联网平台的建设奠定基础；在智能化阶段，企业实施重点是工艺装备的自适应、自决策与自优化，企业在集成工业物联网、大数据、云计算与人工智能的基础上，通过构建工业互联网平台实现设备预测维护、设备虚拟仿真与调试、远程监控与运维、闭环反馈与控制等。

（5）核心举措五：基于工业物联网技术，实现生产制造互联互通

通过工业物联网的互联互通可实现资产、流程、资源和产品的全面可视性，有助于促进跨业务单元和职能部门的协作，精简业务运营，优化生产效率以及提高投资回报率，实现价值最大化和全面智能化，为智能工厂建设打通互联互通与协同集成壁垒，构造新型生产体系。

（6）核心举措六：部署核心工业软件系统，提升整体管控水平

在信息技术时代，工业软件贯穿产品的研发、生产、供应、销售和运维整个价值链环节，企业内部的纵向集成、外部的横向集成以及端到端集成都离不开工业软件的全面应用和支撑。结合工业软件技术的发展以及企业数智化转型的发展，工业软件在智能工厂中的引入与部署整体呈现由缺到全、由全到通、由通到智（智能化）/质（高质量）的特点。

（7）核心举措七：面向产品全生命周期转型，实现全流程敏捷响应

智能制造不仅要重视各个业务环节的单元化技术与系统平台，更加需要整个生命周期内企业内部集成与外部协同。企业智能制造转型应从产品全生命周期的角度出发，以信息流带动业务流，通过对制造企业全流程、全设备、全基础设施的优化，完成产品全生命周期智能化改造。通过开展面向产品全生命周期的转型，打通数据与业务壁垒，实现“研—产—供—销—维”的一体化集成与协同，敏捷响应外部变化，驱动高效、互联、以客户为中心的运营模式。

（8）核心举措八：打造工业互联网平台，实现产业链协同优化

工业互联网平台作为各种先进技术的载体，可实现海量数据的采集、聚合及分析，从而支撑核心技术、制造资源与企业业务的深度融合，打造新型生态体系，促进企业内外部集成协同以及产业链协作。工业互联网平台将贯穿产品全生命周期，覆盖设计、原材料、加工、装配、物流及运维等所有环节，在提高企业生产灵活性的同时，可提升产品的质量和竞争力。工业互联网的核心能力主要包括互联互通能力、综合集成能力、数据价值挖掘

能力，其成熟度发展阶段具体为：现场工控网络系统应用、互联网与物联网环境下信息化与数字化系统应用、工业互联网应用（可视→监控→诊断→预测→洞察）。

（9）核心举措九：深掘工业大数据内在价值，推动企业高质量发展

企业在大量使用物联网等技术的过程中，会产生海量多源异构数据，可从中挖掘生产制造、产品服务等领域的知识与价值，促进“研—产—供—销—维”不同业务维度的场景优化（如高级生产排程、设备预测性维护维修、产品质量分析与优化等），帮助企业构建数据驱动的智能生产运营管理新模式，推动企业高质量发展。

（10）核心举措十：搭建可持续制造体系，建立持续竞争优势

企业数智化转型是一个集成多学科技术与方法的系统性工程，也是一个持续实施的过程，企业只有构建一个可持续的智能制造体系，才能建立持续不断的竞争优势。可持续发展的路径主要包括完善标准的智能制造实施体系、工业互联网平台、全方位的智能制造人才培养和绿色低碳发展四个方面。

3.1.5　数智化转型关键实施路径

“研—产—供—销—维”是企业数智化转型升级的核心，其发展阶段具备五个明显特征，从单元级的信息化与数字化管理系统，到重点生产环节的内部集成和协同，到全业务流程集成与内外部协同，再到基于工业互联网的数据价值挖掘与模型驱动的智能优化决策，最后发展到产品设计、服务与生产模式的创新与转型，如图 3-5 所示。

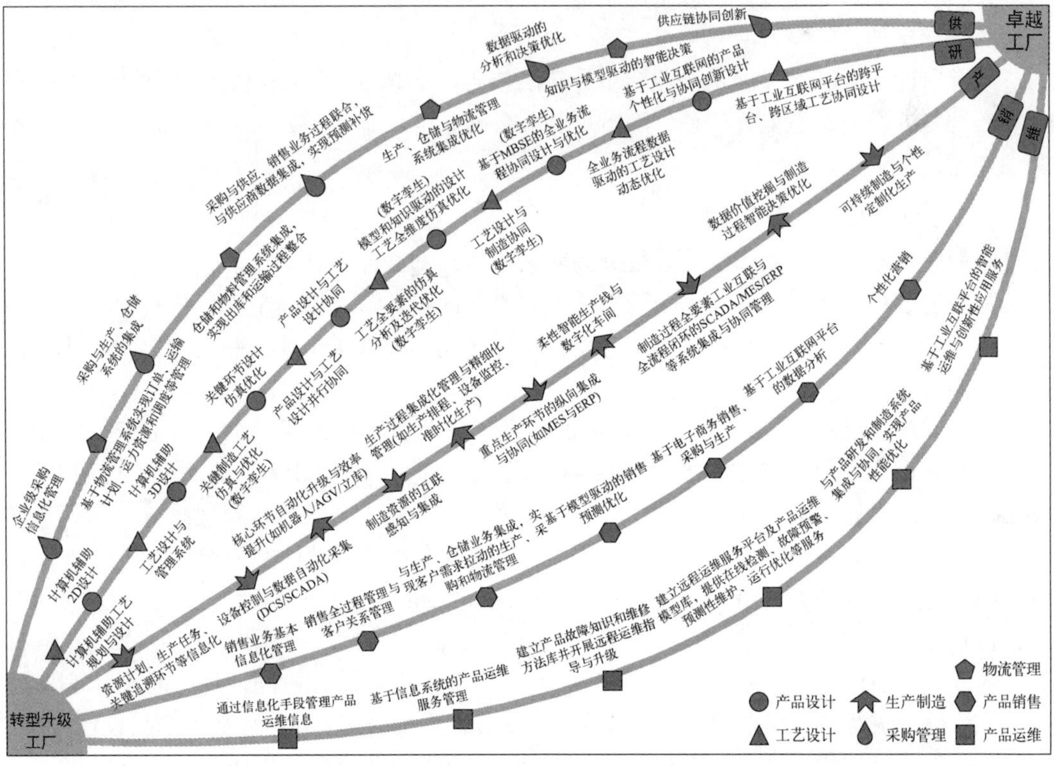

图 3-5　面向“研—产—供—销—维”的业务发展实施路径与成熟度

① 单元级的信息化与数字化管理系统。信息化与数字化手段在单一业务领域范围内的初步应用以及在此基础上的信息化和数字化系统管理，还未发展到流程驱动的主要生产环节的集成与协同，如生产维的设备数据自动化采集、围绕生产任务的生产过程信息化管理等，以及在此基础上的数据采集与监控系统（supervisory control and data acquisition，SCADA）和 MES 信息化系统。

② 重点生产环节的内部集成和协同。以流程为驱动，实现了主要生产环节业务流程的集成与协同优化，如生产维度中，从设备层分散控制系统（distributed control system，DCS）/SCADA 到制造执行层 MES 再到管理层 ERP 系统集成，实现了从生产计划下发、生产任务分配与资源调度、生产加工到完工反馈的闭环管理与集成。

③ 全业务流程集成与内外部协同。将业务范围延伸至价值链两端高附加值环节或产品全生命周期，实现全业务流程集成和优化，如面向“研—产—供—销—维”的一体化管控与协同。

④ 基于工业互联网的数据价值挖掘与模型驱动的智能优化决策。在实现全要素互联互通的基础上，基于工业互联网平台，利用大数据、云计算与人工智能等新型信息技术，充分挖掘数据价值，基于知识与模型提升各业务维智能决策与集成优化能力，如生产维的智能生产调度、设备预测性维护维修，运维/维护维的产品预测性维护维修等。

⑤ 产品设计、服务与生产模式的创新与转型。智能制造的目的是以业务流程为主线，以技术为赋能手段，实现产品设计、服务、生产模式和生产组织等的创新与转型。例如，在复杂的市场环境下，可持续制造与灵活柔性的制造模式是卓越制造型企业的创新与转型方向；随着产品服务化延伸，以卓越制造为核心的生产模式会向以产品和服务为核心的制造模式进行延伸。

综上所述，业务维发展是企业转型升级的核心，卓越制造型企业更加关注“研—产—供”等维度的智能制造能力建设。随着产品服务化延伸，运维业务的智能制造能力也得到关注与建设。

（1）研发业务维关键实施路径

企业研发业务维的整体发展阶段分为两条主线，即产品设计与工艺设计。根据企业的特征与发展趋势，将其划分为五个阶段：计算机辅助设计、关键环节设计仿真优化、产品设计与工艺设计协同、产品设计及工艺设计动态优化以及基于工业互联网的协同设计，如图 3-6 所示。

① 计算机辅助设计。在产品设计方面，基于计算机辅助开展二维、三维产品设计，并实现产品设计流程、结构的统一管理；在工艺设计方面，进行计算机辅助工艺规划设计，并且基于产品设计数据开展工艺设计与优化，搭建产品及工艺设计与管理系统。

② 关键环节设计仿真优化。借助虚拟仿真等技术对产品设计的关键环节进行仿真优化，并借助计算机辅助制造（computer aided manufacturing，CAM）等软件进行关键制造工艺仿真与优化。

③ 产品设计与工艺设计协同。将产品设计与工艺设计进行协同，将产品设计信息与工艺设计信息进行统一集成管理，确保产品研发过程中的合理性，并且基于产品设计方案，对产品的外观、结构、性能、工艺等进行分析，实现产品设计与工艺设计的协同优化。

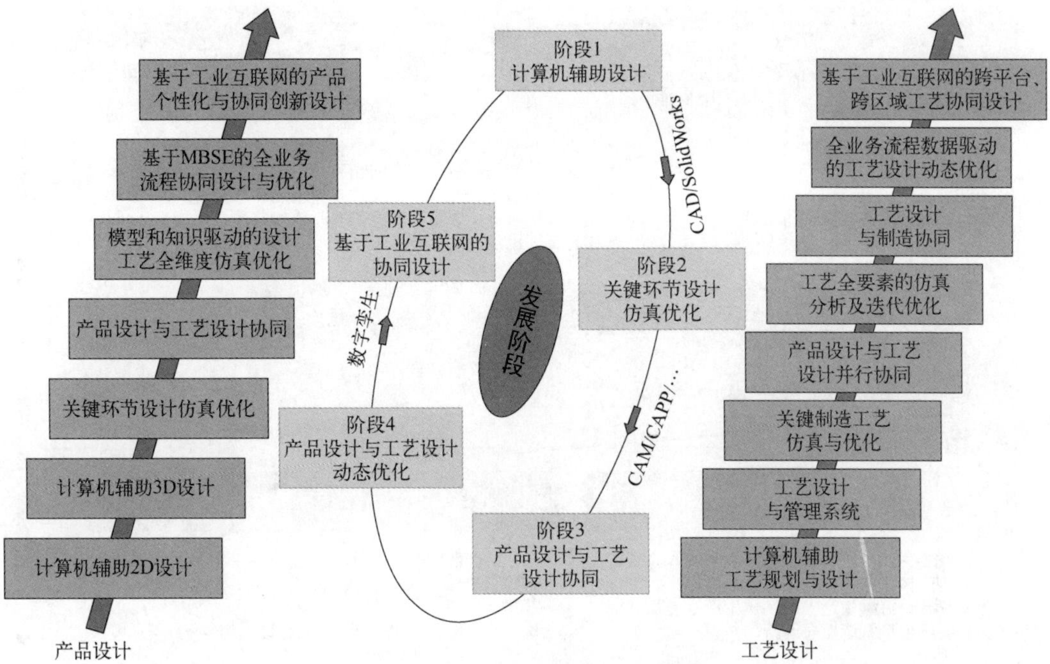

图 3-6　研发业务维关键实施路径与成熟度

④ 产品设计及工艺设计动态优化。在这一阶段，基于参数化、模块化设计，搭建完整的产品设计仿真以及工艺设计平台，对产品及工艺设计信息进行实时收集、处理分析，并且进行仿真实验验证，然后依据结果进行方案优化迭代，从而实现产品及工艺设计的动态优化。

⑤ 基于工业互联网的协同设计。在此阶段，基于工业互联网，采用大数据、云计算等技术，搭建产品及工艺设计云平台，使用户、供应商等多方进行信息交互、协同设计和产品创新，实现基于工业互联网平台的跨平台、跨区域协同设计。

（2）生产业务维关键实施路径

生产业务维的发展主要经历五个重要阶段，分别是信息化与自动化基础应用、重点生产环节的数字化系统完善与纵向集成、全生产流程的集成与协同、数据价值挖掘与智能决策优化、生产制造模式创新。整体呈现由缺到全、由全到通、由通到智等特性，如图 3-7 所示。

① 信息化与自动化基础应用。在进一步实现工艺标准化与流程优化的基础上，构建以工单为核心的资源计划、生产任务、关键节点追溯等环节的信息化系统，同时，核心工艺设备具备分布式控制及数据自动采集与监控的功能。

② 重点生产环节的数字化系统完善与纵向集成。进一步完善并实现核心工艺设备的自动化升级，充分利用物联网技术实现主要制造资源的互联感知与集成；同时，需要面向制造执行重点环节部署 MES 系统，并完成企业资源计划、制造执行和加工装配等重要环节的纵向集成。以打造智能产线和数字化车间为目标，充分打通业务流和信息流。

③ 全生产流程的集成与协同。在实现重点生产环节集成的基础上，基于物联网技术实现全要素互联互通，打通从工艺设计、运营管理（ERP）、供应链管理（supply chain management，SCM）、制造执行与加工装配（如 SCADA/DCS）的全生产流程的集成和协同。

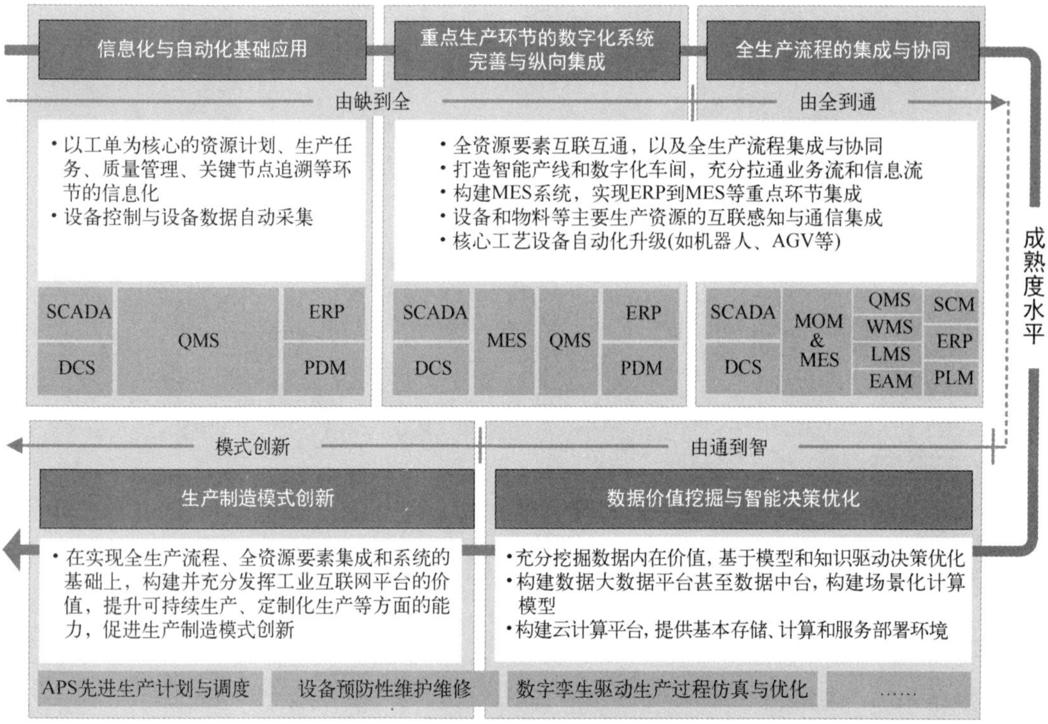

图 3-7　生产业务维关键实施路径与成熟度

④ 数据价值挖掘与智能决策优化。在积累大量生产制造数据的基础上，构建云计算平台，为数据存储、挖掘与服务部署等提供必要的云计算环境，并在此基础上构建大数据平台甚至数据中台，利用大数据和人工智能等技术，对数据进行治理和挖掘，支撑业务场景的优化。最后，基于云计算平台和数据中台构建工业互联网平台，支撑智能化生产、网络化协同等各类应用的创新。

⑤ 生产制造模式创新。在实现以生产制造为核心的全流程、全要素互联的基础上，充分发挥工业互联网平台的价值，提升可持续生产、定制化生产等方面的能力，促进生产制造模式创新。

（3）供应业务维关键实施路径

企业在供应业务维的整体发展分为两条主线，即采购管理与物流管理，根据企业的特征与发展趋势，将整体发展分为五大阶段，分别为单元级信息化与数字化管理系统、重点环节的内部集成与协同、全业务流程集成与内外部协同、基于工业互联网的智能决策优化以及业务模式创新与转型，如图 3-8 所示。

① 单元级信息化与数字化管理系统。在采购方面，根据产品、物料需求和库存等信息制订采购计划，实现对采购订单、采购合同和供应商等信息的管理；在物流管理方面，根据运输订单与经验，制订运输计划并配置调度，搭建管理系统，实现订单、运输计划、调度等的管理。

② 重点环节的内部集成与协同。在采购方面，将采购、生产和仓储等信息系统集成，并且自动生成采购计划，实现出入库、库存和单据的同步；在物流管理方面，企业将物流管理、运输管理以及仓储管理进行系统集成，整合出库和运输过程。

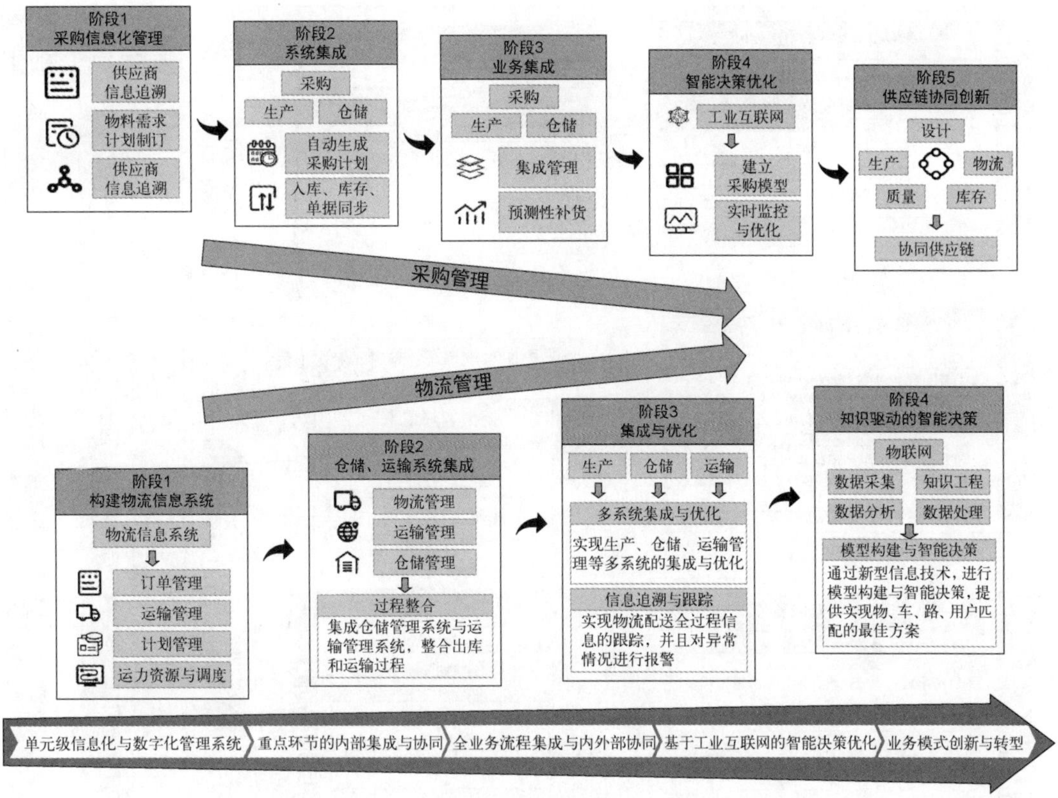

图 3-8　供应业务维关键实施路径与成熟度

③ 全业务流程集成与内外部协同。在采购方面，将采购系统与供应商销售系统进行集成，实现对供应商以及销售的集成管理，并且通过各个环节的数据收集、处理、分析，实现预测性补货；在物流管理方面，对生产、仓储以及运输系统进行集成与优化，并且对物流配送全过程信息进行实时跟踪，对异常情况进行报警，降低物流风险。

④ 基于工业互联网的智能决策优化。在采购方面，基于采购执行、生产消耗和库存等数据，建立采购模型，并且基于工业互联网，实时监控采购风险，及时预警，提供优化方案；在物流管理方面，通过物联网和知识工程等技术，实现物、车、路、用户的最佳方案自主匹配。

⑤ 业务模式创新与转型。在此阶段企业将设计、生产、质量、库存、物流等进行统一集成与协同，实现供应链的协同创新。

（4）销售业务维关键实施路径

企业在销售业务维的整体发展主要分为五大阶段，分别为单点业务管理、销售过程管理、全业务流程集成管理、全业务流程集成与内外部协同、基于工业互联网的智能优化决策，如图 3-9 所示。

① 单点业务管理。运用信息化与数字化手段在单一业务领域中进行开发应用。在此阶段，企业基于市场信息和销售历史数据，通过人工方式进行市场预测，制订销售计划。

② 销售过程管理。企业通过构建信息系统，进行销售计划的制订，并且对销售计划、订单信息以及销售历史数据进行统一集中管理。同时，通过信息技术手段，对客户静态信息、动态信息进行管理。

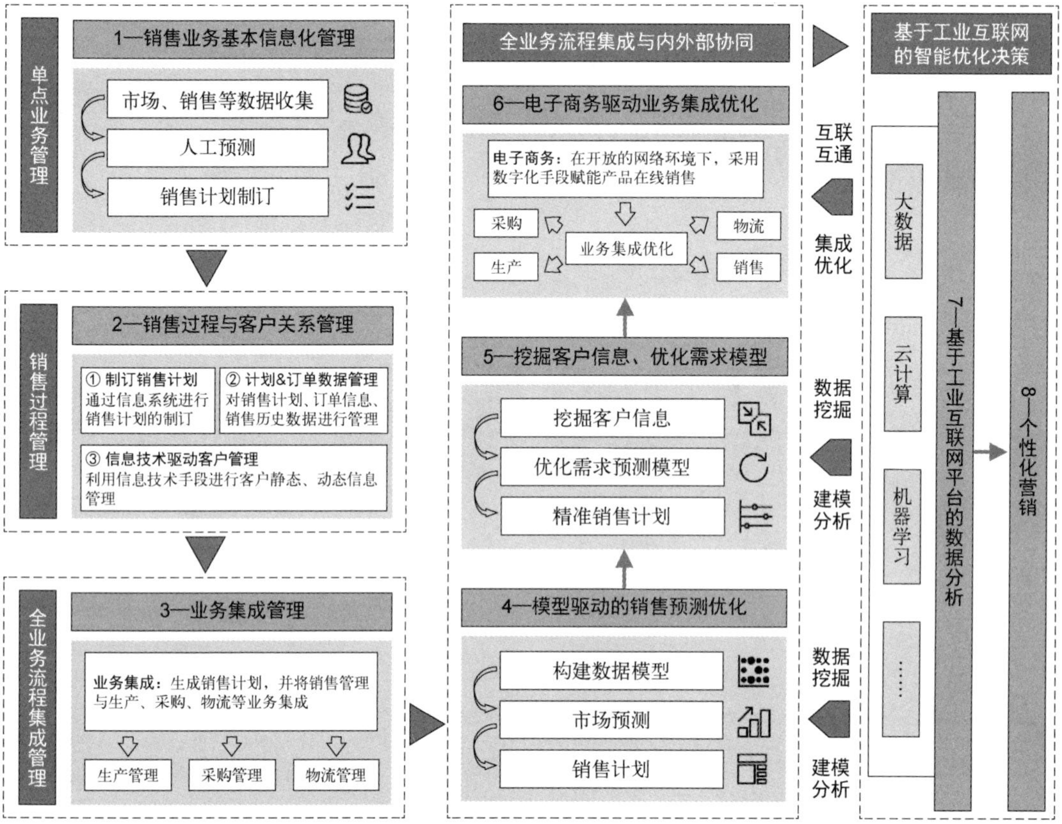

图 3-9　销售业务维关键实施路径与成熟度

③ 全业务流程集成管理。企业将生产管理、采购管理以及物流管理进行集成，实现客户实际需求拉动采购、生产和物流计划，提升销售环节的敏捷性。

④ 全业务流程集成与内外部协同。企业在全业务流程集成管理的基础上，通过对客户信息的挖掘、分析，优化客户需求预测模型，从而制订精准的销售计划，并且能够根据客户需求变化情况，动态调整设计、采购、生产、物流等方案，缩短响应时间，降低生产、物流、采购以及销售成本。同时，采用电子商务模式，在开放的网络环境下，采用数字化手段赋能产品在线销售，实现企业内外部的动态协同。

⑤ 基于工业互联网的智能优化决策。采用大数据、云计算以及机器学习技术，通过工业互联网平台，进行数据挖掘、建模分析，全方位分析客户特征，实现满足客户需求的精准营销，并且通过挖掘客户新的需求进行产品创新，最终实现个性化营销。

（5）运维业务维关键实施路径

企业在运维业务维的整体发展主要分为五大阶段，分别为通过信息化手段（系统）进行产品运维管理、远程运维指导、运维平台搭建、研发与制造协同以及基于工业互联网的智能运维与创新服务，如图 3-10 所示。

① 通过信息化手段（系统）进行产品运维管理。运用信息化手段对产品运维过程中的数据进行采集、管理、分析和追溯，构建维护维修运行（maintenance repair operation，MRO）系统，实现运维数据的一站式管理。

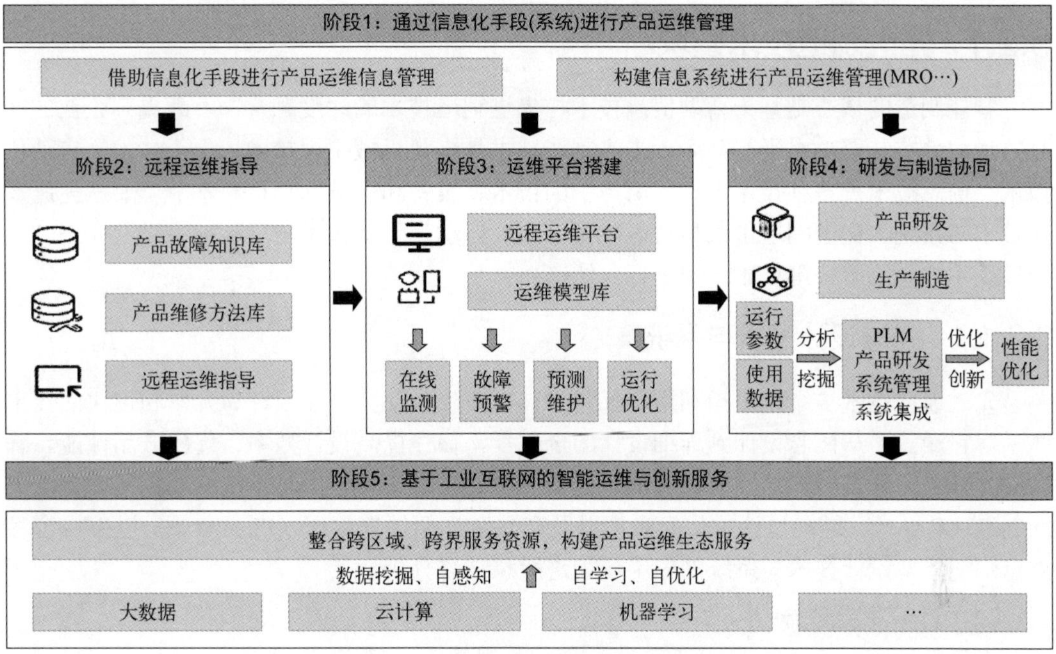

图 3-10　运维业务维关键实施路径与成熟度

② 远程运维指导。通过互联网技术基于产品故障知识库、产品维修方法库等知识信息资源实现对产品运维作业的远程指导，提升运维过程的准确性和有效性，打破产品运维活动的时空约束和知识经验约束。

③ 运维平台搭建。搭建产品运维平台，基于产品运维模型库实现产品在线监测、故障预警、预测维护和运行优化等功能，提升产品运维过程的智能化水平，帮助检修人员快速准确地识别出故障点并做出响应。

④ 研发与制造协同。构建产品研发和生产制造环节之间的反馈优化闭环，基于制造过程数据和产品运行数据更新产品设计方案，优化产品性能。

⑤ 基于工业互联网的智能运维与创新服务。基于工业互联网平台构建智能运维和创新服务，综合运用大数据、云计算、机器学习等新一代信息技术，实现基于数据驱动的自感知、自学习、自优化运维服务，整合服务资源，打通企业内部设备、资质、流程的约束，实现高效运维。

3.2 企业数智化转型技术引擎

新型信息技术是引发新一轮产业变革的核心驱动因素，而企业数智化转型的核心是通过先进制造技术和信息技术的深度融合，实现企业全业务流程、全价值链网络中横向集成、纵向集成以及产品全生命周期的端到端集成。因此，有必要针对典型的信息技术与先进制造技术在智能工厂中的应用进行总结与描述，从而为企业数智化转型过程中的技术应用提供参考依据。

3.2.1 先进制造技术模块

智能制造的核心是基于新型信息技术与先进制造技术的深度融合，不断提升企业的产品质量、效益与服务水平。其中，先进制造技术是指集机械工程技术、电子技术、自动化技术、信息技术等多种技术于一体所产生的技术、设备和系统的总称。本节主要从先进设计技术与系统、先进制造工艺与智能装备、柔性自动化制造技术与智能装备以及先进制造管理技术与系统等关键技术方面进行介绍。

3.2.1.1 先进设计技术与系统

先进设计技术与系统是指利用现代科学技术成果，支持产品设计、开发和优化的技术体系。它涵盖了从概念设计到详细设计的全过程，旨在提高设计效率、优化产品性能、降低成本并缩短开发周期。目前，智能工厂中典型的先进设计技术与系统主要包括计算机辅助制造（CAM）、逆向设计、仿真设计以及产品全生命周期管理（PLM）等。以下内容将重点围绕新型设计技术与系统的应用场景进行总结与分析。

（1）计算机辅助制造

计算机辅助制造（computer aided manufacturing，CAM）软件主要用于控制和管理制造过程，通过生成计算机数控（CNC）机床的加工路径和指令，自动化和优化从设计到制造的整个过程。CAM 软件的核心功能包括生成加工路径、选择切削工具、确定加工参数等，以确保生产流程的高效与精确。结合 CAM 技术自身特点，总结提炼其部分主要应用场景及描述如表 3-1 所示。

表 3-1 计算机辅助制造应用场景及描述

应用场景	场景描述
数控加工路径生成	根据产品设计模型（如 CAD 文件），自动生成数控机床的加工路径，确保加工精度和效率。如使用 CAM 软件分析几何形状，生成优化的刀具路径和加工顺序
多轴加工优化	针对复杂曲面零件，生成多轴数控机床的加工路径，实现高效、高精度加工。CAM 软件支持多轴联动，自动计算刀具角度和路径，避免干涉
切削工具选择与优化	根据加工材料和工艺要求，自动选择最佳切削工具（如刀具类型、尺寸），并优化切削参数。CAM 软件内置工具库和材料数据库，可结合加工需求推荐最佳工具和参数
加工参数优化	通过仿真和优化算法，确定最佳加工参数（如切削速度、进给量、切削深度），提高加工效率和质量。CAM 软件结合材料特性和机床性能，自动优化加工参数并生成加工指令
加工过程仿真	在加工前对加工路径和参数进行虚拟仿真，检测潜在的碰撞、干涉或错误，确保加工安全。CAM 软件提供 3D 仿真功能，模拟加工过程并生成碰撞检测报告
自动化编程	根据设计模型自动生成数控代码（如 G 代码），减少人工编程工作量，提高编程效率。CAM 软件支持自动化编程功能，直接生成可执行的数控代码
智能工厂集成	与智能工厂的其他系统（如 MES、ERP）集成，实现从设计到生产的全流程数字化管理。CAM 软件通过 API（应用程序接口）或标准接口与工厂系统对接，实现数据共享和协同优化

（2）逆向设计

逆向设计是一种通过分析和测量已有的产品或部件，重建其设计模型的过程。它与传统的正向设计（从概念设计到产品制造）相对，逆向设计是从产品制造的终点（成品）回到起点（设计模型）的过程。逆向设计的目的是获取产品的三维几何数据、结构信息和功能特性，以便进行产品改进、复制或数字化存档。总结提炼其应用场景及描述如表 3-2 所示。

表 3-2 逆向设计应用场景及描述

应用场景	场景描述
产品改进	利用逆向设计技术对现有产品进行扫描和测量，生成数字化模型，支持产品的改进设计。在汽车制造中，工程师使用逆向设计技术对现有车身进行扫描，优化车身结构和空气动力学性能
仿制设计	通过逆向设计技术对现有产品进行仿制设计，支持产品的快速开发。在机械制造中，工程师使用逆向设计技术对现有设备进行仿制设计，缩短产品开发周期
质量控制	利用逆向设计技术对产品进行扫描和测量，支持质量控制和缺陷分析。在电子制造中，工程师使用逆向设计技术对电路板进行扫描，识别焊接缺陷并进行修复
复杂零件设计	通过逆向设计技术对复杂零件进行扫描和测量，生成数字化模型，支持复杂零件的设计和制造。在航空航天中，工程师使用逆向设计技术对飞机发动机叶片进行扫描，优化叶片的设计和制造工艺

（3）仿真设计

计算机仿真设计是利用计算机科学与技术的成果建立仿真模型，并在特定实验条件下对模型进行动态实验的一门综合性技术，是创建和运行数字孪生的核心技术之一，也是实现数据交互与融合的基础。计算机仿真设计能够使模拟过程更加安全、成本更低、更加灵活，主要应用于虚拟建模、仿真测试、数据分析等场景。结合计算机仿真技术自身特点，总结提炼其应用场景及描述如表 3-3 所示。

表 3-3 仿真设计应用场景及描述

应用场景	场景描述
数字化工艺仿真	利用产品三维数字样机，对产品装配过程统一建模，在计算机上实现零件、组件装配成产品的整个过程的模拟和仿真
数字工厂仿真优化	结合物联网、云边协同、数字孪生与人工智能等技术，对工厂进行仿真建模，优化数据感知及高效传输模型、融合事件驱动的虚实映射模型、基于深度学习的虚拟工厂业务协同模型等
设计方案可行性验证	对产品或制造系统的设计方案进行建模与仿真分析，开展技术、经济及可行性论证与评价
生产瓶颈分析与优化	利用仿真模型分析生产过程中存在的各种瓶颈问题（如资源配置、生产布局、生产物流、设备效率等），为企业提供优化的辅助决策方案
制造资源调度	利用仿真技术，对生产资源调度计划进行仿真模拟验证，合理安排企业生产制造资源，实现效益最大化
生产系统能耗管理	建立以实时数据驱动的工厂数字孪生模型，并与 Petri 网相结合，准确记录和管理系统能耗，分析并改善能耗较大的环节

（4）产品全生命周期管理

产品全生命周期管理（product lifecycle management，PLM）是从用户的需求分析到产品设计制造、售后维修，直到报废回收全流程的集成化管理方式，它将孤岛化的产品数据进行集成调用，优化了企业的管理流程并提高了企业管理效率，降低了生产和管理的成本。其应用场景及描述如表 3-4 所示。

表 3-4　PLM 系统应用场景及描述

应用场景	场景描述
客户需求管理	获取销售数据与市场反馈意见，并将其集成到产品设计与研发之中，以满足客户对已有产品和未来产品的需求
协同设计管理	将覆盖从产品概念设计、详细设计、工艺流程到生产制造的各个环节的应用软件或系统进行集成，实现企业全流程数据统一管理，进而实现企业跨部门的业务协作
产品结构与配置管理	将定型产品的所有工程数据和文档进行关联，实现产品数据的组织、管理与控制，并向用户或应用系统提供不同视角的产品结构与描述
产品数据管理	将产品的设计数据、工艺数据、制造数据和管理数据等进行集成，对数据进行分类管理，便于后期查找和使用，最终形成对产品全生命周期的完整信息描述
工作流管理	管理工作流程和产品生产状态，如图纸审核、生产流程审批等
工程变更管理	对已经正式投入生产或使用的产品零部件信息进行变更管理，如工艺变更、设计图纸变更以及单据变更等
项目管理	以项目方式组织研发，实现对任务计划及图纸、明细表等提交物的监控和管理

3.2.1.2　先进制造工艺与智能装备

先进制造工艺是通过采用各种先进制造方法将坯料加工制造成产品的过程。先进制造工艺是先进制造技术的核心和基础，是产品加工制造中先进性的集中体现，通过集成现代制造技术，实现制造过程的高效、精准和柔性化。它涵盖了从原材料加工到成品制造的全过程，旨在提高生产效率、优化产品质量并降低生产成本。目前，智能工厂中典型的先进制造工艺技术主要包括增材制造技术、精密加工技术、数控加工技术以及特种加工技术等。以下内容将分别从这些技术的应用场景进行总结与分析。

（1）增材制造技术

增材制造技术又称 3D 打印，是一种快速成型的先进制造技术。3D 打印对传统制造工艺的影响主要体现在产品设计与制造两个方面。在产品的设计阶段，借助 3D 打印能够有效缩短产品研发周期和降低产品研发成本。在产品制造阶段，能够缩短产品的制造流程，进而快速响应更加个性化的定制生产需求。目前，随着其易于成型、个性化定制、快速制造等商用价值的逐渐显现，3D 打印已经被广泛应用到更多的领域与场景，结合增材制造技术特点，总结提炼出表 3-5 所示的主要应用场景及相关描述。

表 3-5　增材制造技术应用场景及描述

应用场景	场景描述
复杂结构产品设计	提供较高设计自由度，支持复杂几何形状的创建，助力个性化定制设计，提高设计效率
设计原型快速生产	在产品设计初期，能够快速生成概念模型和功能原型，进而缩短产品研发周期、优化产品设计
快速开模	用于样品开模，制作模型成品，取代将新产品投放至模具厂进行成批量生产或单独开模的途径，降低成本
快速试制与测试	在产品安全性测试环节可将部分非关键部件用 3D 打印产品替代，加速产品概念测试验证流程，降低成本
零部件一体化制造	通过分层制造打印零部件，一体成型，无须组装，充分使用耗材，除去繁杂组装工序，节约人力物力，缩短工期
零部件轻量化制造	支持制造传统工艺无法实现的复杂结构零部件，在保持效果的同时，采取特殊材料，减小零部件质量，如点阵结构、一体化结构、异形拓扑优化结构等，助力零部件轻量化制造
零部件制造	对产品中部分零部件采用 3D 打印的制造方式，利用高度集成的 3D 打印设施，精简工厂设施，缩减工厂规模，同时利用一体成型技术，充分使用耗材，缩短物料供应时间
磨损部件快速修复	在损坏件基础上添加材料进行修补，修复效果优于原始材料，较传统维修技术，提升零部件性能，加速零部件修复
损坏部件快速供货	通过分布式服务中心，快速修复产品损坏部件，及时维护以保持系统正常运行，满足客户需求，提升客户满意度

（2）精密加工技术

精密加工技术通过高精度机床和加工工艺，实现微米级甚至纳米级的加工精度，广泛应用于高精度零件的制造。结合精密加工技术自身特点，总结提炼其主要应用场景及描述如表 3-6 所示。

表 3-6　精密加工技术应用场景及描述

应用场景	场景描述
高精度零件加工	利用精密加工技术制造高精度零件，确保其尺寸和形状的精确性。在电子制造中，工程师使用精密加工技术制造半导体芯片的封装零件，确保其高精度和可靠性
光学元件加工	通过精密加工技术制造光学元件，如透镜、棱镜等，确保其表面光洁度和形状精度。在光学仪器制造中，工程师使用精密加工技术制造高精度透镜，确保其光学性能
医疗器械加工	利用精密加工技术制造高精度的医疗器械，如人工关节、牙科种植体等。在医疗器械制造中，工程师使用精密加工技术制造人工关节，确保其与患者骨骼的完美匹配
模具加工	通过精密加工技术制造高精度的注塑模具、冲压模具等，确保模具的尺寸精度和表面质量。在汽车制造中，工程师使用精密加工技术制造车身覆盖件的冲压模具，确保其高精度和耐用性

（3）数控加工技术

数控加工技术通过数字化信号控制机床运动和加工过程，实现复杂零件的高精度、高效率加工。结合数控加工技术自身特点，总结提炼其主要应用场景及描述如表 3-7 所示。

表 3-7 数控加工技术应用场景及描述

应用场景	场景描述
复杂零件加工	利用数控加工技术制造复杂几何形状的零件，确保其高精度和高效率。在航空航天中，工程师使用数控加工技术制造飞机发动机的复杂叶片，确保其高精度和轻量化
模具加工	通过数控加工技术制造高精度的注塑模具、冲压模具等，确保模具的尺寸精度和表面质量。在汽车制造中，工程师使用数控加工技术制造车身覆盖件的冲压模具，确保其高精度和耐用性
多轴加工	利用数控加工技术实现多轴机床的加工，支持复杂曲面的加工。在医疗器械制造中，工程师使用五轴数控机床加工人工关节，确保其复杂曲面的加工精度
批量生产	通过数控加工技术实现批量生产，确保产品的一致性和高效率。在电子产品制造中，工程师使用数控加工技术批量生产电路板，确保其高精度和可靠性

（4）特种加工技术

特种加工技术是指不属于常规加工范畴的加工工艺，如高能束（电子束、离子束、激光束）加工、电加工（电解和电火花）、超声波加工、高压水射流加工、多种能源的复合加工、纳米技术及微细加工等。总结提炼其主要应用场景及描述如表 3-8 所示。

表 3-8 特种加工技术应用场景及描述

应用场景	场景描述
电火花加工	利用电火花加工技术加工难加工材料和高精度零件。在模具制造中，工程师使用电火花加工技术制造高精度的注塑模具，确保其复杂几何形状的加工精度
激光加工	通过激光加工技术实现高精度的切割、焊接和表面处理。在电子产品制造中，工程师使用激光加工技术切割高精度的电路板，确保其尺寸精度和表面质量
超声波加工	利用超声波加工技术实现脆性材料和复杂形状的加工。在医疗器械制造中，工程师使用超声波加工技术制造高精度的人工关节，确保其复杂几何形状的加工精度
水射流加工	通过水射流加工技术实现高精度的切割和表面处理。在航空航天中，工程师使用水射流加工技术切割高强度的复合材料，确保其尺寸精度和表面质量

3.2.1.3 柔性自动化制造技术与智能装备

柔性自动化制造技术与智能装备是指通过集成自动化设备、智能控制系统和柔性生产流程，实现多品种、小批量生产的高效、灵活和智能化制造方式。它能够快速响应市场需求变化，支持定制化生产和动态调整生产任务，广泛应用于汽车、电子、航空航天等领域。

目前，智能工厂中典型的柔性自动化制造技术与智能装备主要包括工业机器人、智能检测与监控技术、自动化控制技术、无人化搬运技术、智能仓储技术以及柔性生产技术等。以下内容将分别对这些技术进行总结与分析。

（1）工业机器人

在智能工厂中，机器人作为一种集成多种先进技术的自动化装备，具备高效、易用等优势，能够代替人完成具有大批量、高质量要求的工作，常用于汽车制造、电子产品、轨道交通等行业自动化生产线，能够减少劳动力、提高生产效率、保证产品质量、增加生产柔性，避免危险和劳累作业带来的风险。目前，机器人技术已经成为柔性制造产线、数字化车间与智能工厂等的重要组成部分。机器人技术的应用转变了传统的机械制造模式，提高了制造生产效率，优化了制造工艺流程，满足智能工厂的生产需要和发展需求。结合机器人技术特点，总结出表 3-9 所示的机器人分类、主要功能及相关描述内容。

表 3-9　机器人分类、主要功能及相关描述

<table>
<tr><th colspan="2">分类与主要功能</th><th>相关描述</th></tr>
<tr><td rowspan="3">主要类型</td><td>工业机器人</td><td>传统工业机器人的速度快、惯量大，不具备力控感应能力，需要通过人机分离作业的方式来保障人员的安全性，但具有负载大、不易出现疲劳失效等特点</td></tr>
<tr><td>协作机器人</td><td>与工业机器人相比，协作机器人具有力控感应能力，安全系数高，同时具备很好的拖拽式示教、一键编程与记忆功能，能够与人员通过直接交互或接触的方式协同完成比较复杂或高精度的加工任务</td></tr>
<tr><td>人形机器人</td><td>与协作机器人相比，人形机器人是模仿人类外形和行为的机器人，具有类人的躯干、头部、四肢和感知系统。它结合了人工智能、机械工程、传感器技术和仿生学等多学科知识和技术，适应复杂环境，具备自然交互能力，主要用于服务、教育、娱乐等领域，能够执行复杂的任务并与人类进行自然交互</td></tr>
<tr><td rowspan="4">功能应用</td><td>无人化作业</td><td>工业机器人代替人员进行重复性自动化作业，实现生产过程的少人化或无人化，如搬运、码垛、分拣、焊接、涂胶、喷漆、测量等</td></tr>
<tr><td>人机协同作业</td><td>利用协作机器人的安全可靠、拖拽式示教等特点，配合人员完成特殊作业，如异常故障点换件维修、精密组装、异型件质量检测、项目或任务型等个性化生产作业协同等</td></tr>
<tr><td>智能化物流</td><td>AGV+机器人不仅能够自动识别物料类型，还能根据指令进行移动式无人化作业（如物料分拣、物料搬运、工装夹具的搬运与自动更换），提高物流的柔性与效率</td></tr>
<tr><td>机器人智能巡检</td><td>基于巡检机器人，通过自主充电、路径规划、自主导航定位、图像识别分析、环境感知等技术实现自动化巡检</td></tr>
</table>

（2）智能检测与监控技术

智能检测与监控技术通过传感器和数据分析工具，实现生产过程的实时监控和质量检测，广泛应用于质量控制和生产优化。结合智能检测与监控技术自身特点，总结提炼其主要应用和场景描述如表 3-10 所示。

表 3-10　智能检测与监控技术的应用和场景描述

阶段		技术应用	场景描述
事前预防	设备健康监测与预测性维护	物联网传感器、振动分析仪、热成像仪、机器学习模型	实时采集设备运行数据（如温度、压力、转速），预测设备寿命和故障风险，自动生成维护工单。减少突发停机次数，提高设备利用率，降低维护成本
	原材料与来料质量预检	高精度视觉检测系统、光束分析仪、X 射线检测技术	在原料入库或加工前，自动比对标准参数（如尺寸、成分、表面缺陷），剔除不合格批次。防止劣质原料进入生产线，提高产品质量一致性
	工艺参数仿真优化	数字孪生技术、AI 算法	在生产前模拟不同参数组合下的良品率，快速锁定最优方案，减少试错成本，优化工艺参数，提高良品率
事中控制	生产线实时状态监控	工业物联网平台、PLC（可编程控制器）、传感器、边缘计算	大屏驾驶舱动态展示设备稼动率、能耗、订单进度等指标，异常数据触发告警并自动调整生产节奏。实时监控生产状态，快速响应异常，提高生产效率
	在线质量缺陷检测	机器视觉（3D 相机）检测、声纹识别、激光扫描技术、深度学习模型	在装配过程中检测零件是否错装、漏装或是否有表面划痕，联动机械臂自动剔除不良品。实时监控生产状态，快速响应异常，提高生产效率
	人员安全与环境监控	UWB 定位技术、可穿戴设备、气体传感器、视频分析	工人误入高危区域时触发电子围栏告警；有害气体浓度超标时自动启动通风系统。提高人员安全性，降低环境风险
	动态能耗管理	智能电表、能源管理系统	在用电高峰期自动切换低功耗模式，或调整设备运行顺序以平衡负载，减少碳排放。优化能源使用，降低能耗成本，提高质量追溯效率，快速定位问题根源
事后优化	全流程质量追溯	区块链、RFID	记录生产批次、工艺参数、质检结果等全生命周期数据，快速定位问题环节
	设备效能分析与维护优化	历史运维数据、AI 算法、OEE 报告	分析设备平均维修时间与故障间隔，从定期维护升级为按需维护。降低维护成本，提高设备综合效率
	生产数据驱动的决策优化	大数据平台、BI 工具	整合生产、质量、供应链数据，生成可视化分析报告，优化排产计划或调整环境控制标准。支持数据驱动的决策，优化生产流程，提高良品率

（3）自动化控制技术

自动化控制技术通过集成传感器、控制器和执行器，实现生产过程的自动化控制，广泛应用于生产线和设备控制。结合自动化控制技术自身特点，总结提炼其主要应用及场景描述如表 3-11 所示。

表 3-11　自动化控制技术应用及场景描述

应用	场景描述
生产过程智能化管理	智能控制系统通过连接生产设备、传感器和工业软件，实现生产过程的自动化监控和管理。系统实时采集生产数据，分析生产状态，并自动调整生产参数，确保产品生产的质量和合规性

续表

应用	场景描述
端到端供应链管理	智能控制系统通过整合生产、销售、物流等环节的数据，实现端到端供应链的可视化管理。系统实时监控供应链各环节的状态，快速响应异常事件，优化库存管理和物流配送，提高供应链的协同效率
智能工厂数字孪生平台	数字孪生平台通过集成智能控制系统、传感器网络和工业互联网平台，构建工厂的虚拟模型。平台实时反映工厂的生产状态和设备运行情况，支持虚拟调试、故障预测和优化决策，提升工厂的智能化水平

（4）无人化搬运技术

无人化搬运技术作为智能工厂中另一种关键技术，是工业自动化、物流自动化的主要实现方式。无人化搬运设备指装备有电磁或光学等自动导引装置的设备，能够沿规定的导引路径行驶，常用于机械制造中代替人完成物品装卸搬运的工作，能够有效减少劳动力、提高工作效率。本书主要根据 AGV 无人化搬运技术的特点，结合其在工厂和车间的相关应用实例，总结提炼出表 3-12 所示的 AGV 分类、主要功能及相关描述。

表 3-12　AGV 分类、主要功能及相关描述

分类与主要功能		相关描述
AGV 类型	潜伏举升式 AGV	潜伏举升式 AGV 通过升降模块可以直接将货架顶升进行运输
	牵引式 AGV	AGV 不完全承载搬运对象的重量，主要利用牵引装置牵引物料车进行往返的搬运工作
	自卸式 AGV	通过 AGV 上的滚筒或传送带等输送装置将物料自动传送到相应的接泊位置，实现物料的自动接泊与配送
	提升型 AGV	搭载提升平台可自动提升物料，并能与装配线同步运行
	叉车式 AGV	针对托盘类的物料进行搬运，运载能力强，具有自动减速及障碍物识别功能
主要功能	在制品运输	能够根据产品生产工艺路线，将当前工序已经完工的在制品自动配送到下一个工序的物料自动接泊点。AGV 在生产线上的大规模应用弥补了传统输送线存在的柔性差问题，大大提高了生产线系统的柔性，推动生产模式的发展和演变，如矩阵式生产系统中 AGV 主要承担了各个柔性生产单元之间的在制品转运功能
	自动化分拣	与人工手动分拣相比，基于 AGV 的物料分拣的速度更快，能够根据订单的分拣需求，将所需物料自动分拣并运输到拣货员身边，由拣货员进行打包后配送或者齐套后配送
	物料配送	集成 RFID 与机器视觉等技术，在实现货物自动识别的基础上，根据生产作业要求实现货物的自动取货、自动导航与运输以及自动放置等各项任务
	其他应用场景	在集成工业机械臂、协作机器人的基础上，AGV 能够满足更多生产场景的智能化作业需求，如工装夹具的运输与更换、危险物品搬运等

（5）智能仓储技术

仓储与物流同属于智能工厂运转的核心环节。在自动化与计算机集成技术时代，仓储系统将自动化过程和计算机系统有效结合起来，在人工不直接干预的情况下，能够自动地存储和取出物料，具有自动化、计算机化以及高利用率等特点。目前，随着新型信息技术的发展，仓储技术在集成自动识别、数据挖掘与人工智能技术的基础上，已经逐步进入数字化、智能化阶段，能够实现物料的精准、高效存储与管理。本书总结提炼出表 3-13 所示的智能仓储技术的主要类型、功能及相关描述。

表 3-13　智能仓储技术主要类型、功能及描述

<table>
<tr><th colspan="3">分类与主要功能</th><th>相关描述</th></tr>
<tr><td rowspan="8">主要类型</td><td rowspan="2">转盘式</td><td>垂直转盘式自动化仓储系统</td><td>封闭式结构仓储，能最大限度地减少物品存储中的灰尘，用于小型轻量级负载的高效存储和快速检索的中低层自动化立体仓库</td></tr>
<tr><td>水平转盘式自动化仓储系统</td><td>低层自动化立体仓库，适用于批量挑选场景，在吊舱内转盘每旋转一圈，就可以挑选整批货物</td></tr>
<tr><td>升降式</td><td>垂直升降式自动化仓储系统</td><td>用于存储和检索零件、组件和成品，适用于小型零件的中层立体仓库，洁净室条件下可存储贵重货物</td></tr>
<tr><td>缓冲式</td><td>垂直缓冲模式自动化仓储系统</td><td>用于存储零件、原材料和成品的中高层自动化立体仓库，适合准时装配下的小批量快速高效交付场景，可适用于各种规模的建筑尺寸</td></tr>
<tr><td>穿梭式</td><td>穿梭式自动化仓储系统</td><td>用于存储零件、成品的中高层立体仓库，适合主生产线侧关键零部件生产场景，能够实现自动补货与退货</td></tr>
<tr><td rowspan="2">贯穿式</td><td>单元负载自动化仓储系统</td><td>用于存储成品的高层自动化立体仓库，具有批次控制和准时交付的在制品缓冲系统</td></tr>
<tr><td>迷你负载自动化仓储系统</td><td>用于存储小型零部件和产品的高层自动化立体仓库，适用于多种水平和垂直存放场景</td></tr>
<tr style="display:none"></tr>
<tr><td rowspan="5">主要功能</td><td colspan="2">物料自动存储与盘点</td><td>涵盖企业内全部物料，包括原材料、辅助材料、在制品、半成品、成品的自动存储与盘点</td></tr>
<tr><td colspan="2">物料的精准定位与追踪</td><td>基于 WMS 系统，能够根据管理需求对物料的在库信息进行精确查询、定位与追踪</td></tr>
<tr><td colspan="2">货位动态分配</td><td>能够根据货位和仓储空间信息，实现货物储位的动态分配，优化仓储作业，最大限度利用仓储空间</td></tr>
<tr><td colspan="2">仓储作业动态监控</td><td>通过对仓储系统的周转率、使用率、等待时间等进行动态监控，提高仓储系统的运转效率</td></tr>
<tr><td colspan="2">仓储管理优化</td><td>基于仓储系统实时及历史数据，结合大数据和人工智能技术，具备更多的统计分析与预测功能，辅助人员进行仓储管理优化与决策</td></tr>
</table>

（6）柔性生产技术

日益凸显的个性化市场需求对企业的柔性生产能力提出了更高要求，柔性生产技术作为提升生产系统柔性能力的主要途径，是在柔性生产模式的组织下，基于柔性生产设备与

控制系统等的协同统筹完成柔性生产目标。柔性生产技术具有缩短产品变化时间、快速适应市场需求等特性。因此，基于其技术特性，总结和提炼出表 3-14 所示的柔性生产技术主要类型及功能描述。

表 3–14　柔性生产技术主要类型及功能描述

主要类型		功能描述
模式柔性	混流生产系统	是一种常用的柔性生产系统，主要通过在生产线上配置一定数量的通用设备和并行专用设备来提升生产系统柔性，适用于同系列产品或工艺差异性不是特别大的产品生产
	脉动式生产系统	脉动式生产系统是一种按节拍移动的站位式装配作业系统，适用于生产节拍相对较慢、产品规格较大的生产制造场景
	矩阵式生产系统	将原有刚性生产系统解耦成若干个标准生产单元，基于生产工艺的灵活需求，通过可配置的生产单元与柔性物流系统（如 AGV），实现个性化制造，如 KUKA 矩阵式加工系统
	细胞生产系统	每条生产线就是一个独立的“细胞”，承担不同的生产任务，通过单件流作业和弹性生产，实现系统的快速重构与敏捷响应，适应于多品种、小批量、变批量或大规模个性化定制生产制造场景
	Seru 生产系统	综合了单件生产的柔性与批量生产的高效性，以多能工为核心，生产高附加值产品，具有灵活多变的布局，可及时响应产品变化和需求的波动，应用于作业时间相对较短、产量不大的生产场景
	齐套式生产系统	齐套式的物料分拣与生产不仅能够提高生产线的作业效率，而且能够降低生产作业错误率，一般用于多品种、小批量、变批量、大规模个性化定制的作业场景
	可重构生产系统	可重构生产系统在机械、电气与控制结构上最大限度地实现了解耦，具备重组重用、灵活可扩展的特点，适用于生产需求变化比较快的作业场景
设备柔性	数控加工中心	数控加工中心能够根据复杂工艺作业要求组织生产加工作业，具备高速度、高精度、高柔性特点，适用于更新换代较快或加工作业比较复杂的生产制造场景
	柔性协作机器人	柔性协作机器人具有更好的编程能力与人机交互性，能够更好地配合设备或人员完成比较复杂或高精度加工任务
	其他	如零点快换工装、模块化产线等其他具备柔性的工装夹具及设备
系统柔性	物流系统柔性	采用无人化搬运技术（如 AGV、桁架机械手等），能够大幅度提高装配或加工生产线在制品物流的柔性
	工控系统柔性	开放自动化系统具有互操作性、高复用性、可重构性、可移植性特性，能够有效应对上述传统工业自动控制系统在应对高柔性生产需求方面的不足
	可重构制造执行系统	以信息集成为基础，通过实时监控生产执行状态以及动态调整资源配置与生产作业计划等，应对需求变更与环境变化

3.2.1.4　先进制造管理技术与系统

先进制造管理技术与系统是指通过集成现代信息技术、管理方法和制造技术，实现制造过程的高效、灵活和智能化管理的技术体系。它是先进制造技术的重要组成部分，旨在提升制造企业的生产效率、产品质量和资源利用率。目前，智能工厂中典型的先进制造管理技术与系统主要包括精益制造、制造执行系统（MES）、企业资产管理（EAM）系统、能源管理系统（EMS）、高级计划与排程（APS）系统、制造运营管理（MOM）系统、数据采集与监控系统（SCADA）等。以下内容将分别对这些技术进行总结与分析。

（1）精益制造

精益制造通过消除浪费、优化流程和持续改进，实现生产过程的高效和灵活，广泛应用于汽车、电子、航空航天等领域。结合精益制造技术自身特点，总结提炼其主要应用及功能描述如表 3-15 所示。

表 3-15　精益制造应用及功能描述

应用	功能描述
流程优化	通过精益制造技术优化生产流程，消除浪费，提高生产效率。在汽车制造中，精益制造技术能够优化车身焊接流程，减少生产时间和资源浪费
准时化生产	根据订单需求精确安排生产计划，减少库存积压和资源浪费。如通过实时数据监控和需求预测，实现按需生产和物料供应
库存管理	利用精益制造技术优化库存管理，减少库存积压和浪费。实现按需生产，减少原材料和成品的库存积压
质量控制	通过精益制造技术实现生产过程的全面质量控制，减少不良品率。通过实时监控和反馈，确保产品质量的稳定性
标准化作业	制定标准化作业流程，确保每个工序的操作一致性和可重复性。如通过作业指导书和培训，确保员工按照标准流程操作
快速换模	减少设备换模时间，提高生产线的灵活性和效率。如通过优化换模流程和使用快速换模工具，缩短换模时间
持续改进	利用精益制造技术实现生产过程的持续改进，提升生产效率和质量。通过员工参与和持续改进活动，优化生产流程和设备利用率

（2）制造执行系统

国际制造执行系统协会（manufacturing execution system association，MESA）对制造执行系统（MES）的定义是：MES 能通过信息的传递，对从订单下达开始到产品完成的整个产品生产过程进行优化管理，对工厂发生的实时事件，及时做出相应的反应和报告，并用当前准确的数据对其进行相应的指导和处理。MES 是衔接企业管理层与设备层之间的桥梁，是实现企业纵向集成、端到端集成的中枢，在帮助制造企业实现生产的数字化、网络化和智能化等方面发挥着巨大作用。其主要应用及功能描述如表 3-16 所示。

表 3-16　MES 应用及功能描述

应用	功能描述
生产计划与调度管理	基于生产调度指挥中心，在实现自动排产的基础上，合理调度现场生产资源，提高资源利用率，减少生产准备时间
生产过程管控	监控生产过程和自动修正生产中的错误并提高生产活动的效率和质量，或帮助用户纠正错误，支持在线行为决策

续表

应用	功能描述
生产质量管理	基于制造规范标准和检测检验标准，建立事前预防、事中控制、事后改进的全面质量管控体系
生产防错管理	综合应用各种数字化技术、工具和防错装置，对人员作业过程中容易发生的错误（如错装、漏装、工具使用不当、作业完整性不高等）进行预防，防止缺陷的产生等
生产绩效管理	建立生产过程关键绩效指标体系，并基于数据驱动实现生产绩效的分析和监控
生产追溯管理	跟踪记录订单在生产过程中的执行情况，如操作工序及完工情况、生产设备信息、人员作业信息、生产质量数据、物料条码数据等
生产可视化监控	实时显示生产现场的运行状态信息，如生产进度、设备运行效率、质量合格率、生产异常报警、物料配送等信息，全方位掌控生产现场的实时状态
设备管理	根据设备检查标准，进行设备定期点检，并通过集成设备数据采集系统，实现对生产设备运行状态的跟踪与管理
异常呼叫与管理	帮助企业建立一个生产系统运行保障及决策支持机制，实现异常发现、异常上报、异常跟踪与解决等闭环管理
数据采集管理	数据采集是整个 MES 运行管理的基础，主要是从生产现场中收集各种人、机、料、法、环、测等数据
其他管理	针对不同领域业务特点及企业的业务特性，定制化 MES 功能

(3) 企业资产管理系统

EAM（enterprise asset management，企业资产管理）系统是一种用于管理企业物理资产全生命周期的系统，涵盖设备维护管理、资产全生命周期管理、工单管理、库存与备件管理和合规与安全管理等功能。它通过预防性维护、预测性维护和故障维修，减少设备停机时间，优化资产利用率，并确保设备操作和维护符合安全标准和法规要求。EAM 系统在设备维护、资产跟踪、工单管理和库存优化等场景中发挥重要作用，帮助企业降低维护成本、延长资产寿命并增强安全性。其主要应用及功能描述如表 3-17 所示。

表 3-17　EAM 系统应用及功能描述

应用	功能描述
设备维护管理	通过预防性维护和预测性维护，减少设备故障和停机时间。如使用传感器和数据分析技术，实时监控设备状态，制订维护计划
资产全生命周期管理	管理从采购、使用到报废的资产全生命周期，优化资产利用率。如通过资产管理系统记录资产信息，跟踪资产状态和使用情况
工单管理	通过工单系统管理设备维护和维修任务，提高维护效率。如使用 EAM 系统生成、分配和跟踪工单，确保维护任务及时完成
库存与备件管理	管理维护所需的备件库存，确保备件供应及时且成本最优。如通过 EAM 系统优化备件库存水平，实现自动补货和库存预警
合规与安全管理	确保设备维护和操作符合安全标准和法规要求。如使用 EAM 系统记录维护操作和安全检查，生成合规报告

（4）能源管理系统

EMS（energy management system，能源管理系统）是通过信息的传递，对企业的能源消耗从采集、监控到优化的全过程进行管理的系统。它能够对能源使用情况进行实时监控，及时做出相应的反应和报告，并用当前准确的数据对其进行相应的指导和处理。EMS 是衔接企业管理层与能源设备层之间的桥梁，是实现企业能源高效利用和节能减排的中枢，在帮助企业降低能源成本、提高能源利用效率和减少碳排放等方面发挥着巨大作用。其主要应用及功能描述如表 3-18 所示。

表 3-18　EMS 应用及功能描述

应用	功能描述
能源消耗监控	实时监控工厂能源消耗情况，识别高能耗设备和环节。如使用传感器和数据分析技术，实时采集和分析能源数据
能源优化	通过优化设备运行参数和生产计划，减少能源浪费。如使用 EMS 分析能源数据，提出优化建议并自动调整设备运行参数
需求响应管理	根据电网负荷情况调整工厂用电计划，降低用电成本。如使用 EMS 与电网需求响应系统对接，自动调整用电计划
能源审计与报告	定期进行能源审计，生成能源使用报告，支持决策制定。如使用 EMS 自动生成能源使用报告，识别节能改进点
可再生能源集成	将太阳能、风能等可再生能源集成到工厂能源系统中，优化能源结构。如使用 EMS 系统管理可再生能源发电和储能设备，优化能源使用

（5）高级计划与排程系统

APS（advanced planning and scheduling，高级计划与排程）系统是一种用于优化生产计划和排程的系统，主要功能包括生产计划优化、资源调度、订单承诺、瓶颈管理和多工厂协同。它通过综合考虑订单需求、资源约束和生产能力，生成最优生产计划，提高生产效率和资源利用率。APS 系统帮助企业缩短交货周期、优化资源配置并实现多工厂协同生产。其主要应用及功能描述如表 3-19 所示。

表 3-19　APS 系统应用及功能描述

应用	功能描述
生产计划优化	根据订单需求和资源约束，制定最优生产计划，提高生产效率。如使用 APS 系统进行多目标优化，生成详细生产计划
资源调度	优化设备、人力和物料的调度，确保生产顺利进行。如使用 APS 系统实时监控资源状态，动态调整调度计划
订单承诺	根据生产能力和订单需求，快速响应客户订单并承诺交货时间。如使用 APS 系统模拟生产计划，快速生成订单承诺
瓶颈管理	识别生产过程中的瓶颈环节，优化资源配置以消除瓶颈。如使用 APS 系统分析生产数据，识别瓶颈并提出优化建议
多工厂协同	在多个工厂之间协同制订生产计划，优化整体生产效率。如使用 APS 系统集成多工厂数据，生成协同生产计划

（6）制造运营管理系统

IEC 62264 标准对制造运营管理（manufacturing operation management，MOM）的定义是：通过协调管理企业的人员、设备、物料和能源等资源，把原材料或零件转化为产品的活动。该标准也定义了 MOM 系统生产、库存、质量、维护四大对象模型和支持的业务流程。MOM 是一套平台化解决方案，主要包含生产计划与排程、生产执行管理、质量管理、设备管理等维度的制造运营管理功能。其应用及功能描述如表 3-20 所示。

表 3-20　MOM 系统应用及功能描述

应用	功能描述
生产计划与排程	系统根据订单情况和基于历史大数据统计分析出的设备产能自动生成生产计划，并基于生产看板进行计划实施情况的跟踪，提供产出情况、人均效率、计划达成率等数据
生产执行管理	对生产过程中所涉及的人员、物料、设备、生产流程、环境、能耗、工艺参数以及关键品质数据等信息进行采集，实现防错与全流程追溯
质量管理	对关键工序和产品等检测工作进行数据采集并自动生成统计分析报表，对超出品质基线的数据实时预警。快速有效地找出品质问题发生的原因并最小范围地精准锁定存在品质风险的产品
设备管理	依托设备物联平台实现设备关键运行数据的采集与状态监控。基于详细设备档案，对设备全生命周期进行精确跟踪，建立设备维修标准化流程和维修知识库，自动生成设备预防性保养提示

（7）数据采集与监控系统

数据采集与监控（SCADA）系统是以计算机为基础的生产过程控制与调度自动化系统。通过 SCADA 系统，可实现生产数据实时采集、生产设备过程监控、生产设备异常报警等。在工业物联网环境中，SCADA 系统属于智能工厂架构的物联集成层，其功能为数据的采集与监控、提供开放的协议与第三方系统互联、数据存储和分布式计算等。它是设备层与制造运营管理层的桥梁，能够为上层应用提供统一的数据采集服务、数据存储服务和数据查询服务，其主要应用及功能描述如表 3-21 所示。

表 3-21　SCADA 系统应用及功能描述

应用	功能描述
自动采集	通过采集设备各种参数状态，实现对生产的调度和管理
数据分析	对采集的数据进行分析处理，进而明确设备的运行状态、故障问题、设备磨损情况及运行效率等
数据存储	能够满足分布式的数据存储需求，既能够利用实时数据库快速存取数据，又能够进行历史数据的快速抽取，还支持跨平台数据访问与共享
自动推送	能够将发生故障的设备故障信息、维修信息等自动推送至相关维修人员或维修部门

3.2.2　新一代信息技术模块

围绕数据的采集、通信传输、存储与处理、企业应用等全过程中涉及的信息技术对智能工厂中的应用技术进行总结，主要包括物物互联互通技术、数据智能处理技术、人机智能交互技术、信创安全管理技术。

3.2.2.1 物物互联互通技术

物物互联互通技术是指通过物联网、5G 通信、区块链等技术，实现设备、系统、数据之间的高效连接与智能交互，进而支撑企业的纵向集成、横向集成以及端到端集成。物物互联互通技术的核心是通过传感器、通信技术和数据处理技术，实现设备之间的智能化、自动化互联互通和远程控制。目前，智能工厂中典型的物物互联互通技术主要包括物联网技术、5G 通信技术以及区块链技术等。以下内容将分别对这些技术进行总结与分析。

（1）物联网技术

物联网技术通过传感器、通信技术和数据处理技术，实现设备之间的互联互通和数据交换，广泛应用于设备监控、生产优化和供应链管理等领域。主要包括感知识别技术、通信传输技术、信息物理融合技术等，其中，感知识别技术中的条码技术、射频识别技术、超宽带技术、机器识别技术、智能传感技术等应用较为广泛。通信传输技术中的 5G 通信技术在企业数智化转型中的应用价值最大，其应用也最为广泛。在物联网中，区块链技术通常与感知识别技术、通信传输技术和信息物理融合技术结合使用，以提升系统的安全性和可信性，目前也逐步得到制造业领域的关注与示范应用。结合物联网技术自身特点，总结提炼其主要应用场景及描述如表 3-22 所示。

表 3-22 物联网应用场景及描述

应用场景	场景描述
设备和环境数据的采集	利用物联网技术，实现了数据标准的归一化，通过协议转换，使得不同品牌的设备数据以及各类不同的环境数据统一采集并上传到同一个数据库，能够在同一个数据库中对所有的设备运行数据和环境数据进行整体的分析
设备监控与维护	通过物联网技术实时监控设备的运行状态，预测设备故障并制订维护计划。在能源行业中，物联网系统能够实时监控风力涡轮机的运行状态，预测轴承故障并提前安排维护
生产过程优化	利用物联网技术采集生产过程中的数据，优化生产流程。在汽车制造中，物联网系统能够实时监控生产线的运行状态，优化生产调度和设备利用率
能源管理	通过物联网技术监控能源使用情况，优化能源消耗。在钢铁制造中，物联网系统能够实时监控高炉的能耗数据，优化加热和冷却过程，减少能源浪费
供应链管理	利用物联网技术实现供应链的透明化和可追溯性。在食品行业中，物联网系统能够实时监控食品从生产到销售的每一个环节，确保食品的安全和可追溯性

（2）5G 通信技术

5G 通信技术是第五代蜂窝式移动通信技术，是实现人机物互联的网络基础设施，具有高速率、大容量、低延时、高可靠性等特性。因此，5G 很好地解决了早期工业制造中存在的生产数据采集困难和数据传输不稳定等问题，能够提供低时延和高可靠性的数据传输服务，满足超大容量的生产制造设备的连接，有效地保障生产数据传输的及时性和有效性。因此，5G 通信技术被广泛用于研发设计、生产制造、供应管理、运营管理及产品服务等领域。结合 5G 通信技术自身特点，总结提炼其主要应用场景及描述如表 3-23 所示。

表 3-23　5G 通信技术应用场景及描述

应用场景	场景描述
协同研发设计	基于 5G 技术，研发人员能够远程在线协同完成产品的研发，如利用各类 XR 终端在沉浸式环境中进行产品结构的协同设计
生产过程追溯	将生产现场核心制造资源接入工厂 5G 网络，通过 5G 实时传输生产过程关键信息，实现生产过程物料、质量、故障等相关信息的追溯
柔性生产制造	基于 5G 无线移动通信技术，能够提高设备的组网效率，减少设备的组网成本，进而缩短生产线系统动态重构的时间
多机协同作业	5G 技术在实现制造单元内多机器人或设备组网与通信的基础上，结合各设备的运行轨迹、工序完成等数据，综合运用统计、规划与模拟仿真等方法，实现设备协同作业
动态精准的作业管控	集成机器视觉与 5G 技术，将所生产对象的精准测量数据（如坐标信息等）实时传输到远程控制系统，系统动态调整产品的状态，实现生产作业的动态精准管控
便捷实时的生产作业交互	如为作业人员配置支持 5G 通信的智能穿戴设备，使其具备远程视频交互、双向对讲、疲劳检测、设备定位、电子围栏等功能，为员工日常作业提供高效便捷的交互手段
资产管理与跟踪	利用 5G 终端，操作员可以轻松定位和管理资产
远程设备操控	基于 5G 的快速、稳定与无延时特性，设备操作员能够通过远程网络实时获得生产现场状态，并远程精准操控现场设备
AGV 精准导航与实时控制	5G+激光、视觉、惯性的导航方式，能够充分放大新型非预定路径导航各方面的优势，使之具有自主避障与决策能力
库存管理	5G 与传感器等技术结合能够实现对原材料、在制品等库存信息的管理，准确了解目前库存中物品类别、数量、使用情况等信息
刀辅具实时监控与寿命预测	利用 5G 与传感器结合实时采集并上传数据，对刀辅具寿命开展实时监测，并通过与后台系统算法协同，实现剩余寿命预测
产品展示与体验	通过对工业产品的外形数据及内部结构进行立体化建模，构建虚拟数字展厅，通过 5G 网络传输至平板电脑、增强现实（augmented reality，AR）/虚拟现实（virtual reality，VR）眼镜等智能终端，与数字模型实时互动，实现产品细节的沉浸式体验和感受
辅助技能学习	基于 5G 和 AR/VR 融合构建贴近真实场景的全虚拟场景，进行操作技能培训和自由操作练习
远程诊断维护	利用 5G 技术实时传输设备健康状态，实现跨区域的设备健康状态远程诊断与设备维护维修远程指导
端到端供应链管理	基于 5G 的端到端柔性供应链管理，可针对异常数据和异常事件快速定位问题设备和参数，打通制造、销售、物流等流水线，实现内外销全流程环节、节点与不同维度的数据可视化透明管理
智能产品全生命周期管理	5G 技术使各传感器、设备、软件实现互联互通，通过后台服务下达远程指令，实现对产品全生命周期信息的快速获取和共享，辅助实现产品全生命周期管理

（3）区块链技术

区块链是分布式数据存储、点对点传输、共识机制、加密算法等计算机技术的新型应用模式，具有防伪造、防篡改、可追溯的技术特性，有利于解决制造业中的设备管理、数据共享、多方信任协作、安全保障等方面存在的问题，对于提升工业生产效率、降低成本、提升供应链协同水平和效率以及促进管理创新和业务创新具有重要作用。结合区块链技术自身特点，总结提炼其主要应用场景及描述如表 3-24 所示。

表 3-24　区块链技术应用场景及描述

应用场景	场景描述
研发数据的安全防护	研发设计人员在协同设计过程中容易造成技术的泄密，基于区块链的智能合约和信任机制能够保证数据不会被篡改与盗窃
工业物联网/工业互联网安全保障	区块链实现了可审计和透明的点对点交易，可以帮助消除传统工业物联网/互联网架构的安全漏洞，多维度保障数据安全
供应链网络安全交易	在供应链网络中的各个企业之间建立共识机制，保证交易数据的安全，在共识机制的基础上自动执行交易
供应链安全管理	区块链技术保证数据在各交易方之间公开透明，在整个供应链上形成完整流畅的信息流，保证供应链安全性与可追溯性
关键生产设备之间的可信通信	在关键设备之间直接建立信任关系，利用智能合约产生并管理新的数据交易，实现交易过程透明化并减少管理维护成本
基于智能合约的生产调度	区块链可以被纳入一个多智能体模型，辅助智能制造系统中的决策过程，智能合约允许交互建模和调度决策的推理
生产过程智能化管理	通过连接传感器、控制模块以及工业软件系统等，并配置统一基础设施，可实现生产制造各环节的长期持续性监管
产品质量追溯	使用区块链记录产品关键质量数据文件，不仅可以提高安全性，而且有助于跨流程故障排除与缺陷批次的可信追溯
物流溯源追踪	对产品的溯源、运输、流向等环节进行标记追踪，防止篡改
智慧物流管理	在物流过程中，利用数字签名和公私钥加解密机制，可以充分保证数据信息安全以及客户的隐私
智能工厂数字孪生平台	基于区块链与数字孪生的融合，打造智能工厂数字孪生平台，实现机理研究、技术集成、成果转化等功能

3.2.2.2　数据智能处理技术

数据智能处理技术是指通过先进的计算方法和算法对采集到的数据进行处理、分析和挖掘，从而提取有价值的信息，并支持决策和优化。它是实现设备与设备之间、设备与系统之间以及系统与系统之间智能交互的核心技术，能够支撑企业的纵向集成、横向集成以及端到端集成，同时为工业互联网平台提供强大的数据处理能力。目前，智能工厂中典型的数据智能处理技术主要包括人工智能技术、工业大数据分析技术、云计算技术以及边缘计算技术等。其中，人工智能技术和工业大数据分析技术应用最为成熟，边缘计算技术在实时性和效率方面优势显著，而云计算技术在数据安全性和可信性方面逐步凸显，目前也逐步得到制造业领域的关注与示范应用。综合上述内容，本节主要从人工智能技术、工业大数据分析技术、云计算技术以及边缘计算技术应用场景进行总结与分析。

（1）人工智能技术

人工智能是研究、开发用于模拟、延伸和扩展人的智能的理论、方法、技术及应用系统的一门新的技术科学。人工智能是计算机科学的一个分支，它企图了解智能的实质，并生产出一种新的、能以与人类智能相似的方式做出反应的智能机器。结合人工智能自身特点，总结提炼其技术组成、主要应用场景及描述分别如表 3-25 和表 3-26 所示。

表 3-25　人工智能技术组成

常见技术	具体介绍	
机器学习	定义	通过算法从数据中自动学习规律，无须显式编程，可分为监督学习（如分类/回归）、无监督学习（如聚类/降维）和强化学习
	关键技术	监督学习（如分类、回归）、无监督学习（如聚类、降维）、半监督学习等
	应用场景	金融风控、医疗诊断、推荐系统等
深度学习	定义	基于多层神经网络的机器学习方法，擅长处理高维度、非结构化数据（如图像、语音）
	关键技术	卷积神经网络（CNN）、循环神经网络（RNN）、Transformer、生成对抗网络（GAN）等
	应用场景	图像识别、自然语言处理、自动驾驶等
自然语言处理技术	定义	让机器理解、生成人类语言的技术，涵盖语义分析、情感识别等
	关键技术	词嵌入（Word2Vec、BERT）、文本分类、序列建模、对话系统等
	应用场景	智能客服、舆情监控、文档自动摘要等
计算机视觉	定义	使机器具备“看”的能力，通过图像/视频数据提取信息并决策
	关键技术	目标检测、图像分割、人脸识别、光学字符识别、3D 视觉等
	应用场景	安防监控、工业质检、医学影像分析等
强化学习	定义	通过试错机制与环境交互，优化决策策略以最大化长期奖励
	关键技术	价值函数法（Q-Learning）、策略梯度方法、深度强化学习等
	应用场景	游戏 AI、机器人控制、资源调度等
知识图谱	定义	以图结构表示实体及关系，支持语义推理和知识发现
	关键技术	知识抽取、知识表示、图数据库等
	应用场景	搜索引擎优化、金融反欺诈、智慧医疗等
生成式人工智能	定义	生成新内容（文本、图像、视频）的 AI 技术，基于概率模型创造数据
	关键技术	扩散模型、自回归模型、多模态生成等
	应用场景	内容生成（文本、图像、视频）、艺术创作、代码辅助编程等
边缘人工智能	定义	在终端设备（而非云端）部署 AI 模型，实现低延迟、高隐私的实时推理
	关键技术	模型轻量化、边缘学习、硬件加速等
	应用场景	智能摄像头、自动驾驶、农业物联网等
大规模预训练模型	定义	在海量数据上预训练的通用模型，可通过微调适配下游任务
	关键技术	Transformer 架构、模型扩展技术、高效微调方法等
	应用场景	多语言翻译、代码生成等
多模态学习	定义	融合文本、图像、语音等多源数据，实现跨模态理解（如 CLIP 模型）
	关键技术	跨模态对齐、模态融合策略、多模态生成等
	应用场景	视频理解、医疗辅助等

表 3-26　人工智能技术应用场景及描述

应用场景	场景描述
智能排程	基于人工智能算法（如遗传算法、粒子群优化算法等），结合实时生产数据（如设备状态、订单优先级、物料供应情况等），动态优化生产计划和资源调度，实现生产任务的高效分配和动态调整。通过 AI 模型预测生产瓶颈，提前调整生产节奏，确保生产线的连续性和高效性
质量检测	利用计算机视觉技术（如卷积神经网络 CNN），结合高分辨率工业相机和传感器，对产品表面缺陷、尺寸偏差、装配错误等进行自动化检测。通过深度学习模型训练，系统能够识别复杂缺陷模式，并实时分类和记录缺陷类型，减小人工检测的误差和减少人工检测的成本
预测性维护	通过分析设备运行数据（如温度、电流等），结合机器学习算法（如随机森林、支持向量机等），预测设备故障并制定维护策略。系统能够提前预警潜在故障，推荐最优维护时间，减少设备停机时间和维护成本，延长设备使用寿命
工艺优化	利用 AI 模型（如神经网络、强化学习等），结合历史生产数据和实时传感器数据，优化生产工艺参数（如温度、压力、速度等）。通过模拟和仿真，系统能够找到最优工艺参数组合，提高生产效率和产品质量，降低能耗和减少材料浪费
智能仓储管理	通过 AI 算法（如路径规划算法、库存优化模型等），优化仓储布局和库存管理，实现自动化仓储和智能分拣。系统能够根据订单需求动态调整库存位置，优化拣货路径，提高物流效率，减少仓储成本
智能客服	利用自然语言处理技术（如 BERT、GPT 等），结合语音识别和语义分析，实现智能客服系统。系统能够自动回答客户问题，处理常见问题（如订单查询、故障报修等），提升客户服务体验，减少人工客服的工作量
智能供应链管理	基于 AI 技术（如时间序列预测、需求预测模型等），结合供应链数据（如库存水平、物流信息、市场需求等），优化供应链管理。系统能够预测需求变化，优化库存和物流管理，提高供应链响应速度，降低供应链成本

（2）工业大数据分析技术

基于数据驱动的企业生产及运营管理将会成为提升制造业生产力、竞争力、创新能力的关键要素。大数据分析技术在工业制造领域中是使工业大数据中所蕴含的价值得以挖掘和展现的一系列技术与方法，包括数据规划、采集、预处理、存储、分析、挖掘、可视化和智能控制等。工业大数据分析技术具有高速、多样、准确、可靠等基本特点。结合工业大数据分析技术自身特点，总结提炼其主要应用场景及描述如表 3-27 所示。

表 3-27　工业大数据分析技术应用场景及描述

应用场景	场景描述
生产优化	通过采集生产线上的实时数据（如设备状态、工艺参数、物料流动等），结合历史数据，利用机器学习算法和统计分析工具，识别生产瓶颈和效率低下的环节。基于分析结果，优化生产调度、设备配置和工艺流程，提升生产效率，降低能耗和废品率。通过分析设备运行数据，识别设备空闲时间过长的问题，优化设备利用率
质量预测	利用历史生产数据和质量检测数据，构建质量预测模型，实时监控生产过程中的关键参数（如温度、压力、湿度等），预测产品质量问题。通过提前干预，减少不良品率。在半导体制造中，通过分析晶圆加工过程中的工艺参数，预测晶圆缺陷并调整工艺参数，确保产品质量
设备健康管理	通过采集设备的运行数据（如温度、电流等），结合设备维护记录，构建设备健康状态模型，预测设备故障并制订维护计划。利用时间序列分析和机器学习算法，预测轴承的磨损程度，提前安排维护，避免设备突发故障导致的生产中断

续表

应用场景	场景描述
供应链优化	通过分析供应链中的物流、库存、订单等数据，识别供应链中的瓶颈和风险点，优化库存管理和物流调度。利用需求预测模型，优化原材料采购计划，避免库存积压或短缺。同时，通过实时监控物流数据，优化运输路线和配送计划，降低物流成本
能耗管理	通过采集生产过程中的能耗数据（如电力、水、气等相关数据），结合生产计划和设备运行数据，分析能耗模式，识别能耗高峰和浪费点。基于分析结果，优化能源使用策略，降低能耗成本。在钢铁制造中，通过分析高炉的能耗数据，优化加热和冷却过程，减少能源浪费
市场趋势分析	通过分析市场数据（如销售数据、客户反馈、竞争对手动态等），预测市场需求变化，优化产品设计和生产计划。利用时间序列分析和回归模型，预测未来几个月的产品需求，调整生产计划，避免库存积压或供不应求
客户行为分析	通过分析客户数据（如购买记录、浏览行为、反馈意见等），了解客户需求和行为模式，优化产品和服务。利用聚类分析和推荐算法，为客户提供个性化的产品推荐，提升客户满意度和忠诚度

（3）云计算技术

云计算技术通过互联网提供计算资源、存储资源和应用服务，支持大规模数据处理和协同工作。结合云计算技术自身特点，总结提炼其主要应用场景及描述如表 3-28 所示。

表 3-28　云计算技术应用场景及描述

应用场景	场景描述
消费者需求分析	通过对云平台收集到的大数据分析，更科学、准确、清晰地对用户进行需求分析，从而对产品的需求作出相应预测，进行生产计划或采购计划的制订
产品质量管理	半成品、零件从生产环节开始，都会贴上 RFID 标签，每个标签都有唯一的 EPC（electronic product code，电子产品代码），其所携带的产品信息存储在云端。通过查找云端数据库，就能够确定产品各个零件的来源、生产加工过程，可以高效追溯不合格产品
生产设备管理	实现设备联网，采集相关工艺数据，在线监测设备工作状态，通过云计算实现在线数据处理分析判断，形成报表反馈到控制中心，及时进行设备异常自动报警和预诊断
物流配送智能化	物料都有唯一条码或二维码，依据贴片机运行的反馈数据实现自动叫料，将需求指令传给 AGV 实现自动配送，并对物料运行信息在 MES 以及 ERP 中进行处理 货车离开配送中心时，读写器读取和确认货物信息，根据货物标签显示的地域编码，确定配送距离的远近，并统筹规划、合理安排车辆的行驶路线
优化库存管理	入库时对货物上的标签进行识别，确认货物信息与订单是否一致；上架后读取货物位置信息，同步更新云端数据库相关信息；出库时根据位置信息快速定位，取出时读写器读取货物标签，与发货记录进行核对
产品溯源	消费者可以利用商品识别标签了解商品生产的全过程信息，企业还可以对消费者的使用情况进行跟踪，尤其对使用时产生的问题进行追溯
运维管理平台	提供云资源池的统一资源管理、资源统计分析、告警处理、日志管理等多种运维功能，通过监控采集和告警管理模块，实时掌控资源的运行状况
企业集成信息管理	实现车间与工厂、工厂与集团之间不同层次、不同类型的设备与系统间的网络连接，并且实现数据在不同层次、不同设备、不同系统间的传输

（4）边缘计算技术

边缘计算技术通过在数据源附近进行实时数据处理和分析，减少数据传输延迟和带宽压力。结合边缘计算技术自身特点，总结提炼其主要应用场景及描述如表 3-29 所示。

表 3-29 边缘计算技术应用场景及描述

应用场景	场景描述
实时监控	在设备端部署边缘计算节点，实时采集和处理传感器数据（如温度、压力等），监控设备运行状态。通过本地化的数据处理，减少数据传输延迟，实现快速响应。在石油钻井平台中，边缘计算节点实时分析钻井设备的振动数据，识别异常振动并发出警报，避免设备损坏
快速决策	在边缘节点部署轻量级 AI 模型，实时处理数据并做出决策，减少云端处理的延迟。在智能制造中，边缘计算节点实时分析生产线的运行数据，识别生产异常并自动调整设备参数，确保生产过程的稳定性
数据过滤	在边缘端对采集到的数据进行预处理和过滤，去除冗余数据，减少云端存储和计算压力。在智能电网中，边缘计算节点对电力传感器的数据进行滤波和压缩，仅将关键数据上传至云端，降低网络带宽需求
设备健康管理	在边缘端实时分析设备的运行数据，预测设备故障并制订维护策略。在风力发电场中，边缘计算节点实时分析风力涡轮机的振动和温度数据，预测轴承故障并提前安排维护，避免设备停机导致的发电损失
智能安防	通过边缘计算实现实时视频分析，识别异常行为并发出警报。在智能工厂中，边缘计算节点实时分析监控摄像头的视频流，识别入侵者或异常行为，并立即触发警报，确保工厂安全

3.2.2.3 人机智能交互技术

人机智能交互技术通过人工智能、自然语言处理、计算机视觉等技术，实现人与机器之间的高效、自然和智能化的交互。它涵盖了从语音识别、手势控制到虚拟现实（VR）和增强现实（AR）等多种交互方式，旨在提升用户体验、提高工作效率并降低操作复杂度。目前，智能工厂中典型的人机智能交互技术主要包括扩展现实（XR）技术和体感识别技术等。以下将对扩展现实技术和体感识别技术的应用场景及描述进行总结与分析。

（1）XR 技术

XR 技术是一种涵盖了虚拟现实、增强现实、混合现实的新型沉浸式交互技术。其中，VR 通过计算机、电子信息、图像等技术模拟现实环境，从而给人以环境沉浸感，并与现实环境相隔绝，常用于产品开发、虚拟装配、虚拟维修、培训等方面。AR 将虚拟内容（数字对象或信息）通过设备叠加到现实世界中，两种信息互为补充，从而实现对真实世界的“增强”，常用于培训、复杂装配与高级维护任务等方面。混合现实（mixed reality，MR）是真实世界和虚拟世界的融合，以产生新的环境和可视化效果，其中，物理对象和数字对象共存，类似于 AR，常用于装配任务、营销与销售以及可视化等多个方面。结合 XR 技术自身特点，总结提炼其应用场景及描述如表 3-30 所示。

表 3-30　XR 技术应用场景及描述

应用场景	场景描述
工厂规划与设计	结合 VR 技术，在虚拟环境中进行工厂规划设计方案的验证（如智能工厂布局）
客户参与的远程设计	在完成产品设计的过程中，客户基于 VR 可便捷观看产品或工厂数字模型，实现客户参与式产品设计
人机工程仿真验证	通过动作捕捉设备与数据手套，将数字人体的视野反馈到界面中，以识别潜在的人机工程学问题
数字化虚拟培训	利用 VR 技术为员工提供各种沉浸式学习方式，不受时间和空间限制，允许自由试错，可有效减少危险环境带来的安全问题
装配与拆卸模拟	通过 VR 技术模拟和仿真装配与拆卸过程，发现潜在安全问题，优化产品装配及拆卸流程
AR 辅助作业指导	基于 AR 与人工智能技术，对产品组装或加工作业过程进行实时图像采集和计算，并结合生产作业要求实时指导作业人员的生产作业（如零件装配位置、线束走线位置、工具的使用类型等）加工，实现 AR 辅助的智能装配，尤其在一些狭小的作业空间，基于 AR 的辅助装配作业指导的作用无可替代
生产过程防错与实时控制	结合 AI 技术，通过 AR 眼镜快速动态识别当前作业状态，及时发现潜在问题并进行报警，实现生产过程的实时管控
车间可视化管理	结合数字孪生模型，将工厂生产运行过程的状态与指标通过 VR 和 AR 进行呈现，辅助人员进行生产管理与决策
数字化沉浸式营销	基于 AR 技术，结合多种体感设备，打造沉浸式虚拟环境，协同多个用户及多种产品的互动，打造新型数字化营销方式
远程辅助维修	通过 AR 与 MR 技术，在维修过程中远程联系相关专家，辅助解决现场设备的维护工作
智能协同运维	利用智能 VR 设备，通过 AI 技术识别机器设备的运行状态，协同多个异地专家，帮助判断问题所在并做出指导

（2）体感识别技术

体感识别技术是一种通过捕捉人体动作、姿态或手势来实现人机交互的技术。它广泛应用于智能工厂、医疗、娱乐、教育等领域，能够提升操作效率、降低学习成本，并为用户提供更自然的交互体验。在智能工厂中体感识别技术的应用场景丰富多样，涵盖了设备操作与控制、培训与模拟、质量检测与装配、远程协作与维护、健康与安全监控、仓储与物流管理等多个领域。通过体感识别技术，工厂能够实现更高效、更安全、更智能的生产和管理，同时提升员工的交互体验和工作满意度。随着技术的不断发展，体感识别技术将在智能工厂中发挥越来越重要的作用。结合体感识别技术自身特点，总结提炼其应用场景及描述如表 3-31 所示。

表 3-31　体感识别技术应用场景及描述

应用场景	场景描述
设备操作与控制	工人通过手势或身体动作远程控制机械设备，如启动、停止、调整参数等
培训与模拟	通过体感识别技术模拟工厂操作流程，用于新员工培训或复杂操作的学习

续表

应用场景	场景描述
质量检测与装配	在装配线上，工人通过手势或动作与系统交互，完成产品质量检测或复杂装配任务
远程协作与维护	技术人员通过体感设备远程指导工人维护，或与现场工人协作完成设备维修任务
人机协作	在智能工厂中，工人与协作机器人通过体感识别技术实现无缝协作，共同完成生产任务
健康与安全监控	通过体感识别技术监测工人的身体姿态和动作，预防因操作不当导致的工伤或疲劳
仓储与物流管理	在仓储环境中，工人通过手势或动作与智能系统交互，完成货物分拣、搬运和库存管理任务
虚拟设计与原型制作	工程师通过体感识别技术在虚拟环境中设计和测试产品原型，实时调整设计参数
智能巡检	巡检人员通过体感设备与智能系统交互，完成设备巡检任务，系统实时记录和分析巡检数据

3.2.2.4 信创安全管理技术

信创安全管理技术是指在中国信息技术应用创新（简称“信创”）背景下，通过国产化替代、安全防护体系构建及生态适配等手段，保障关键信息基础设施安全的技术体系。其核心目标在于突破“卡脖子”技术依赖，构建从底层硬件（芯片、服务器）到基础软件（操作系统、数据库）、应用软件的全栈自主可控能力，并在此过程中确保数据安全、网络防护及合规性，保障信创系统的安全性、可靠性和稳定性，避免信息泄露、数据篡改和网络攻击等安全风险，进而支撑企业的纵向集成、横向集成以及端到端集成，以及更高层级的工业互联网平台建设。

（1）信创安全管理的必要性

① 国家战略需求。信创是维护国家安全的关键要素，尤其在外部技术制裁不断加剧的严峻形势下，实现自主可控已成为保障供应链安全、防范数据泄露以及抵御网络攻击的坚实基础。

② 技术依赖风险。传统信息技术体系对国外技术存在过度依赖现象，由此带来的“断供”风险以及潜在的漏洞隐患，严重威胁我国信息产业的稳定发展。

③ 政策驱动与行业需求。国家通过政策手段明确信创设备采购比例，有力推动了党政机关、金融、教育等关键行业加速实现国产化替代进程。

④ 数字经济发展的基础。信创技术是数字经济转型的核心驱动力，通过构建国产化技术体系，能够有效支撑数据要素的高效流通与安全应用，为数字经济的高质量发展奠定坚实基础。

（2）信创技术体系构建

信创技术首先要考虑自主可控的技术底座，国产芯片、操作系统和数据库是构成信创技术体系的三个主要支柱。

信创技术体系以“升级替代”为理念，优先采用云计算、大数据等新一代信息技术。在基础架构上，利用云计算和大数据的软件定义、分布式计算及弹性扩展特点，通过资源池实现“单机低性能，但整体高可用”的计算模式，从纵向扩展转向横向扩展。在创新应用方面，借助移动互联网、物联网等随时连接、数据驱动和实时互动等特性，推动场景变革，实现“把数据作为生产要素”的数字化转型目标。

信创产业生态系统主要由基础硬件、基础软件、新兴信创、行业应用、信息安全五部分构成。图 3-11 和表 3-32 分别展示了信创产业链结构和领域。

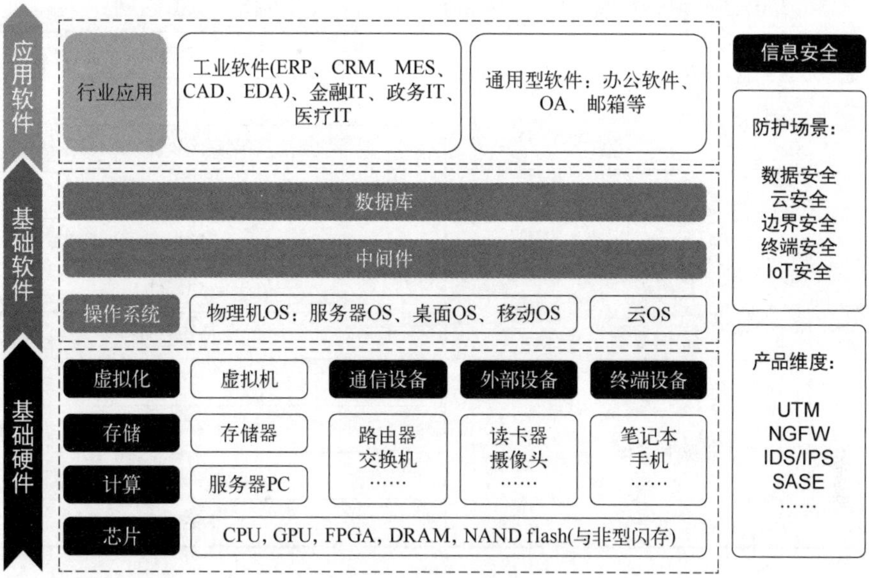

图 3-11　信创产业链

① 信创产业链是对信息技术应用创新产业中各环节及其相互关系的可视化展示。信创产业是中国在信息技术领域实现自主可控、安全可靠的重要战略方向，其产业链涵盖了从基础硬件、基础软件到应用软件、信息安全等多个环节。

② 信创产业链图谱是对信息技术应用创新（信创）产业链中各环节及其相互关系的可视化展示，其核心目标是帮助政府、企业和投资者清晰了解信创产业的布局、关键节点和发展方向，为政策制定、产业规划和投资决策提供参考。

表 3-32 呈现了信创产业链的领域，从底层的硬件支持到上层的行业应用，涵盖了信息技术的各个方面。

表 3-32　信创产业链领域

分类	领域
信息安全	信息安全
行业应用	政务
	军工
	金融
	电力
	电信
	广电
	建筑
	医疗
	环保
	交通

续表

分类	领域
新兴信创	云服务
	人工智能
	大数据
	区块链
基础软件	操作系统
	数据库
	中间件
	应用软件
基础硬件	芯片
	存储器
	整机（服务器）
	网络设备

（3）信创安全管理技术

信创安全管理技术主要包括网络安全、数据安全、工控安全、操作系统安全与应用软件安全等技术。本节重点围绕信创背景下智能工厂中关注的工控安全、操作系统安全、应用软件安全技术的应用场景进行总结与分析。

① 工控安全技术。工控安全技术通过保护工业控制系统（industrial control system，ICS）免受网络攻击和物理破坏，确保工业生产过程的安全和稳定，广泛应用于能源、制造和交通等领域。结合工控安全技术自身特点，总结提炼其主要应用场景及描述如表 3-33 所示。

表 3-33　工控安全技术应用场景及描述

应用场景	场景描述
工业防火墙	在工业控制系统中部署工业防火墙，防止外部网络攻击。在电力系统中，工业防火墙保护电网控制系统免受网络攻击，确保电网的安全运行
工控系统监控	通过工控系统监控技术实时监控工业控制系统的运行状态，识别异常行为。在石油化工行业中，工控系统监控技术能够实时监控反应釜的温度和压力，确保生产过程的安全
物理安全防护	利用物理安全防护技术保护工业控制系统的硬件设备，防止物理破坏
工控数据加密	对工业控制系统中的数据进行加密，防止数据泄露和篡改。在制造行业中，工控数据加密技术确保生产数据的安全性，确保生产过程的稳定性

② 操作系统安全技术。操作系统安全技术通过保护操作系统的内核、文件系统和用户权限，防止恶意软件和未授权访问，广泛应用于服务器、桌面系统和移动设备等方面。在信创背景下，操作系统安全是保障智能工厂及其他关键领域信息安全的重要组成部分。

国产操作系统作为信创体系的核心环节，其安全性直接关系到整个信息系统的稳定性和可靠性。常见的国产操作系统的安全性和特点如表 3-34 所示。

表 3-34 常见国产操作系统的安全性及特点

常见国产操作系统	安全性及特点	
麒麟操作系统	特点	基于 Linux 内核，支持多种硬件平台（如龙芯、飞腾、鲲鹏等） 广泛应用于政务、金融、国防等领域 提供完善的安全机制，如访问控制、安全审计、加密存储等
	安全性	通过国家信息安全认证，符合等保 2.0 要求 支持国产密码算法，保障数据安全
统信 UOS	特点	基于 Linux 内核，支持多种国产芯片（如龙芯、飞腾、鲲鹏等） 提供友好的用户界面和丰富的应用生态 广泛应用于政府、企业、教育等领域
	安全性	提供多层次的安全防护机制，包括内核安全、应用安全和数据安全 支持安全启动、可信计算等技术，防止恶意软件攻击
中标麒麟	特点	基于 Linux 内核，支持多种国产硬件平台 广泛应用于政府、金融、能源等领域
	安全性	提供完善的安全管理工具，如防火墙、入侵检测（intrusion detection system，IDS）等 支持国产密码算法和安全协议，保障数据传输和存储的安全性
深度（Deepin）	特点	基于 Linux 内核，以美观的界面和易用性著称 广泛应用于个人用户和企业用户
	安全性	提供系统级的安全防护，包括权限管理、安全更新等 支持开源社区的安全审计，提升系统的透明性和可信性

③ 应用软件安全技术。应用软件安全技术通过防止应用软件被漏洞攻击和数据泄露，确保应用软件的安全性和可靠性，广泛应用于企业应用、移动应用和云计算平台等方面。结合应用软件安全技术自身特点，总结提炼其主要应用场景及描述如表 3-35 所示。

表 3-35 应用软件安全技术应用场景及描述

应用场景	场景描述
漏洞扫描与修复	通过漏洞扫描技术检测应用软件中的安全漏洞，并及时修复 在企业应用中，漏洞扫描技术定期检测应用软件中的漏洞，确保应用软件的安全性
数据加密	对应用软件中的数据进行加密，防止数据泄露 在移动应用中，数据加密技术保护用户的个人数据，防止数据被非法访问
访问控制	通过访问控制技术限制用户对应用软件的访问权限，防止未授权访问 在企业应用中，不同用户只能访问与其工作相关的功能模块，确保应用软件的安全性
安全审计	利用安全审计技术记录应用软件的操作日志，确保操作的可追溯性 在企业应用中，安全审计技术记录各部门员工的操作，确保操作的可追溯性和安全性

3.3 数智化转型管理引擎

3.3.1 生产模式演变历程

自第三次工业革命以来，产业经济和技术驱动下的生产系统发生了变化。在产业经济视角下，市场对产品的品种和批量的需求一直在变化，主要经历了少品种、大批量到多品种、小批量到个性化定制的阶段，正在向大规模定制需求发展；在技术视角下，随着计算机、数控、新型信息技术（如云计算、物联网、大数据等）等的快速发展及其在工业生产领域的广泛应用，生产模式正在向更加灵活、高效、节能、智能的方向发展。根据国际生产工程学会的资料总结，先进的生产模式已达几十种，典型的包括福特生产方式、丰田生产方式、精益生产、计算机集成制造、敏捷制造、云制造和智能制造等。图 3-12 总结和分析了生产模式在经济与技术双重驱动因素下的演变历程。

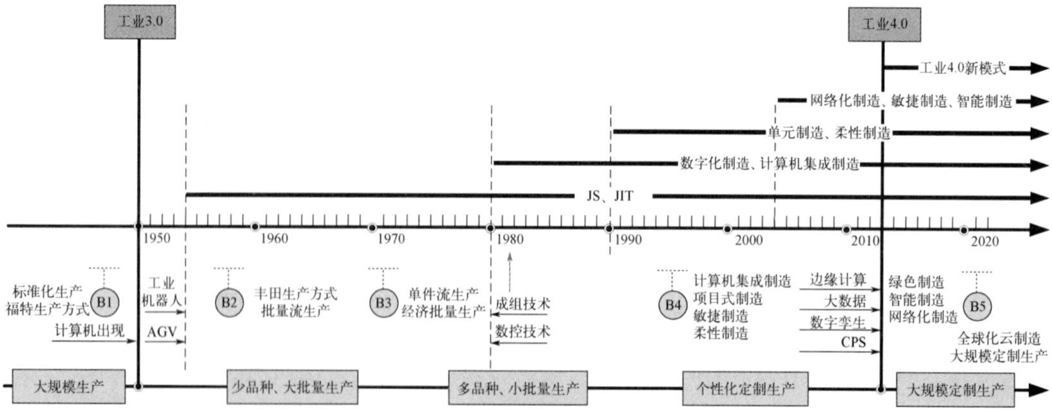

图 3-12　生产模式演变历程

3.3.2 工业 4.0 环境下的典型生产系统模式

3.3.2.1 工业 4.0 环境下的典型生产系统特点分析

随着全球竞争加剧与全球经济增长的放缓，全球制造业正在面临巨大的挑战，如企业竞争力下降、资源短缺、个性化需求凸显等。面对日益复杂的生产制造环境，新型信息技术的快速发展推动了新一轮产业变革，也加速了企业转型升级的步伐。通过总结分析，在工业 4.0 环境下，企业为应对大规模个性化定制市场需求所构建的生产系统需要具备图 3-13 所示的特点。

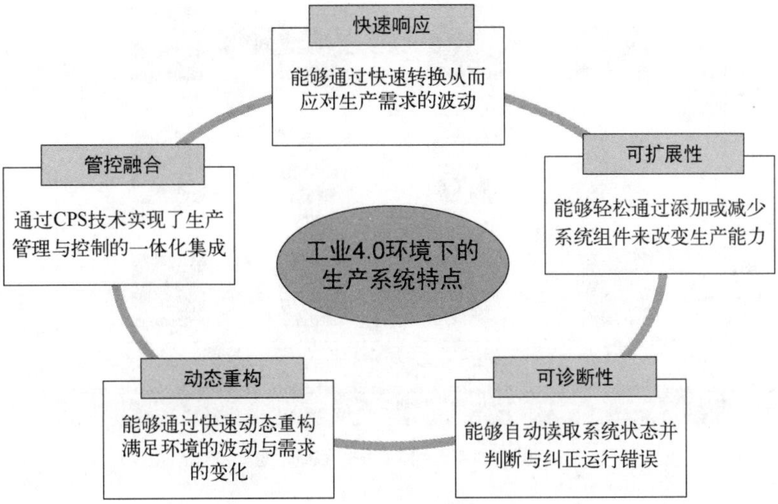

图 3-13　工业 4.0 环境下的生产系统特点

3.3.2.2　典型生产系统模式示例介绍

基于上述工业 4.0 环境下的生产系统特点，通过调研大量的智能工厂实施案例，本节总结和提炼出矩阵式生产系统、脉动式生产系统、模块化生产系统和 Seru 生产系统等几种具有代表性的生产系统模式。

（1）矩阵式生产系统

随着工业 4.0 的不断推进，个性化的市场要求将会改变生产过程。市场的多变性，导致产品的品类和型号越来越多，生产的件数也不断变化。基于此，KUKA 公司提出了矩阵式生产的理念。矩阵式生产系统（matrix production）是建立在分门别类的标准化生产单元基础上，将任意数量的同类生产单元归置在一个网格上，使得所有的生产单元具有不依赖于产品具体工艺的通用柔性装备与功能模块。基于可配置的生产单元，借助 AGV 实现零件和工具运输以及物流和生产的分离。其整体灵活性与可重构性水平较高，并且可以在低成本的前提下实现对突发事件的快速响应；但其整体构建成本较高，并且其灵活性与快速响应主要依赖于物流系统的调度，对 AGV 路线规划与再规划能力有较高的要求。矩阵式生产系统示意图如图 3-14 所示。

（2）脉动式生产系统

在航空航天工业中，为了改进传统流水线作业方式，进行低成本、高质量的快速响应安装，波音公司建立了第一条脉动式生产线。脉动式生产系统（pulse production）是传统重工业流水线在生产流程上调整演化出的流水线生产模式。脉动生产线和其名字一样，按节拍划分工位组成装配线，每个节拍工位都对应于一个部件的安装，主要适用于生产节拍相对较慢、产品规格大的制造场景。脉动式生产中，每一阶段的作业人员可以在固定的点位完成作业，优化资源配置时间，但脉动式生产也存在柔性低、灵活性差等限制。脉动式生产系统示意图如图 3-15 所示。

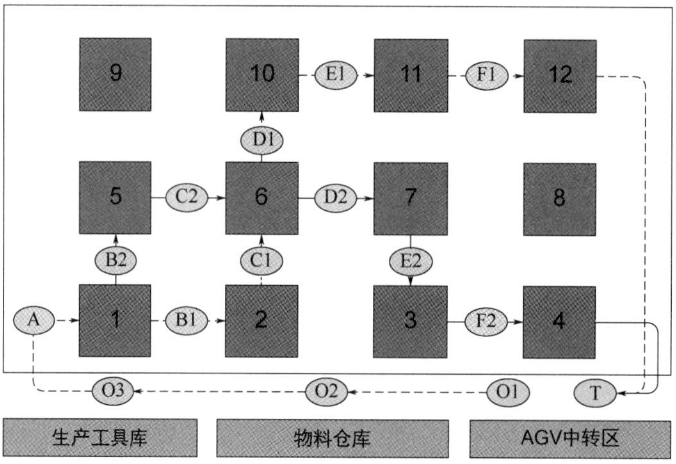

图 3-14 矩阵式生产系统示意

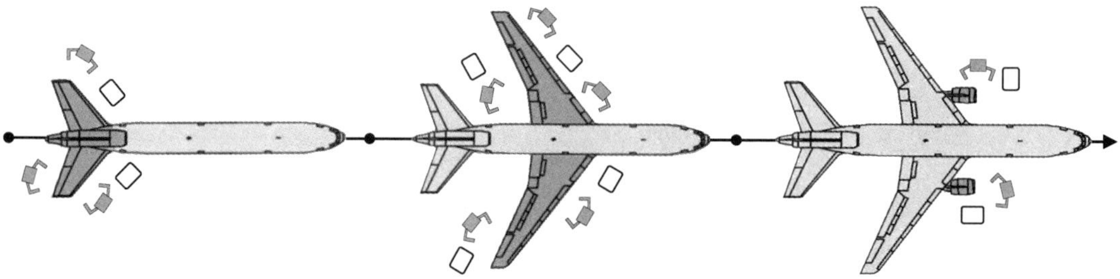

图 3-15 脉动式生产系统示意

（3）模块化生产系统

模块化生产系统（modular production）是一种将复杂的生产进行多模块的简单化分解，再由分解后的各个模块集成生产的动态生产模式。模块化生产的生产线由独立的生产单元（模块）组成，每个模块在配送、测试、加工、搬运、组装、存储等过程中都有特定的功能。车间管理人员可以基于各个模块的制造工艺，对其进行快速且自由的编组以满足不同阶段的生产要求。模块化生产系统示意图如图 3-16 所示。

模块化生产系统利用模块的标准化及通用化，通过产品的多变性与零部件标准化的有效结合，在高效满足顾客个性化定制需求的同时实现规模经济，降低企业成本；但模块化生产对设备的高要求使得其建设成本较高，并且标准化模块的设置和模块改组的调度同样决定系统的柔性以及生产上限。

（4）Seru 生产系统

Seru 生产系统是一种源于日本电子工业的生产现场的高柔性生产模式，以克服流水线灵活性低的问题，适合多品种、小批量、变批量、生命周期短、更新换代快的高价值电子、汽车、医疗器械类产品的手工和半自动化装配生产过程。Seru 生产系统在提高生产效率、节约车间空间、减少在制品库存、提高员工积极性、降低不良品率等方面有很好的效果；但其效率、不良品率与员工的技能水平密切相关，因此，多能工的培养是实现 Seru 生产模式的重点。Seru 生产系统示意图如图 3-17 所示。

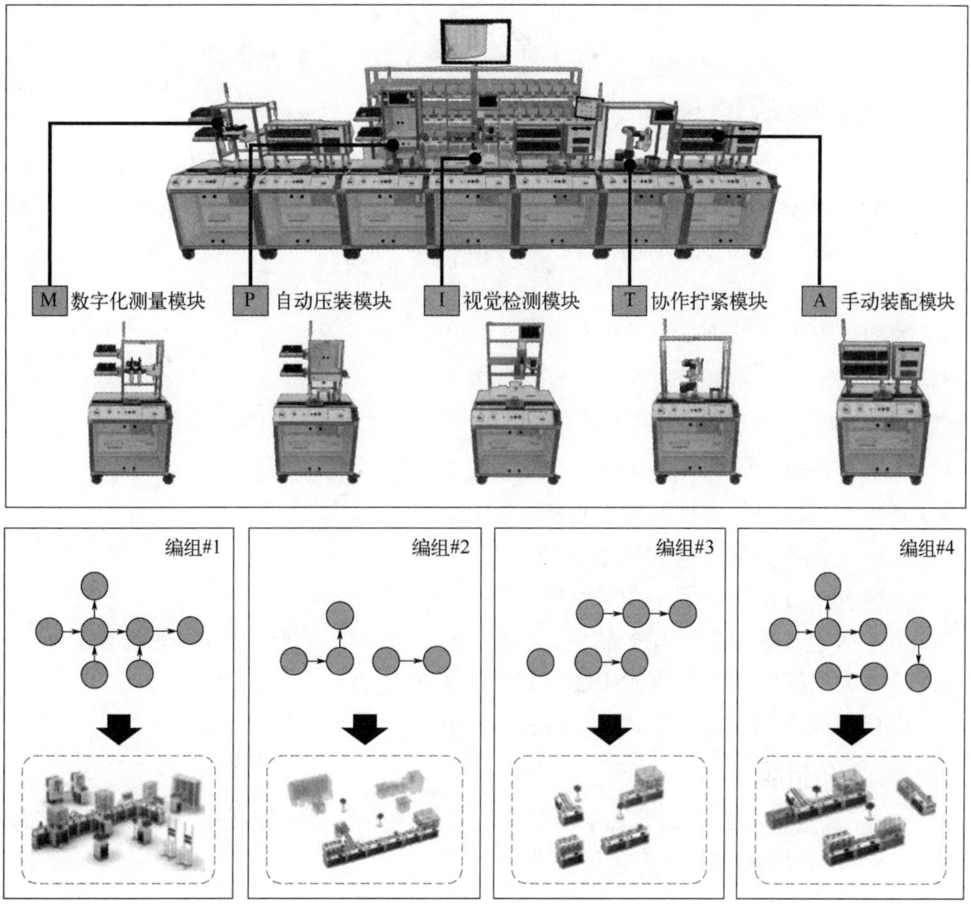

图 3-16　模块化生产系统示意

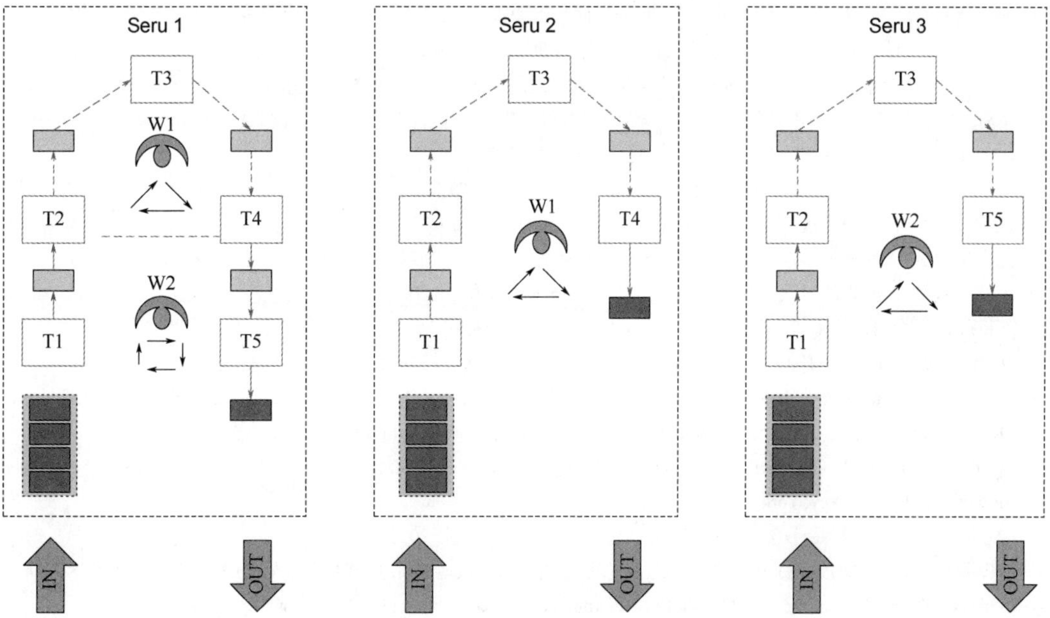

图 3-17　Seru 生产系统示意图

课后习题

一、名词解释

1．请描述以下企业数智化转型升级过程中的相关工业软件系统的中英文全称：CAD、CAE、CAPP、CAM、PLM、PDM、ERP、SCM、CRM、MRO、QMS、EMS、APS、WMS、EAM、MES、MOM、SCADA、DCS。

2．矩阵式生产系统。

3．脉动式生产系统。

4．模块化生产系统。

二、简答题

1．总结企业通过管理和技术融合的方式推动数智化转型的必要性。

2．简述企业数智化转型的核心目标。

3．列举企业数智化转型的核心举措。

4．简述企业数智化转型的业务维度。

5．简要描述大规模生产与多品种、小批量生产需求下的典型生产模式。

6．总结大规模定制生产需求下生产模式的发展趋势。

7．总结工业 4.0 环境下典型生产系统的特点。

三、综合分析题

对比矩阵式生产系统、脉动式生产系统、模块化生产系统与 Seru 生产系统的优缺点，并列举四类生产系统对应的典型应用行业。

参考文献

[1] 陈明，张光新，向宏．智能制造导论[M]．北京：机械工业出版社, 2021.

[2] 姚磊．中国工业互联网发展蓝皮书[M]．北京：电子工业出版社, 2019.

[3] 郭进．智能化背景下传统制造企业转型升级问题研究[M]．上海：上海社会科学院出版社, 2022.

[4] 牟海，王怀坤．浅谈先进制造的几种关键技术及其发展趋势[J].新材料产业, 2019(11):49-51.

[5] 段云峰，杨旭. 5G+智能制造[M]．北京：机械工业出版社, 2022.

[6] 杨军，徐亭，张东星，等. 5G 赋能智能制造[M]．北京：人民邮电出版社, 2021.

[7] 范凌杰．区块链原理、技术及应用[M]．北京：机械工业出版社, 2022.

[8] 孔宪光．工业互联网技术及应用[M]．武汉：华中科技大学出版社, 2022.

[9] 廖文和，郭宇，杨文安．制造物联技术基础[M]．北京：科学出版社, 2022.

[10] 孙巍伟，卓奕君，唐凯，等．面向工业 4.0 的智能制造技术与应用[M]．北京：化学工业出版社, 2022.

[11] Chen K. Digital Twin[M]. London: Royal Collins Publishing Company, 2021.

[12] Nath S V, Schalkwyk P. Building Industrial Digital Twins: Design, Develop, and Deploy Digital Twin Solutions for Real-World Industries Using Azure Digital Twins[M]. Birmingham: Packt Publishing, 2021.

[13] Doerner R, Broll W, Grimm P, et al. Virtual and Augmented Reality (VR/AR): Foundations and Methods of Extended Realities (XR) [M]. New York: Springer, 2022.

[14] 杨化动．增材制造产品性能预测技术[M]．北京：机械工业出版社, 2022.

[15] 胡明祥．现代机械的先进加工工艺与制造技术的应用[J].长沙铁道学院学报(社会科学版),2012,13(2):207-208.

[16] Gibson I, Rosen D, Stucker B, et al. Additive Manufacturing Technologies [M]. New York: Springer, 2020.

[17] Kandasamy J, Muduli K. Smart Manufacturing Technologies for Industry 4.0: Integration, Benefits, and Operational

Activities (Advances in Intelligent Decision-Making, Systems Engineering, and Project Management) [M]. Florida: CRC Press, 2022.

[18] Kumar K, Zindani D, Davim J P. Digital Manufacturing and Assembly Systems in Industry 4.0 (Science, Technology, and Management) [M]. Florida: CRC Press, 2021.

[19] Cheng F T. Industry 4.1: Intelligent Manufacturing with Zero Defects (IEEE Press Series on Systems Science and Engineering) [M]. Hoboken: Wiley-IEEE Press, 2021.

[20] 袁烨，张永，丁汉．工业人工智能的关键技术及其在预测性维护中的应用现状[J]．自动化学报，2020，46(10): 2013-2030.

[21] 崔雍浩，商聪，陈锶奇，等．人工智能综述: AI 的发展[J]．无线电通信技术，2019，45(3): 225-231.

[22] 王世伟．论信息安全、网络安全、网络空间安全[J]．中国图书馆学报，2015，41(2): 72-84.

[23] 张蕾，崔勇，刘静，等．机器学习在网络空间安全研究中的应用[J]．计算机学报，2018，41(9): 1943-1975.

[24] 肖维荣，宋华振．面向中国制造 2025 的制造业智能化转型[M]．北京：机械工业出版社，2017.

[25] 于洋，唐加福．Seru 生产方式[M]．北京：科学出版社，2018.

本书配套资源

规划设计篇

第4章

智能工厂规划设计方法概述

知识图谱

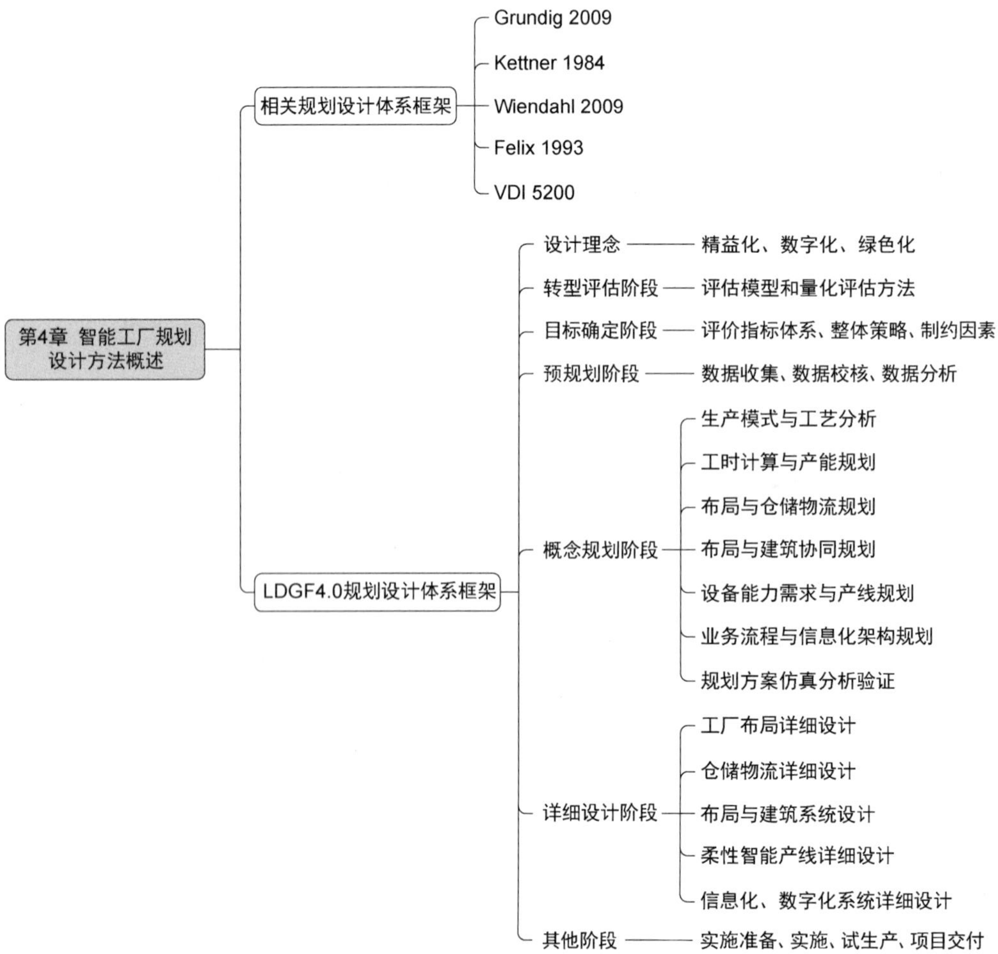

学习目标

① 能够了解目前国内外主要的智能工厂规划设计体系架构；
② 能够描述 VDI 5200 体系架构的主要实施阶段；
③ 能够描述 LDGF4.0 体系架构的主要内涵；
④ 能够描述 LDGF4.0 体系架构的主要实施阶段。

4.1 主要规划设计方法介绍

4.1.1　相关规划设计方法

工厂/车间规划是一项以目标为导向的结构化系统规划流程，不仅明确了管理层整体发展思路，也反映出了企业数智化转型目标与方向。科学合理的工厂规划设计方案有助于按计划实现工厂转型，避免混乱无序的方案实施，帮助工厂实现科学有序的数智化转型。目前，主要的工厂规划设计方法有 Grundig 2009、Kettner 1984、Wiendahl 2009、Felix 1993 和 VDI 5200 等。通过对比分析几种常用的工厂规划设计方法，发现其体系架构与规划设计流程存在较多相似性，运用实施过程存在差异性，方法对比如图 4-1 所示。

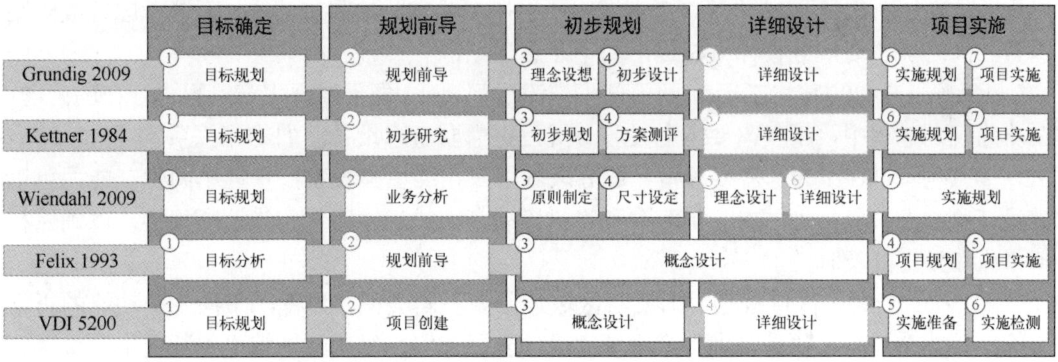

图 4-1　主要工厂规划方法对比

由图 4-1 可知，工厂规划设计过程可分为五个阶段，详细描述如下。

（1）目标确定阶段

目标确定是工厂/车间数智化转型规划的第一阶段，在这个阶段会确定规划的目标、预期达到的规划效果。工厂规划建设的目标需要与企业的发展目标保持一致，而预期达到的规划效果主要体现在企业的运营的综合效能上，效能指标直接反映了工厂的订单交付能力以及企业的运营效果，用于驱动具体的规划活动，最终构成闭环。主要规划设计方法提出以下注意事项：

① Grundig 2009：在目标规划中，需要根据地点、过程、资源、物流、建筑和工厂的

结构等定性和定量的因素来确定工厂的生产计划，并给出表征生产潜力的绩效指标。

② Kettner 1984：需要考虑短期、中期和长期目标，然后根据组织的目标调整项目目标。

（2）规划前导阶段

规划前导阶段为实际的规划提供基础支撑，主要包含数据搜集（核对）、现状分析两部分工作内容。数据搜集涉及产品数据、工艺数据、车间布局等，此类信息通过一定的分析模型进行组织，并指导相应的分析。现状分析即根据现状调研的结果，识别现有生产运营模式中各方面存在的主要问题，结合行业或场景案例与相关的技术给出改善建议。同时，主要规划设计方法提出如下注意事项：

① Grundig 2009：需要完成生产潜力的分析、生产计划的制订、地点的选择以及需求估计，在此过程中，需要考虑物流的概念，并定义一些会影响布局结构、交货期、库存的物流要素。

② Kettner 1984：价值流分析主要围绕工厂与车间层级展开，目的是发现整个生产流程中存在的浪费问题与痛点，通过分析发现问题来源，为后续规划打下基础。

（3）初步规划阶段

初步规划阶段中基于项目目标与规划前导过程中形成的分析结果与改善建议，采用相应的工具、方法开展初步方案的规划设计，初步规划阶段的核心是形成未来新建或者改造工厂/车间的技术框架或概念设计模型等。在具体的操作过程中，包括 Grundig 2009 在内的若干框架还会进一步将初步规划阶段细分为 Ideal 阶段以及 Real 阶段。在 Ideal 阶段，规划方案可以不考虑或者较少考虑各类限制因素，以企业发展目标为出发点，正向驱动规划过程，鼓励创新。在 Real 阶段，规划方案要根据企业实际的限制情况，充分考虑各类限制因素。同时，主要规划设计方法提出如下注意事项：

① Grundig 2009：将工厂/车间内部生产流程可视化，便于发现生产过程中存在的问题；在布局规划过程中，不仅需要考虑设备布置，更需要考虑设备间的物流关系。

② Wiendahl 2009：需要预留一部分区域用来拓展生产设备，保证车间生产能力可以满足订单需求；包括工厂内人员流动和物料流动在内的运输路线应当清晰规整，以确保材料供应和处理的及时性。

③ VDI 5200：区域规划时需要将区域划分为不同类型，以保障不同生产功能的正常运转；有效布局的目的是得到生产区域的最佳配置方案，以确保连续不中断地生产。

④ Kettner 1984：有效布局需要将功能区域放置在有效建筑区域内，并根据相应约束进行调整，约束主要包括建筑结构、区域联系、物流路径等。

（4）详细设计阶段

详细设计是在初步规划的基础上进一步细化，形成可以指导工厂实施规划阶段的技术需求，包含所有设备的具体布置方案、物流系统方案、装配工位改造方案等。详细设计阶段会使用三维建模及仿真工具等对方案进行仿真。同时，主要规划设计方法提出如下注意事项：

① Kettner 1984：在详细设计的过程中，应考虑生产设备布局的柔性，以便于对生产需求的变化做出及时反应。

② Grundig 2009：作业设施设计与布局在详细设计过程中，需要考虑气候、噪声、照

明、色彩等元素的设计。

③ Wiendahl 2009：在设计过程中，应考虑到人、机、料的流动，确保流动路线清晰规整，从而保证生产及时响应。

（5）项目实施阶段

结合详细设计方案的具体内容，与企业协商制订项目实施计划，分阶段完成整体方案实施。对关键实施细节进行工艺验证，协助企业对实施过程中存在的问题进行及时调整，确保方案在实施过程中稳定、可行。按照整体方案实施计划，逐步实现既定的实施目标与满足项目需求。同时，主要规划设计方案提出如下注意事项：

① Kettner 1984：需要检查前几个阶段的所有文件和规划成果，以确保有充分的实施基础；需要获取相关的批准文件和移交证书，其中包括创建、检查和批准账单以及项目的最终核算，以确保安全。

② Grundig 2009：需要制订安装机器、设备的时间进度表，并将现有设备转移到新工厂中；该阶段中需要建立项目控制手段，以获取启动进度的成本、时间和质量等信息。

4.1.2 VDI 5200 规划设计框架

德国工程师协会定义了一套工厂规划设计方法，针对工厂内部的生产模式、物流方式、作业设施与生产过程数字化等方面进行系统的规划设计，主要分为目标设定、项目基础建立、概念设计、详细设计、实施准备、实施监督、升级支持、项目收尾八个阶段，如图 4-2 所示，详细描述如下。

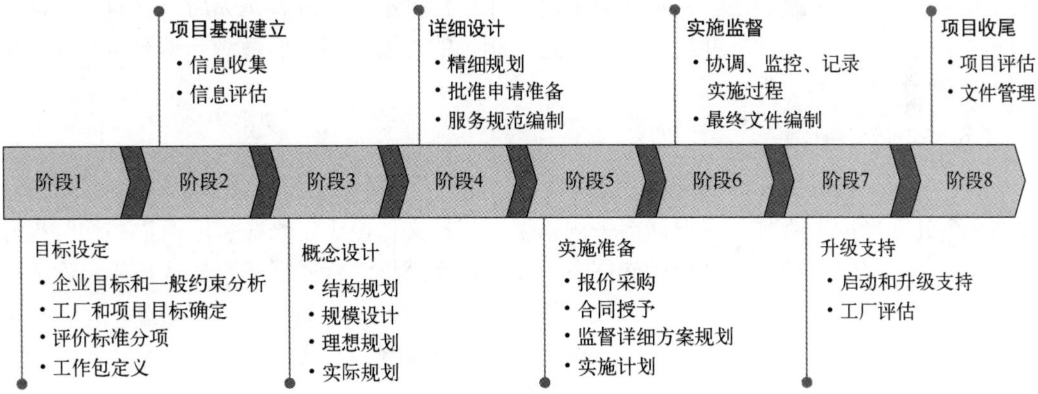

图 4-2 VDI 5200 规划设计框架

（1）目标设定阶段

本阶段需要明确与工厂规划相关的任务，为后续的规划内容建立框架，规划过程可按照本阶段中的目标开展，最终使用该目标进行规划方案评估。其中，企业目标分析应包括分析来自企业规划和市场营销规划的信息，并详细地规定工厂规划类型和规划内容；一般约束分析应考虑工厂区域和规划自由度的相关约束；工厂目标应包括产品范围、质量、交付时间、成本和单位时间产量；项目目标应包含开展日期和项目预算；评价标准分项应包括用于成本计算的前提要求，以及规划变量的评估标准（与工厂目标相适应的定量和定性的评价标准，以及相互之间的加权关系)；工作包定义中应将不同的项目计划封装成工作包，并在工作包中描述采购任务和目标。

（2）项目基础建立阶段

本阶段涉及收集或评估规划工作所需的数据和信息，目的是从工厂规划的角度制定精确的工作定义，其目标可以与规划数据进行核对，以确保其可行性。其中，信息收集需要收集生产规划设计工作所需的数据和信息，包括产品数据、生产数据、运营资源、生产流程以及建筑地产，这些数据可为未来的产量计算提供数据支持；信息评估主要针对信息收集阶段中的数据进行核查，并根据工厂目标进行数据筛查。

（3）概念设计阶段

本阶段中将工厂设计为一个整体，其目标是完成未来工厂布局的定量和定性评估。其中，结构规划主要是为了确定工厂规划的业务流程；规模设计是根据规划数据确定相关单位在规划层面所需要的空间，并确定运营资源和人力资源的类型和数量，生态资源、物流、工厂空间分配的比例和功能图；理想规划是为了验证工厂目标，忽略布局和经济因素相关的限制，对上一步中的规模设计进行最理想的空间分配，并作为评估实际规划过程中解决方案变化的参考；实际规划是在理想规划的基础上，考虑所有的限制条件，进行包括结构框架在内的建筑初步规划和建筑内布局规划。

（4）详细设计阶段

本阶段需要完成工厂的精细布局、建模仿真以及成本核算。其中，精细规划包括物料流、信息流、资源的详细规划以及流程可视化，在对资源进行更精确分配的基础上，对现有的粗略布局进行调整和细化，从而形成精细布局；批准申请准备是为所有建筑工程准备获得法律批准的相关文件，并提交与生产过程相关的必要申请；服务规范编制负责起草招标和授予合同所需的文件。

（5）实施准备阶段

本阶段需要完成供应商的选定、订购设备功能规范、最终工厂规划方案以及成本预算。其中，在进行报价采购时，应根据相关规范编制招标文件，确定潜在供应商，并编制投标人名单，向选定的投标人提供招标文件，以便其提交报价；合同授予主要从技术角度分析报价/标书，检查其完整性，并与招标文件进行评估和比较，然后协商结算条款，比较各个供应商的商业条件和价格，选择和委托供应商；规划监督方案实施的详细方案；实施计划主要包括施工现场规划、搬迁规划、人员扩张规划等。

（6）实施监督阶段

本阶段需要确保和记录建筑、室外设施的正确施工过程以及方案中规定的运营资源和人员的拓展情况，目标是确保最终的工厂能在预期和预定成本下完成建设，并符合规定的质量标准。其中，协调、监控、记录实施过程用于确保实施过程符合各项规定，安排各种验收流程（服务验收、安全验收、正式验收），并检查执行是否符合合同要求，是否存在缺陷；最终文件编制将不同阶段的相关文件编制进同一份结构手册中，以便于后续检索。

（7）升级支持阶段

本阶段的目标是在工厂实际运营后，以其运行结果来验证工厂规划的合理性和可行性。其中，启动和升级支持为工厂启动和升级阶段提供支持，以达到工厂目标中规定的性能水平；工厂评估用于检查工厂是否达到规定目标的程度。

（8）项目收尾阶段

本阶段需要根据项目目标对规划方案进行质量评估，同时整理和记录整体规划过程的文件，以便于未来的工厂升级。其中，项目评估用于检查项目目标的适用范围，整理从工厂规划项目中获得的经验，使其能够用于未来生产。

4.2 LDGF4.0 规划设计方法

4.2.1　LDGF4.0 规划设计理念

LDGF4.0 是在传统设施规划方法中融入关于新一轮产业革命发展趋势思考，并结合大量项目经验总结而形成的新一代工厂规划设计方法。其命名可解耦为三个部分："L—D—G" + "F" + "4.0"。其中，"L—D—G" 代表了未来工厂的三大主要特征，分别为精益化（lean）、数字化（digital）以及绿色化（green）；"F" 代表了规划设计方法面向的主体，即工厂（factory）；"4.0" 是基于第 1.4 节所定义的工厂规划设计方法的第四个发展阶段，即系统性工厂规划方法，VDI 5200 中已经强调了"系统规划"的重要性，再次强调的目的是进一步突出在新的产业转型升级浪潮中，系统规划所需考虑的要素将更加多元，系统性要求更高。本节将主要围绕规划设计理念展开介绍。

（1）精益化

精益化代表了一个制造系统的"成熟度"与"活力"。其中，"成熟度"主要包含两个层面，其一是表现出的效能水平，即整个系统的运作高效、不确定性低、增值活动比例高；其二是系统运行的专业化水平较高，设计生产计划、制造执行过程、仓储物流等各类活动都遵循相应的流程执行，可实时追溯。"活力"则强调持续改进的精益内核，构建并夯实精益文化，推动系统的不断优化，而非简单的初级精益工具应用。精益化通常是制造业转型升级的基础，数字技术的效能释放往往依赖于坚实的精益化水平。因此，精益化也将成为工厂规划设计方法的重要维度，规划团队需要基于精益化原则指导规划设计工作，不断审视设计方案。

（2）数字化

根据工信部的相关定义，智能制造是基于新一代信息通信技术与先进制造技术深度融合，贯穿于设计、生产、管理、服务等制造活动的各个环节，具有自感知、自学习、自决策、自执行、自适应等功能的新型生产方式。而数字技术则是实现上述新型生产方式的重要途径，甚至是必经之路，因此，数字化将成为工厂规划设计方法中的重要维度，涉及一系列的架构设计、解决方案设计内容。此外，规划设计的具体执行也将大量采用数字化工具辅助，包括仿真技术与数字化平台的应用。

数字化通常会与信息化、智能化等概念混淆，为了便于读者理解，本节将尝试对三者进行区别。德国提出的《工业 4.0 成熟度指数》(*Industrie* 4.0 *Maturity Index*) 中关于工业 4.0 的发展阶段定义是围绕数字化的竞争力与能力展开的，共分为六个阶段，即计算机化、连通性、可见性、透明性、预测能力、可适应性，如图 4-3 所示。数字化是一个长期的发展历程，其初级阶段即所谓的信息化特征，对应计算机化、连通性的相关内容，如流程的线上处理、无纸化、系统集成等。而智能化特征则代表了数字化的高级发展阶段，涉及预测、自适应等智能化行为。

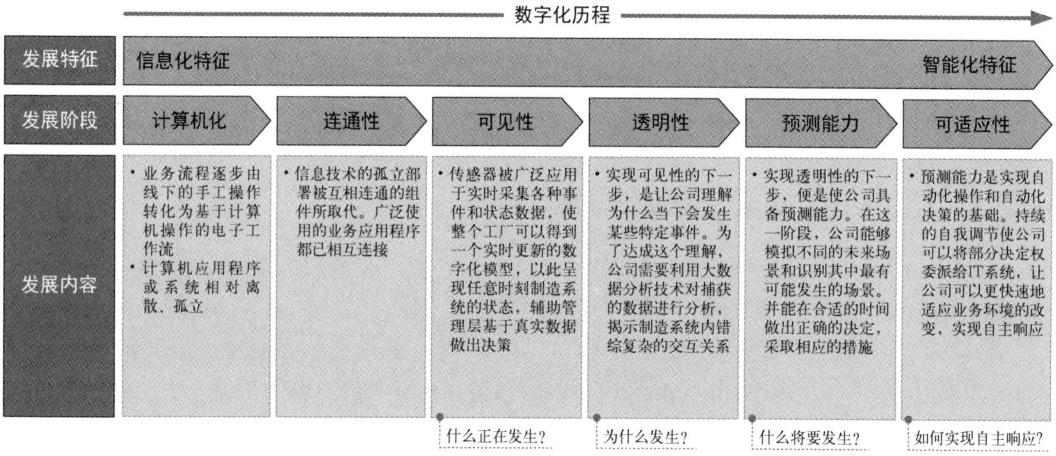

图 4-3 数字化历程

（3）绿色化

可持续与绿色制造是未来制造业转型升级的主要驱动因素之一，世界众多知名制造企业也纷纷制定了自身的绿色发展战略，如西门子计划于 2030 年实现碳中和、三星公司计划到 2050 年实现公司净零碳排放目标。因此，绿色化将成为工厂规划设计中不得不考虑的关键维度，在工厂选址、能源供给方案、装备选型等方面均会涉及。绿色化的理念融合将成为规划设计方法中操作难度较高的部分之一，这是源于企业经营效能视角之间的原生性矛盾，即需要平衡绿色制造投资与企业的经营收益。

4.2.2 LDGF4.0 规划设计框架

LDGF4.0 规划设计框架基本遵循 VDI 5200 标准的框架结构，在规划设计环节分为五个部分：转型评估阶段、目标确定阶段、预规划阶段、概念规划阶段以及详细设计阶段。五个阶段依次推进执行，如图 4-4 所示。

（1）转型评估阶段

VDI 5200 标准中并没有专门面向整个制造系统的评估阶段，工厂规划方案的相关评价指标会在第一阶段——目标设定阶段中伴随目标的确定而确定。对于一个制造系统从 0 到 1 的企业，直接自顶向下，由目标牵引规划展开是可行的。但是对于一个已经拥有并运营工厂的制造企业，无论是 Green field（新建工厂）类型还是 Brownfield（现有工厂）类型的工厂项目，系统性评估都是十分重要的。一方面，评估体系提供了一个结构性的框架来审视既有制造系统存在的问题，并结合评估等级定义与行业对标，明确差距，进而指导未来工厂建设项目避免相应的问题；另一方面，评估诊断的过程属于第一轮数据收集与整理，在进入正式规划阶段前具备一定的基础。

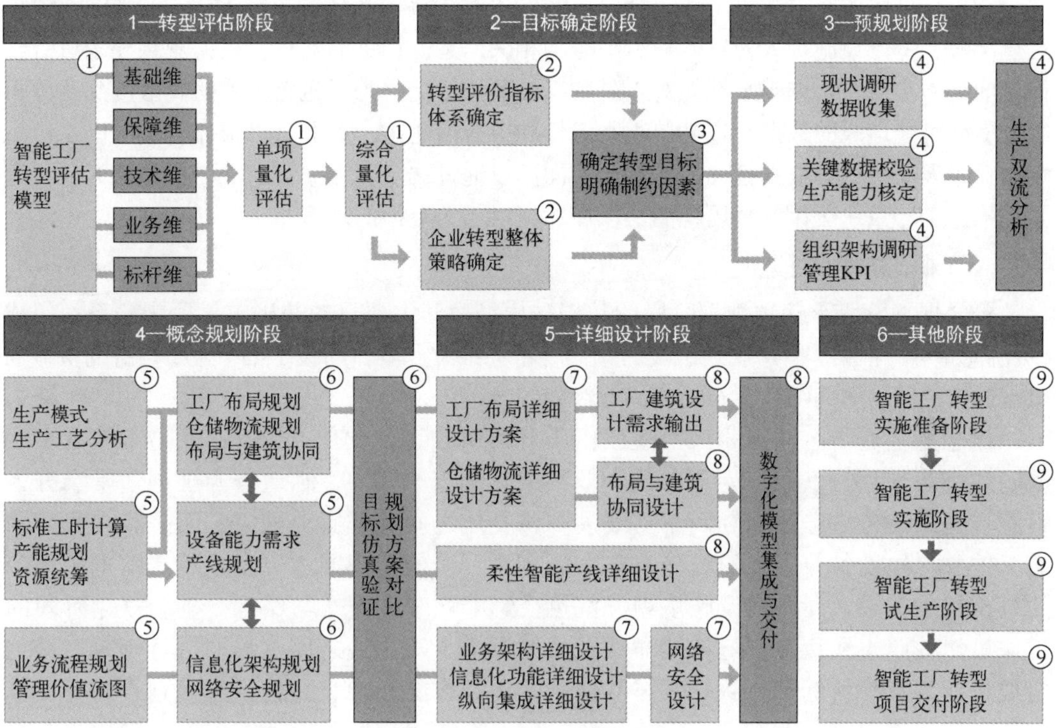

图 4-4　LDGF4.0 规划设计框架

转型评估是面向系统的，需要提供一个相对全面的框架与评价维度，兼顾技术、管理等关键要素。转型评估结束后，会形成一条转型基线，这条基线代表了制造企业当前的状态与发展水平。评估结果会作为第二阶段的关键输入，指导目标的确定。

（2）目标确定阶段

工厂规划是目标导向的，目标将贯穿工厂规划设计、施工建设与运行维护的全生命周期，在规划阶段直接决定了后续所有规划设计环节的执行操作以及最终的规划方案。目标是多维度的，它代表了制造企业对于工厂未来发展的期望，通过定性、定量的方式表现，如质量、成本、交期等指标，以及社会责任、组织文化等软实力指标。目标的确定将首先从业务战略的解读开始，理解企业未来的业务定位与发展方向至关重要，需要企业高层以及相关团队的骨干力量共同参与。参考转型评价指标体系并综合第一阶段的评估结果以及外部对标的信息，确定转型目标并梳理相应的制约因素。

智能工厂的建设、运营是一个长期的过程，因此，目标是可以分阶段定义的，如 1～2 年的短期目标，3～5 年的中期目标，5 年以上的中长期发展目标。分阶段的目标定义将对建设路线图产生重要影响。

（3）预规划阶段

目标确定之后，需要在现状评估的基础上围绕目标展开更加细致的数据收集与建模处理工作，以便为后续的规划活动提供基础。LDGF4.0 预规划阶段对应 VDI 5200 标准的第二阶段，即项目基础建立阶段，包含数据收集与清洗、数据建模等相关活动。

由于工厂是一个复杂系统，包含制造资源、管理流程、信息系统等各类构成要素，因此，预规划阶段的数据收集工作也会涵盖多条主线，包括产品与制造工艺、业务流程、信息化架构、基础设施、人力资源与组织等的相关信息。相关的数据会根据规划要求进行结构化的处理与整合，如基于产能对工时数据校验与标定。为了避免因数据离散度高、分析维度多样可能造成的数据一致性差、系统性冲突等问题，一方面可以依托于统一的工厂规划项目管理平台统筹数据管理，另外一方面可以通过生产双流（价值流与能量流）分析等方式构建工厂系统运作的全局视图，以便加深对相关数据的理解。

（4）概念规划阶段

概念规划阶段承接预规划阶段的数据与模型，其主要目的是确定工厂未来系统组成（资源清单）与框架。概念规划阶段的颗粒度不会细致到具体的技术细节，如设备的机械与电气结构、厂房的详细设备布局、执行级别的流程等。

概念规划通常会按照相应的主线组织开展规划设计工作，如以产品与工艺为主线的制造资源规划、以业务为导向的企业架构规划等。其中，制造资源规划通常会分为设施规划、设备与产线规划两条支线展开，支线之间并非完全独立，而是存在紧密的交互关系。如设备与产线的设计方案会影响到厂房的空间需求以及承重、配电等相应的设施技术需求，同时，设施规划方案也会影响产线的排布与结构。概念规划阶段的工作虽然按照主线执行，但依然需要从系统层面上对主线之间的协同进行管理，避免出现设计方案与目标不一致，或与其他主线设计方案相冲突，最终的规划设计方案应该是一套系统方案，而不是一组离散的方案组合。建议采用工厂规划项目管理平台对概念规划阶段的设计方案进行统一管理，包括方案版本的管理、专业主线协同工作流的管理。

概念规划的设计过程会采用相应的仿真技术软件对规划方案进行模拟验证，以提升方案的合理性与执行效率，如采用离散事件仿真对物流系统的资源配置与执行效率进行分析与优化。

（5）详细设计阶段

详细设计阶段是在概念规划阶段的基础上，延续各条主线的相关规划设计工作，完成详细的方案编写，输出可以指导设备采购、建筑施工、人员招聘等工作的需求文件，以指导后续的建设工作依据规划方案展开。例如，车间的详细工艺布局规划，确定具体的位置信息、承重要求、基础能源配给需求、环境需求等，输出给建筑设计院开展详细的建筑规划设计；再如信息化功能详细设计是在概念规划阶段的企业架构方案基础上，开展解决方案的规划设计，明确架构实现的具体技术细节，如详细的流程设计、功能需求定义等，输出给信息系统服务商开展进一步的系统开发与部署。

详细设计阶段虽然会深入各条主线的细节分析，但从系统层面上依然要保持方案的统一性。理论上，在详细设计阶段通过对工厂规划项目管理平台的数据整合，可完成工厂规划设计方案的数字化交付，即采用模型化、结构化的方式交付工厂规划设计方案，改变以往基于技术文件的交付方式，促进规划与实施间的协同。

课后习题

一、简答题

1．列举目前国内外主要的智能工厂规划设计体系架构。

2．总结 VDI 5200 体系架构的主要实施阶段。

3．概述 LDGF4.0 体系架构的主要内涵。

4．简述 LDGF4.0 体系架构主要实施阶段及实施内容。

二、综合分析题

从内涵与实施阶段等方面分析 VDI 5200 和 LDGF4.0 的主要差异。

参考文献

[1] Felix H. Unternehmens-und Fabrikplanung, REFA-Fachbuchreihe Betriebsorganisation[M]. München: Carl-Hanser Verlag, 1998.

[2] Grundig C G. Fabrikplanung, Planungssystematik–Methoden–Anwendungen[M]. München: Carl Hanser Verlag, 2009.

[3] Kettner H, Schmidt J, Greim H R. Leitfaden der Systematischen Fabrikplanung[M]. München: Carl Hanser Verlag, 1984.

[4] Wiendahl H P, Reichardt J, Nyhuis P. Handbuch Fabrikplanung, Konzept, Gestaltung und Umsetzung Wandlungsfähiger Produktionsstätten[M]. München: Carl Hanser Verlage, 2009.

[5] Verein Deutscher Ingenieure. VDI 5200 Blatt 1[M]. Düsseldorf: VDI-Gesellschaft Produktion und Logistik, 2011.

[6] Wiendahl H P. Handbook Factory Planning and Design[M]. Heidelberg: Springer, 2015.

[7] Lian J. Facilities Planning and Design - An Introduction for Facility Planners, Facility Project Managers and Facility Managers[M]. Singapore: World Scientific, 2018.

本书配套资源

第5章

LDGF4.0 企业数智化转型评估阶段

知识图谱

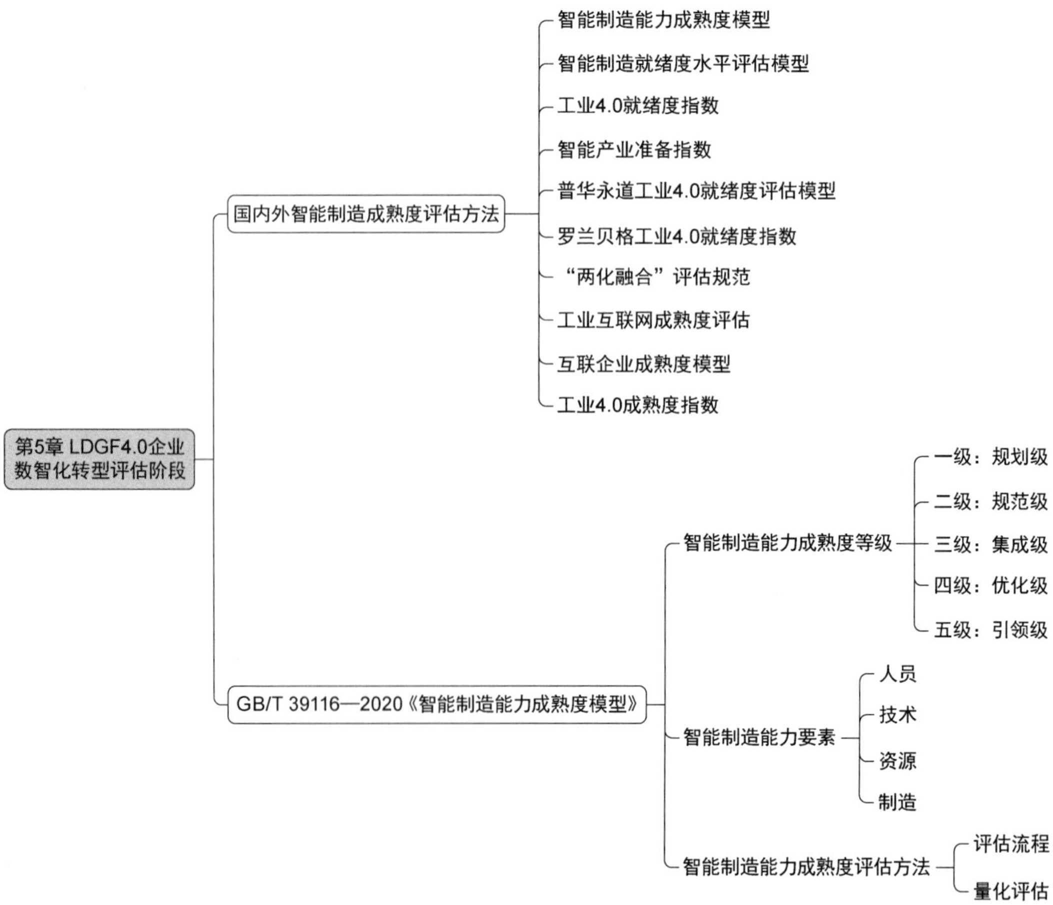

学习目标

① 能够理解企业进行智能制造能力成熟度评估的意义；
② 能够了解国内外常见的智能制造成熟度评估方法；
③ 能够阐述 GB/T 39116—2020《智能制造能力成熟度模型》的成熟度等级；
④ 能够阐述智能制造能力成熟度模型的组成；
⑤ 能够应用评估方法开展成熟度评估。

5.1 智能制造能力成熟度评估的意义

智能制造能力成熟度评估是对企业智能制造能力的全面评估，能够系统性地了解企业数字化和智能化能力现状，清晰地认识企业在各个能力环节存在和面临的问题，能对照标准识别企业与同行业领先企业的能力差距，并精准地确定改造方向。

5.2 智能制造能力成熟度评估方法对比分析

① 智能制造能力成熟度模型。智能制造能力成熟度模型（maturity model of intelligent manufacturing capability，MMIMC）由中国电子技术标准化研究院主持构建。该模型根据企业不同的评估需求，结合企业自身业务活动特点进行能力域的裁剪，在评估单项和整体智能制造能力成熟度上有所侧重；相比其他模型，该模型的优势是评价标准详细且全面，能根据企业需求进行调整，适用性强。

② 智能制造就绪度水平评估模型。智能制造就绪度水平评估模型（smart manufacturing system readiness level，SMSRL）由美国国家标准及技术协会（National Institute of Standards and Technology，NIST）基于工厂设计和改进（factory design and improvement，FDI）构建而成，主要通过使用 Likert5 尺度进行评估调查并得到结果，关注企业是否采用数据密集型技术。但该模型精细化程度仍需提升，衡量指标有待完善。

③ 工业 4.0 就绪度指数。工业 4.0 就绪度指数（industry 4.0 readiness index，IRI）由 VDMA 提出，该模型结构完整、内容详尽，但主要适用于制造业和工程行业，缺乏对于各个行业的针对性。

④ 智能产业准备指数。智能产业准备指数模型（smart industry readiness index，SIRI）由新加坡经济发展委员会推出，具备多元评估维度，能满足侧重面不同的组织、机构的评估需求，帮助不同类型企业找出发展短板，为转型升级提供理论参考。

⑤ 普华永道工业 4.0 就绪度评估模型。普华永道工业 4.0 就绪度评估模型（readiness assessment model for industry 4.0，RAMI）是关于智能制造的参考模型，适用于大型企业的

全方位评估，且侧重将数字化策略作为工业 4.0 功能的关键，此评估理念与现今国内外制造业发展趋势相契合，故该模型在制造行业从数字化向智能化转型发展过程中具有重要地位。

⑥ 罗兰贝格工业 4.0 就绪度指数。罗兰贝格工业 4.0 就绪度指数（Roland Berger industry 4.0 readiness index，RB Industry 4.0）由罗兰贝格咨询公司基于工业 4.0 就绪度进行研究形成的评估标准，适用于国家间的智能制造能力成熟度水平评估。模型以罗兰贝格工业 4.0 就绪度指数为纵轴，以制造业占 GDP 比重为横轴，可大致确定一个国家制造业智能化的整体水平，帮助各国明确当前发展水平。

⑦ “两化融合”评估规范。“两化融合”评估规范（assessment specification on integration of informatization and industrialization for industrial enterprises，ASIIIE）是在我国工业和信息化部的指导和支持下，在经过行业试点、区域试点到全国范围内推广过程中形成的一套评估体系，有助于企业开展自评估、自诊断、自对标，找准“两化融合”发展重点、路径和方向，加速推进转型升级和新型能力培育。

⑧ 工业互联网成熟度评估。工业互联网成熟度评估（industrial internet maturity assessment，IIMA）是由工业互联网产业联盟联合多家互联网企业共同研究的关于工业互联网建设水平的评估体系，主要用于评估企业工业互联网整体应用水平。该模型在 1.0 的基础上，补充了符合中国工业互联网现状的评估维度，加深了工业互联网功能体系架构与企业具体业务流程的联系。

⑨ 互联企业成熟度模型。互联企业成熟度模型（connected enterprise maturity model，CEMM）整体分为五大阶段，即评估阶段、网络与控制安全升级、定义和组织工作数据资源、分析及协作。模型评估分别从内部措施、外部业务活动、市场变化等方面进行评估，侧重于评估企业网络的构建情况，注重 IT、操作技术（operation technology，OT）的融合，提倡以一种全新的方式将供应商、企业以及客户联系起来。

⑩ 工业 4.0 成熟度指数。工业 4.0 成熟度指数（industry 4.0 maturity index，Industry 4.0 MI）侧重于四个关键领域，分别为资源、信息系统、文化和组织结构，每个关键领域确定两个指导原则和必要的能力。分别从研发、生产、物流、服务和市场营销五个功能领域展开该指数的调查。整体划分为六大发展阶段，帮助企业做更为具体的塑造转型，贴合企业实际业务。

根据当前智能制造成熟度研究现状，针对不同的智能制造能力成熟度模型与评估方法，从评估目标、聚焦核心、评估维度与评估等级四个维度进行对比分析。评估模型与方法在一定程度上呈现出互补性，如智能制造就绪度水平评估模型主要聚焦于工厂中的操作任务，与工业 4.0 就绪度指数在工厂评估维度上进行互补。各智能制造能力成熟度评估模型与方法特征比较如图 5-1 所示。

典型智能制造能力成熟度评估方法虽在某些场景下有一定程度的互补性，却仍存在着不同程度上的局限性，如工业 4.0 就绪度指数，该模型结构较为完整，内容详尽，并且定义了各个阶段的开发步骤，确定了各个阶段的主要障碍以及行动计划，但主要适用于制造业和工程行业，应用范围有限，缺乏行业针对性。

针对已有模型与方法的不足，企业数智化转型需迫切提出评估模型的改进方向，评估模型中所关注的角度不应局限于制造维度，还应包含管理体系、制度保障等建设内容。在

评估方法	评估目标	聚焦核心	评估维度	评估等级
智能制造能力成熟度模型 MMIMC	为相关组织提供一个理解当前智能制造状态、建立智能制造战略目标和实施规划的框架	· 实现智能制造的核心要素 · 实现智能制造的特征 · 实现智能制造的要求	· 2个维度 · 10大核心能力 · 27个域	· Ⅰ 规划级 · Ⅳ 优化级 · Ⅱ 规范级 · Ⅴ 引领级 · Ⅲ 潜力集成级
智能制造就绪度水平评估模型 SMSRL	评估制造公司对采用数据密集型技术进行性能管理的准备情况	· 组织机构 · IT部门 ……	· 4个维度	· Ⅰ 起始 · Ⅳ 已量化管理 · Ⅱ 已管理 · Ⅴ 在优化 · Ⅲ 已定义
工业4.0就绪度指数 IRI	评估制造公司对采用数据密集型技术进行性能管理的准备情况	· 企业的资源 · 企业的信息系统 ……	· 6个维度	· Ⅰ 外来者 · Ⅳ 专家级 · Ⅱ 初学者 · Ⅴ 表现最好的人 · Ⅲ 学习者
智能产业准备指数 SIRI	客观评估第四次工业革命期间工业部门的转型成果	· 转型升级愿景、策略 · 系统规划	· 3个维度 · 8个重点评估面 · 16个评估指标	
普华永道工业4.0就绪度评估模型 RAMI	以工业优秀度及价值网络全面衡量欧盟各成员国在工业发展中所处的位置	· 企业数字化策略	· 7个维度	· Ⅰ 数字新手 · Ⅳ 数字冠军 · Ⅱ 垂直集成商 · Ⅲ 横向合作者
罗兰贝格工业4.0就绪度指数 RB Industry 4.0	评估将公司建设现状、垂直价值链数字化、构建数字产品和服务三者组合所带来的优势	· 制造过程成熟度 · 自动化水平 ……	· 2大类	· Ⅰ 观望者 · Ⅳ 领跑者 · Ⅱ 传统者 · Ⅲ 潜力者
“两化融合”评估规范 ASIIIIE	摸清整体发展现状、合理确定发展目标、找准政策着力方向、为“十四五”规划提供数据依据	· 制造业数字化转型愿景 · “两化融合”标准引领工作 ……	· 3个维度	· Ⅰ 初级水平 · Ⅳ 卓越水平 · Ⅱ 中级水平 · Ⅲ 高级水平
工业互联网成熟度评估 IIMA	帮助企业发现工业互联网建设中存在的问题，助力企业了解行业内工业互联网应用的水平	· 聚焦企业业务流程优化	· 5大评估模块 · 22个核心评估要素	· Ⅰ 可视阶段 · Ⅳ 预测 · Ⅱ 监控 · Ⅴ 洞察 · Ⅲ 诊断
互联企业成熟度模型 CEMM	帮助企业进行OT与IT的融合，提倡用一种全新的方式将供应商、企业以及客户等联系起来，打造互联互通的产业集群	· 内部措施 · 外部业务活动 · 市场变化	· 3个维度	· 评估 · 分析 · 协作 · 网络与控制安全升级 · 组织工作数据资源
工业4.0成熟度指数 Industry 4.0 MI	通过开展指数调查，帮助企业做具体的塑造转型，具体且贴合企业业务	· 资源 · 文件 · 信息系统 · 组织结构	· 5个功能领域	· 计算机化 · 预测能力 · 连通性 · 适应性 · 可见性 · 透明度

图 5-1　智能制造成熟度评估方法比较

构建评估模型时，需从企业所在行业出发，对不同业务维度进行针对性评测，以保证结果的准确性，避免评估模型的片面以及局限性。例如，根据企业所处行业及企业业务的不同，分别从设计、生产、物流、销售及服务等维度展开评估，同时结合企业数智化转型场景建设和技术应用程度，进行针对性评估，以此来保证结果的合理性与准确性。

5.3 智能制造能力成熟度模型

2021 年 5 月 1 日，《智能制造能力成熟度模型》（GB/T 39116—2020）国家标准正式实施。该标准是在工业和信息化部指导下，由中国电子标准化研究院联合多家相关企事业单位共同研制的国家标准。标准聚焦“企业如何提升智能制造能力”的问题，提出了智能制造发展的 5 个等级、4 个要素、20 个能力子域。智能制造能力成熟度评估模型如图 5-2 所示。

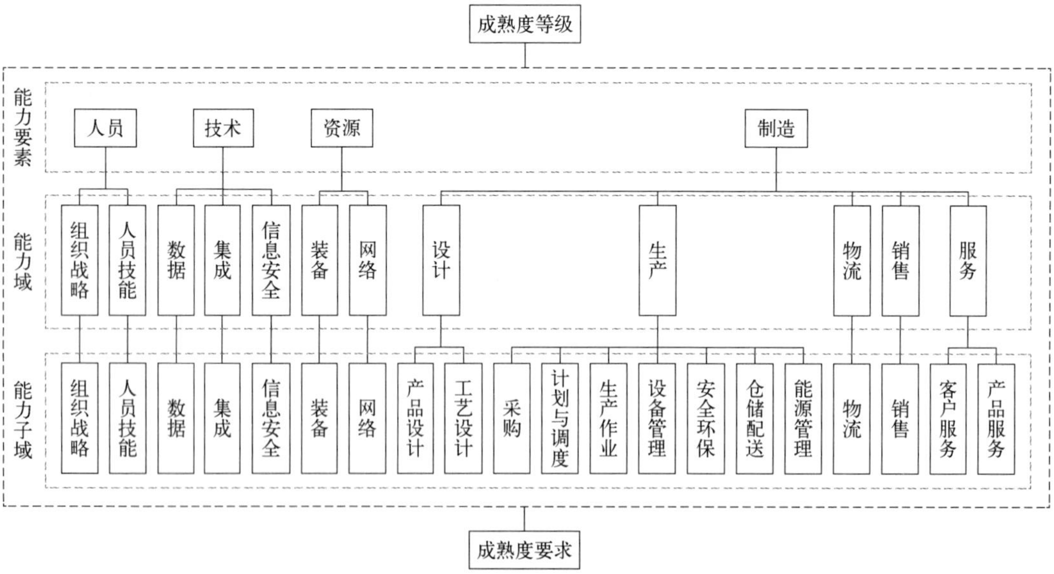

图 5-2 智能制造能力成熟度评估模型

智能制造能力成熟度评估模型引导制造企业基于现状合理制定目标，有规划、分步骤地实施智能制造战略，有效推动产业生态良性循环、健康发展。该标准适用于制造企业、智能制造系统解决方案供应商和第三方开展智能制造能力的差距识别、方案规划和改进提升。

5.4 智能制造能力成熟度等级

智能制造能力成熟度等级规定了智能制造在不同阶段应达到的水平。成熟度等级分为五个等级，自低向高分别为一级（规划级）、二级（规范级）、三级（集成级）、四级（优化级）和五级（引领级），如图 5-3 所示，较高的成熟度等级要求涵盖了较低成熟度等级的要求。

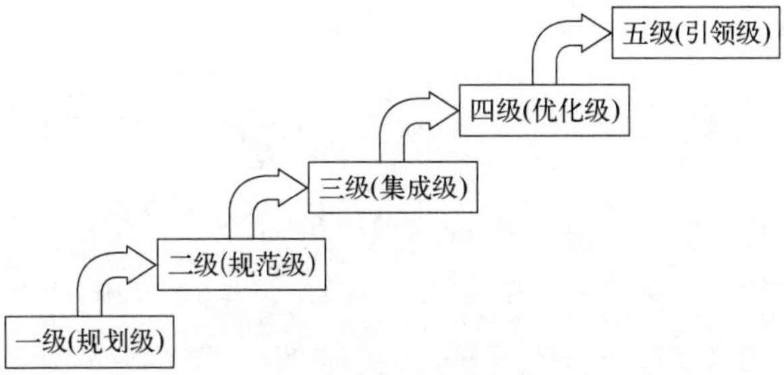

图 5-3　智能制造能力成熟度等级

一级：规划级。企业应开始对实施智能制造的基础和条件进行规划，能够对核心业务活动（设计、生产、物流、销售、服务）进行流程化管理。

二级：规范级。企业应采用自动化技术、信息技术手段对核心装备和核心业务活动等进行改造和规范，实现单一业务活动的数据共享。

三级：集成级。企业应对装备、系统等开展集成，实现跨业务活动间的数据共享。

四级：优化级。企业应对人员、资源、制造等进行数据挖掘，形成知识、模型等，实现对核心业务活动的精准预测和优化。

五级：引领级。企业应基于模型持续驱动业务活动的优化和创新，实现产业链协同并衍生新的制造模式和商业模式。

5.5 智能制造能力要素

能力要素给出了智能制造能力提升的关键方面，包括人员、技术、资源和制造四个要素。每个要素下存在不同的能力域，能力域下又存在不同的能力子域，企业可根据自身业务活动特点对能力域进行裁剪。

人员能力要素下包括组织战略与人员技能两个能力域。技术能力要素下包括数据、集成与信息安全三个能力域。资源能力要素下包括装备与网络两个能力域。制造能力要素下包括设计、生产、物流、销售与服务五个能力域。

以制造能力要素为例，若对其生产能力域进行评估，需要从采购、计划与调度、生产作业、设备管理、安全环保、仓储配送与能源管理七个能力子域进行评价。以生产作业为例，如图 5-4 所示，智能制造能力成熟度模型对生产作业能力子域的生产规范、工艺文件、生产信息、作业计划、资源配置、设备状态、生产质量、生产模式等项点进行了描述，便于开展精细化的评估工作。

其余能力要素、能力域与能力子域的内容可以参考《智能制造能力成熟度模型》（GB/T 39116—2020），本书不再展开。

等级	具体要求
五级	a. 宜实现生产资源自组织、自优化，满足柔性化、个性化生产的需求 b. 应基于人工智能、大数据等技术，实现生产过程非预见性异常的自动调整 c. 应基于模型实现质量知识库自优化
四级	a. 应根据生产作业计划，自动将生产程序、运行参数或生产指令下发到数字化设备 b. 应构建模型实现生产作业数据的在线分析，优化生产工艺参数、设备参数、生产资源配置等 c. 应基于在线监测的质量数据，建立质量数据算法模型预测生产过程异常，并实时预警 d. 应实时采集产品原料、生产过程、客户使用的质量信息，实现产品质量的精准追溯并通过数据分析和知识库的运用，进行产品的缺陷分析，提出改善方案
三级	a. 应根据生产作业计划，自动将工艺文件下发到各生产单元 b. 应实现对生产作业计划、生产资源、质量信息等关键数据的动态监测 c. 应通过数字化检验设备及系统的集成，实现关键工序质量在线检测和在线分析，自动对检验结果判断和报警，实现检测数据共享，并建立产品质量问题知识库 d. 应实现生产过程中原材料、半成品、产成品等质量信息可追溯
二级	a. 应通过信息技术手段，将工艺文件下发到生产单元 b. 应基于信息技术手段，实现生产过程关键物料、设备、人员等的数据采集，并上传到信息系统 c. 应在关键工序采用数字化质量检测设备，实现产品质量检测和分析 d. 应通过信息系统记录生产过程产品信息，每个批次实现生产过程追溯
一级	a. 应制定生产作业相关规范，并有效执行 b. 应记录关键工序的生产过程信息

图 5-4　生产作业能力子域成熟度内容

5.6 智能制造能力成熟度评估方法

智能制造能力成熟度评估流程包括预评估、正式评估、发布现场评估结果和改进提升，评估流程如图 5-5 所示。

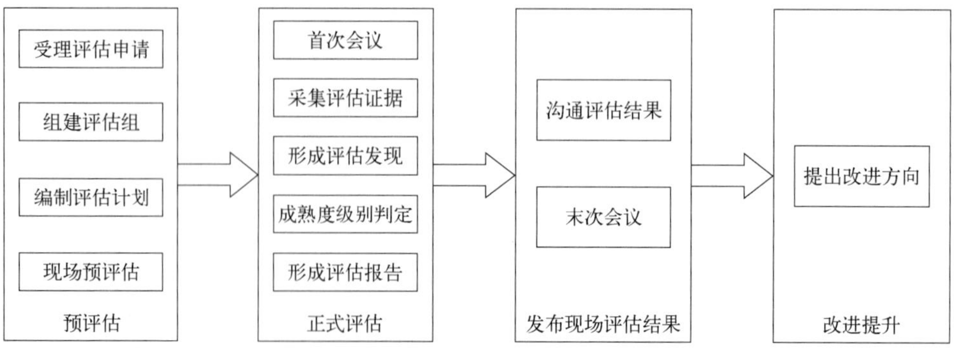

图 5-5　智能制造能力成熟度评估流程

① 预评估。预评估主要包括受理评估申请、组建评估组、编制评估计划以及现场预评估。

② 正式评估。正式评估主要包括首次会议、采集评估证据、形成评估发现以及成熟度级别判定并形成评估报告。

③ 发布现场评估结果。主要步骤包括沟通评估结果以及末次会议。

④ 改进提升。主要包括提出改进方向。

详细评估流程可以参考《智能制造能力成熟度评估方法》（GB/T 39117—2020），本书不再展开。

完成评估流程后，评估组应将采集的证据与成熟度要求进行对照，按照满足程度对评估域的每一条要求进行量化打分。成熟度要求满足程度与得分对应如表 5-1 所示。

表 5-1　成熟度要求满足程度与得分对应

成熟度要求满足程度	得分
全部满足	1
大部分满足	0.8
部分满足	0.5
不满足	0

离散型制造企业的主要评估域及推荐权重如表 5-2 所示。

表 5-2　离散型制造企业主要评估域及权重

能力要素	能力要素权重	能力域	能力域权重	能力子域	能力子域权重
人员	6%	组织战略	50%	组织战略	100%
		人员技能	50%	人员技能	100%
技术	11%	数据应用	46%	数据应用	100%
		集成	27%	集成	100%
		信息安全	27%	信息安全	100%
资源	6%	装备	50%	装备	100%
		网络	50%	网络	100%
制造	77%	设计	13%	产品设计	50%
				工艺设计	50%
		生产	48%	采购	14%
				计划与调度	16%
				生产作业	16%
				设备管理	14%
				仓储配送	14%
				安全环保	13%
				能源管理	13%
		物流	13%	物流	100%
		销售	13%	销售	100%
		服务	13%	产品服务	50%
				客户服务	50%

成熟度等级得分、能力要素得分、能力域得分、能力子域得分的计算方法如下。

能力子域得分为该子域每条要求得分的算术平均值，能力子域得分为

$$D = \frac{1}{n}\sum_{i=1}^{n} X_i \tag{5-1}$$

式中，D 表示能力子域得分；X 表示能力子域要求得分；n 表示能力子域的要求个数。

能力域的得分为该域下能力子域得分的加权求和，能力域得分为：

$$C = \sum(D\gamma) \tag{5-2}$$

式中，C 表示能力域得分；D 表示能力子域得分；γ 表示能力子域权重。

能力要素的得分为该要素下能力域的加权求和，能力要素的得分为：

$$B = \sum(C\beta) \tag{5-3}$$

式中，B 表示能力要素得分；C 表示能力域得分；β 表示能力域权重。

成熟度等级的得分为该等级下能力要素的加权求和，成熟度等级的得分为：

$$A = \sum(B\alpha) \tag{5-4}$$

式中，A 表示成熟度等级得分；B 表示能力要素得分；α 表示能力要素权重。

当被评估对象在某一等级下的成熟度得分超过评分区间的最低分时视为满足该等级要求，反之，则视为不满足。在计算总体分数时，已满足的等级的成熟度得分取值为 1，不满足的级别的成熟度得分取值为该等级的实际得分。智能制造能力成熟度总分，为各等级评分结果的累计求和。评分结果与能力成熟度对应关系如表 5-3 所示。

根据给出的分数与等级的对应关系表，结合实际得分 S，可以直接判断出企业当前所处的成熟度等级。

表 5-3　分数与等级的对应关系

成熟度等级	对应评分区间
五级（引领级）	$4.8 \leqslant S \leqslant 5.0$
四级（优化级）	$3.8 \leqslant S < 4.8$
三级（集成级）	$2.8 \leqslant S < 3.8$
二级（规范级）	$1.8 \leqslant S < 2.8$
一级（规划级）	$0.8 \leqslant S < 1.8$

课后习题

一、简答题

1．总结企业开展智能制造能力成熟度评估的重要性。

2．描述《智能制造能力成熟度模型》（GB/T 39116—2020）等级及成熟度水平要求。

3．简要描述智能制造能力成熟度评估等级。

4．列举智能制造能力成熟度模型中生产能力域中包含的能力子域。

二、计算题

参照《智能制造能力成熟度评估方法》（GB/T 39117—2020），结合表 5-4 的数据完成下述评估计算：

表 5-4　计算题数据

能力要素	能力子域	得分（满分 100）	满足程度	得分转换
人员	组织战略	80	大部分满足	0.8
	人员技能	90	全部满足	1
技术	数据应用	75	部分满足	0.5
	集成	85	大部分满足	0.8
	信息安全	95	全部满足	1
资源	装备	70	部分满足	0.5
	网络	80	大部分满足	0.8
制造	产品设计	90	全部满足	1
	工艺设计	85	大部分满足	0.8
	采购	85	部分满足	0.8
	计划与调度	80	大部分满足	0.8
	生产作业	75	部分满足	0.5
	设备管理	85	大部分满足	0.8
	安全环保	90	全部满足	1
	仓储配送	80	部分满足	0.8
	能源管理	80	大部分满足	0.8
	物流	95	全部满足	1
	销售	85	大部分满足	0.8
	产品服务	85	大部分满足	0.8
	客户服务	90	全部满足	1

① 计算每个能力要素维度的成熟度评估值；

② 计算整体成熟度评估值；

③ 根据整体成熟度评估值判断智能制造能力成熟度等级。

参考文献

[1] GB/T 39116—2020. 智能制造能力成熟度模型[S].

[2] GB/T 39117—2020. 智能制造能力成熟度评估方法[S].

本书配套资源

第 6 章

LDGF4.0 智能工厂转型目标确定阶段

知识图谱

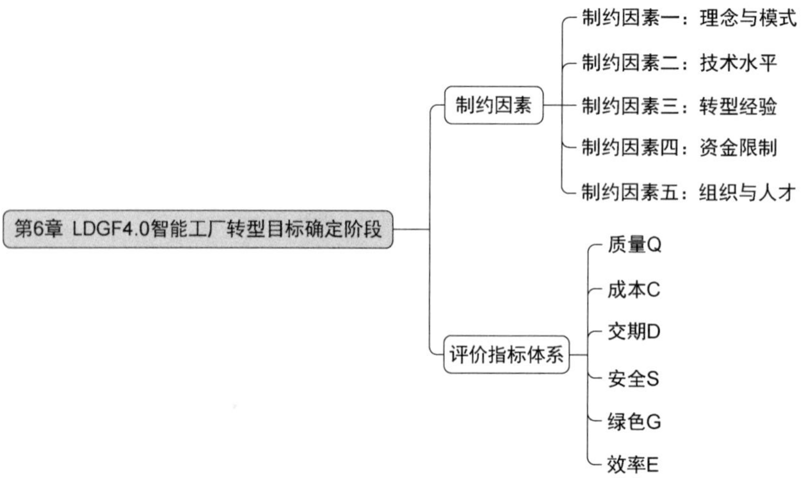

学习目标

① 能够分析智能工厂转型的主要目标；

② 能够分析智能工厂转型升级的主要制约因素；

③ 能够了解智能工厂转型效果评价指标体系及其内容。

6.1 智能工厂转型主要目标及制约因素

智能工厂转型是企业发展战略的重要组成部分，是实现企业战略目标的重要举措，同时也是企业现代化转型、提升核心竞争力的必然选择。明确的转型目标可指导智能工厂数智化转型，而转型过程中的一些制约因素也会影响智能工厂的发展。因此，在智能工厂转型规划前，需要明确其主要目标及智能工厂转型制约因素，确保智能工厂转型过程能够顺利开展。

6.1.1 智能工厂转型主要目标

智能工厂转型要立足于制造本质，以工艺装备为核心，以数据为基础，依托单元、车间、工厂等载体，实现虚实融合、知识驱动、动态优化、安全高效、绿色低碳的智能工厂转型，推动企业实现数智化转型、网络化协同、智能化变革。因此，智能工厂转型的主要目标如下：

① 提升企业生产能力。通过智能化升级对工厂进行自动化改良、智能化精工制造和信息化品质管理；利用新型信息通信技术实现互联互通，提高协同能力。通过改变传统生产环节降本、增效，进而转向提供高附加值的服务，提升企业现有生产能力。

② 提升企业竞争力。相比于传统工厂，智能工厂更加自动化、信息化、智能化、平台化，实现人、设备与产品的实时互联互通、精准识别、交互控制，帮助企业实现安全、绿色、高效、节能等转型目标，全面提升企业竞争力。

③ 提高企业产品质量。新型信息技术与先进制造技术的迅速兴起为企业推进智能工厂建设提供了良好的技术支撑。企业需要引入合适的先进技术来提高产品质量。因此，高质量的数智化转型是企业未来发展战略的主要目标。

6.1.2 智能工厂转型制约因素

为实现提高产品质量、优化生产资源、缩短生产周期、提升能源利用率等目标，需要企业积极规划数智化转型。国家出台了一系列措施保障企业转型升级、实现企业智能制造，但我国制造业转型效果不明显、附加值偏低等问题已经不容回避。据统计，国内中小企业智能化程度依然普遍较低，仅约 10%的中小企业完成了智能化转型升级。其中，转型过程中的制约因素主要来源于理念与模式、技术水平、转型经验、资金限制、组织与人才等方面，如图 6-1 所示。

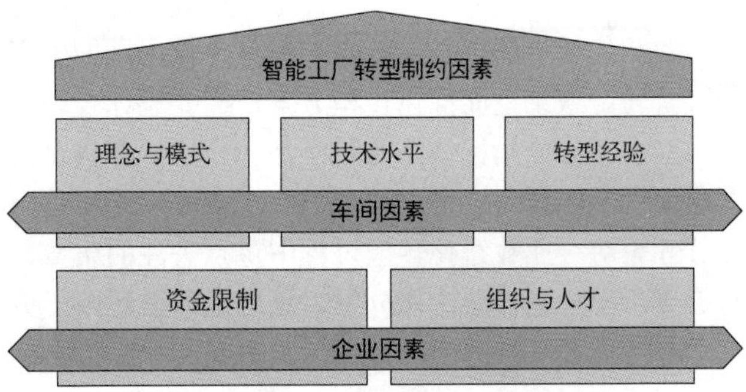

图 6-1　智能工厂转型制约因素

（1）制约因素一：理念与模式

部分企业对于数智化转型的认知理念局限于设备自动化升级、信息管理系统引入等，而非从整体理念与模式上进行思路的转变。企业从数智化实施到数智化转型实现往往需要数年时间，投资见效慢、周期长，大多数企业抱着 3～6 个月显著实现销售增长、降本增效的目标，用传统的绩效指标来衡量转型效果，对数智化转型试错容忍度较低。

（2）制约因素二：技术水平

智能工厂转型的前提是要在拥有稳定的生产流程、标准的生产模式、良好的信息通信基础的车间开展示范。因此，企业的生产技术水平低下会严重阻碍智能工厂转型，而先进技术大量引入也容易造成技术堆积。所以，技术水平的选择要与生产现状相结合，针对关键问题引入先进技术并完成升级，从而实现工厂数智化转型的基础建设。

（3）制约因素三：转型经验

我国大部分制造业企业实施数智化转型的整体水平处于初级阶段，经验不足、适用方案缺乏是导致转型乏力的主要原因。部分企业找不准业务场景与数字技术应用的结合点，孤岛式盲目部署数智化转型，转型经验的缺乏使其各经营环节数智化覆盖进度远滞后于大企业。

（4）制约因素四：资金限制

数智化转型不仅需要大量资金投入，而且需要全面升级各生产环节基础设施。如今，过高的资金压力和失败风险极大减小了企业数智化转型的动力。资源投入有限、内生动力不足、高资金成本和高失败率阻碍了转型进程。

（5）制约因素五：组织与人才

在数智化转型的制约因素中，人才因素占比超过 50%，据中华人民共和国人力资源和社会保障部数据预测，到 2025 年，人才需求将超过 900 万，人才缺口接近 450 万。企业在运营管理、人力资源等方面存在明显差异，缺少数字化专业人才，会影响数字化转型落地效率。

因此，智能工厂转型的加速推进，需要企业明确发展战略，准确定位目标和方向，从能力提升、业务优化、数据驱动、生态协同等层面进行系统改革创新，推进制造业高质量发展。

6.2 智能工厂转型评价指标体系设计

6.2.1 评价指标体系概述

数智化转型的核心措施是以数字化技术赋能生产制造，不断提高企业竞争力。为了量化评价转型效果进而优化转型方案，需要设计合理完整的数智化转型评价指标体系作为引导。其中，评价指标体系的科学性、合理性都将直接关系到量化评价与转型定位的准确性与全面性。因此，本书在结合 ISO 22400：2014 等国际标准化文件的基础上，采用公理化设计理论对企业数智化转型过程中重点关注的质量、效率、成本、交期、安全、绿色六类综合评价指标进行层次化分解，逐层梳理出适用于数智化转型的评价指标，提炼出评价指标计算所需要采集的实时数据（如图 6-2 中灰色填充所示），设计了如图 6-2 所示的数智化转型评价指标体系。图中，FR 表示功能要求，DP 表示设计参数。

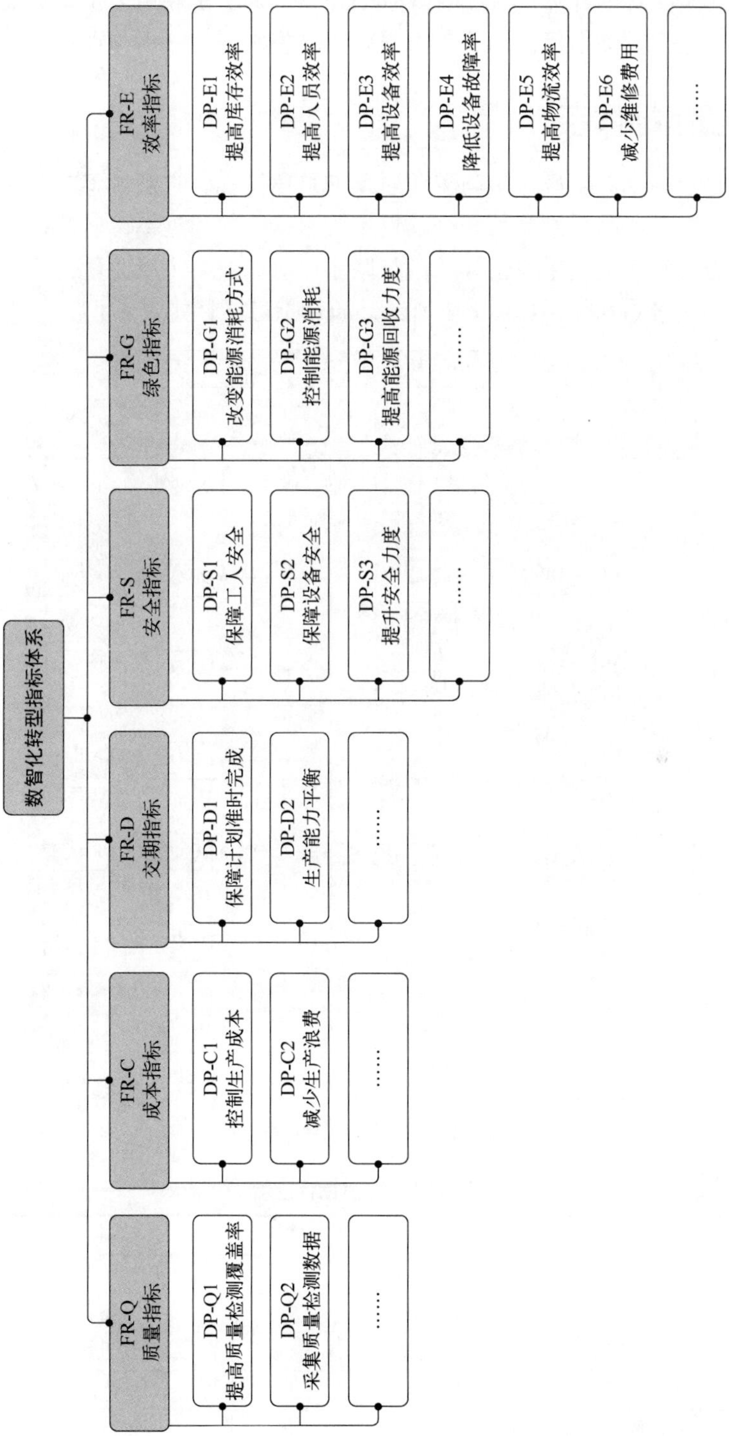

图 6-2　企业数智化转型评价指标体系

本节主要对质量、成本、交期、安全、绿色与效率六类指标进行分解，并将其划分为采集类指标与综合类指标。其中，采集类指标（PV 级指标）是指标体系的基础数据，主要用于支撑综合类指标的计算；综合类指标（DP 级指标）是利用多个采集类指标计算或评估出的可用于状态表征的指标，用于支撑数智化转型水平的分析与评价。

6.2.2 质量指标体系

质量指标是反映车间生产效果与工作质量的总体指标。它反映了产品质量与生产过程工作质量的属性，如产品合格品数、产品返工数量、一次通过率、质量稳定性等。通常用相对数或平均数反映各类质量属性间的内在联系和对比关系，以此量化评估车间产品与工作质量的水平。质量指标体系如图 6-3 所示，质量指标注释如表 6-1 所示。

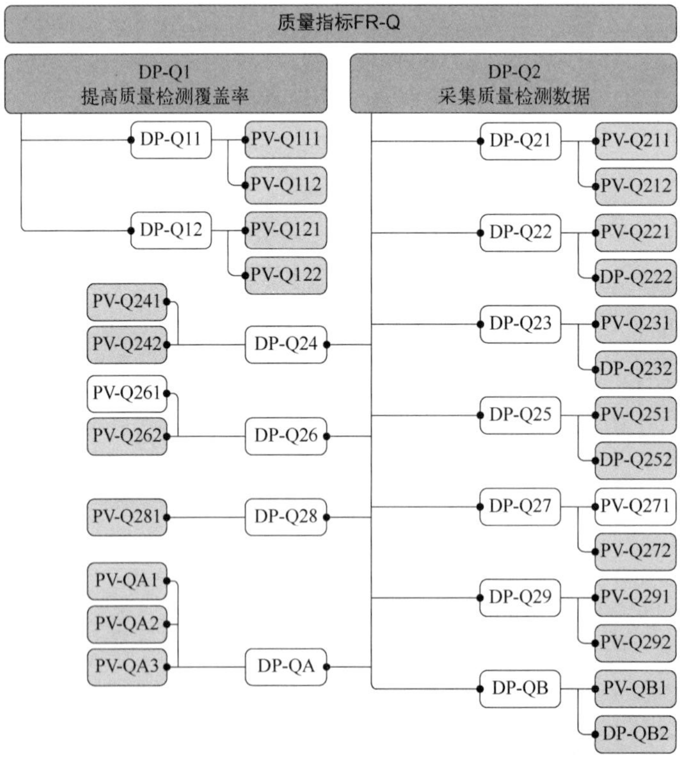

图 6-3 质量指标体系

表 6-1 质量指标注释

序号	参数名称	参数编号	序号	参数名称	参数编号
1	地理位置覆盖率	DP-Q11	8	质量稳定性	DP-Q26
2	质检设备覆盖率	DP-Q12	9	西格玛水平	DP-Q27
3	实际报废率	DP-Q21	10	直通率	DP-Q28
4	一次通过率	DP-Q22	11	最终合格率	DP-Q29
5	产品废品率	DP-Q23	12	净推荐分数	DP-QA
6	产品返工率	DP-Q24	13	质量指数	DP-QB
7	产品合格率	DP-Q25	14	实际覆盖面积	PV-Q111

续表

序号	参数名称	参数编号	序号	参数名称	参数编号
15	计划覆盖面积	PV-Q112	28	单工位合格品率	PV-Q261
16	计划检测设备数	PV-Q121	29	工位数量	PV-Q262
17	实际检测设备数	PV-Q122	30	质量分布平均值	PV-Q271
18	实际报废数量	PV-Q211	31	产品总数量	PV-Q272
19	计划报废数量	PV-Q212	32	合格品数量	PV-Q281
20	合格品产出量	PV-Q221	33	过检产品的数量	PV-Q291
21	被检品数量	PV-Q222	34	过程投产的数量	PV-Q292
22	实际报废数量	PV-Q231	35	推荐产品用户数	PV-QA1
23	生产总数量	PV-Q232	36	贬损产品用户数	PV-QA2
24	返工品数量	PV-Q241	37	工序缺陷的数量	PV-QA3
25	生产总数量	PV-Q242	38	缺陷优先级权重	PV-QB1
26	合格品数量	PV-Q251	39	产品总数量	PV-QB2
27	生产总数量	PV-Q252			

6.2.3 成本指标体系

成本指标是指在生产过程中消耗的所有资源成本支出，即人员、设备、物料、能源等各类生产支出。成本指标是一项经济指标，能够比较集中地反映出车间各类资源要素的使用与消耗情况、生产设备的损耗情况等。成本指标体系如图 6-4 所示，成本指标注释如表 6-2 所示。

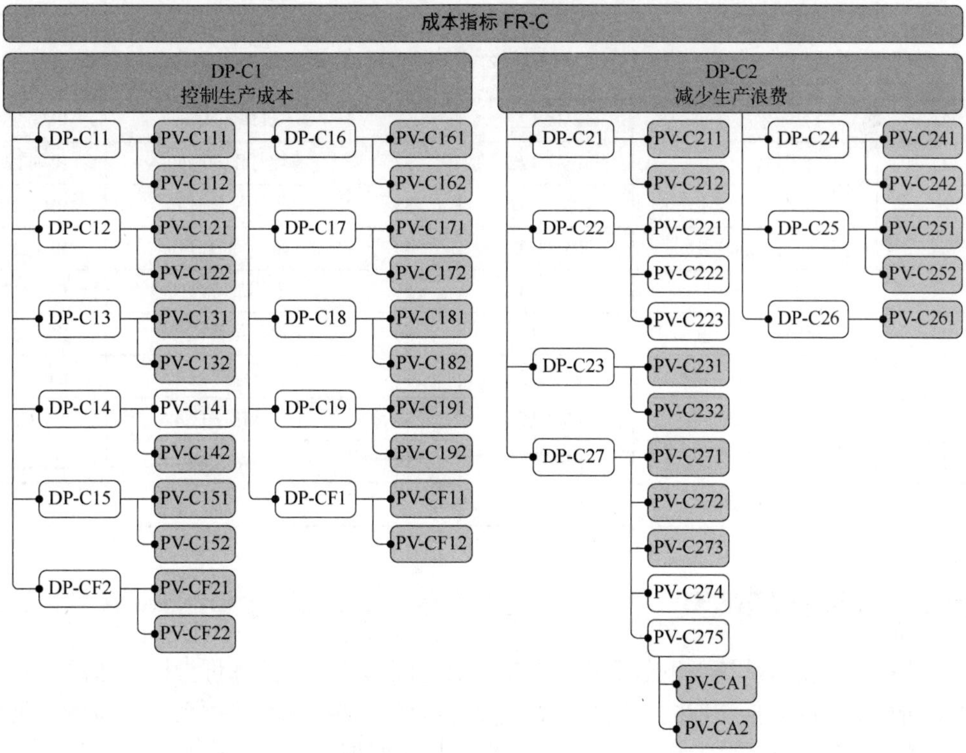

图 6-4　成本指标体系

表 6-2 成本指标注释

序号	参数名称	参数编号	序号	参数名称	参数编号
1	员工利用率	DP-C11	31	标准作业时长	PV-C171
2	设备利用效率	DP-C12	32	实际作业用时	PV-C172
3	单位产品消耗	DP-C13	33	修正维护时间	PV-C181
4	折旧费用率	DP-C14	34	预计维护时间	PV-C182
5	材料价格差异	DP-C15	35	转产成本	PV-C191
6	原材料利用率	DP-C16	36	销售额度	PV-C192
7	工作速率	DP-C17	37	废品总数量	PV-CF11
8	设备维护比率	DP-C18	38	废品处理时间	PV-CF12
9	转产费用率	DP-C19	39	实际使用数量	PV-CF21
10	废品统计管理	DP-CF1	40	标准使用数量	PV-CF22
11	材料用量差异	DP-CF2	41	标准作业时长	PV-C211
12	工作速率	DP-C21	42	实际作业用时	PV-C212
13	降低废品率	DP-C22	43	产品废品率	PV-C221
14	储运损耗率	DP-C23	44	产品返工率	PV-C222
15	消除不增值活动	DP-C24	45	实际报废率	PV-C223
16	工作速率	DP-C25	46	储运损耗量	PV-C231
17	评估生产过程	DP-C26	47	物料需求量	PV-C232
18	减少停机浪费	DP-C27	48	必要非增值时间	PV-C241
19	实际工作时间	PV-C111	49	非必要非增值时间	PV-C242
20	实际出勤时间	PV-C112	50	生产总数量	PV-C251
21	实际生产时间	PV-C121	51	订单需求量	PV-C252
22	实际繁忙时间	PV-C122	52	耗时作业时间	PV-C261
23	能源消耗成本	PV-C131	53	平均恢复时间	PV-C271
24	产品实际产量	PV-C132	54	故障间隔时间	PV-C272
25	测算设备利用率	PV-C141	55	平均故障时间	PV-C273
26	产品实际产量	PV-C142	56	设备维修比率	PV-C274
27	票据原材料价格	PV-C151	57	设备维护成本	DP-C275
28	实际原材料价格	PV-C152	58	单次维护成本	PV-CA1
29	消耗原材料总量	PV-C161	59	故障次数	PV-CA2
30	原材料总量	PV-C162			

6.2.4 交期指标体系

交期指标是指对从订单下达日开始至交付日之间周期时间的评价指标，通常作为车间内部交期与供应商外部交期的考核要点。建立完善的交期指标考核体系，能够有效地加强交期管理。交期指标体系如图 6-5 所示，交期指标注释如表 6-3 所示。

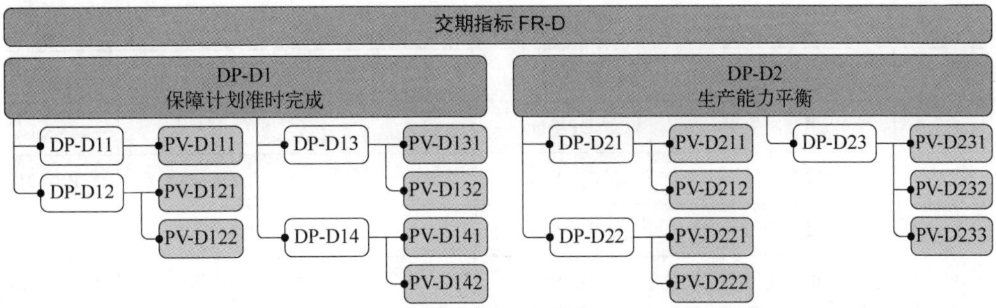

图 6-5　交期指标体系

表 6-3　交期指标注释

序号	参数名称	参数编号	序号	参数名称	参数编号
1	交货周期	DP-D11	12	生产计划总量	PV-D132
2	生产计划完成率	DP-D12	13	有效响应订单数	PV-D141
3	生产计划调整率	DP-D13	14	紧急需求订单数	PV-D142
4	紧急订单响应率	DP-D14	15	操作标准工时	PV-D211
5	生产能力核算	DP-D21	16	账单产品数量	PV-D212
6	产能负荷率	DP-D22	17	交货差错数量	PV-D221
7	交货差错率	DP-D23	18	产品交货总数	PV-D222
8	订单完成的时间	PV-D111	19	实际生产总量	PV-D231
9	完成计划数量	PV-D121	20	计划工作时间	PV-D232
10	生产计划数量	PV-D122	21	生产节拍	PV-D233
11	计划调整次数	PV-D131			

6.2.5　安全指标体系

安全指标是指在生产过程中可能会存在的危害作业人员健康、损坏生产设备等要素的评价指标。通过构建安全指标体系，可发现并消除生产场景中存在的安全隐患，提高生产过程安全性。安全指标体系如图 6-6 所示，安全指标注释如表 6-4 所示。

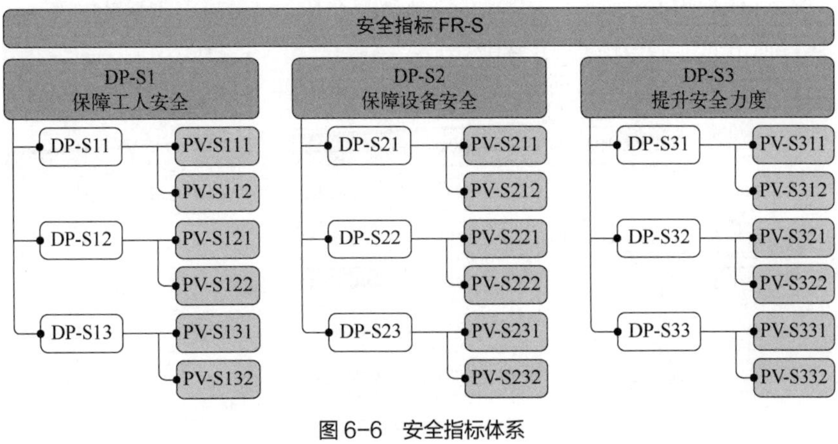

图 6-6　安全指标体系

表 6-4　安全指标注释

序号	参数名称	参数编号	序号	参数名称	参数编号
1	事故发生率	DP-S11	15	工厂总员工人数	PV-S132
2	疲劳宽放率	DP-S12	16	实际使用时间	PV-S211
3	三级安全教育率	DP-S13	17	实际繁忙时间	PV-S212
4	设备使用率	DP-S21	18	检修时间间隔	PV-S221
5	设备检修率	DP-S22	19	设备检修次数	PV-S222
6	设备完好率	DP-S23	20	日历工作台时	PV-S231
7	防护设备持有率	DP-S31	21	故障总台时数	PV-S232
8	安全边际率	DP-S32	22	持防护设备人数	PV-S311
9	安全检测率	DP-S33	23	工作场所总人数	PV-S312
10	事故发生次数	PV-S111	24	安全边际数量	PV-S321
11	员工总作业次数	PV-S112	25	实际销售量	PV-S322
12	员工休息时间	PV-S121	26	实际安全检测数	PV-S331
13	员工工作总时间	PV-S122	27	计划安全检测数	PV-S332
14	接受教育总人数	PV-S131			

6.2.6　绿色指标体系

绿色指标是对生产过程中产生的能源消耗、碳排放、污染物排放等的评估指标。绿色生产不仅能够大大节省能源消耗成本，而且符合制造企业的绿色转型与“双碳”目标。绿色指标体系如图 6-7 所示，绿色指标注释如表 6-5 所示。

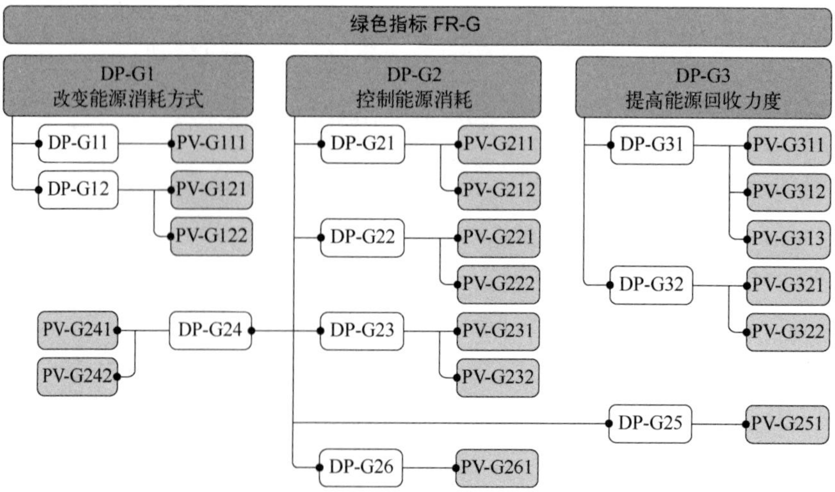

图 6-7　绿色指标体系

表 6-5　绿色指标注释

序号	参数名称	参数编号	序号	参数名称	参数编号
1	有害气体排放量	DP-G11	15	同类物料使用量	PV-G212
2	新能源使用率	DP-G12	16	污染物产生量	PV-G221
3	绿色物料使用率	DP-G21	17	合格产品产生量	PV-G222
4	产品污染产生量	DP-G22	18	某种废水产生量	PV-G231
5	产品废水产生量	DP-G23	19	水资源使用量	PV-G232
6	原材料消耗量	DP-G24	20	主材料消耗量	PV-G241
7	产品综合能耗	DP-G25	21	总材料消耗量	PV-G242
8	单位产品碳排放量	DP-G26	22	消耗能源实物量	PV-G251
9	固体废物回收率	DP-G31	23	CO_2 当量排放量	PV-G261
10	废水回收率	PV-G32	24	废物综合利用量	PV-G311
11	有害气体排放量	PV-G111	25	固体废物产生量	PV-G312
12	新能源使用量	PV-G121	26	往年储存量	PV-G313
13	总能源使用量	PV-G122	27	回收用水量	PV-G321
14	绿色物料使用量	PV-G211	28	向外排放废水量	PV-G322

6.2.7　效率指标体系

效率是反映企业生产现状的重要指标。通过层次分解可发现影响生产效率的关键因素，并依此明确优化环节，从而提升生产效率。其主要的评价指标包括客户投诉率、库存周转率等。效率指标体系如图 6-8 所示，效率指标注释如表 6-6 所示。

表 6-6　效率指标注释

序号	参数名称	参数编号	序号	参数名称	参数编号
1	库存周转率	DP-E11	17	设备利用效率	DP-E38
2	产品缺损率	DP-E12	18	产线平衡率	DP-E39
3	仓容利用率	DP-E13	19	设备负载率	DP-E41
4	长龄产品占有率	DP-E14	20	故障间隔时间	DP-E42
5	账务相符率	DP-E15	21	平均故障时间	DP-E43
6	客户投诉率	DP-E16	22	平均修复时间	DP-E44
7	工人效率	DP-E21	23	设备维护比率	DP-E45
8	工作速率	DP-E22	24	生产加工率	DP-E46
9	单位人时产能	DP-E23	25	储运损耗率	DP-E51
10	设备吞吐率	DP-E31	26	物流准时率	DP-E52
11	设备分配比率	DPE32	27	搬运有效度	DP-E53
12	设备配置效率	DP-E33	28	库存周转率	DP-E54
13	净设备利用率	DP-E34	29	维修成本	DP-E61
14	设备可比性	DP-E35	30	平均维修时间	DP-E62
15	设备启动速率	DP-E36	31	反复维修率	DP-E63
16	设备综合利用率	DP-E37	32	库存周转数量	PV-E111

续表

序号	参数名称	参数编号	序号	参数名称	参数编号
33	库存产品总数	PV-E112	72	生产总数量	PV-E412
34	库存缺损数量	PV-E121	73	故障时间间隔	PV-E421
35	库存完好数量	PV-E122	74	故障事件次数	PV-E422
36	库存实际容积	PV-E131	75	设备失效时间	PV-E431
37	库存应有容积	PV-E132	76	设备正常时间	PV-E432
38	长库龄产品数量	PV-E141	77	设备恢复时间	PV-E441
39	仓库总产品数量	PV-E142	78	周期内恢复次数	PV-E442
40	表单相符数	PV-E151	79	修正维护时间	PV-E451
41	库存产品总数	PV-E152	80	预计维护时间	PV-E452
42	客户投诉数	PV-E161	81	净操作时间	PV-E461
43	总客户数量	PV-E162	82	实际操作时间	PV-E462
44	实际工作时间	PV-E211	83	储运损耗量	PV-E511
45	实际出勤时间	PV-E212	84	物料需求量	PV-E512
46	标准作业工时	PV-E221	85	物流准时次数	PV-E521
47	实际作业工时	PV-E222	86	物流配送次数	PV-E522
48	总体工作量	PV-E231	87	最小搬运距离	PV-E531
49	总工时	PV-E232	88	实际搬运距离	PV-E532
50	投入人数	PV-E233	89	时间段天数	PV-E541
51	单人工作时长	PV-E234	90	库存周转天数	PV-E542
52	生产总数量	PV-E311	91	直接费用	PV-E611
53	订单执行时间	PV-E312	92	间接费用	PV-E612
54	设备忙碌时间	PV-E321	93	设备维修总时间	PV-E621
55	设备总数量	PV-E322	94	设备维修次数	PV-E622
56	单位时间产出量	PV-E331	95	损坏设备数量	PV-E631
57	加工产品时间	PV-E332	96	维修设备总数	PV-E632
58	实际处理时间	PV-E341	97	设备净生产率	DP-EA1
59	计划处理时间	PV-E342	98	设备运行效率	DP-EA2
60	设备使用总工时	PV-E351	99	合格品产出数	PV-EB1
61	使用设备的人数	PV-E352	100	不合格品产出数	PV-EB2
62	设备启动时间	PV-E361	101	计划开动时间	PV-EC1
63	设备负荷时间	PV-E362	102	实际开动时间	PV-EC2
64	设备性能开动率	DP-E371	103	期初库存数量	PV-ED1
65	部件质量合格率	DP-E372	104	期末库存数量	PV-ED2
66	设备时间开动率	DP-E373	105	时间段出货量	PV-ED3
67	实际生产时间	PV-E381	106	产品产出速度	PV-EA11
68	实际繁忙时间	PV-E382	107	计划加工数量	PV-EA12
69	各工序时间总和	PV-E391	108	计划加工时间	PV-EA13
70	工序数量	PV-E392	109	实际加工速度	PV-EA21
71	设备生产能力	PV-E411	110	理论加工速度	PV-EA22

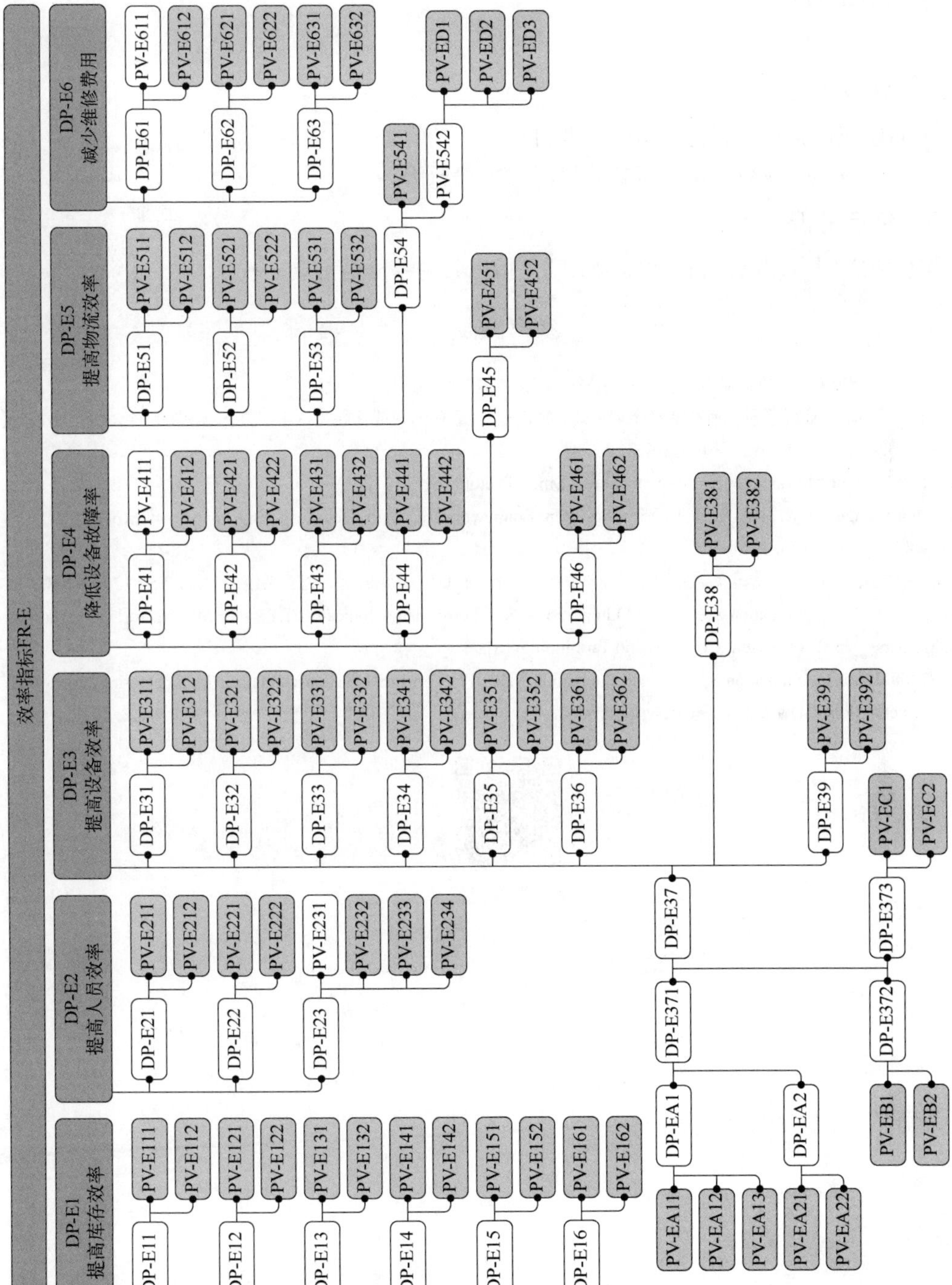
效率指标FR-E
DP-E1 提高库存效率
DP-E11
PV-E111
PV-E112
DP-E12
PV-E121
PV-E122
DP-E13
PV-E131
PV-E132
DP-E14
PV-E141
PV-E142
DP-E15
PV-E151
PV-E152
DP-E16
PV-E161
PV-E162
DP-E2 提高人员效率
DP-E21
PV-E211
PV-E212
DP-E22
PV-E221
PV-E222
DP-E23
PV-E231
PV-E232
PV-E233
PV-E234
DP-E3 提高设备效率
DP-E31
PV-E311
PV-E312
DP-E32
PV-E321
PV-E322
DP-E33
PV-E331
PV-E332
DP-E34
PV-E341
PV-E342
DP-E35
PV-E351
PV-E352
DP-E36
PV-E361
PV-E362
DP-E37
DP-E371
DP-EA1
PV-EA11
PV-EA12
PV-EA13
DP-EA2
PV-EA21
PV-EA22
DP-E372
PV-EB1
PV-EB2
DP-E373
PV-EC1
PV-EC2
DP-E38
PV-E381
PV-E382
DP-E39
PV-E391
PV-E392
DP-E4 降低设备故障率
DP-E41
PV-E411
PV-E412
DP-E42
PV-E421
PV-E422
DP-E43
PV-E431
PV-E432
DP-E44
PV-E441
PV-E442
DP-E45
PV-E451
PV-E452
DP-E46
PV-E461
PV-E462
DP-E5 提高物流效率
DP-E51
PV-E511
PV-E512
DP-E52
PV-E521
PV-E522
DP-E53
PV-E531
PV-E532
DP-E54
PV-E541
PV-E542
PV-ED1
PV-ED2
PV-ED3
DP-E6 减少维修费用
DP-E61
PV-E611
PV-E612
DP-E62
PV-E621
PV-E622
DP-E63
PV-E631
PV-E632

图 6-8　效率指标体系

课后习题

一、名词解释

一次性直通率。

二、简答题

1. 简述我国企业数智化转型的主要目标。
2. 总结我国企业数智化程度普遍较低的主要原因。

三、综合分析题

描述智能工厂转型评价指标体系维度并指出其主要评价方向。

参考文献

[1] 郑力, 莫莉. 智能制造: 技术前沿与探索应用[M]. 北京: 清华大学出版社, 2021.
[2] 中国社会科学院工业经济研究所智能经济研究组. 智能+: 制造业的智能化转型[M]. 北京: 人民邮电出版社, 2017.
[3] GB/T 36132—2018. 绿色工厂评价通则[S].
[4] IEEE P2879. General Principles for Assessment of a Smart Factory [S].
[5] Lee J, Jun S, Chang T W, et al. A Smartness Assessment Framework for Smart Factories Using Analytic Network Process[J]. Sustainability, 2017, 9(5): 794.
[6] 马靖, 王译晨, 赵明, 等. 基于数字孪生的生产单元可视化管控[J]. 计算机集成制造系统, 2021, 27(5): 1256-1268.
[7] ISO 22400-1: 2014.Automation Systems and Integration—Key Performance Indicators(KPIs) for Manufacturing Operations Management—Part1: Overview, Concepts and Terminology[S].
[8] ISO 22400-2: 2014. Automation Systems and Integration—Key Performance Indicators(KPIs) for Manufacturing Operations Management—Part2: Definitions and descriptions [S].

本书配套资源

第 7 章

LDGF4.0 智能工厂转型预规划阶段

知识图谱

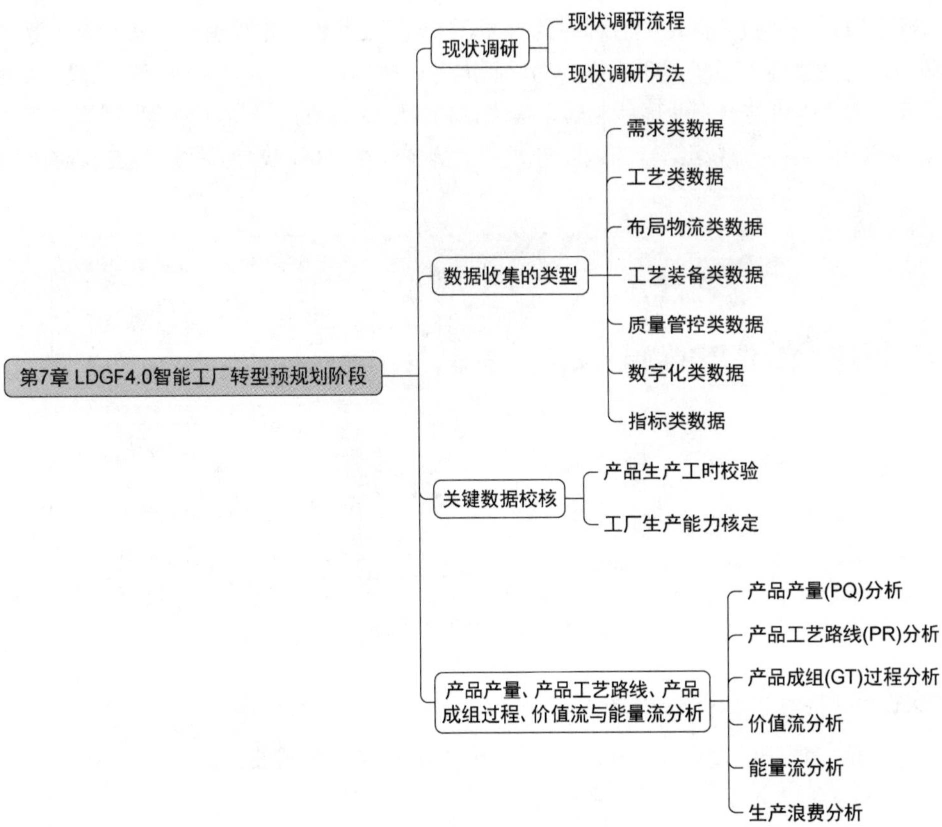

学习目标

① 能够了解预规划阶段的主要规划内容；
② 能够了解现状调研与数据收集的基本流程与数据收集类型；
③ 能够理解工时校验与生产能力核定的必要性，并掌握计算方法；
④ 能够理解 PQ-PR 等产品分析方法的必要性，并掌握分析方法；
⑤ 能够理解价值流分析的重要意义，描述价值流分析能够发现的主要问题；
⑥ 能够描述能量流分析中的主要评价指标；
⑦ 能够理解浪费分析的重要性，描述主要浪费类型，掌握浪费分析思路。

7.1 现状调研与数据收集

7.1.1 现状调研流程与方法

（1）现状调研流程与方法介绍

现状调研是企业数智化转型过程中的首要环节，深入了解企业发展情况是发现转型过程中存在问题的有效途径。现状调研流程分为调研准备、现场调研与调研分析三个阶段，如图 7-1 所示。现状调研中可结合企业现状与转型需求，制订现状调研大纲与计划，采用现场走访、专家访谈与发放问卷等方式相结合的调研方式，了解企业实际情况，为后续规划内容奠定基础。

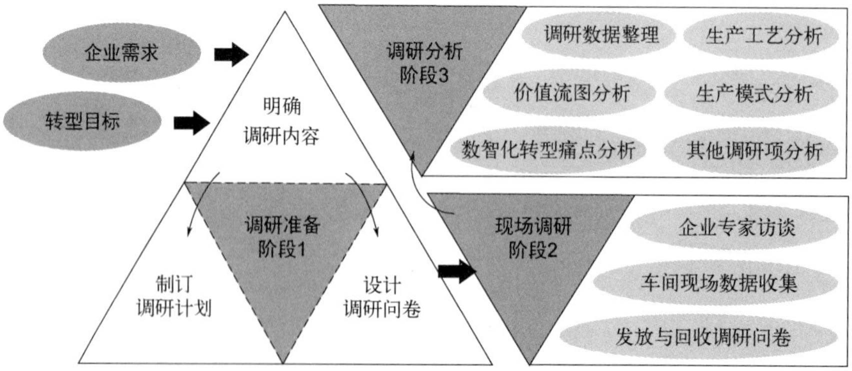

图 7-1　现状调研流程

（2）企业现状调研注意事项

在企业现状调研的过程中，无论选择哪种调研方式，都需要注意以下事项：

① 容易从细节入手，从而忽略宏观生产战略。
② 调研内容过于宏观，从而忽略生产调研的细节。
③ 数据调研时脱离企业整体规划和战略方向。

④ 忽略生产过程中的部分约束因素。

⑤ 调研方式过于单一，无法满足不同层级需求，导致信息真实性不高。

7.1.2　数据收集的类型

调研数据收集是现场调研的重要环节，本节将从生产需求、工艺、布局物流以及生产指标等维度列举调研数据项，如图 7-2 所示，主要用于指导现场调研方向、浪费分析与能耗污染分析等方面，为智能工厂转型提供数据基础。

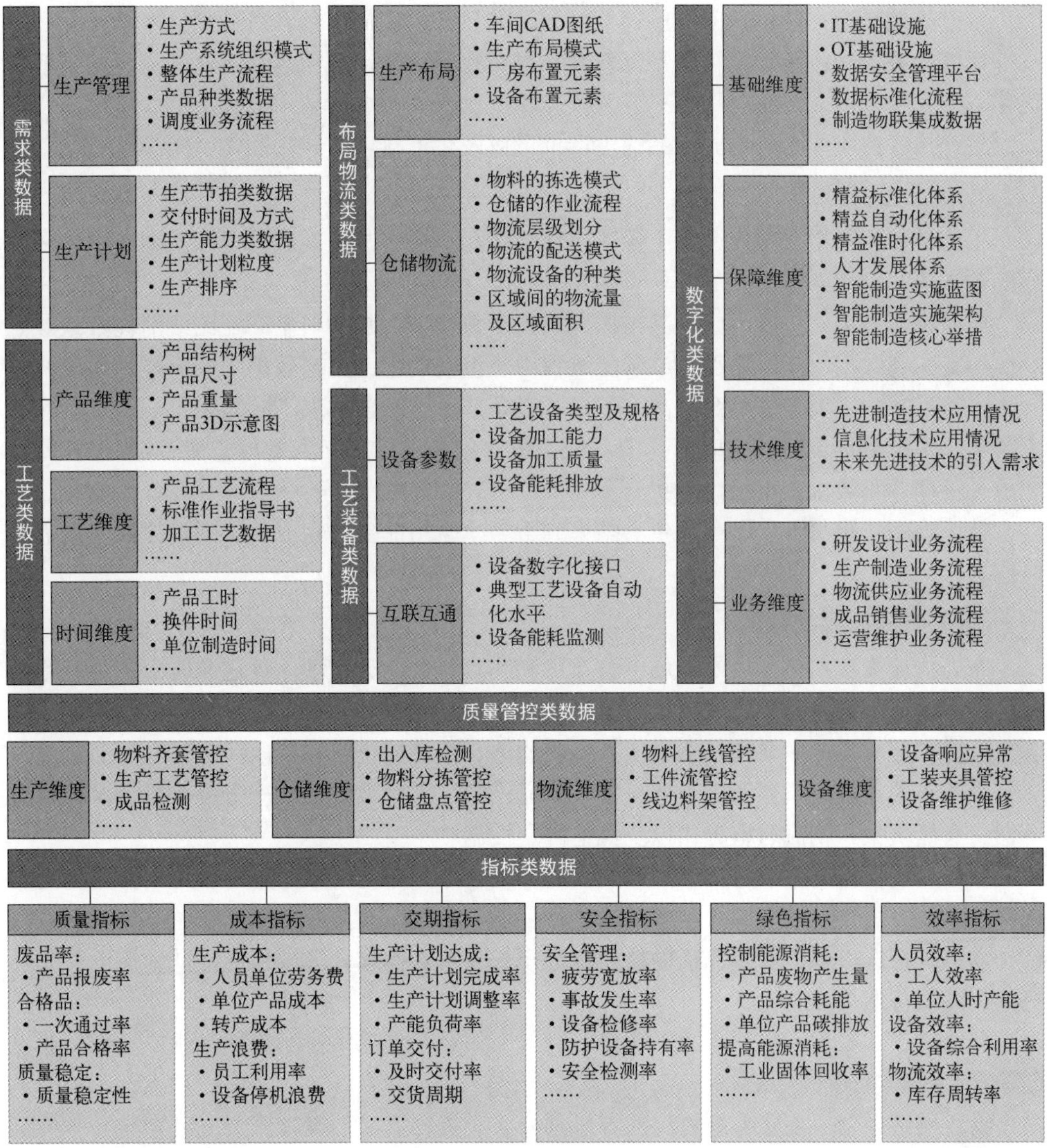

图 7-2　数据收集类型

（1）需求类数据

需求类数据包含生产管理、生产计划等相关数据，主要为生产系统组织分析提供数据支持，针对调研中容易忽略的数据项的说明如下。

生产系统组织模式：主要调查生产系统的组织模式，包括 Project（项目型生产系统）、JS（任务型生产系统）、BF（批量流型生产系统）等。

交付时间及方式：主要包括提前期、交付地点以及运输方式等数据。

产品种类数据：主要指企业所生产的产品类别，以此绘制产品种类一览表，清晰展现加工的产品种类，便于生产工艺分析。

生产能力类数据：主要包括单位最小产能、平均产能与最大产能，以及企业现有的生产能力提升途径。

生产计划粒度：确定目前生产计划粒度，如日计划、周计划、月计划。

调度业务流程：数智化转型不仅包含布局、物流优化，更应该注重业务流程的分解与优化。

生产排序：主要考虑不同产品的生产批量以及生产排序方式。

（2）工艺类数据

工艺类数据是指在生产过程中各工艺环节的相关内容与生产数据，针对调研中容易忽略的数据项的说明如下。

产品物料清单：主要考虑产品结构树及树中每个节点的物料生产配比或消耗数量。

加工工艺数据：指产品加工或装配过程中所涉及的生产工艺数据（侧重技术角度）。

产品工时：主要考虑单个产品、工位、设备或工艺阶段的加工时间。

宽泛率：标准工时测定时考虑的一般宽放（整备宽放、私人宽放、疲劳宽放）、特殊宽放（管理、小数量、小组、干扰）。

换件时间：指从上一个产品生产结束到下一个合格品生产完成并达到设计标准所需的时间。

（3）布局物流类数据

布局物流类数据包含生产现场中与布局和物流相关的数据项，针对调研中容易忽略的数据项的说明如下。

厂房布置元素：主要指厂房中出入口、通道、楼梯的位置和生产区域等。

设备布置元素：主要考虑工艺设备、物流设备、辅助设备、生产工位、缓存区、物流容器、仓储货架、物流通道分布以及其他固定设施。

生产布局模式：主要包括产品原则布局、工艺原则布局、成组原则布局、固定原则布局等。

物料的拣选模式：主要包括物料的拣选模式（单次拣选、区域拣选、批量拣选、集群拣选、波次拣选等）。

仓储的作业流程：主要考虑采购作业、入库作业、盘点作业、拣货作业、出库作业、配送作业等环节。

物流层级划分：主要考虑物流的等级划分（一级物流、二级物流、三级物流）。

物流的配送模式：主要采用中央发货、看板发货、循环取货、直接上线、台套配送等配送模式。

物流设备的种类：主要指物流设备的类别，目的是了解各种物流设备的技术特点及其在物流系统中起到的作用。

区域间的物流量及区域面积：主要考虑区域之间转运物料的数量及区域的占地面积，便于计算物流规模，评估物流系统的效率。

（4）工艺装备类数据

工艺装备类数据是指生产现场所使用的各种工艺设备的基础数据，针对调研中容易忽略的数据项的说明如下。

工艺设备类型：如加工类、装配类、检测类、辅助类等。

设备运行效率：设备生产的产品数量与生产有效时间和额定速度的乘积的比值。

设备加工质量：设备加工后产品的质量情况。

设备能耗排放：设备的能耗和排放情况。

设备数字化接口：设备与信息化系统的接口。

典型工艺设备自动化水平：产线上典型工艺设备的自动化情况。

（5）质量管控类数据

为使产品或服务达到质量要求而采取的技术措施和管理措施方面的活动所需收集的数据项，针对调研中容易忽略的数据项的说明如下。

物料齐套管控：指生产前对生产所需物料进行配套的方法。

生产工艺管控：指确保生产工艺有标准文件、人员能按照规定工艺按时按量操作的方法。

成品检测：指产品制造完成后，对产品各需求维度指标进行检测的方式及核心数据。

出入库检测：指原材料通过外协采购运送至车间，入库前对原材料质量、数量进行检测的方式。

物料分拣管控：指原材料出入库时，按照订单进行物料分拣或按照种类进行物料入库的拣选方式。

仓库盘点管控：指原料/成品入库后，为保障存储质量而进行仓库清点的方式。

物料上线管控：指原材料从出库到加工过程中的搬运方式。

工件流管控：指在制品生产过程中进行流转的搬运方式。

线边物料管控：指在生产过程中，为保障生产流畅，对线边物料进行出入库和管理的方式。

工装夹具管控：指为保障人员操作流畅而对工装夹具进行管控的方式。

设备响应异常：指设备出现异常时，对设备问题进行反馈的方式。

设备维护维修：指接收到异常信号/预测到设备即将出错时，对设备进行维护的方式。

（6）数字化类数据

数字化类数据是指企业管理生产过程中与信息化建设相关的数据项，针对调研中容易忽略的数据项的说明如下。

IT 基础设施：是指通过基础设施、IT 环境以及场景服务等为企业数智化转型提供服务。

OT 基础设施：是指通过设备/产线的自动化、数字化、智能化发展为智能制造转型提供基础保障。

数据安全管理平台：是指数据从产生到集成应用整个流程的信息安全、工控系统、安全管理机制等基础保障。

数据标准化流程：是指数据标准化、接口标准化、管理应用标准化、文档标准化等基础保障。

制造物联集成数据：是指传感互联类感知数据、工控层协议数据、部署类工业通信数据、边缘网关配置处理类计算应用数据等。

精益化管理体系：是指企业已有的车间标准化模式、自动化方式、准时化措施。

人才发展体系：是指企业已有的人才发展战略目标、组织体系、规划方案和制度保障。

智能制造实施体系：是指企业已有的规划蓝图、整体实施架构和核心实施举措。

先进制造技术应用情况：自动化技术、机器人技术、无人搬运技术等的应用情况。

信息化技术应用情况：云计算、边缘计算、数字孪生等的应用情况。

未来先进技术的引入需求：企业/车间未来先进技术引入的需求。

企业业务流程：是指企业完成生产任务及其辅助工作所进行的一系列活动，以此完成数字化系统业务架构。

（7）指标类数据

结合智能工厂转型评价指标体系中采集类指标（PV）与综合类指标（DP），梳理出调研过程所需收集的数据项，针对调研中容易忽略的数据项的说明如下。

产品报废率：批次产品中报废品的比率。

一次通过率：衡量生产线产品品质水准的一项指标，用于描述生产质量、工作质量或测试质量的某种状况。

产品合格率：批次产品中合格品的比率。

产品返工率：批次产品中需要进行返工的产品比率。

质量稳定性：车间在一个时间段内不同工位生产出的产品质量合格率的标准差情况。

人员单位劳务费：单位时间内作业人员的劳务费用。

单位产品成本：生产单位产品的成本。

转产成本：转向生产其他产品的成本。

员工利用率：员工在特定任务上花费的时间占其工作时间的百分比。

设备停机浪费：由于设备停机造成的时间与成本浪费。

生产计划达成率：计划期内生产实际完成数量与计划数量的比率。

生产计划调整率：计划期内生产计划调整的数量与计划数量的比率。

及时交付率：指向客户及时交货的订单与全部交货订单的比率。

交货周期：订单下达到交付给客户所使用的时间。

交付率：指实际交付订单的数量与需要交付订单的数量的比率。

疲劳宽放率：指为恢复操作者在工作中产生的生理上的或心理上的疲劳而考虑的宽放时间与整体生产时间的比率。

事故发生率：车间发生事故的比率。

设备检修率：设备在投入使用期间进行检修的比率。

防护设备持有率：持有的防护设备占基础设备的比率。

安全检测率：指生产过程中安全检测的频率。

新能源使用率：指太阳能、风能等新型能源使用占总能源使用的比率。

产品废物产生量：指单位产品生产过程中产生的废弃物的总量。

能源使用种类：指生产过程中所使用的能源种类。

产品综合耗能：指生产单位产品所消耗的原材料及能源总量。

单位产品碳排放量：生产单位产品排放的碳含量。

工人效率：工人实际生产作业的效率。

单位人时产能：每小时每个人的产能。

设备综合效率：设备实际的生产能力相对于理论产能的比率。

设备维护比率：设备维护时间相对于使用时间的比率。

库存周转率：指某时间段内的出库总金额（或总数量）与该时间段内库存平均金额（或数量）的比率。

储运损耗率：单次搬运或者单个订单物料搬运中，物料或者成品在搬运和储存过程中的损耗量相对于需求量的比率。

7.2 关键数据校核

7.2.1　产品生产工时校验

产品生产工时校验是指对产品生产或项目开展过程中通过调研得到的工时数据可能包含宽放工时，也可能由于产品之间的计算方式与核对方式不同，得到的工时数据存在偏差。因此，需要对所得到的数据按照一定的标准进行校验，同时输出相对统一的产品工时。

产品工时校验过程中引入标定资源组系数主要是为了解决计算完的模型入库工时与实际入库工时对比存在的问题，若存在误差，则需要使用标定资源组系数校正，具体过程如图 7-3 所示。标定资源组系数分为两类，若误差结果在可接受范围（误差比例小于 10%），则可通过现状能力系数对模型计算得到的入库工时进行修订，该误差可能是由缺乏部分组件的物料清单（bill of material，BOM）信息导致，此时修订后计算出的结果可以满足后续分析需求；若误差超过接受范围（误差比例大于 10%），这部分误差是由工时统计过程的部分管理细节造成的，需要通过自制工时修订系数进行修正，修正后计算的结果须满足分析要求，若没有误差则可根据计算结果直接分析。

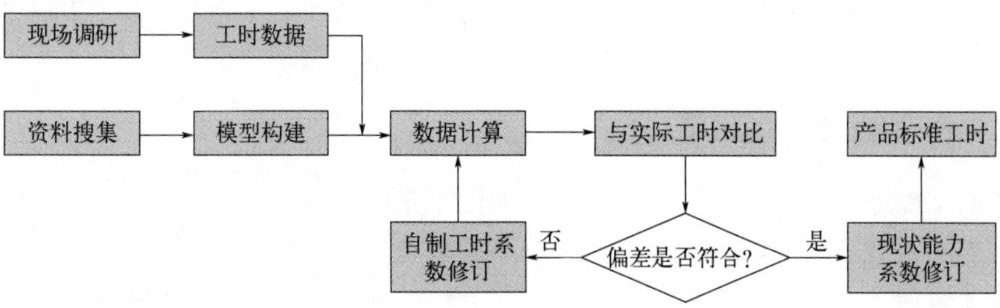

图 7-3　产品生产工时检验流程图

首先对企业概况、技术水平、管理水平和员工素质等进行调研，了解企业的生产加工流程；收集节拍时间、生产周期、员工数量、产品型号、生产批量、产量数据、工艺数据和外协数据等数据；再构建与工时检验、作业流程相匹配的模型；然后代入有关数据计算公式数据；将得到的计算工时数据与实际工时进行对比；若偏差不符合要求，则通过对比结果标定资源组系数，如式（7-1）所示，其中，根据偏差类型选择恰当的系数修订方法进行工时修订；最后，修订完毕后计算校验后的工时数据，如式（7-2）所示。

$$C = 1/\left(F_1 F_2\right) \tag{7-1}$$

$$A_{\text{real}} = A_{\text{model}} C \tag{7-2}$$

式中，C 为标定资源组系数；F_1 为现状能力系数；F_2 为自制工时系数；A_{real} 为校验后的工时数据；A_{model} 为模型输入数据。

通过开展产品工时校验工作，能够实现以下目标：

① 提高生产效率。工时校验有助于发现生产过程中的瓶颈和低效环节。通过分析实际工时与标准工时的差异，可以优化生产流程，合理分配人力和物资，从而提升整体生产效率。

② 确保成本控制。通过校验工时，可以有效防止出现因漏报或误报工时而导致的成本核算偏差。

③ 支持科学的工艺改进。工时数据反映了产品生产过程的实际劳动量和时间消耗。通过校验，可以识别工艺中不合理或过于复杂的部分，从而进行优化，提高工艺合理性和标准化水平。

④ 降低风险。工时数据不准确可能导致资源浪费、客户投诉甚至法律纠纷。通过工时校验，企业能够降低这些潜在风险，确保合规运营。

⑤ 提高管理水平。通过严格的工时校验，企业可以实现对员工生产活动的有效监控，促进工作纪律的加强和员工绩效的公平评估。

7.2.2 工厂生产能力核定

7.2.2.1 生产能力核定概述

生产能力是指企业在计划期内参与生产的全部固定资产，在既定的组织技术条件下所能生产的最大产品数量，或者能够处理的原材料数量。生产能力核定是为了更好地帮助企业提高生产能力、合理安排生产作业、为客户提供更准确的交货时间，最终达到提高企业核心竞争力的目标，如图 7-4 所示。生产能力核定方法是研究并分析生产系统能力与需求之间的匹配关系。因此，生产能力核定模型的结构非常简单，主要包括生产能力与能力需求，其匹配关系可通过资源组能力负荷系数（能力需求与资源组能力之比）F 直观体现。

7.2.2.2 生产能力核定方法

综合前文概述，车间现有生产能力难以匹配未来的需求，即现有能力与未来需求的匹配面临较大的挑战。因此，生产能力提升是车间数智化转型的核心建设目标。由于生产能力提升涉及诸多方面的因素，故需要一套量化分析的模型来提供全方位能力分析，通过模型可以高效地分析制造策略的优劣势和潜在风险，从而提前做出能力优化。

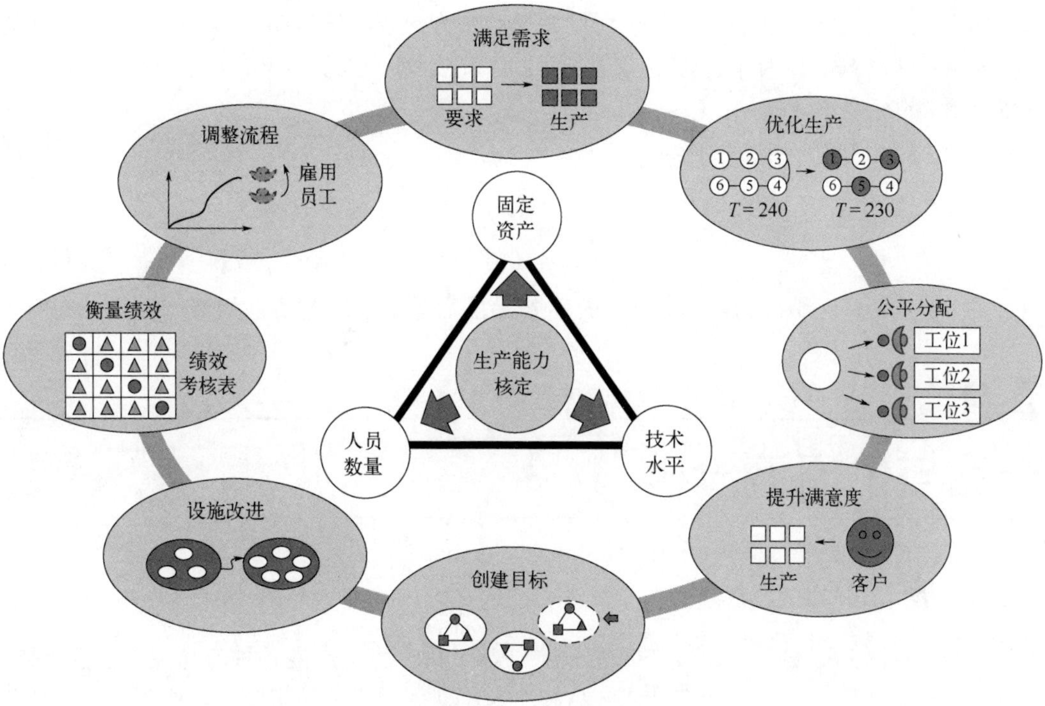

图 7-4　生产能力核定概述图

本节中生产能力核定模型的构建主要围绕能力需求和资源组能力两个方面展开。在能力需求方面，主要考虑生产纲领、产品制造工艺（资源组）、工时信息（加工时间、准备时间等）、报废率等影响因素；在资源组能力方面，主要考虑资源配置、工作班次、单班时间、停机时间等影响因素。最终通过计算得到资源组能力负荷系数 F，若 $F>100\%$，则生产能力无法满足生产需求；反之，若 $F\leqslant100\%$，则生产能力可以满足生产需求。

（1）能力需求计算

利用工时信息中的准备时间，计算准备时间占用整个生产加工时间的比例，该比例为产品 j 在 i 工序的准备时间系数，得到合格品的实际需要的总生产时间，通过产品报废率得到所有产品的总生产时间，乘以不均衡系数得到的数值，即为能力需求数值，计算公式如下：

$$H=\sum_{j=1}^{n}\left\{\left[E_j\left(1+h_{ji}\right)t_{ji}\right]/\left(1-c_{ji}\right)\right\}k_j \tag{7-3}$$

式中，H 为产品能力需求；n 为产品数；E_j 为 j 型号产品产量；h_{ji} 为型号 j 在 i 工序的准备时间系数；t_{ji} 为型号 j 在 i 工序的工艺时间；c_{ji} 为产品报废率；k_j 为生产过程中的不均衡系数。

（2）资源组能力计算

资源组能力计算步骤如下：首先统计资源组的数量，确定出各资源组的年有效工作天数，计算出单日有效工作时间；其次根据资料查询确定计划与非计划停机时间，明确加班工作时间，计算出相应的转结工时；最后求出相应的资源组能力。具体计算公式如下：

$$W=(M_iO_iD_ie_i-T_i+AT_i+CT_i)\prod C_i \tag{7-4}$$

式中，W为资源组能力；M_i为资源组数量；O_i为资源组年工作天数；D_i为单日工作时间；e_i为效率系数；T_i为计划与非计划停机总时长；AT_i为加班时间；CT_i为转结工时；C_i为资源组 i 的标定系数。

（3）资源组能力负荷系数计算

根据能力需求与资源组能力之比确定资源组能力负荷系数：

$$F = H / W \tag{7-5}$$

式中，F为资源组能力负荷系数；H为产品能力需求；W为资源组能力。

7.3 产品与价值流分析

7.3.1 产品产量分析

产品产量（product quantity，PQ）分析（PQ 分析）将工厂内各种产品按照产量分类，依据分类结果选择产量较多的产品或产品簇作为典型，进行下一步分析，服务于工厂数智化转型规划。PQ 分析能够找出市场需求，使得生产型企业重新组织生产线，满足客户的实际订单需求。在 PQ 分析过程中，需要按照产品的客户需求量将产品分成三类并对应不同的生产线模式，常用帕累托图（Pareto chart）作为详细分析工具，如图 7-5 所示。

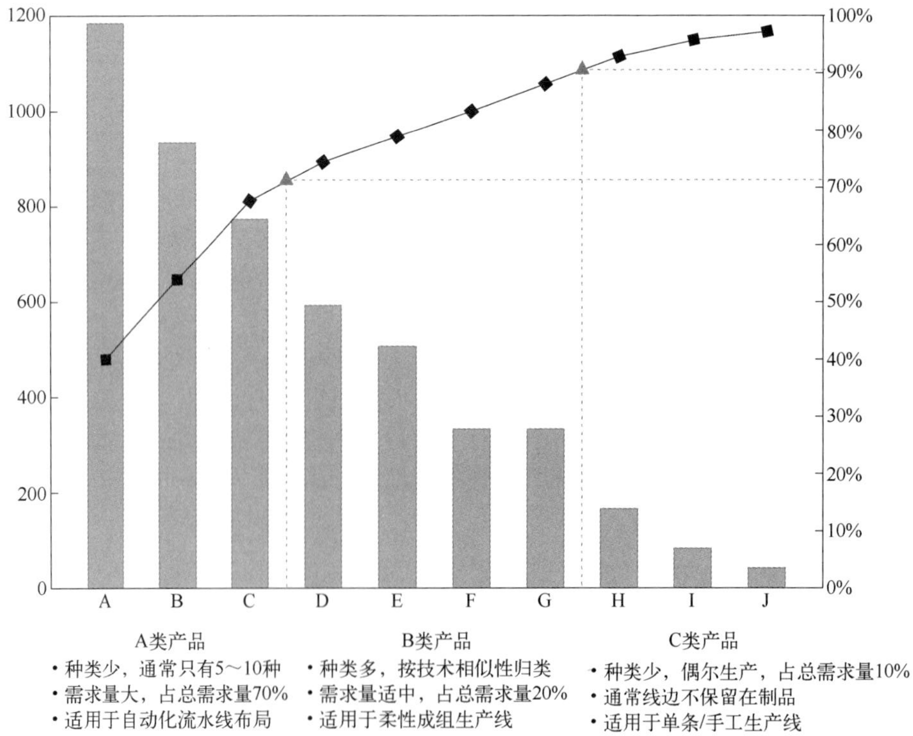

图 7-5 产品产量分析示例

图中各个值按条形降序表示，累计总数由线条表示。左侧纵轴表示产品的产量，右侧纵轴表示累计占总需求量的百分比，横轴表示产品种类。帕累托图的目的是突出影响最大的产品，它们在工厂生产的所有产品中最具代表性，通常对生产线模式选择起到决定性作用。

7.3.2 产品工艺路线分析

产品工艺路线（product route，PR）分析（PR 分析）基于 PQ 分析结果，以 A 类产品的生产流程为例进行分析，然后根据其他产品生产流程相似性判断是否能够归为同一系列，如图 7-6 所示。在 PR 分析过程中，虽然各类产品的形状、尺寸或者材料不同，但若具有相似的工艺流程顺序，可将这类产品归为同一类产线或工作站进行生产。利用 PR 分析选定产品族时，根据价值流图的需求分析，确定产品或产品系列，具体步骤如下：

① 分析重要产品的流程；

② 填写工艺路线表；

③ 选定生产线。

产品	工艺																		
	1	2	3	4	5	6	7	8	9	10	11	12	13	14	15	16	17	18	19
K233-0781	✕		✕	✕		✕	✕	✕						✕	✕	✕			
M3-E16	✕		✕	✕		✕	✕	✕						✕	✕	✕			
M3-Y23	✕	✕			✕			✕			✕			✕		✕	✕	✕	✕
V3-E252	✕	✕	✕		✕		✕	✕	✕		✕	✕	✕	✕		✕	✕	✕	✕
M3-G244	✕		✕	✕		✕	✕	✕						✕	✕	✕			
G3-E25	✕		✕	✕		✕	✕	✕						✕	✕	✕			
J3Y-E456	✕	✕	✕		✕		✕	✕	✕	✕	✕	✕	✕	✕	✕	✕	✕	✕	✕
M3K-G16	✕		✕		✕	✕					✕				✕	✕			✕
J3Y-E17	✕		✕	✕		✕	✕	✕						✕	✕	✕			
M3K-F18		✕		✕				✕	✕			✕	✕			✕			✕
6R-A545	✕					✕	✕	✕		✕				✕	✕				

图 7-6 产品工艺路线分析示例

7.3.3 产品成组过程分析

产品成组（group technology，GT）过程分析是将具有相似几何形状、制造工艺或功能的零件，使用少量机器或工艺在单个位置制造，如图 7-7 所示。基于 PR 分析，通过矩阵转换的聚类过程，划分出相同或相似的产品族，使得产品流程简单化，消除流程反复等现象。

7.3.4 价值流与能量流分析

7.3.4.1 价值流分析工具

价值流分析是实施精益生产的核心工具，通过分析识别非增值活动，明确改善内容，剔除非增值项，以提高企业生产效率和效益。其中，主要的价值流分析工具如图 7-8 所示。

产品	工艺																		
	1	2	3	4	5	6	7	8	9	10	11	12	13	14	15	16	17	18	19
J3Y-E456	×	×	×		×		×	×	×	×	×	×	×	×	×	×	×	×	×
V3-E252	×	×	×		×		×	×	×		×	×	×	×		×	×	×	×
M3-Y23	×	×			×			×			×			×		×	×	×	×
M3-G244	×		×	×		×	×	×						×	×	×			
G3-E25	×		×	×		×	×	×						×	×	×			
K233-0781	×		×	×		×	×	×						×	×	×			
M3-E16	×		×	×		×	×	×						×	×	×			
J3Y-E17	×		×	×		×	×	×						×	×	×			
M3K-G16	×		×		×	×					×				×	×			×
6R-A545	×					×	×	×		×				×	×				
M3K-F18		×		×				×	×			×	×			×			×

图 7-7　产品成组过程分析示例

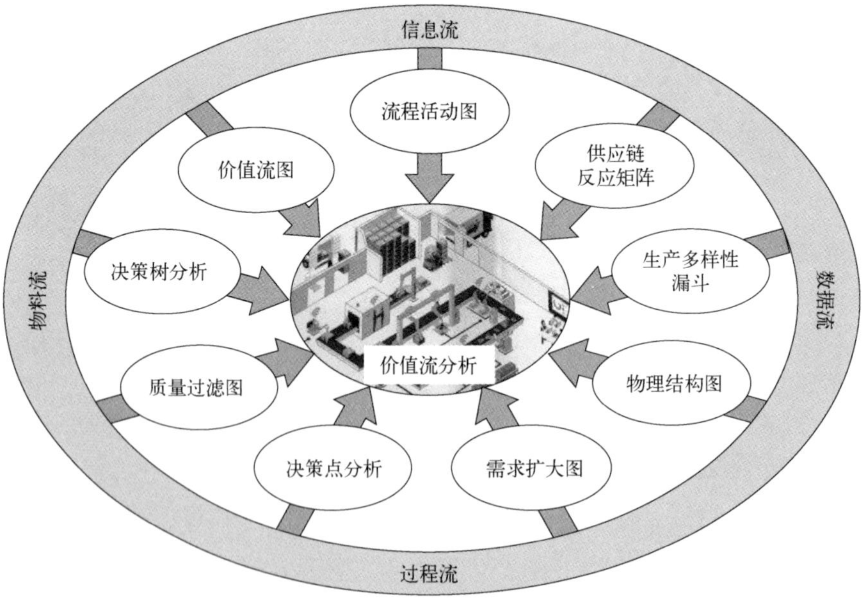

图 7-8　价值流分析工具

① 流程活动图由起始点、活动、判断、泳道、执行顺序、同步、结束点构成，用来描述产品生产中的具体对象，可识别、分析流程的具体步骤，找出其中不增值的环节，是价值流进一步分析和改进的基础。

② 供应链反应矩阵通过展示企业流程的各个阶段的库存和提前期，了解各个阶段的

库存从而识别浪费，有助于快速定位库存积压的位置，了解组织所要缓冲的总交货时间。

③ 生产多样性漏斗是一种表示产品加工多样性的工具图，有助于减少库存和改善产品加工，形象地展示整个产品的加工过程。

④ 物理结构图从整个供应链的角度识别价值流，有助于了解供应链结构以及供应链的运行状态，分析出最终产品主要成本产生环节，配合过程图发现成本增加与价值增加之间不匹配项点。

⑤ 需求扩大图是一种表征需求在一定时间范围内沿着供应链变化过程的工具图。可显示需求在不同时间段内沿供应链的变化情况，是进一步分析并尝试重新设计价值流配置的基础。

⑥ 决策点是指产品停止按照实际需求生产，转而只按照预测生产的关键点。决策点分析是帮助供给链成员明确采用“拉”或“推”的方式，并且当决策点改变时，可以帮助重新设计此产品的价值流。

⑦ 质量过滤图是一种用于确认供给链中什么地方存在质量问题的工具图。有助于分析生产过程中的产品瑕疵、服务瑕疵以及内部废品。

⑧ 决策树分析是将构成决策方案的有关因素，以树状图形的方式表现出来，并据以分析和选择决策方案的一种系统分析法，可清晰显示系统中的重要因素，为决策者提供决策依据。

⑨ 价值流图是一种可视化分析工具，显示特定过程中的所有关键步骤，并量化每个阶段花费的时间和数量，显示出物料和信息在整个过程中的流动。

7.3.4.2　价值流图分析

根据前文所列举出的主要价值流分析工具，以价值流图（value stream mapping，VSM）为例，从宏观的角度审视整体的业务和生产流程，可以让管理者轻易找到生产过程中的浪费源，并为企业进行持续的、系统化的改进提供科学依据。价值流图是用一些简单的符号和流线从头到尾描绘每一个工序状态和工序间的物流、信息流和价值流的当前状态图，贯穿于整个生产制造过程，是发现浪费、改善问题的必备工具之一，如图 7-9 所示。

价值流图中有各种符号，其具体含义见表 7-1。

VSM 分析中主要关注的对象为生产过程中的信息流和物料流。其中，信息流指的是从接到客户订单或预测客户的需求开始，直到变成采购计划和生产计划的过程；物料流指的是从供应商处购入原材料入库开始，经历出库制造、成品入库、产品出库等过程，将产品送达客户手中。因此，通过价值流图可以读取生产过程中生产、等待等各个阶段信息，进而对物料流与信息流进行分析。

企业进行价值流程图分析有五个步骤，分别是选择分析对象、发现问题点、进行现状分析、描绘未来状态图及设计新的价值流程，如表 7-2 所示。

价值流分析聚焦问题点：

① 生产计划方面的问题。根据非增值时间、提前期等数据，判断生产计划合理性，主要考虑问题点如下：

a．生产计划安排是否合理。

b．是否能够满足生产交期要求。

c．原材料库存周期和采购周期是否合理。

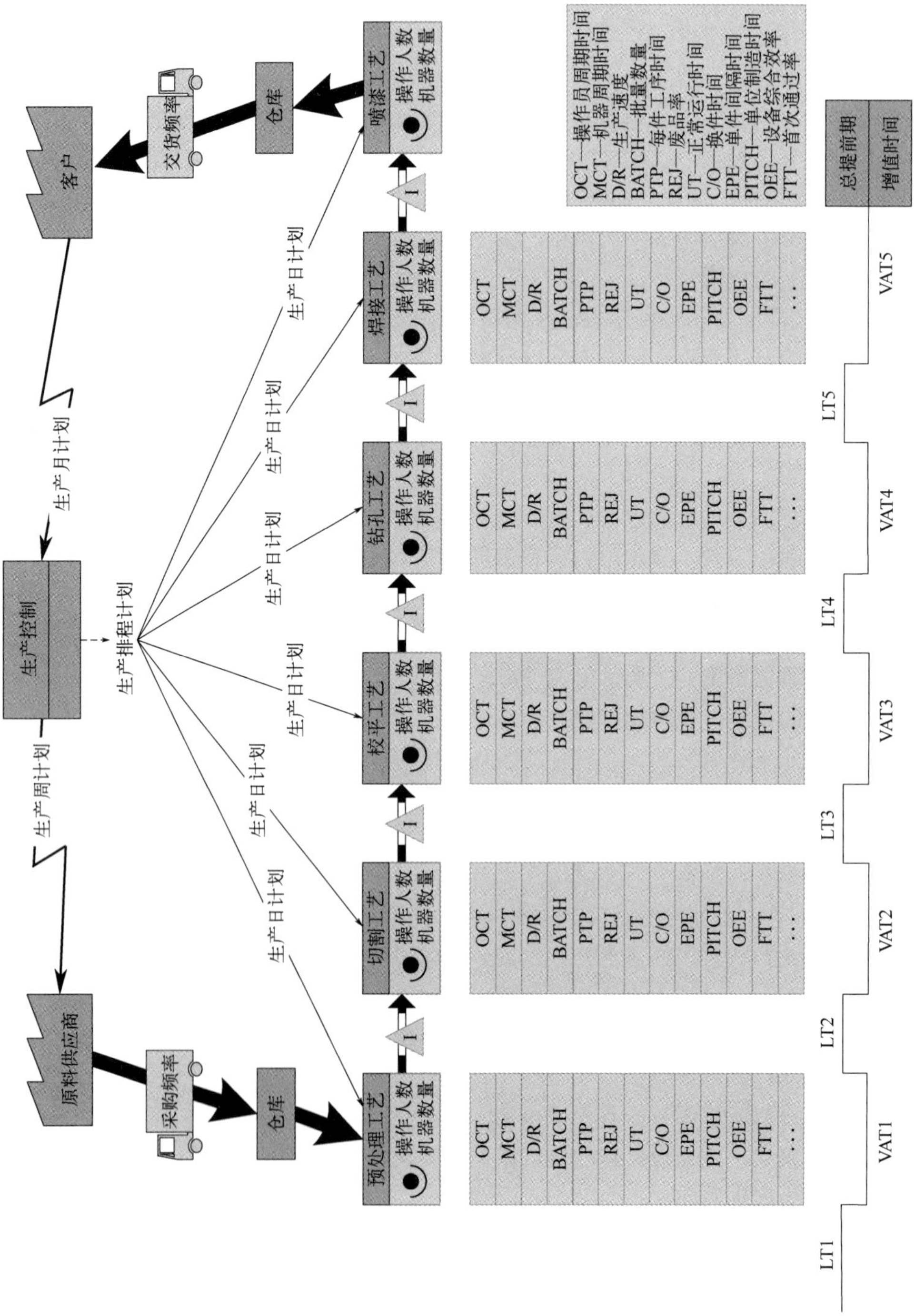

图 7-9　价值流图分析示意

表 7-1　价值流图符号及含义

名称	图示符号	含义
生产过程	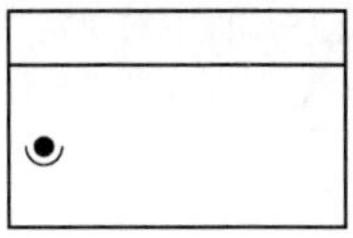	表示产品的生产过程或工艺流程
客户/供应商	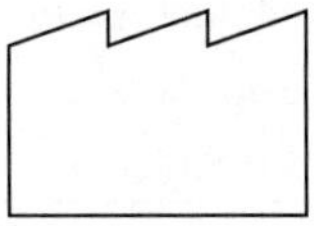	表示外部资源，即客户或者供应商
库存	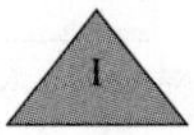	表示库存数量
运输箭头	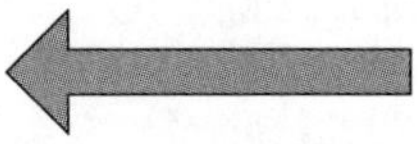	表示与外部（客户、供应商）的物流运输，用箭头的大小来区分一级物流和二级物流
上推箭头		表示公司内部推动生产的物流流动
电子信息		表示电子信息流
人工信息		表示人工信息流
数据表		有数据框、数据表、数据箱、数据盒等多种说法，表示各种数据
看板公告	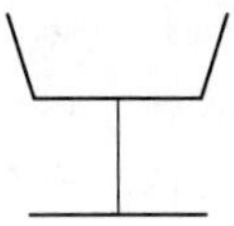	表示收集和存放看板的地方
负荷量		用于平衡数量
FIFO		表示先进先出，顺序流动
改善标志		用于强调需要改善的地方

表 7-2　价值流图分析步骤及说明

步骤	说明
选择分析对象	挑选出典型的产品作为深入调查分析的对象，从而绘制出信息（情报）流程和实物流程的现状图
发现问题点	将现状图和实物流程的理想状况图相比较，发现当前组织生产过程中存在的问题点，进而针对问题点提出改进措施

续表

步骤	说明
进行现状分析	测量出当前各个过程所需的时间，对运作过程中的现状进行分析，即对当前状态图进行分析
	● 了解客户的需求情况和节拍 ● 研究运作流程中的每一道工序，从下游追溯到上游，直至供应商 ● 分析每个工序的增值和非增值活动，包括准备、加工、库存、物料的转移方法等 ● 了解、分析物流信息传递的路径和方法 ● 根据分析情况来判别和确定出浪费所在及原因
描绘未来状态图	找出需要改善之处后，描绘一张未来状态图，以显示价值流改善的方向和结果，为消灭浪费和持续改善提供目标
设计新的价值流程	根据企业的实际情况，设计出新的价值流程，为未来的运作指明方向

② 供应物流方面的问题。根据各工序之间的物流强度相关数据综合判断生产物流存在的问题，主要考虑问题点如下：

a．在制品移动是否混乱。

b．在制品、原材料库存堆积是否严重。

c．加工作业顺序是否存在回退。

d．订货和送货是否存在问题，导致库存积压。

③ 生产过程方面的问题。根据提前期、增值时间、非增值时间等数据进行生产过程问题点的诊断。主要考虑问题如下：

a．生产作业是否平衡，是否存在较长工序作业时间。

b．加工工序顺序是否清晰合理。

重点关注以上问题，可初步判断现有生产现场存在痛点，通过对生产流程的系统性剖析，精准识别生产过程中存在的非增值环节。在此基础上，深入探究这些非增值环节产生的根本原因，并结合实际情况，提出切实可行的改善措施。这一过程不仅有助于优化生产流程，提高生产效率，还能有效降低成本，提升企业的整体竞争力，从而为企业实现可持续发展奠定坚实基础。

通过价值流图分析，可以系统性地识别生产或服务流程中存在的关键问题，具体如下：

① 流程瓶颈。精准识别生产或服务流程中限制整体效率的关键环节。这些瓶颈环节往往是制约整个流程顺畅运行的核心因素，通过对其分析和优化，能够显著提升整体效率。

② 非增值活动。发现浪费时间或资源的非增值步骤。这些活动包括但不限于等待、搬运、多余加工等。这些环节虽然在流程中存在，但并未为客户创造实际价值，反而增加了成本和时间浪费。

③ 资源分配不合理。发现人力、设备或材料利用不足或过载的情况。资源分配的不合理会导致部分环节闲置，而另一些环节则过度繁忙，从而影响整体生产效率和资源利用效率。

④ 库存问题。识别过多或不足的库存积压点。库存管理不当会导致资金占用过多、仓储成本增加，甚至可能引发质量问题。同时，库存不足也可能导致生产中断，影响交付能力。

⑤ 信息流不畅。发现沟通与信息传递中的延迟或断点。信息流的不畅会导致决策延迟、协调困难，进而影响生产和服务的及时性和准确性。

⑥ 客户需求与生产脱节。分析生产节奏与客户需求不匹配的问题。这种脱节可能导致产品积压或缺货，影响客户满意度和企业声誉。通过价值流图分析，可以更好地调整生产计划，使其与客户需求保持一致，从而提高市场响应能力和客户满意度。

7.3.4.3　能量流图分析

能量流图是在价值流图的基础上，加入每个工序的能源载体、污染排放等相关数据，形成以能量流动为核心的图形化表达。主要用于分析生产工序中能源消耗情况和污染排放情况，是判断是否符合绿色生产的重要工具，如图 7-10 所示。

从能量流图中可以了解：整个生产过程中能源消耗情况，物料消耗情况，污染产生部位，污染物的形态、数量、排污情况和流向等信息，从而进行绿色生产相关的分析。主要考虑问题点如下：

① 是否使用绿色能源。

② 工艺设备是否节能。

③ 是否存在有害物质排放。

④ 废气排放是否符合标准。

⑤ 废物是否综合利用。

⑥ 是否需要采取其他措施进行污染处理。

通过能量流图分析，可减少或消除废弃物、污染物的产生和排放，合理利用资源，促进产品生产和消费过程与环境相融，减少整个生产活动对人体和环境的危害。

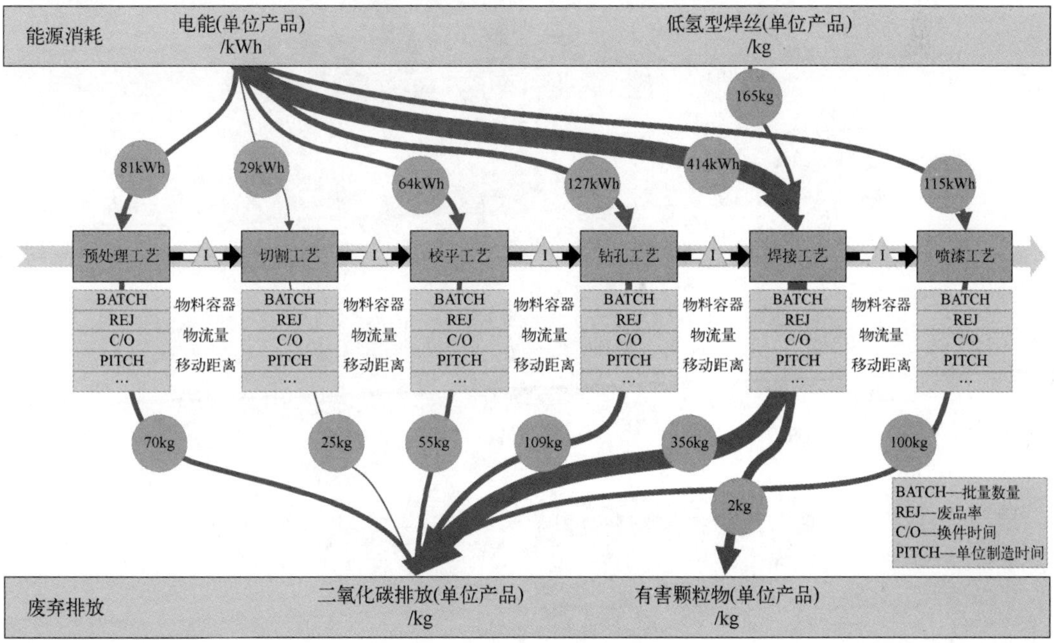

图 7-10　能量流图分析示意

7.3.4.4 生产浪费分析

精益生产最核心的部分就是消除浪费，在价值流与能量流图分析的基础上，发现痛点、分析浪费现状、制定合理措施、规划未来价值流图和能量流图，主要的分析流程如下。

（1）关注评估指标，发现异常/浪费

依据现场调研数据绘制价值流与能量流图后，结合相关评估指标，发现整体生产环节之中存在的异常或浪费，主要评估的方面如下：

① 实际生产提前期与客户要求的生产提前期的比对。

② 原材料库存周期和采购周期合理性评估。

③ 增值流利用率合理性评估。

④ 在制品库存堆积情况评估。

⑤ 设备/人员综合效率合理性评估。

⑥ 质量指标分析。

⑦ 生产计划下达流程分析。

⑧ 原材料、能源等综合消耗评估。

⑨ 碳排放情况评估。

⑩ 废气排放情况评估。

（2）搜索并确定异常/浪费项

根据从价值流与能量流图中诊断出的问题，浪费可以归为八大浪费，如图 7-11 所示。

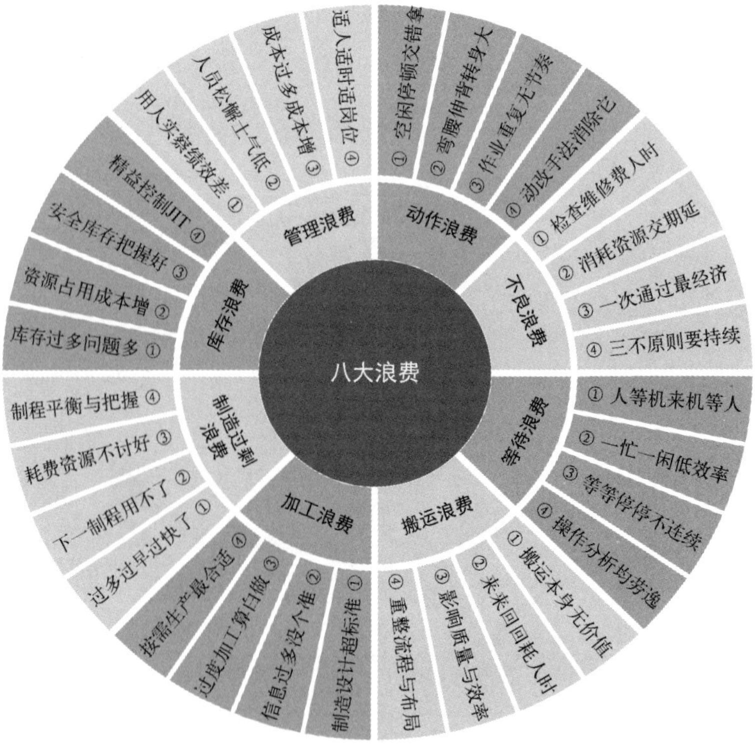

图 7-11 八大浪费分析图

（3）追本溯源，寻找引起该环节异常/浪费的根本原因

通常情况下，可从生产策略、工艺流程、生产技术、生产调度、配送策略、库存策略、管理信息传递、生产模式、工艺设备等方面寻找生产环节异常和能耗异常的产生原因。

（4）提出改善方案，绘制未来价值流与能量流图

未来价值流和能量流图是消除浪费、实现精益绿色生产的蓝图。通过现状价值流和能量流图找出浪费的根源后，重点围绕以下方面提出改善的方案。

① 生产计划方面：

a．按节拍时间生产，协调生产与销售的步调。

b．确定合适的日/周计划，制订物料需求计划。

c．实施均衡生产，满足多样化需求，提前订单交付期。

② 供应物流方面：

a．尽可能创建连续流，使得中间没有停顿，高效生产。

b．为满足客户需求，选择合适的供货商，确定供货方式及策略。

c．对布局进行改善，减少搬运的浪费。

③ 生产过程方面：

a．不能实施连续流的位置，建立线边超市控制生产，借助拉动系统准确供货。

b．采用定拍工序，按客户订单控制生产程序。

c．持续向定拍工序下达小批量生产指令，以合理监控时间。

d．降低工序间的库存和在制品库存。

e．简化每个工序位置的作业，消除动作的浪费，缩短时间。

④ 工艺设备方面：

a．改进工艺类型，设计满足生产需要的绿色工艺。

b．合并冗余工位，优化工艺路线。

c．针对落后设备进行更新迭代，促进碳效优化。

生产浪费的核心分析思路主要包括以下三个层次：

① 问题层：发掘浪费现象。通过深入现场，全面梳理并提炼生产过程中存在的各种浪费现象，将其进行分类和总结，形成具有针对性的工厂浪费问题清单，为后续分析提供明确的方向和重点。

② 因子层：寻找问题根源。从已识别的浪费现象出发，追溯其产生的根本原因，深入分析导致浪费的客观因素，并将生产现场的各种浪费现象分类，归属于不同的因子。这些因子通常涉及以下几个方面：

a．生产工艺与模式：是否存在工艺流程不合理、生产模式低效等问题。

b．布局与仓储物流：工厂布局是否科学，物流配送是否顺畅。

c．工艺装备、技术应用：设备和技术是否先进，是否存在技术瓶颈。

d．质量与异常管控：质量控制是否严格，异常处理是否及时。

e．业务流程与信息技术应用：业务流程是否烦琐，信息化水平是否满足需求。

③ 解决层：提出改善方案。基于价值流图分析的结果，精准定位浪费的根源。针对因子层分析得出的产生浪费的原因提出对应的解决方法，“对症下药”以解决生产过程中的

浪费现象，例如：针对工艺方面优化工艺流程，定期评估工艺合理性；针对仓储方面改善仓储管理；针对布局方面重新规划工厂布局，引入先进的仓储管理系统和自动化物流设备；针对设备方面完善设备维护体系，引进先进设备，加大技术研发投入；针对质量方面完善质量管理体系，实施全员质量管理，建立异常快速响应机制；等等。通过综合施策，从根本上解决浪费问题，提升生产效率和效益。具体应用示例如图 7-12 所示。

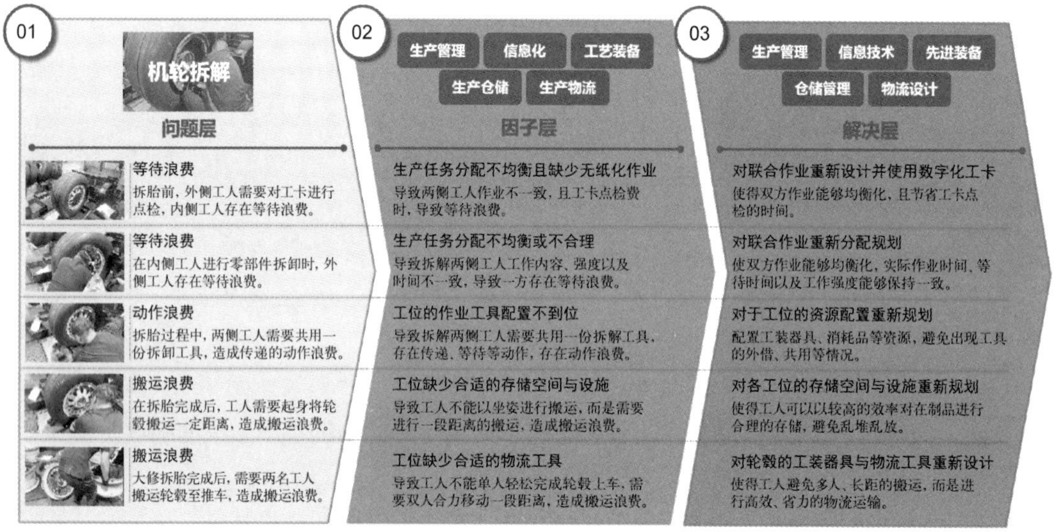

图 7-12　生产浪费分析应用示例

课后习题

一、名词解释

1. 标准工时。
2. 生产能力。
3. 产品工艺路线分析（PR 分析）。
4. 产品产量分析（PQ 分析）。
5. 价值流。

二、简答题

1. 总结现场调研的重要性并列举现场调研的注意事项。
2. 列举现状调研需收集数据的主要类型。
3. 总结工时校验的重要性。
4. 简述生产能力核定的重要性。
5. 简要描述 PQ、PR 分析的重要性。
6. 简述价值流图分析的重要意义并列举通过价值流图分析能够发现的主要问题。
7. 总结生产浪费的核心分析思路。

三、综合分析题

1. 某公司生产一款电子产品，基于物料清单（BOM）和生产流程模型计算得到的模

型工时为 A_{model}=25.6h。在实际生产过程中，记录的入库工时为 A_{real}=26.5h。经过调研发现，模型中缺失了一部分组件的 BOM 信息，同时存在部分工时统计管理不规范的情况。

为了修正模型计算的工时数据，现需要引入现状能力修订系数（F_1）和自制工时修订系数（F_2），其值为：F_1=1.02，F_2=1.05。根据工时校验流程和公式完成以下计算：

① 计算标定资源组系数 C。

② 计算修订后的工时数据 A_{real}。

③ 计算误差比例并判断误差比例是否可接受。

2．某工厂生产五种产品（A、B、C、D、E），它们的产量和工艺路线如图 7-13 所示。

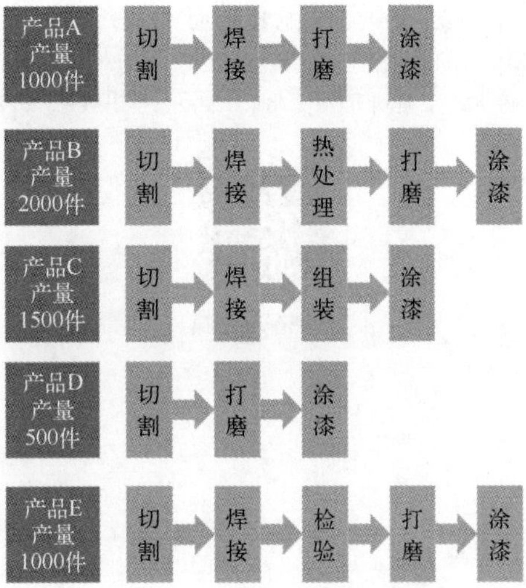

图 7-13　五种产品的产量和工艺路线

请根据 PQ、PR 分析的结果，帮助工厂确定生产线的优先级，并将产品归到合适的生产线模式。

3．某制造企业生产 X 型产品，其生产过程包含五个主要工序，分别为切割、焊接、打磨、涂漆和组装。企业希望通过绘制价值流图，分析生产流程中的浪费点并提出改进建议。表 7-3 展示了每个工序的加工时间、等待时间、库存数量、生产节拍及不良率等关键数据。请通过价值流图寻找该产品生产过程中的瓶颈点（非增值点）并提出改进措施。

表 7-3　五个工序的关键数据

工序	工位编号	加工时间/（min/件）	等待时间/（min/件）	库存数量/件	生产节拍/（件/h）	不良率/%
切割	W1	10	5	100	6	2
焊接	W2	15	10	80	4	3
打磨	W3	12	8	60	5	2
涂漆	W4	18	12	50	4	5
组装	W5	20	15	50	3	3

参考文献

[1] 易树平. 基础工业工程[M]. 北京: 机械工业出版社, 2018.
[2] 柯佚. 基于价值流分析的车灯生产线改善研究[D]. 上海: 上海交通大学, 2017.
[3] 张辉, 裘乐淼, 张树有. 基于智能聚类分析的产品典型工艺路线提取方法[J]. 计算机集成制造系统, 2013, 19(3): 490-498.
[4] Black J T. The Design of the Factory with a Future[M]. New York: McGraw - Hill, 1991.
[5] Hayes R H, Wheelwright S C. Link Manufacturing Process and Product Life Cycles[J]. Operations Management: Critical Perspectives on Business and Management, 2003, 3: 30-40.
[6] 新益为. TPM/KTPM 精益管理实战[M]. 北京: 人民邮电出版社, 2020.
[7] 柳荣. 精益供应链管理与运营[M]. 北京: 人民邮电出版社, 2020.
[8] 赵勇. 价值流模式的工厂管理[M]. 北京: 机械工业出版社, 2020.
[9] 李震. 基于供应链的“碳流—价值流”管理研究[M]. 北京: 经济科学出版社, 2022.

本书配套资源

第 8 章

LDGF4.0 智能工厂转型概念规划阶段

知识图谱

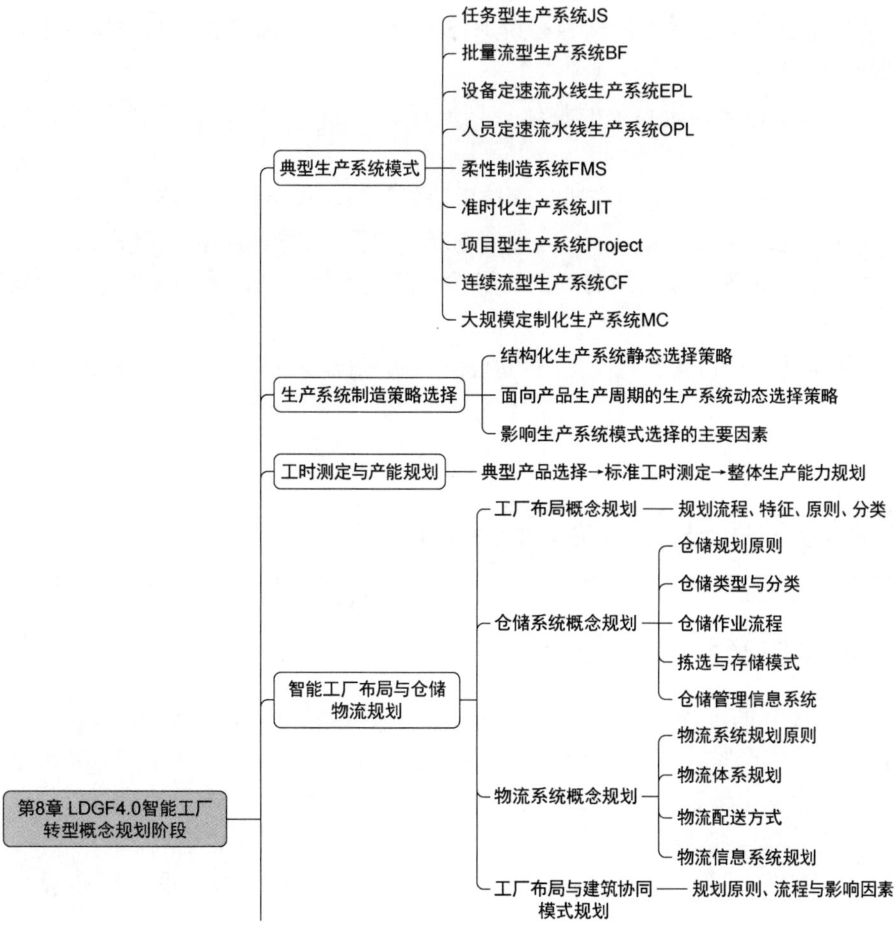

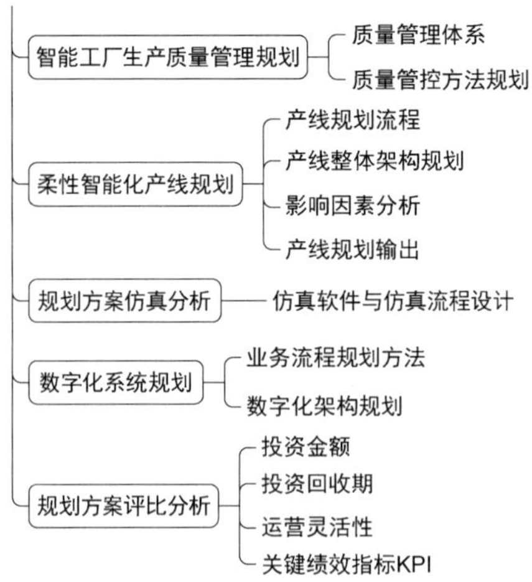

学习目标

① 能够根据影响因素区分并选择适配的制造策略与生产系统模式；

② 能够根据产品相关数据合理规划整体生产能力；

③ 能够根据工艺与产能规划等要求选择合适的工厂布局模式，并能描述布局与建筑协同规划的重要性；

④ 能够描述仓储物流系统的整体规划流程、规划内容等，并选择合适的仓储物流模式；

⑤ 能够描述并区分常见生产质量管控手段的类型、作用与应用特性；

⑥ 能够根据产线的需求与影响因素规划产线的整体架构与资源配置需求；

⑦ 能够描述业务流程规划的类型、步骤与流程优化方法，并阐述数字化架构规划中常见架构类型及作用；

⑧ 能够描述生产仿真的重要性与仿真流程，并对规划方案开展综合评比分析。

8.1 生产系统模式选择与分析

8.1.1 典型生产系统模式介绍

生产系统模式的选择是智能工厂规划过程中最重要的环节。基于现状调研与痛点分析，选择合适的生产系统模式可实现生产过程稳定、生产路线有序、生产效率提升、产品质量一致等目标。由于企业的产品种类与生产特点各不相同，生产系统模式可划分为多种类型，下面将展开详细介绍。

① 任务型生产系统（job shop，JS）：是一种将生产设备按机群方式布置，少量物

料按工艺顺序依次通过各设备区域进行加工或装配的生产系统模式。该模式多以工艺方式进行生产系统布局，生产灵活性高，但产量较低，适用于单件或多品种、小批量的产品生产。

② 批量流型生产系统（batch flow，BF）：是一种按照一定批量完成某一阶段的生产后，统一运输至下一工艺阶段，直至完成全部生产流程的生产系统模式。该模式一般按照工艺方式进行生产系统布局，特点是可以按照订单批量依次完成多种产品的生产，柔性较高，适用于多品种、中小批量产品的生产。

③ 设备定速流水线生产系统（equipment-paced line，EPL）：是一种根据设备数量及其加工速度等特征来调节生产速度的流水线生产系统。该模式多采用产品原则布局，特点是产量大、可以保证产品质量且一致性较高，但生产柔性较低，适用于中等产量及以上的相似产品族的生产。

④ 人员定速流水线生产系统（operator-paced line，OPL）：是一种根据员工数量及其工作速度等特征来调节生产速度的流水线生产系统。该模式多采用产品原则布局，特点是产量较大，有一定柔性，可以满足短期交货需求，适用于中等产量的相似产品族的生产。

⑤ 柔性制造系统（flexible manufacturing system，FMS）：是一种可实现自动控制，能适应加工对象变化的生产系统模式。该模式一般由统一的信息控制系统、物料储运系统以及一组按照产品原则布局的加工设备组成，能够通过快速切换满足多产品加工需求，适用于多品种、小批量以及变批量产品的生产。

⑥ 准时化生产系统（just in time，JIT）：是一种保证各个生产环节与工序在规定时间完成相应订单需求，减少生产过程浪费的生产系统模式。该模式强调物质流与信息流同步，以实现生产平衡与零库存，能够缩短工时、降低生产成本、提高生产效率且柔性较高，适用于多品种、中小批量产品的生产。

⑦ 项目型生产系统（Project）：是一种以项目管理的方式完成客户高度定制化需求的生产系统模式。该模式最终交付的产品具有明显区别于标准产品的特点，其特点是对于人员技术水平要求高、产品产量低、生产柔性高，适用于复杂或大型且存在一定技术壁垒产品单件或小批量的生产。

⑧ 连续流型生产系统（continuous flow，CF）：是使用高度自动化、专用化设备，大批量生产一种或一个产品族产品的生产模式。该模式采用产品原则布局，特点是产量高，单位生产成本较低，但柔性低，适用于生命周期处于成熟阶段，在设计、特征、规格方面均已经标准化产品的大批量生产。

⑨ 大规模定制化生产系统（mass customization，MC）：是一种集企业、客户、供应商、员工和环境于一体，充分利用企业已有的各种资源，根据客户个性化需求，以低成本、高质量和高效率提供大规模定制产品和服务的生产模式。该模式能适应快速变化的市场需求，适用于多品种、大批量产品的生产。

各生产系统模式之间侧重点有所不同，如图 8-1 所示。不同生产系统适用于不同的需求，实际中企业应根据自身需求与产品特性选择合适的生产系统。其中，生产系统模式程度由深色与浅色的占比进行表征。

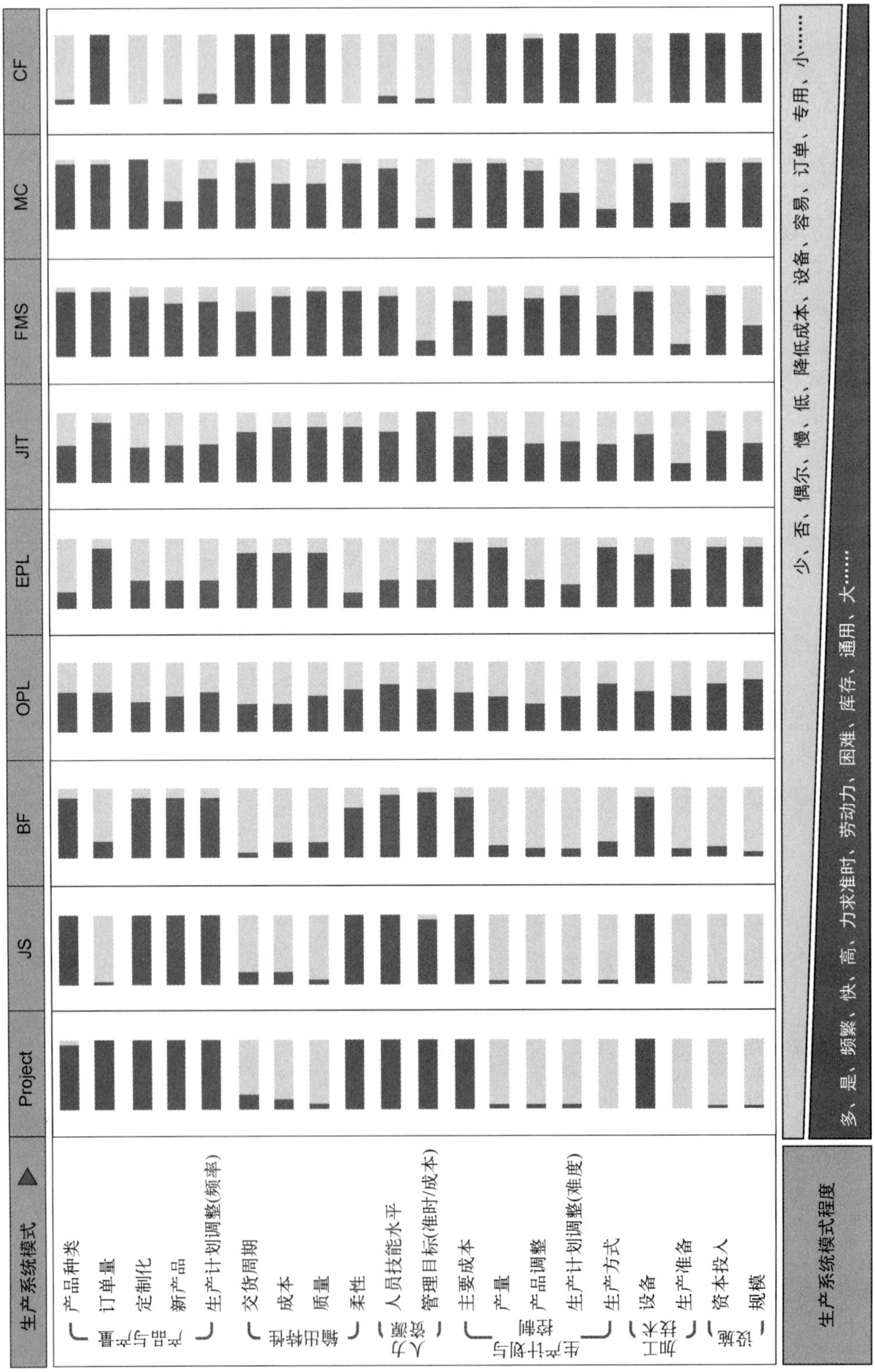

图 8-1　生产系统模式对比分析

8.1.2　生产系统制造策略选择

8.1.2.1　结构化的生产系统静态选择策略

结构化的生产系统设计策略是一种静态策略，根据产品种类、产量或需求量、复杂度、工序能力、标准化程度等特性确定生产系统的基本类型，从而选择一种合适的生产系统设计框架和方法。生命周期不同阶段所选择和匹配的生产系统类型可以不同，但是该设计策略没有考虑产品和行业的生命周期阶段和其他不确定因素，导致结构化的生产系统设计策略具有一定的局限性。

生产系统静态选择策略矩阵图是在产品种类、产量与布局、物料流矩阵图（products & volumes-layout&material flow，PV-LF）的基础上进行绘制的，如图 8-2 所示，其横坐标代表产品数量，纵坐标代表产品种类。

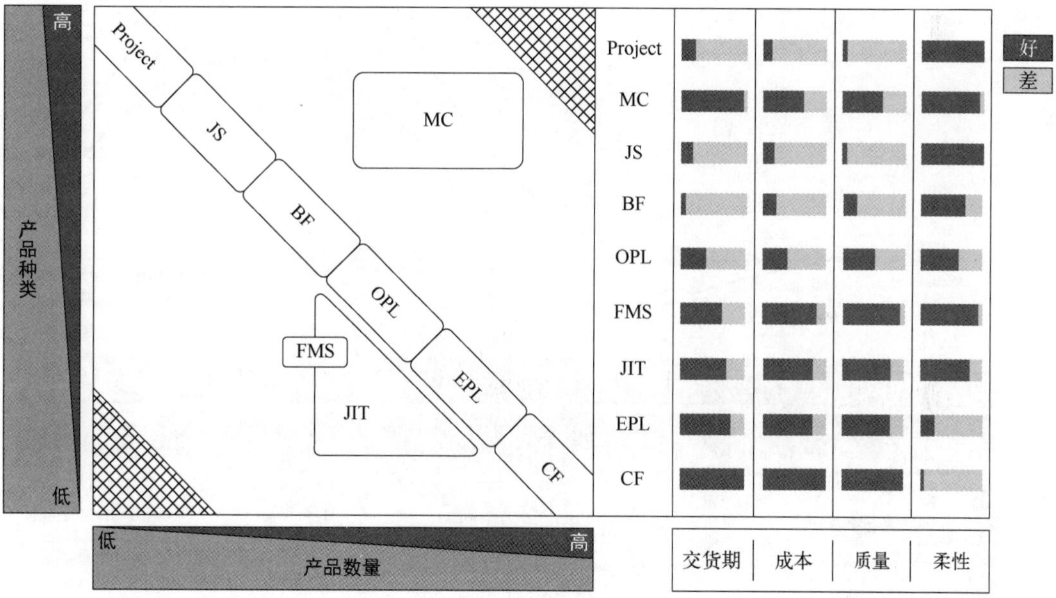

图 8-2　生产系统静态选择策略矩阵图

产品种类少、产量高的场景适合采用流水线生产系统，该种生产系统的产品与生产作业标准化程度高，但柔性较差。EPL 生产系统根据设备特征调节生产节拍，其产量高于根据人员特征调节生产节拍的 OPL 生产系统，但由于设备搬运灵活性弱于人员转移，故其柔性低于 OPL。批量流型生产系统在前几种模式的基础上，进行批量生产，并通过产线换模实现产品种类转换，该模式较前几种产量较少，但柔性得到提高。JS 生产系统适用于多品种、小批量的产品生产。项目型生产系统较 JS 柔性进一步提升，可实现个性化定制生产。FMS 中产品按照订单批量生产，其生产柔性高、产量少，可实现多品种、单件生产。JIT 生产系统在各项指标中表现均良好，其生产柔性和产量与 FMS 生产系统相比略低。MC 在保证产量的情况下具备较高柔性，可快速响应市场变化。

8.1.2.2 面向产品生产周期的生产系统动态选择策略

结构化生产系统设计策略是一种静态策略，未考虑行业或产品生命周期，由于不同生命周期阶段的生产系统特性（如产品种类与产量、交期、成本等）不同，因此需要结合产品所处生命周期的阶段加以考虑。产品生命周期分为开发、导入、成长、成熟、衰退五个阶段，不同企业在不同阶段的开始和发展过程均不同，造成其在技术上产生差异，进而使同一产品在不同市场上产生竞争差异。

在产品生命周期的每个阶段，企业的关注重点、预期销量、产量、利润等都不相同，为了使企业拥有持续的竞争力并持续获得利润，企业需动态选择制造策略。图 8-3 着重阐述了制造输出与生产系统类型的匹配策略。

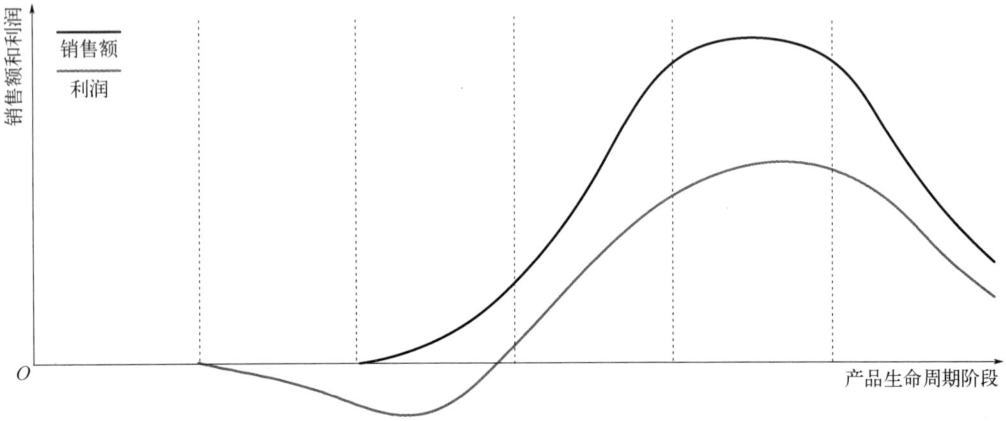

(a)

对比项 \ 阶段	开发期	导入期	成长期	成熟期	衰退期
产品设计	产品设计需求、使用性能等变化快	产品设计需求、使用性能等变化慢	开始出现了标准化产品设计	行业广泛存在设计标准	已成为商品
销售额度	产品开发期，销售额很少	产品开发结束后，销售量快速增加	产品逐渐成熟，销售额持续增长	销售额最高	销售额开始逐步下降
生产产量	产品开发期，产品产量很低	产品开发结束后，产量到达中等水平	从中等产量提升到高产量	高产量	快速下降
制造输出	创新性、产品性能	创新性、生产柔性、产品性能	产品质量、生产柔性、产品性能	产品质量、生产成本、交货期	产品质量、生产柔性
系统类型	JS、BF	BF、FMS、JIT、OPL	FMS、JIT OPL、MC	EPL、JIT、MC	JS、MC
单位收益	负	低→高	高	中	低

(b)

图 8-3 生产系统动态选择策略

在产品开发期，市场需求处于不确定状态，企业常通过试生产检验产品是否满足市场需求，产品设计需求频繁变更，需要持续的资金投入，研发部门需解决产品或工艺过程中不断出现的问题，在此阶段，产品尚未开始销售，仅用于试验，需求较少，适合选用柔性高、产量少的生产系统模式，如 JS、BF 等，其主要制造输出是产品性能与生产系统创新性的提升。

在产品导入期，产品初步投入市场，市场或客户反馈会敦促产品性能迭代，从而提升产品的性能与竞争力，仍需不断投入资金，在此阶段产品的创新性和产品性能的提高仍然是主要输入，迭代较为频繁，适合采用柔性较高的生产系统模式，如 BF、FMS、JIT、OPL 等。

在产品成长期，产品的设计需求变更频率降低，研发部门与生产部门重点转移至产品质量提升，资金投入暂缓，营销部门需制订合理销售策略，提高销量。在此阶段产品需求量不断提升，适合采用生产效率和产品质量可以保证且成本相对较低的生产系统模式，如 FMS、JIT、OPL、MC 等。

在产品成熟期，销售额会不断增长并达到峰值，逐渐弥补在开发期和导入期的成本投入，成熟期的时间长短决定了企业获利的多少，反映企业核心竞争力，在此阶段产品需求量进一步提升，订单激增，适合采用生产效率高、交货时间短、质量稳定且成本较低的生产系统模式，如 EPL、JIT、MC 等。

在产品衰退期，由于产品迭代达到了阈值，难以进一步优化，产品销量受各方面影响呈下降趋势，企业关注点转向面向客户的定制化服务，在此阶段产量需求较少，定制化需求增加，考虑 JS、MC 等生产系统模式。

8.1.3　影响生产系统模式选择的主要因素分析

影响生产系统模式确定的主要因素较多，如图 8-4 所示，不同影响因素的组合及呈现特征可作为生产系统模式选择的依据，为其提供指导。

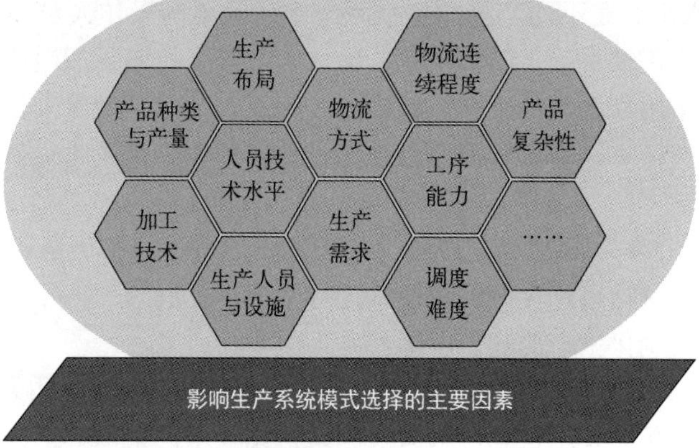

图 8-4　影响生产系统模式选择的主要因素

① 产品种类与产量。产品种类与产量是选择生产系统模式时需考虑的首要因素。高产量是企业盈利的主要手段，产量较大时，多采用单位生产成本较低、柔性较低的生产系统模式；当需要根据客户的要求进行单件或小批量生产时，多采用柔性较高的生产系统模式。

② 生产布局。生产布局从根本上影响生产的物流方向和生产效率，合理的生产布局可以消除不必要的作业活动、减少物料搬运、提高人员与设备利用率、减少生产库存等，进而为企业带来更高的生产效益。在实际生产过程中，不同类型的生产系统模式所采用的生产布局方式不同。

③ 物流方式。企业可以通过改善物流方式来降低成本，同时减小物流过程中的物料与在制品的规模，提高生产与物流效率。在企业实际的生产过程中，物流方式与产品柔性相关，对于生产柔性要求较高的产品，其物料流动变动较为频繁；对于生产柔性要求较低的产品，其物料流动基本固定。

④ 物流连续程度。物流连续程度是指产品运输过程中的各个生产环节与生产任务在时间上能够紧密衔接、连续进行、没有中断，要求各生产环节在空间布置上合理紧凑、物流流程短、没有迂回往返现象。按物流连续程度可把生产过程分为项目型、任务型、批量流型、流水线型和连续流型生产过程五类，企业可以根据不同类别的生产过程进行生产系统模式的选择。

⑤ 产品复杂性。产品的复杂性决定了生产成本、技术壁垒与产品价值，高复杂度的产品产量较少，需经过较多生产阶段。在实际生产过程中，加工高复杂度产品一般采用的是 JS、Project 等产量少、柔性高的生产系统模式。

⑥ 工序能力。工序能力是工序在稳定状态时所具有的保证产品质量的能力，受工序中的操作人员、机器设备、原材料、工艺方法、工作地环境等因素综合影响和制约。产品的工序能力越高，进行大批量生产时的产品质量一致性越可以保证，可以采用流水线或连续型生产系统模式。

⑦ 生产需求。生产需求包括成本、质量、交货周期、柔性等，这些因素均影响生产系统的选择。若企业倾向于低成本，则适合采用流水线生产系统模式；若倾向于高柔性，则适合采用定制化生产系统模式。

⑧ 人员技术水平。在不同产品的生产系统中所需要的操作人员技术水平各不相同。当产品品种多且客户需求不确定的情况下，操作人员需要能够灵活地根据需求来动态调整以满足需求，适合采用高柔性的生产系统模式；相反，当产品批量大且生产过程对操作人员技术水平的要求较低时，即可以使用自动化设备代替人员完成此类工作，适合采用流水线生产系统模式。

⑨ 加工技术。在实际的加工过程中，加工技术的优劣直接影响产品的质量，它从根本上决定了企业能否选择某种生产系统模式进行生产。先进的加工技术是企业可以实现多品种、大批量产品定制化生产的基础保障。

⑩ 生产人员与设施。不同的生产系统对于人员和设施的投入程度各不相同，如连续流型生产系统对于设备的要求很高，其人员因素占比较小，大多数工作由自动化程度较高的设备完成。企业在实际生产过程中，要根据企业自身现有或可投入的生产设施与人员来选择合适的生产系统模式。

⑪调度难度。在生产过程中产生的各种不确定因素，使企业需不断调整生产计划。在任务开展后计划变更难度较大，对于企业管理水平要求较高，因此，生产计划调整的频率与企业管理模式同样是选择生产系统模式需要考虑的重要因素。

8.2 工时测定与产能规划

8.2.1　典型产品选择与工时测定

8.2.1.1　典型产品选择

通常情况下，企业生产的产品种类多且数量大，产品分析与规划设计存在工作量大、难度高等特点。基于第 7.3 节中 PQ 与 PR 分析方法，从产品簇中选择一个或一类产品作为典型产品进行分析可降低产品规划设计的复杂度。典型产品的选择应综合考虑结构、组成和性能指标等因素，同时还应考虑与其他产品存在的差异部分及对由差异部分引起的其他安全性和有效性变化进行补充检测。

8.2.1.2　标准工时概述

标准工时是指在一定的标准条件下，合格工人按照规定的作业方法以正常速度完成一道加工工序所需的时间。标准工时一般由生产工艺过程决定，以直接增加产品价值的人工或机器时间消耗为主，其优化可以通过改善工艺和减少辅助时间实现，在智能工厂规划的各个部分均会产生作用，具体如图 8-5 所示。

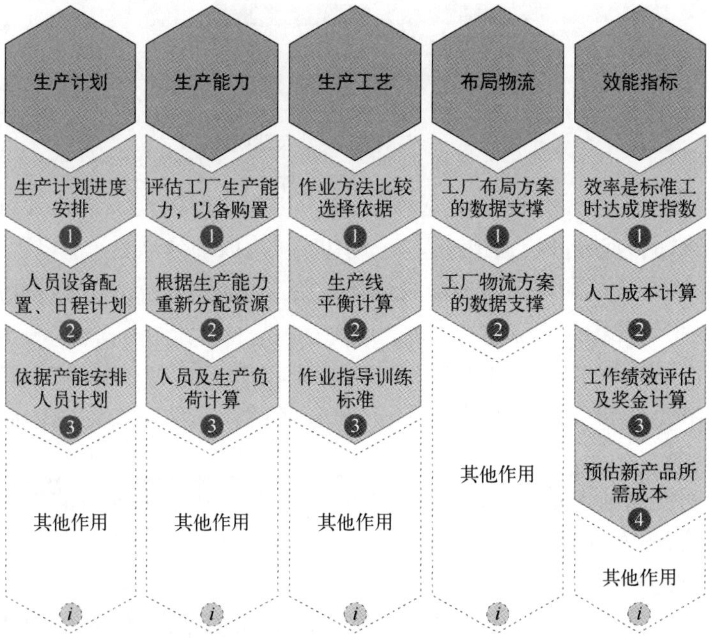

图 8-5　智能工厂规划中标准工时应用

8.2.1.3　标准工时的测定方法

标准工时测定是运用各种技术与方法来确定按照标准完成工作的时间，主要对生产时间、辅助时间等加以分析研究，以求减少或避免生产中出现无效时间并以此制定标准时间而进行的测定工作。常用的工时测定方法如下：

① 经验判断法，是一种由管理者、测定人员和有经验的工人组成团队，依靠生产经验估算出工时消耗从而制定标准工时的方法。该方法多用于仪表故障检测中，优点是简单易行、工作量小，但主观性较强，可能导致误差较大。

② 历史数据法，是一种根据过去生产同类型产品或零件、进行相似工序的实际消耗工时等统计资料，结合当前生产条件的变化情况，制定同等内容工作标准时间的方法。该方法需要较多的统计数据作为依据，具有一定科学性，但其结果依赖于资料的有效性，可能会存在一定误差。

③ 秒表测时法，是一种运用秒表或电子计时器对作业人员的执行情况进行连续测定，记录执行数据，并结合宽放政策确定作业人员完成某项工作所需标准时间的方法。该方法的特点是限定时间、连续观察、同时测定、时间随机，观测结果具有充分的代表性。其分类及适用场景如图 8-6 所示。

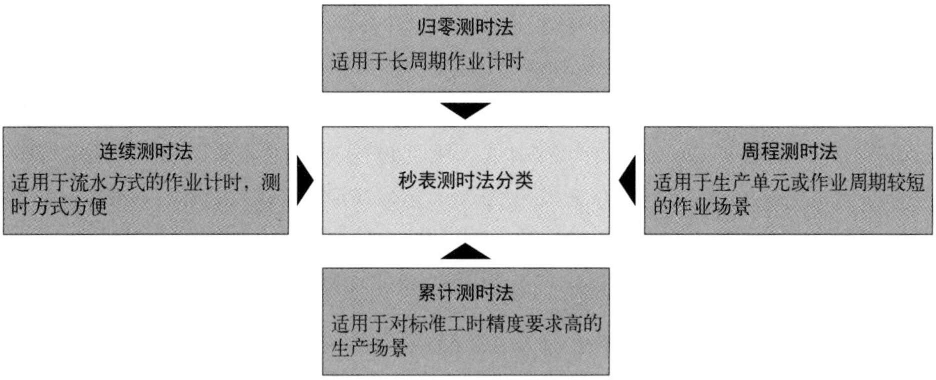

图 8-6　秒表测时法分类及适用场景

④ 工作抽样法，是一种在生产作业过程中，以随机时间间隔进行大量阶段性观察，从而确定标准工时的方法。基于空闲比率、空闲时间构成细分项目，加以观测并查找原因，调整作业负荷。该方法可同时观测多个人员及设备，观测时间灵活，大幅降低观测者疲劳程度，常用于作业改善等。

⑤ 模特法，是一种基于不同动作与时间互成比例的原则，测算操作时每一基本动作所需时间，累加得到标准工时的方法。该方法在仅了解作业动作、设备操作动作的条件下，即可预测作业时间。

⑥ 方法时间测量法，是一种根据分析确定复杂环境中作业人员的动作，制定标准时间的方法。该方法在模拟出操作方法的条件下，在实施前较为精准地计算出作业时间并加以评价，可避免由于测算人员与作业人员的习惯差异造成的偏差，科学性较高。

⑦ 梅纳德动作排序技术，是一种根据预定的运动时间系统，在工业环境中确定并设置工人执行任务标准时间的测定技术。该方法将一项任务分解为多个独立运动元素，并为每个元素分配一个时间测量单位的数字时间值。

⑧ 自动化时间测量法，是一种根据自动测量制造和装配过程的时间测量系统，使工程师和管理人员能够实时检测、显示和处理有关操作的准确时间的方法。该方法使得标准工时测定

过程基本实现自动化，进而保证测量精准度，适用于对工时测定精度要求比较高的场景。

⑨ 时间测量表自动导航法，是一种引入装配工艺表作为工具以记录和传达装配工序、应急计划和时间研究结果的方法。该方法重点是利用零部件和过程描述之间的耦合进行时间研究，以计算标准工时。时间测量表自动导航法要求操作人员具有一定的编程能力，多用于流水线生产过程中的工时测定。

⑩ 工作因素法，是根据作业过程中身体使用部位、运动距离、重量或阻力、人力控制四个要素，制订细微准确的时值表，以确定标准时间的方法。该方法对每个动作要素考虑的变动因素较少，主要包含作业动作使用部位、作业过程移动距离、作业负荷、作业动作困难性等，适用于测定短期作业标准工时。

⑪ 仿真模拟法，是一种通过仿真技术模拟工艺流程初步得到工时数据，试生产校准进而得到标准工时的方法。该方法适用于无法通过传统测定方法测出工时数据的情况，如新产品、新工艺、工艺转换等情况。

上述 11 种标准工时测定方法在成本、效率、开展难易程度等方面各有优劣，致使各方法适用场景不尽相同，具体对比分析如图 8-7 所示。

测定方法	对比分析		
	优点	限制	适用场景
经验判断法	• 简单易行工作量小 • 测定费用低	• 由于主观因素影响，误差程度较大	• 适用于多种生产场景
历史数据法	• 不过度依赖实时测量，可根据历史数据推测	• 工时测定精准性较弱	• 用于历史数据较为丰富的生产场景
秒表测时法	• 可同时观测多个对象 • 时间测定具有代表性	• 结果随机性较大 • 易受其他因素影响	• 适用于多种生产场景
工作抽样法	• 测试方法灵活性较高 • 减少测试者工作强度	• 结果随机性大，易受多种因素影响	• 可用于作业改善，使作业负荷合理化
模特法	• 标准工时由动素决定 • 易学习，易操作	• 分解粒度较细，易忽略宏观要素	• 适用于周期较短的生产场景
方法时间测量法	• 减少测算与作业人员习惯差异造成的误差	• 适用作业场景较单一	• 仅适用于人工生产场景
梅纳德动作排序技术	• 分析周期较短，易学习 • 应用范围较广	• 易出现漏项、误分解	• 适用于工作的设计过程
自动化时间测量法	• 自动化测定工时 • 适应多种不确定因素	• 技术能力要求较高	• 适用于要求测时精度较高的生产场景
时间测量表自动导航法	• 自动化测定工时 • 工时测定精确性较高	• 学习难度较大	• 适用于以装配作业为主的生产场景
工作因素法	• 工时测量影响因素较少	• 过于依赖人员总结 • 计算过程较为复杂	• 适用于生产周期较短的生产场景
仿真模拟法	• 不依赖于实时测量 • 减少人员劳动强度	• 技术能力要求较高 • 测出工时需要校核	• 适用于生产流程不确定的生产场景

图 8-7　标准工时测定方法对比分析

8.2.1.4 标准工时的确定原则

标准工时是工厂规划设计过程中的重要参数之一，本节将进一步明确工时测定过程中的四个原则，如图 8-8 所示。

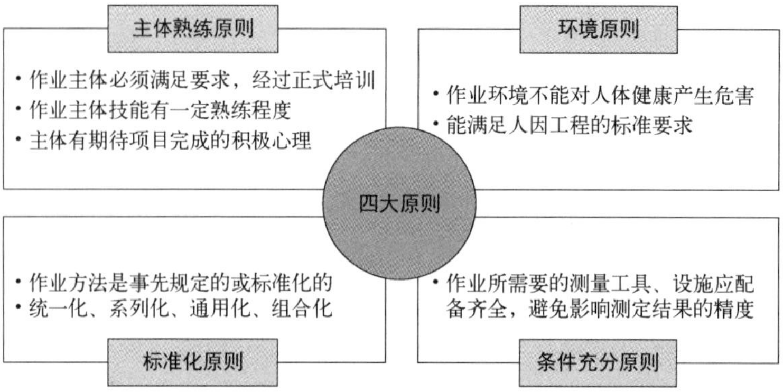

图 8-8 标准工时确定原则

① 主体熟练原则。工时测定前需要确保作业主体具备操作熟练度（包括速度与品质、协调度、动作控制等）与测试积极性。

② 环境原则。工时测定前需要确保作业环境满足人因工程的标准要求，确保被测人员在作业过程中的舒适程度，尽量减少内部因素对工时测定的影响。

③ 标准化原则。工时测定之前需要提前选择测定标准并做好相关准备；保证被测人员操作过程中的规范性、标准度，该原则是实现科学测定的基础。

④ 条件充分原则。工时测定前需要确保测量工具、设施等配备齐全，避免因外界条件影响测量精度。

8.2.1.5 标准工时计算

标准工时常为正常工时与宽放时间之和，计算公式如式（8-1）～式（8-3）所示。

$$\mathrm{ST} = \mathrm{NH} + \mathrm{OH} = \mathrm{NH}(1 + \mathrm{TR}) \tag{8-1}$$

$$\mathrm{NH} = \mathrm{WH} + \mathrm{EC} \tag{8-2}$$

$$\mathrm{OH} = \mathrm{TR} \times \mathrm{NH} \tag{8-3}$$

式中，ST 为标准工时；NH 为正常工时，是人工操作单元工时 WH 与机器自动作业工时 EC 的总和；TR 为宽放率，主要包括生理宽放率（2%～5%）、疲劳宽放率（5%～20%）、管理宽放率（3%～10%）和特殊宽放率；OH 为宽放时间。

8.2.2 整体生产能力规划

生产能力规划是确定现有资源形成的总体生产能力能否满足实际需求，并制定相应生产计划的过程，所确定的生产能力对企业的市场反应速度、成本结构、库存策略以及企业自身管理和员工制度都将产生重大影响。本节将从基本概述、生产能力规划方法和产能提升策略与途径三部分对整体生产能力规划展开描述。

8.2.2.1　基本概述

在生产能力规划过程中需要考虑生产能力的多种表现形式，如设计能力、核定能力、计划能力等。其中，设计能力是指在企业新建、扩建或进行重大技术升级后，在设计任务书或有关技术文件中所确定的生产能力；核定能力是指当企业有了新发展，如产品方案、生产工艺和技术组织条件等发生重大变化，原定的设计能力已不符合企业的实际情况时，重新核定的企业生产能力；计划能力是指企业在编制生产计划时实际可用的能力，一般根据企业当时的实际生产条件和考虑将要采用的各种技术组织措施的效果，预计在计划期内可能实现的生产能力。

8.2.2.2　生产能力规划方法

生产能力是可用资源能够生产的最大产量，有效的产能规划可以突破瓶颈、降低风险并触发决策，不同企业所开展的程序不同，常见步骤如图 8-9 所示。

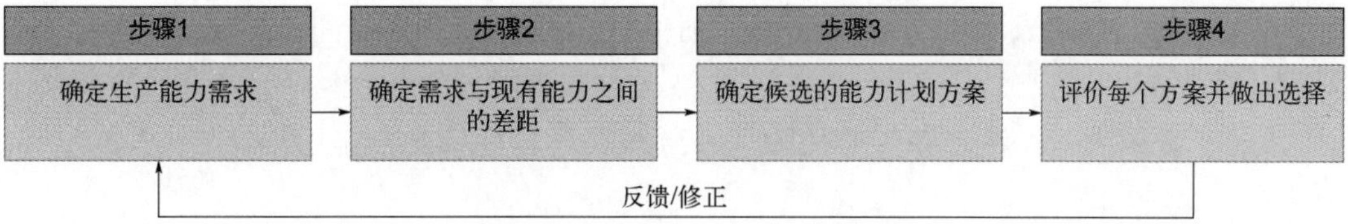

图 8-9　生产能力规划常见步骤

企业的生产能力是以满足订单需求的合格品产量来衡量的，通过典型产品的选择，确定企业生产能力。车间生产模式不同、生产组织层级不同，导致生产能力测算方式也不尽相同，按照生产组织层级自下而上，可分为设备、产线、车间、工厂等，每一层级具体测算方法如下。

（1）设备生产能力计算

① 单台设备生产能力计算。由于大量的生产企业采用流水线形式组织生产，生产能力可按每条流水线核算。流水线的生产能力取决于承担每道工序设备的生产能力，因此，生产能力的计算从单台设备开始，如式（8-4）所示。

$$M = F_e / t_i \tag{8-4}$$

式中，M 为单台设备生产能力；F_e 为单台设备计划期内有效工作时间；t_i 为单位产品在该设备上加工的时间定额。

② 设备组生产能力计算。当工序由一台设备承担时，单台设备的生产能力即为该工序能力；当工序由 S 台设备承担，即组成设备组时，工序能力为 M 与 S 的乘积。需要特殊说明的是，当企业生产多种产品时，我们可以选取代表企业主要生产方向或最有代表性的产品，以代表产品的生产率定额为基础，计算设备组的生产能力。非代表产品设备组的生产能力计算方法如式（8-5）和式（8-6）所示。

$$K_i = t_i / t_o \tag{8-5}$$

$$M_i = K_i M_o \tag{8-6}$$

式中，K_i为 i 产品换算系数；t_i为 i 产品时间定额；t_o为 O 产品时间定额；M_i为 i 产品设备组生产能力；M_o为 O 产品生产能力。

③ 设备综合效率（overall equipment effectiveness，OEE）计算。OEE 是一种简单实用的生产指标，用来表示制造系统整体的利用率，OEE 计算主要基于设备可用性、性能表现以及质量表现。

a．设备可用性，主要考虑在计划生产时间内，是否存在非计划停机和计划停机及相应时间，计算方法如式（8-7）所示。

$$A = T / T_0 \tag{8-7}$$

式中，A 为设备可用性；T 为实际运行时间；T_0为计划运行时间。

b．性能表现，主要考虑是否存在较慢生产周期时间（即稍慢于理想周期时间）的情况和短暂停机，计算方法如式（8-8）所示。

$$P = \mathrm{CT}_0 / \mathrm{CT} = \mathrm{CT}_0 / (T / \mathrm{TP}) \tag{8-8}$$

式中，P 为性能表现；CT_0为理想周期时间；CT 为实际周期时间；T 为实际总时间；TP 为总产量。

c．质量表现，主要考虑产品缺陷率（含需返工产品比率），计算方法如式（8-9）所示。

$$Q = \mathrm{HQ} / \mathrm{TP} \tag{8-9}$$

式中，Q 为质量表现；HQ 为合格品数；TP 为总产量。

三者各自上限为 100%，由此得出设备综合效率的计算方法如式（8-10）所示。

$$\mathrm{OEE} = APQ \tag{8-10}$$

式中，A 为设备可用性；P 为性能表现；Q 为质量表现。

（2）产线生产能力计算

产线生产能力往往由工段或设备组中的薄弱环节或瓶颈决定，如式（8-11）和式（8-12）所示。

$$L_\mathrm{p} = \min\{M_i\} \tag{8-11}$$

$$M_\mathrm{p} = N_i L_\mathrm{p} \tag{8-12}$$

式中，L_p为 i 产品的瓶颈工序的生产能力；M_i为 i 产品设备组的生产能力；M_p为产线的生产能力；N_i为 i 产品的工序数。

（3）车间生产能力计算

车间生产能力是不同产线的生产能力综合，产线中生产能力往往由瓶颈环节决定，其他非瓶颈环节根据瓶颈环节来调节。零件加工车间的生产能力由能力最小的生产线确定。部件或产品生产车间的生产能力往往由装配线的生产能力决定。车间生产能力计算如式（8-13）和式（8-14）所示。

$$L_{\mathrm{w}} = \min\left\{M_{\mathrm{p}}\right\} \tag{8-13}$$

$$M_{\mathrm{w}} = N_{\mathrm{p}} L_{\mathrm{w}} \tag{8-14}$$

式中，L_{w}为产线的瓶颈工序的生产能力；M_{p}为产线的生产能力；M_{w}为车间的生产能力；N_{p}为产线数量。

（4）工厂生产能力计算

在求得各个车间生产能力的基础上，进行各车间生产能力的综合平衡与生产能力计算。由于各车间加工对象和加工工艺差别较大，选用的设备性能差别较大，生产能力不一致，因此，当基本生产车间和辅助生产部门的生产能力不一致时，企业整体生产能力应由基本生产车间决定。

8.2.2.3　产能提升策略与途径

当企业生产能力不足时，为了保证市场占有率且满足客户需求，需要制订短、中、长期的产能提升策略，本节将从生产资源和方法两个维度总结出短期与长期的生产能力提升途径，如图 8-10 所示。

分类 \ 要素	人员（生产资源）	机器（生产资源）	材料（生产资源）	场地（生产资源）	方法
短期	S1劳动力分配 合理分配劳动力，平衡各部门忙闲不均匀的状况	S3工作负荷 判断机器是否满负荷运转，调整机器运行状态	S5原材料供应 优化仓储物流配送模式，减少生产准备时间	— —	S7外包 通过外协市场开拓，降低生产任务对资源组的能力需求
短期	S2工作时间 通过增加工人工作时间或调整班次增加整体作业时间，以提高产能	S4 机器数量 当现有设备已经满负荷工作但仍不能满足产能要求时，可以购买新机器来增加产量	S6原材料预制 通过原材料预制，资源组提前备料，降低其他部门对其的能力需求压力	— —	S8操作优化 通过对加工过程的操作进行分析，将不必要的操作合并或消除
长期	L1岗前培训 对生产人员进行岗前培训，可以规范其操作提升产品质量，提高生产安全性	L3加工质量 开展工艺标准化工作，进行工艺优化、工艺公关，提升制造效率，降低报废率	L5原材料采购 对需求量进行预测，在保证安全库存的情况下，合理采购，保证企业资金正常流动	L7布局优化 优化各功能模块的布局，减少各环节产生的浪费，使生产线发挥最大产能	L9组织模式 不合理的生产模式，导致系统无法发挥最大产能，此时应采用更科学的生产模式
长期	L2劳动力储备 根据企业年生产状况，进行人员储备，在生产高峰快速上岗，保证质量效率	L4设备优化 通过TPM确保设备处于工作状态；进行自动化改造或采购新型机器增加资源配置	L6原材料分配 根据生产进度不同而分步进行，以达到减少生产储备，充分发挥原材料经济效能	L8场地扩大 在条件允许的情况下进行场地扩大，进而扩大产能	L10兼并或联手 通过对相关或相似企业的兼并或与其他企业建立联盟，进行产能提升

图 8-10　产能提升途径

综合上述产能提升途径，产品不同生命周期的企业制造策略（如产品定位、成本与盈利等）随销售情况动态变化，为了向不同生产周期阶段的企业提供合适的战略与制造策略，构建如图 8-11 所示的产品全生命周期产能提升策略。产品开发期与成长期主要考虑短期内以人员与设备为核心的产能提升；产品震荡期、成熟期与饱和期除了考虑短期内产能提升，也需要逐步考虑长期内产能提升的有效方法。伴随着产品的更新换代，逐步更换生产模式与选择人机协同作业作为保持产能的途径。

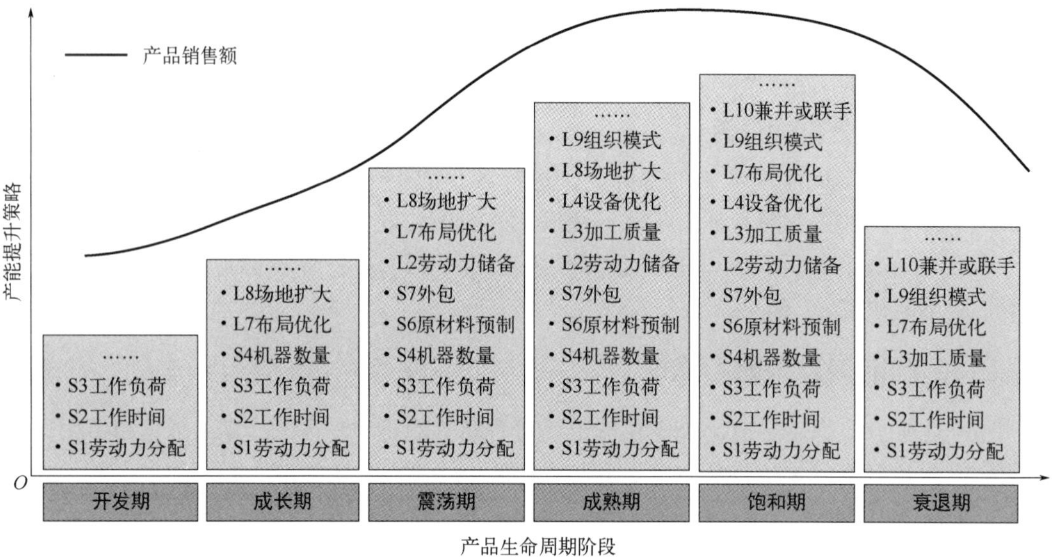

图 8-11　面向产品生命周期的产能提升策略

8.3 智能工厂布局与仓储物流规划

8.3.1　工厂布局规划

8.3.1.1　工厂布局规划概述

工厂布局规划（factory layout planning，FLP）是智能工厂规划设计中的重要环节，是充分利用作业空间对生产资源合理分配与生产流程不断优化，不仅能够提高车间整体运行效率，而且能够提高单位面积产能，提高场地利用率。

市场需求与生产模式的变化同样也会影响工厂布局的方式与方法。在大批量生产模式下，工厂布局以“资源要素”为核心，围绕任务型生产需求，以相似工艺功能为依据划分设备作业区域，容易忽略物料在各区域间的流转的稳定性；多品种、小批量与定制化生产模式更加复杂。研究人员在结合工艺、资源与物流等影响因素的基础上，总结出较多典型 FLP 方法，如产品原则布局、工艺原则布局、混合原则布局、固定原则布局与成组原则布局等。

随着生产模式、布局方法以及建模仿真技术的发展，形成了较为完善的 FLP 流程，如图 8-12 所示，整体采用自顶向下、由粗到细及结合仿真的规划策略，主要分为工厂规划、车间规划与方案验证三个阶段。

① 工厂规划阶段。主要针对各生产车间关联关系，通过调研建筑数量、车间功能、

建筑结构等数据制定工厂概念规划方案，通过仿真验证对车间功能、工厂布局和物流方案进行可行性分析与优化。

② 车间规划阶段。主要针对各作业区域关联关系，通过收集生产资源类别与数量、生产工艺流程等数据制定车间布局概念规划方案，通过仿真验证对作业区域位置、生产物流方案进行仿真分析与优化。

③ 方案验证阶段。主要是针对工艺、布局与物流进行建模、仿真与优化。通过数据采集与处理，利用建模仿真工具对方案进行模拟验证，基于仿真结果对方案进行分析与优化。

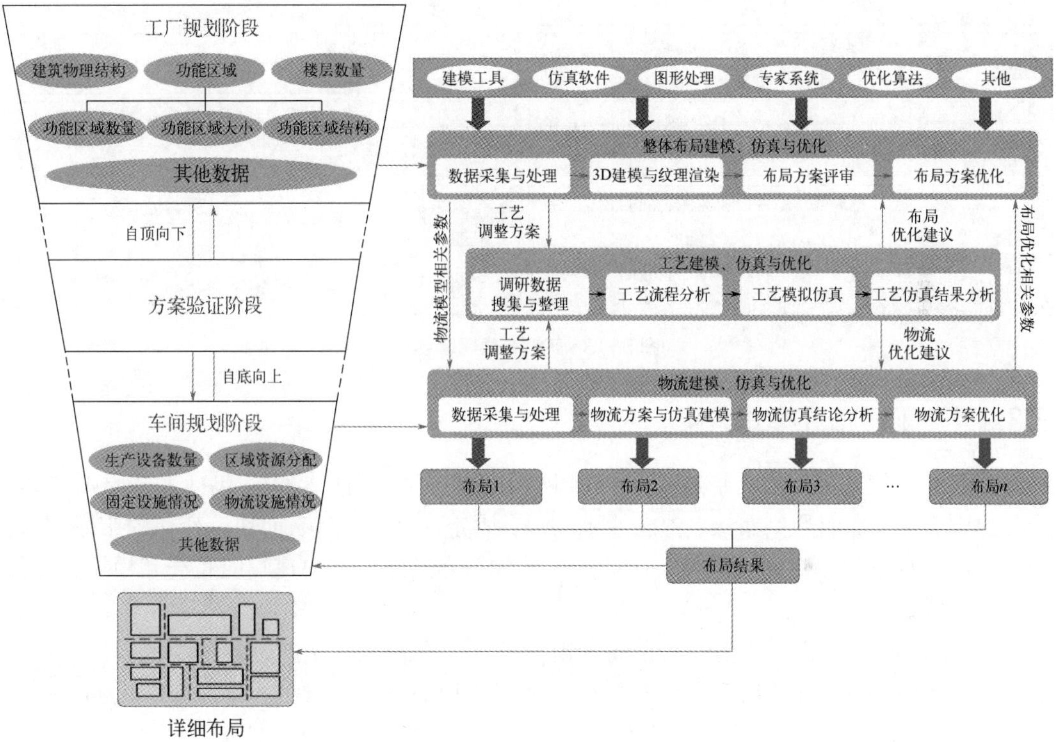

图 8-12　工厂布局规划流程

当前，在工业 4.0 环境下，个性化市场需求的日益凸显，要求工厂布局模式需要具备更高的生产柔性与更快速的市场响应能力，因此，涌现出众多新型柔性布局模式，如分布式布局、单元化布局、快速响应布局等。

8.3.1.2　工厂有效布局规划特征

有效的工厂布局规划不仅需要考虑生产进度、空间利用率、生产成本与作业安全性等因素，还需要保证生产布局的灵活性，通过总结，得到有效工厂布局的特征如下：

① 空间利用。提高空间利用率，减少作业面积冗余、堆积。

② 运行效率。有效利用生产资源，消除生产过程中部分瓶颈，缩短物流距离，减少生产周期。

③ 生产安全。布局方案中重点考虑安全性，布局中采用目视化、定置化等管理方法。

④ 资源存放。生产资源摆放合理，以便人员与设备进出，充分利用存放区域空间。

8.3.1.3 工厂布局规划原则

结合前文提出的有效布局模式特征，本节进一步明确工厂布局规划的十大原则，具体描述如图 8-13 所示。在尽可能缩短物流距离的基础上，合理利用空间，保证布局具备敏捷响应能力和充足的柔性，同时考虑不同区域间的相关性，力求整体协调，此外，保障工厂布局的安全性、流畅性、经济性以及生产满意度也是布局规划的重要目标。

最小物流距离原则	尽量减少生产过程中的物料搬运与物流交叉	安全性原则	将危险因素与人员作业分离，确保作业环境的安全
空间利用原则	人员、物料、设备以及辅助设施的布局要综合考虑空间的利用率	流畅性原则	布局要考虑到生产的流畅性
布局柔性原则	布局方案对未来变化具有敏捷响应能力和充足柔性	经济性原则	生产布局要能够满足最小批量生产、提高空间利用率、减少物料存放、提高物流效率等经济性要求
相互依存原则	工厂布局要考虑各作业区域之间的相互依赖关系	满意度原则	布局方案需考虑生产满意度情况
整体集成原则	对人员、设备、材料等辅助服务活动及其他各种因素给予综合考虑以及最佳协调	相互制约原则	工厂布局需要综合考虑各种制约因素

图 8-13 工厂布局规划原则

8.3.1.4 工厂布局模式分类

随着生产模式的发展，形成了图 8-14 所示的典型生产布局模式，包括工艺原则布局、产品原则布局、成组原则布局、混合原则布局、固定原则布局等。而快速变化的市场需求，使得生产布局需具备更高的柔性，因此产生了如分布式布局、快速响应布局和模块化布局等布局模式。

① 工艺原则布局。工艺原则布局是指一种将具有相似功能的设备集中摆放的生产布局方式，如图 8-14（a）所示。该布局模式适用于种类多、批量小或生产变动大的生产场景（如机加工车间）。使用通用工艺设备可以实现快速换产，生产柔性高、产量弹性大，但会增加物流复杂程度，同时产品的更换也会导致部分设备利用率降低。待加工的零部件会根据预先设定好的流程顺序从一个功能区域转移到另一个功能区域，各功能区域内会分配合适的工艺设备进行加工。

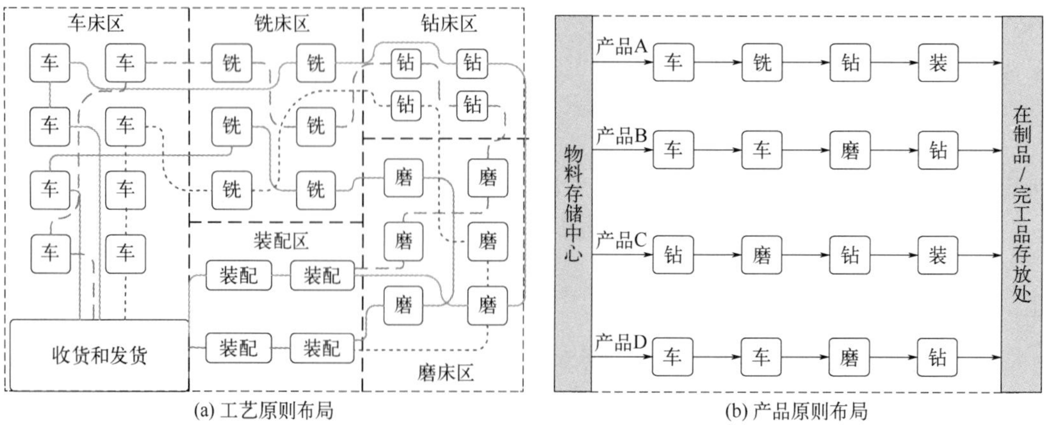

(a) 工艺原则布局　　(b) 产品原则布局

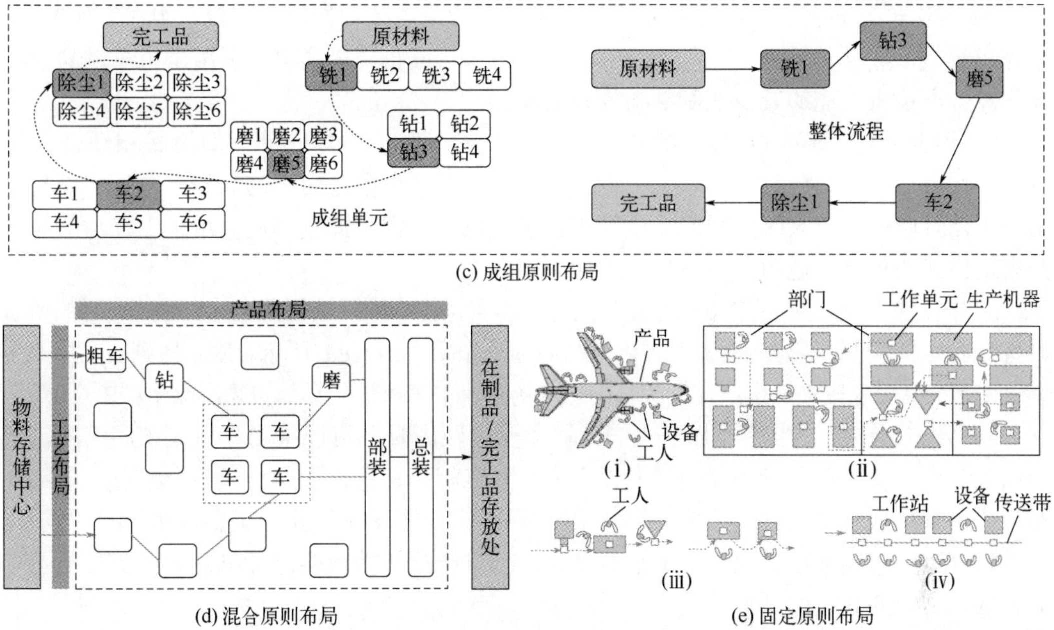

图 8-14　典型生产布局模式

② 产品原则布局。产品原则布局是以产品为对象来布置生产所需的各种资源，如图 8-14（b）所示。该布局模式适用于产品种类少、产量大的生产场景。在生产某种或某类产品时，绝大部分工艺过程将在同一生产区域内完成，该生产区域内通常布置生产某种或某类产品所需要的各种设备，并按照产品的生产顺序采用流水线布局形式布置，如直线型、U 形等，对比如图 8-15 所示。

模式 对比项	直线型	U形	环形	S形
优点	• 便于物料搬运 • 信息流转通畅 • 管理相对简单	• 减少人员走动 • 工序分配灵活 • 人员协调性强 • 物料供料方便	• 生产效率高 • 占地面积小 • 支持工装回流 • 人员技能要求低	• 减少物流压力 • 人员技能要求低
限制	• 作业位置固定，人员协作困难 • 设备故障易引起产线停机 • 搬运时间长，柔性相对较差	• 人员技能要求高 • 生产控制难度大 • 不便大批量生产	• 作业位置固定，人员之间协作困难	• 横跨通道，接料点众多
示例	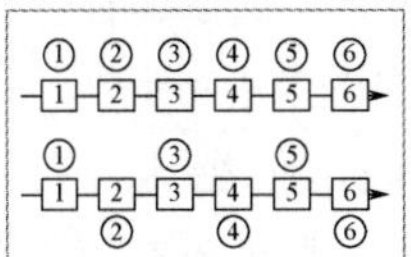	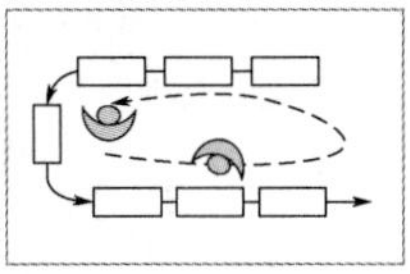	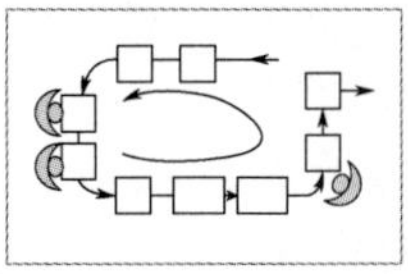	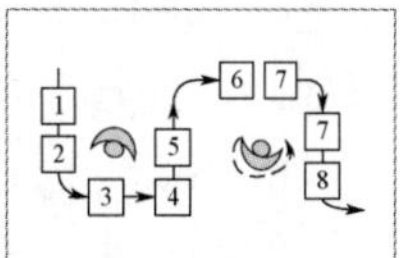

图 8-15　产品原则布局模式对比

③ 成组原则布局。成组原则布局是指将相同的或工艺相似的生产设备组成工作单元，以完成对相似零部件的加工，如图 8-14（c）所示。该布局模式更多适用于电子产品、装配作业生产场景，能够减少在制品与物料的搬运。

④ 混合原则布局。混合原则布局通常将工艺布局模式与产品布局模式相结合，如图 8-14（d）所示。在混合布局中，各类产品相似工艺阶段采用工艺原则布置生产设备，部分工艺阶段产量较大时采用产品原则布置生产设备。混合原则布局继承了工艺与产品原则布局模式的优势，适用于小批量或单件生产。

⑤ 固定原则布局。固定原则布局是指将产品定位在一个固定位置上，将生产所需的所有设备、工具、零部件等资源要素配置到产品周围，如图 8-14（e）所示。固定原则布局模式主要适用于产品尺寸较大、生产周期较长的生产场景，如飞机、火车等重型产品生产工厂。

⑥ 分布式布局。当客户需求与产品种类变化较大时，可以采用分布式布局模式。在分布式布局中，并非所有功能相似的设备都放置在相邻位置，而是分成多个集群（局部分布）或单独离散分布在整个工厂（最大限度分布），如图 8-16（a）与图 8-16（b）所示。同时，分布式布局可用于快速形成临时单元，一旦产品更替或客户订单完成，快组单元就会解散，如图 8-16（c）所示。

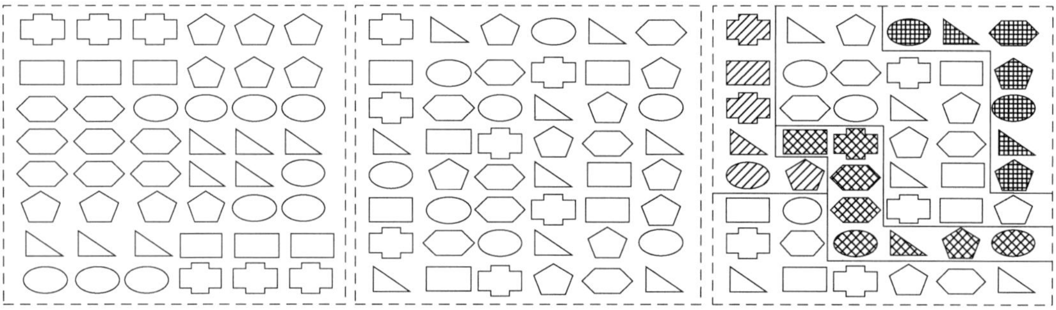

(a) 局部分布式布局　　(b) 最大限度分布式布局　　(c) 分布式单元布局

图 8-16　分布式布局模式

⑦ 模块化布局。在模块化布局中，生产设备通常会按照设备功能与产品工艺被划分为成组模块，其功能相当于工艺布局中的产品原则布局。该模式下每个模块均生产某种或相似度较高的某一类部件，所有部件都具有共同的属性，使用相同的生产设备，并具有相似的设备配置，如图 8-17 所示。

⑧ 快速响应布局。在快速响应布局中，通常由一名多能工同时操作两台或多台生产设备，在有新的生产订单或产品更新时，可以快速地形成有效的产线来响应需求，从而提高生产效率，如图 8-18 所示。

⑨ 其他布局类型。

a．Spine 布局。Spine 布局模式以一个中央通道为整体物流流动核心，脊柱分支作为单独部门，在每个分支的节点上发生部门的输出/输入，如图 8-19 所示。

b．Star 布局。当多个操作从一个操作开始或结束时，使用这种布局类型。在图 8-20 所示的例子中，来自不同部门的所有需要标签附件的输出都被安排在标签附件部门周围。在完成附件的相关工序之后，所有这些步骤都将进入完成部分。

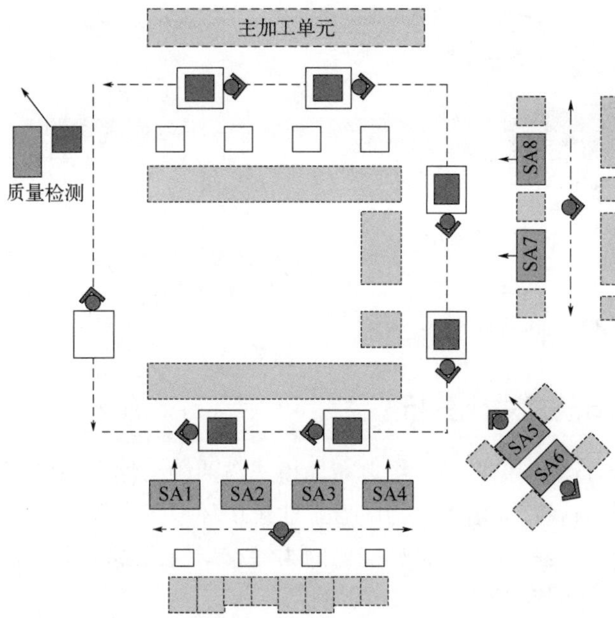

图 8-17　模块化布局模式

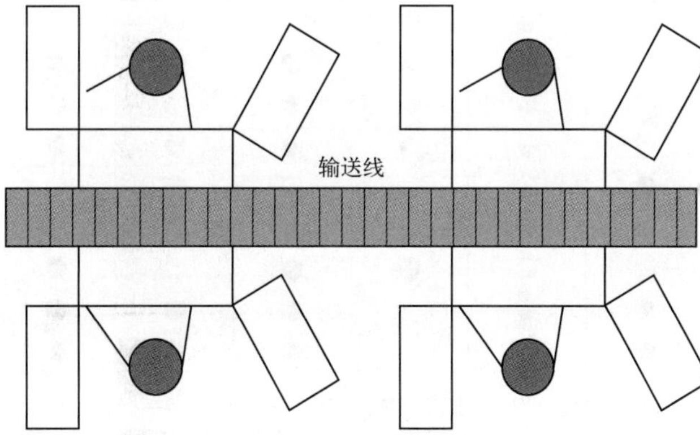

图 8-18　快速响应布局模式

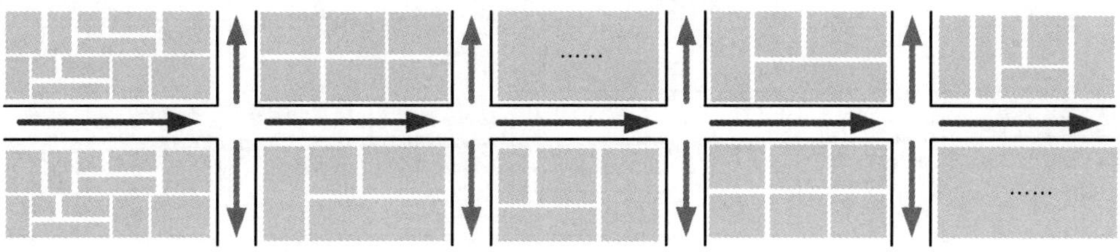

图 8-19　Spine 布局

c. Loop 布局。在该布局中，物料循环流动。如图 8-21 所示，在给定的示例中，物料流动以质量检查开始，并以质量检查结束，形成闭环。该布局模式适用于开始操作和结束操作相同的情况。

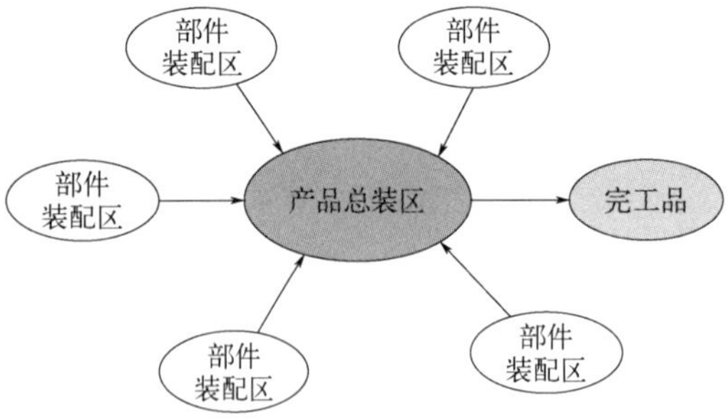

图 8-20　Star 布局

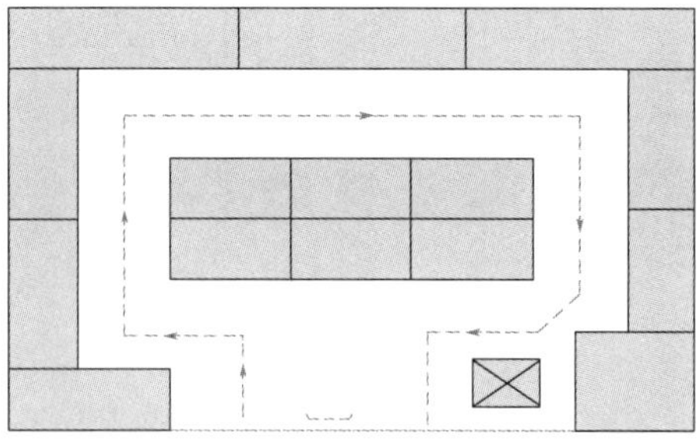

图 8-21　Loop 布局

8.3.1.5　工厂布局模式对比分析

智能工厂常用布局模式包含四种经典布局模式与四种柔性布局模式。其中，经典布局模式能够满足大多布局规划的需求，但随着工业 4.0 环境下市场需求逐渐趋于个性化，能够快速响应生产需求、具有较好可重构能力的柔性布局模式逐渐被广泛应用。各智能工厂布局模式的对比分析如图 8-22 与图 8-23 所示。

布局模式 ▶	工艺原则布局	产品原则布局	混合原则布局	固定原则布局	成组原则布局	分布式布局	模块化布局	快速响应布局	其他布局
生产时间	●	○	◒	◒	○	◒	○	○	◒
WIP	●	○	◒	◒	●	◒	●	◒	○
技术水平	●	○	◒	◒	●	○	●	○	◒
产品柔性	●	○	◒	●	●	●	●	◒	○
机器利用率	◒	●	◒	◒	◒	●	◒	◒	◒
工人利用率	●	●	●	◒	◒	◒	◒	●	◒
单位成本	●	○	◒	●	●	○	●	◒	●
维护性	○	●	◒		●	●	●	●	●
设备投资规模	○	●	◒		●	◒	●	●	●

图 8-22　智能工厂常用布局模式主要影响指标

注：○弱　◒中　●强

智能工厂布局模式	工艺原则布局	产品原则布局	混合原则布局	固定原则布局	成组原则布局	分布式布局	模块化布局	快速响应布局
模式优势	➢适合多品种、小批量生产 ➢生产柔性高 ➢固定成本低 ➢产量弹性大	➢产品产量高 ➢单位生产时间短 ➢在制品库存少 ➢设备利用率高 ➢物流强度较低	➢基于生产需求，综合产品布局与工艺布局的优势	➢物料搬运量少	➢物流强度降低 ➢在制品库存降低 ➢物流效率提高	➢生产柔性高 ➢可重构能力高 ➢适用范围广	➢设备换模时间短 ➢物流成本降低 ➢在制品库存降低 ➢物流效率提高 ➢员工培训简便	➢换产时间短 ➢生产效率高 ➢工人利用率高 ➢生产订单响应速度快
模式限制	➢管理成本变动大 ➢设备利用率较低 ➢物流路径复杂 ➢在制品数量较大	➢对产量变化适应性较弱 ➢设备故障对产线影响较大 ➢设备维护要求高	➢需要具备较高的生产管控水平	➢不考虑物流和制造成本 ➢生产周期长 ➢生产效率低	➢布局柔性较弱 ➢需要较好的重构管理水平	➢需要较高的重构管理水平 ➢设备维护成本高 ➢物流强度较大	➢需要较高的重构管理水平	➢对员工技能要求较高
适用领域	多适用于多品种、小批量或者变动大的生产场景，如机加工车间	多适用于产品种类少、批量大、需求稳定的生产场景，如汽车装配线	适用于小批量或单件生产	适用于批量小、体积大、作业周期长等生产场景，如飞机、轮船、火车	适用于多品种、小批量、需要灵活转换生产产品的生产场景	适用于多品种、变批量、市场需求多样化或个性化定制水平较高的生产场景	适用于多品种、变批量、需要灵活转换生产产品的生产场景	适用于产品更新换代速度快、市场需求变化较大的生产场景

图 8-23　智能工厂常用布局模式优缺点与适用领域对比

8.3.2 工厂仓储物流规划

8.3.2.1 智能工厂仓储物流系统概述

仓储物流系统是指在一定的空间和时间里，各要素（如设备、节点、路线等）相互联系、相互制约的有机整体，它具有使仓储物流总体过程合理化的功能。对于制造型企业来说，仓储物流包括从采购、生产到销售生产活动中所涉及的仓储、运输、搬运、包装等各项活动。而随着工业 4.0 进程的加快，智能工厂仓储物流通过转型升级具备工业 4.0 的特性，利用新一代信息技术，有效整合企业内部与外部的仓储物流资源，逐步推动仓储物流的数字化、柔性化、智能化的转型升级。

（1）有效仓储物流系统的特征

仓储物流是企业生产和销售的重要环节，有效的仓储物流系统具备如下特征：

① 能够减少人员数量，提高仓储面积的利用率。

② 能够提高物料的出入库效率，有效降低库存水平。

③ 能够监控或预测物料的库存状态，并实现物料自动补充。

（2）仓储物流 4.0

仓储物流 4.0 是指综合应用先进信息技术（如数字化监控技术、仿真模拟技术、数字孪生技术等）与装备技术（如移动工业机器人）建立更加数智化的解决方案。工业 4.0 环境下的智能工厂仓储物流 4.0 活动如图 8-24 所示，仓储物流 4.0 具有互通、协同与平台、生态的发展的特征。要实现仓储物流 4.0，需要企业从以下几个方面进行建设与升级。

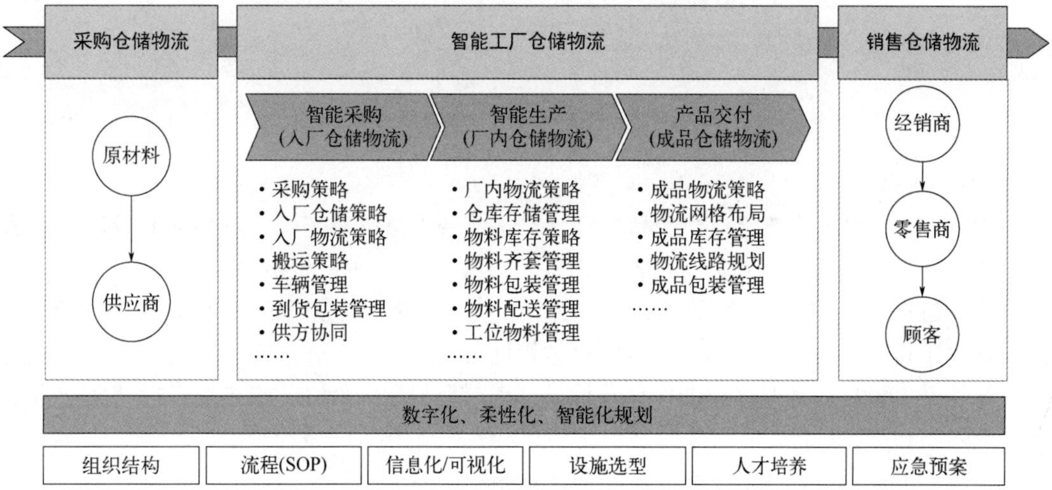

图 8-24　仓储物流 4.0 参考架构

① 端到端可见性。现代仓储物流智能化发展的关键是通过增强整个仓储物流过程的数字化能力来提高可见性，它是实现业务流程透明化与业务协同的必要先决条件，也是现代仓储物流高效、智能、可控的核心基础。

② 智能仓储物流设备。在仓储物流 4.0 框架中，仓储物流设备具备更多分布式智能特

性，如智能托盘能够感知最大、最小限定装载量，并进行报警，在提高装载效率的同时减少仓储设备的超负荷磨损。

③ 物联网协同。智能仓库物流系统中部署的物联网设备不仅能够更快速地获取运行过程中所需的数据，同时通过与云端连接，能够支持更加灵活的管控服务。

④ 供应链集成。基于数字化技术建立供应链上制造商与供应商之间的无缝集成与协同关系，进而支撑更加高效敏捷的供应链系统。

（3）精益物流规划工具

精益物流规划常用的工具是对生产过程中每一个零件制订的详细计划（plan for every part，PFEP）。PFEP 中应当包括零件号、零件尺寸、日使用量、使用位置、存放位置、订单频率、供应商、单位包装规格、从供应商处发货的运输时间、集装箱规格和重量以及其他相关信息，其主要输入、输出内容如图 8-25 所示。PFEP 的目的是实现精益管理，减少生产物流中的缺货损失、库存浪费、物流浪费以及能耗浪费等。

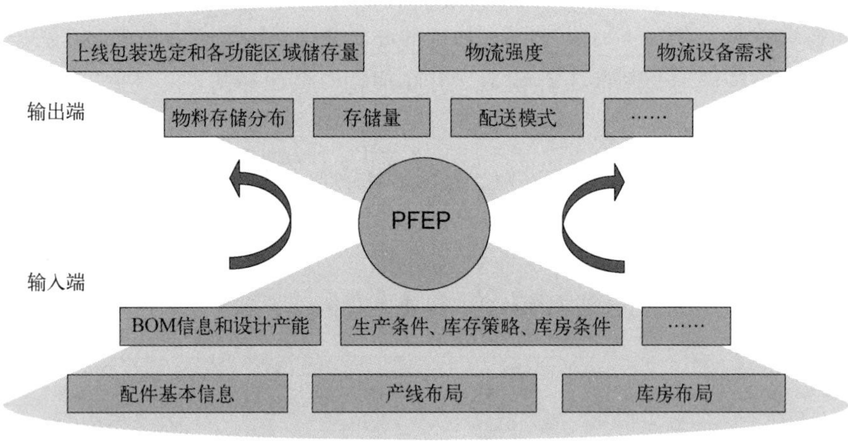

图 8-25 PFEP 输入、输出主要内容

① 输入端。

BOM 信息和设计产能：指产品配件原料、单台用料以及工厂建设初期的设计产能数据，用于计算配送模式、人员、设备、物料配送量、配送频率等物流能力信息。

生产条件、库存策略、库房条件：指生产线基本条件、库存策略以及库房的基本条件，用于计算工作时间、生产节拍、库房储存量等信息。

配件基本信息：指原材料的保存条件，考虑材料材质、尺寸、重量对存储和配送带来的影响。

产线布局：指产线线边空间大小和各工位拿取物料的方式。

库房布局：指规划设计时无法更改的库房位置、布局等信息，这些是物流规划的限制条件。

② 输出端。

物料存储分布：指将物料在分类分区的库位存储。

存储量：指物料在库房的最高存放量和安全库存量。

配送模式：指根据单位时间消耗量、线边空间、物料性质综合决定的配送模式。

上线包装选定和各功能区域储存量：指考虑物料本身的性质（包括磕碰、变质、大小以及重量等）而选定的上线包装方式以及功能区域储存量数据。

物流强度：指根据 BOM 信息和设计产能计算得到的物流工作强度和人员需求配置数据。

物流设备需求：指根据 BOM 信息和设计产能计算得到的工厂各个功能模块所需要的设备数目。

8.3.2.2　仓储物流系统整体规划流程

在仓储物流 4.0 框架下，工厂内仓储物流规划流程是开展工厂详细设计的依据，整体的规划流程中明确了仓储物流设计各阶段的步骤与方法（如图 8-26 所示），依据标准设计流程所形成的方案，在物料库存减少、搬运负荷的降低与生产效率的提升方面具有很大支撑作用。

① 需求分析。仓储物流规划设计以满足生产作业需求为出发点，因此，需要明确并整理产品种类、产量、节拍、生产流程等相关信息并确定规划需求。

② 原材料仓储物流设计。原材料仓储物流由订单与生产计划拉动，一方面基于制造资源需求计划进行物料采购与入库，另一方面基于生产计划进行物料的分拣出库以及物料的配送。

③ 线边仓储物流设计。日/周生产计划下达后，原材料需要依据 BOM 和生产计划从主仓库或者供应商直接配送到线边，并根据实际生产需求进行物料的分拣出库与配送，线边库的规模、仓储布局、储位规划、仓储及物流的设施等规划都需要依据其所涵盖生产区域内的实际生产需求进行规划设计。

④ 生产线内物料存储与搬运设计。生产线内的物料储存是直接用于满足生产的物料存储，主要根据生产能力与节拍等需求，规划线边物料储存的区域面积、存储的形式与物料的搬运上线等，同时物料在当前工位上线后，还需要考虑各工位之间在制品的输送。

⑤ 在制品仓储物流设计。本部分内容主要考虑各个生产区域之间在制品的存储和配送，需要结合产品整体的生产流程、前后生产线系统的产能与节拍等规划在制品仓储区域的规模、仓储的形式、存储设备、储位的规划、物料的出入库搬运设备以及物流路线与物流设施等。

⑥ 成品仓储物流设计。成品仓储物流是交付客户前的最后生产环节，需要根据不同成品特性，选择不同的包装、储存、搬运以及运输交付方式。

⑦ 评估验证。整体规划设计方案需要通过专家评审或仿真验证等形式进行评估、完善与验证。

8.3.2.3　仓储系统概念规划

仓库系统的规划主要依据工厂的整体生产交付速度，其目标是通过流程、方法与设施等优化，实现库存最小化或达到“零库存”。本节依据 PFEP 的规划框架与内容，主要从仓储规划原则、仓储类型、仓储分类、仓储作业流程、存储模式、拣选模式及仓储管理信息系统等方面展开介绍。

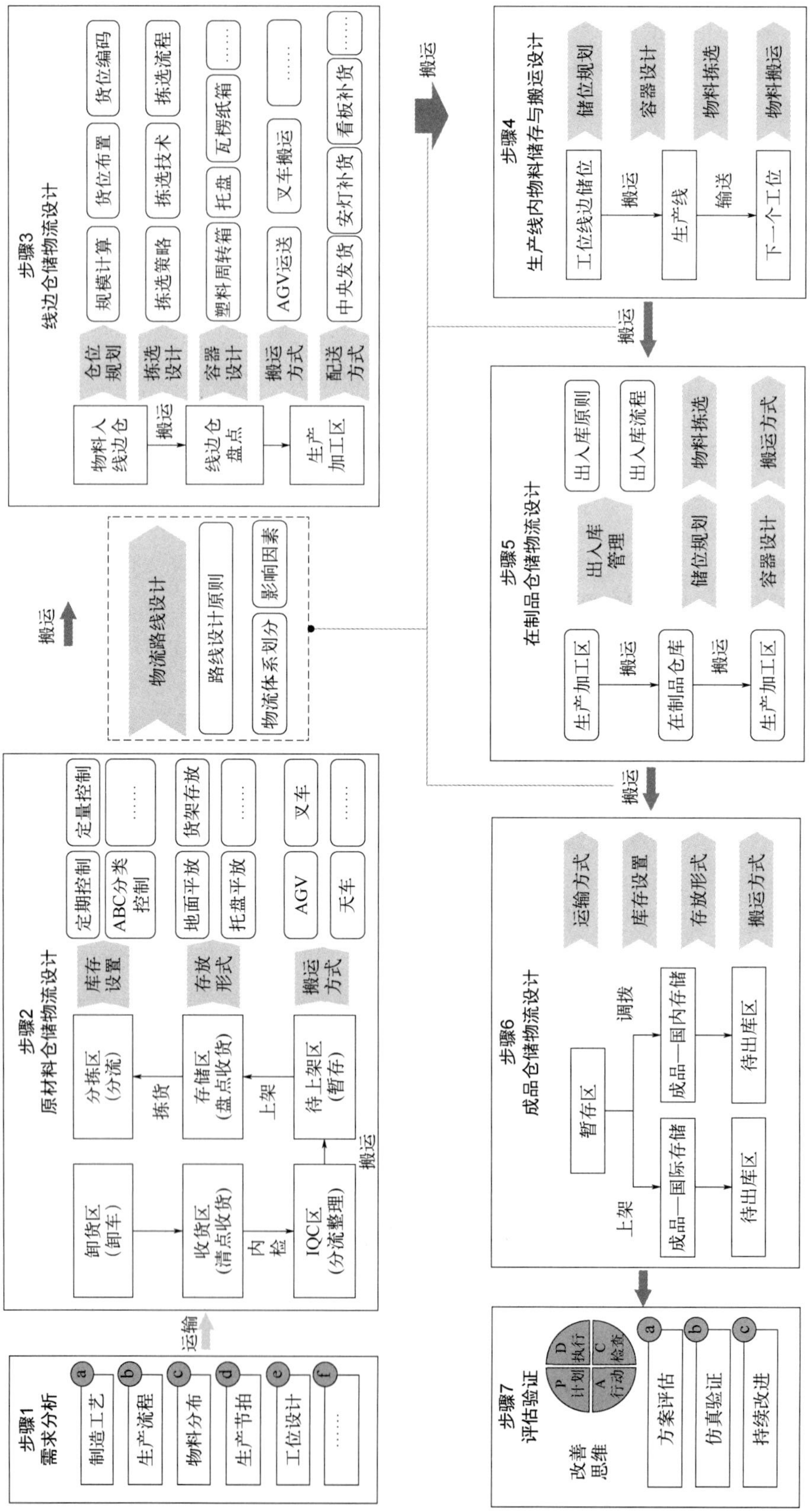

图 8-26　仓储物流系统整体规划流程

（1）仓储规划原则

仓储规划的核心目标是低成本与高效率，基于该目标需要依据以下几个原则进行规划。

① 标准化原则。包装与物流容器的标准化能够提高设施通用性，有利于仓储系统中各个环节的协调配合，减少物料转运过程中不必要的容器更换与拆包，进而减少搬运时间，减轻物品的损失、损坏，并节约成本。

② 柔性化原则。在个性化生产模式下，生产环境（如产品变更、生产规模扩展等）的不确定性与不稳定性日益增强，仓储系统的自动化与智能化特性愈加凸显，仓储系统的柔性化成为规划的重要原则。

③ 高效率原则。人工方式或自动化方式均关注效率，每一次物料仓储作业都需要考虑组合操作，进而减少不必要的时间浪费，同时引入能够完成多个操作的设备，从而提高仓储效率。

④ 最短距离原则。仓储作业通过考虑作业距离以及路线交叉，可解决交叉仓储作业控制和物料等待时间等问题，保持仓储作业通畅。

⑤ 成本与效益原则。在建设工厂仓储系统时，必须考虑投资成本和系统效益原则，即在满足当前及可扩展需求的条件下，尽量降低成本，提高效益。

（2）仓储类型

依据物料存放场地，仓储可划分为地面存储和货架存储；按储存位置，仓储可划分为静态仓储和动态仓储，如图 8-27 所示。

① 按存储场地分类。地面存储是指仓库物料存储在地面上，存储器具并排或堆垛布置，可通过前移式叉车或推移式叉车进行搬运，利用组合式进料/出料通道进行仓储作业。货架存储是指仓库物料存储在货架中，彼此左右相邻或上下相邻组合成货架板块，两个货架板块与一个货架通道共同构成一个通道模块，该类型适用于物料数量较少且物料需求变化较快的场景。

② 按存储位置分类。静态仓储是将每个系列的产品都分配到固定的位置进行存储，由静态仓储系统将产品的所有物料存储单元组合在一起，适用于大量、长期存储的场景，易于管理，但可能造成空间浪费。动态仓储模式是指被存储的物品没有预定的存储位置，适用于物料品种多且单种物料数量少的场景，对仓储专业与管理要求高，需要物料不断流转才能发挥最佳效果。

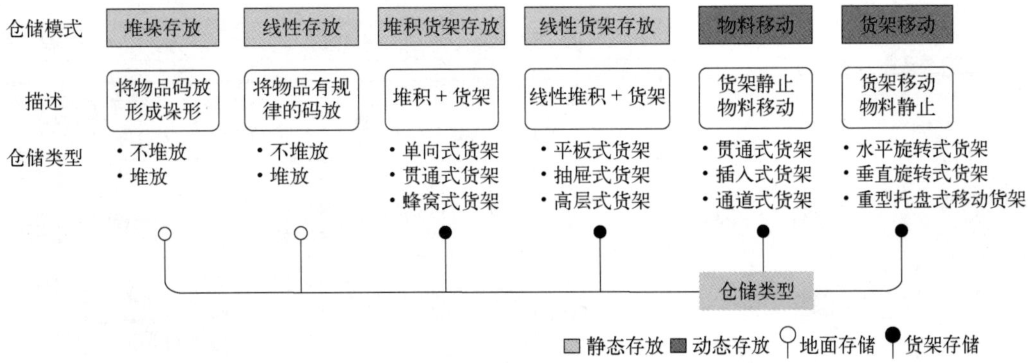

图 8-27　零部件仓储类型

（3）仓储分类

产品生产过程中涉及频繁的物料存储与搬运，需要根据不同生产环节的物料储运要求进行仓储分类，进而提高仓库的储运能力，并降低各项仓储费用。根据存储功能不同，可分为原材料仓库、线边仓库及成品仓库。

① 原材料仓库，是指用于存储原材料、生产配件及其他需要加工物料的仓库。存储形式主要有散放、堆码和货架存储，具体存储方式如图 8-28 所示。

② 线边仓库，是指存储在生产现场中一定时期内需要用到的在制品或物料的区域统称。存储方式主要有地面堆垛存储、高位料架存储和流利料架存储三种，如图 8-29 所示。

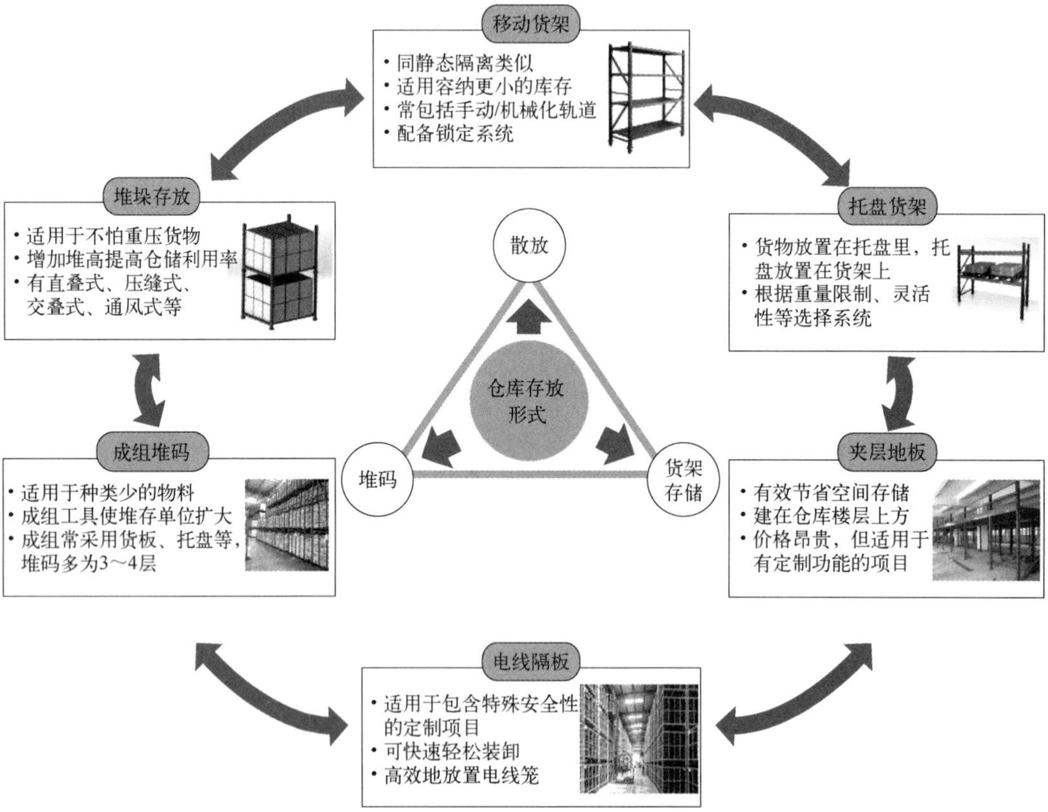

图 8-28 原材料仓库存储方式

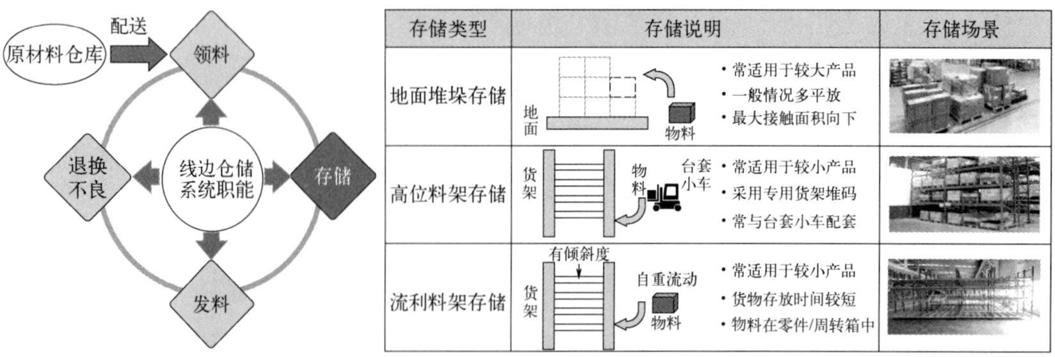

图 8-29 线边仓库存储方式

③ 成品仓库。成品仓库的存储形式与原材料仓库类似，仓库中储存的成品可以按照以下方法进行管理，具体如图 8-30 所示。

a．分类清晰：不同品种、规格、型号的物料需要分开存放。

b．稳定存放：要保证物料存放的稳定性，安全可靠。

c．定量存放：存放（垛、层、行、包）以整数为单位，尽量采用五五式码垛法、托盘式码垛法，便于快速清点。

d．便捷性：物料存放需要易于搬运、装卸、检查与操作的作业的开展。

e．节约化：存储需要考虑库位、人力、物力与财力的节省。

f．参数化：仓储系统各个参数符合标准，如墙面距离、地面距离、顶部距离、码垛距离、货架距离、作业通道距离等。

g．其他：如精益 5S 规划等。

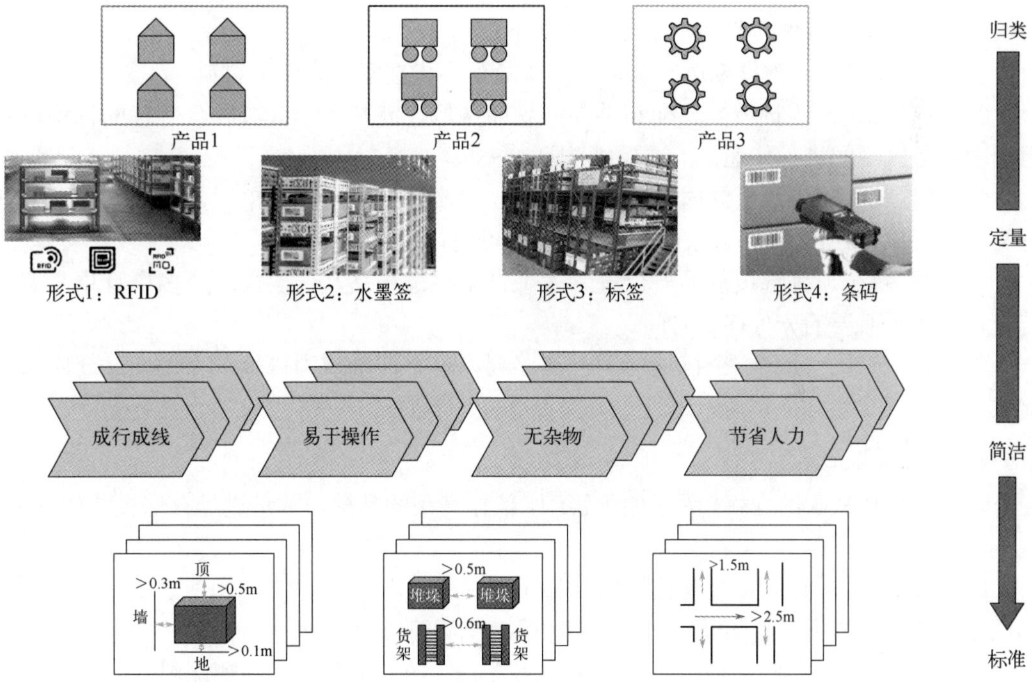

图 8-30 成品仓库管理方式

（4）仓储作业流程

包含物料接收入库、存储与物料分拣出库等全过程，分为收货、入库、存储、拣选、出库五部分，如图 8-31 所示。

① 收货。收货环节中包括物料型号、数量和状况的验证以及有缺陷的物料退换等内容。

② 入库。入库活动是指将物料从收货区运输到最佳存储点。

③ 存储。存储是将物料放入最合适的存储空间，存储过程需要充分利用仓库中的可用空间并提高存储效率。

④ 拣选。拣选是仓库中执行的核心功能，基于仓储管理信息系统，按照生产计划等需求生成拣货单，并依据拣货单进行物料的分拣。

⑤ 出库。出库是对即将分拣完成并需要离开仓库的物料进行核对，并将物料从拣货容器转移到转运设备的过程。

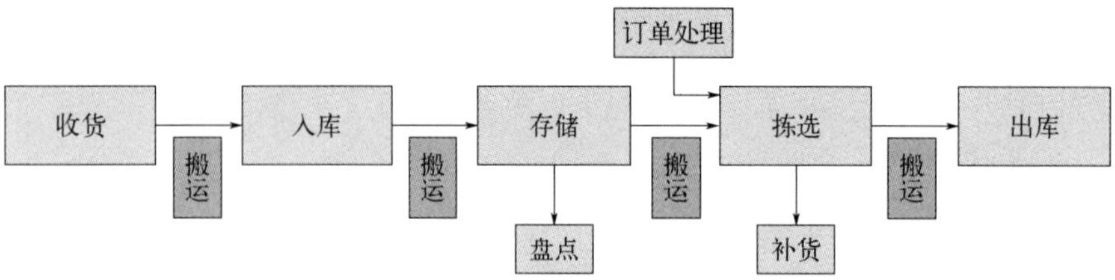

图 8-31 仓储作业流程

（5）拣选模式

拣选作业需要消耗大量的时间和精力，恰当的拣选模式不仅可以节省作业时间，而且能够提高拣选的准确性，常用的拣选类型如下：

① 单次拣选。一次只拣选一个订单，拣货员逐步搜索仓库中的物料。

② 区域拣选。拣货员被分配到不同的仓储区域，涉及多个区域联合分拣的订单，容器需要在各区域间进行传递，一直持续到订单完成。

③ 批量拣选。拣选员同时拣选一批订单，一次拣选一个库存单位，当多个订单的部分物料库存单位存在重合时，在相同库存单位可进行批次分拣。

④ 集群拣选。拣选员从同一位置为多个订单拣选物品，一次性完成多个订单容器的拣选，减少不必要的分拣移动时间。

⑤ 波次拣选。创建一个拣选序列，该序列以单个订单项为目标，一次通过仓库即可完成订单，以实现分拣移动短路程、步骤不重复。

（6）存储模式

对于规模比较大的仓库，为了便于管理，依据产品的品种与数量进行存储模式的规划，主要存储模式如下：

① 按理化性质存储。按理化性质（如金属材料、非金属材料等）划定每类物料的存储区域，该方法依据物料的特性进行存储和保管，便于集中管理。

② 按使用方向存储。将库存物料按使用方向（如车辆配件、车辆涂料等）划分，该种方法便于向不同生产线配送物料，领料更为方便。

（7）仓储管理信息系统

主要用于对仓储作业进行计划、组织、引导和控制，信息系统的设计需要明确需求，基于需求规划仓储系统功能，信息系统主要包括入库、在库、出库管理等几大管理模块，如图 8-32 所示。

8.3.2.4 物流系统概念规划

（1）物流系统规划原则

物流系统规划旨在实现物流和信息流融合，提高工厂交付效率，降低运营和机会成本，因此规划需遵循一定原则，如表 8-1 所示。

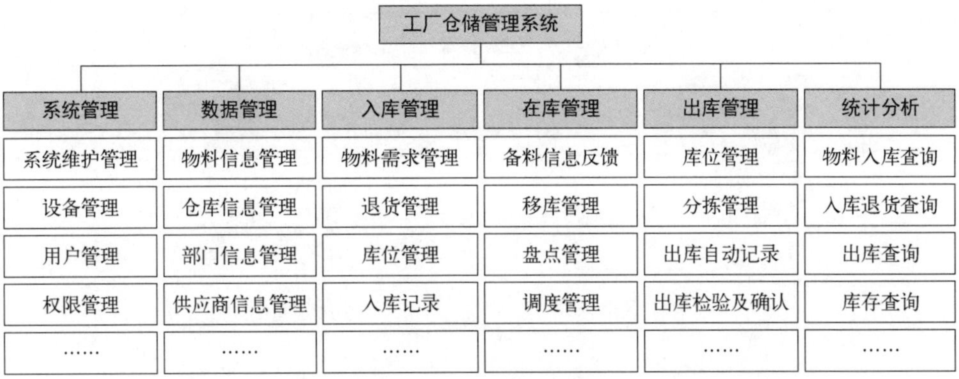

图 8-32　仓储系统功能模块

表 8-1　物流系统规划原则

规划原则	详细描述
迭代升级原则	物流系统规划应遵循工厂精益化、自动化与数智化发展
物流与制造融合原则	物流系统与制造系统的有效融合，能够更加有效满足个性化市场下的大规模定制化生产需求
互联互通原则	物流在纵向上实现从采购、生产到交付等资源要素的互联互通；在横向上实现与供应商、外包承接商等的互联互通与协同
数字化与透明化原则	物流系统采用数字化技术实现工厂物流过程的可视化与透明化，支撑企业对物流过程中风险和差异的有效管控
安全性原则	物流规划要考虑人员流与车辆流的分离、内部物流路线和外部物流路线分离，确保路线没有交叉且通畅均衡，交叉位置可通过空中连接实现分离，从源头上切断安全隐患，确保物流安全性
流畅化与价值流最优原则	物流规划在安全前提下，应保证物流的流畅，以产品工艺流程为依据，结合精益布局，实现内部价值流最优化
先进技术的适用性和经济性原则	在选择并规划先进物流技术时，应当从系统性角度考虑匹配性与有效性
物流强度最小原则	通过自动化、智能化物流设施规划，使整体物流强度最小
扩展性与柔性	物流系统需要兼顾未来产品与生产变化，需要采用标准化的设计理念去配置资源
节能减排原则	物流系统规划能够保证对能耗的实时量化管控与优化

（2）物流体系规划

车间内部生产物流一般分为一级物流、二级物流和三级物流，如图 8-33 所示。具体描述如下：

一级物流：仓库到车间生产区域或线边仓库之间的原材料或成品物流。

二级物流：产品生产流程中不同生产区域之间的在制品物流。

三级物流：生产区域内的在制品或物料流。

（3）物流配送方式

合理的物流配送方式可规范车间各环节物流配送工作，进而提高物流配送作业的精准度。物流配送方式取决于企业的生产方式和物料分类，主要的配送模式对比如图 8-34 所示。

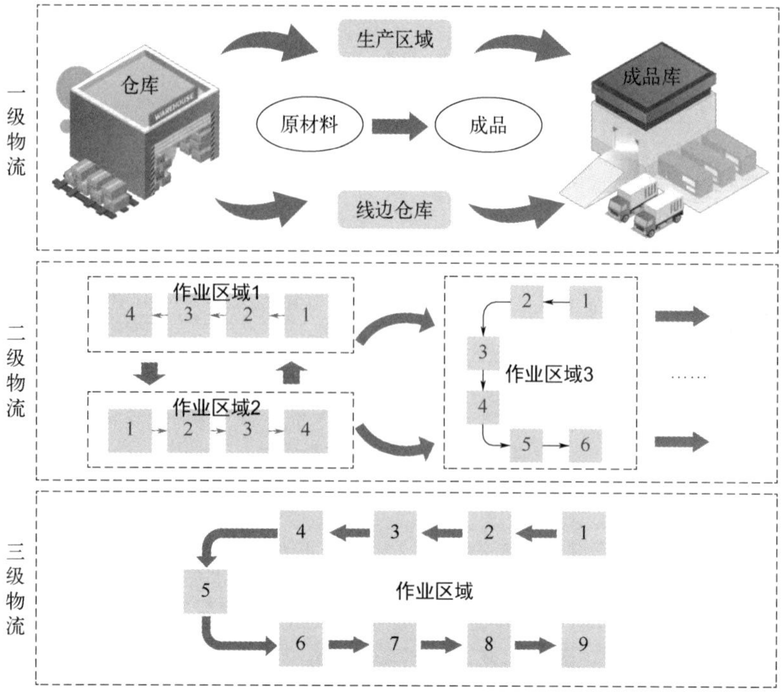

图 8-33　生产系统物流层级划分

① 中央发货：推式物流模式，基于主生产计划与日作业计划计算物流需求，定期将物料从中央仓库运送到车间。

② 看板补货：拉式物流模式，通常应用于需求相对恒定和中高产量的车间，通过看板拉动实现各区域生产补货。

③ 循环取货：基于提前规划好的路线，按频次、时间及位置取货。

④ 供应商库存管理（vendor managed inventory，VMI）配送：通过供应商与生产商的信息共享，定期将物料从供应商配送到生产车间，此配送模式对生产信息的准确度要求较高。

⑤ 直接上线：根据车间装配线的需求从供应商或者配送中心直接将指定物料配送到装配线工位，该模式包括 JIT 和准时化顺序供应（just in sequence，JIS）两种模式。JIT 侧重按需准时配送，JIS 强调按需、准时与精准（顺序），需依据总装顺序对零部件进行排序配送。

⑥ 台套配送：其核心内容是以工位为核心进行物料的齐套分拣与配送，根据需求可以分为单工位多台套和多工位单台套。

（4）物流信息系统规划

物流信息系统具有预测、控制和辅助决策等功能，能够对物料流转情况进行实时的跟踪和管控，实现生产物流的精细化管控，进而提高物流的整体效率。物流信息系统包括作业信息处理系统、控制信息处理系统、决策支持系统三个子系统（如图 8-35 所示），物流信息系统规划步骤如下。

① 定义管理目标：确定各级管理目标，局部目标要服从总体目标。

② 定义管理功能：物流信息系统的基本功能可以划分为数据收集、信息存储、信息传输、信息处理和信息输出。

物流配送模式	特点	范围	优点	缺点
中央发货	定期将物料从中央仓库送到车间	单品种、大批量生产	管理简单、操作简洁	不考虑车间实际情况导致库存高
看板发货	对物料设置最高库存和最低库存	小体积通用性物料使用量较大	根据需求拉动，降低库存水平	占用车间或装配线的空间较多
VMI配送	定期将物料从供应商配送到车间	单品种、大批量生产	管理简单、操作简洁	生产信息准确性要求高
循环取货	以容器为搬运载体	适用于小批量、多频次的补货	降低零部件库存，提高装载率	企业信息化、标准化要求高
台套配送	将单个产品所需物料成套供应	多品种混流生产的复杂物流系统	缩短线长，节约空间	质量问题、可疑零件可能造成停线
直接上线(JIS)	备货时候考虑物料装配顺序	当前产线生产所需物料	消除过程等待浪费、降低成本	对供应商依赖性较高
直接上线(JIT)	从供应商或配送中心提前备货	当前产线生产所需物料	减少车间库存、提高物料流通率	对供应商依赖性较高

图 8-34　物流配送模式对比

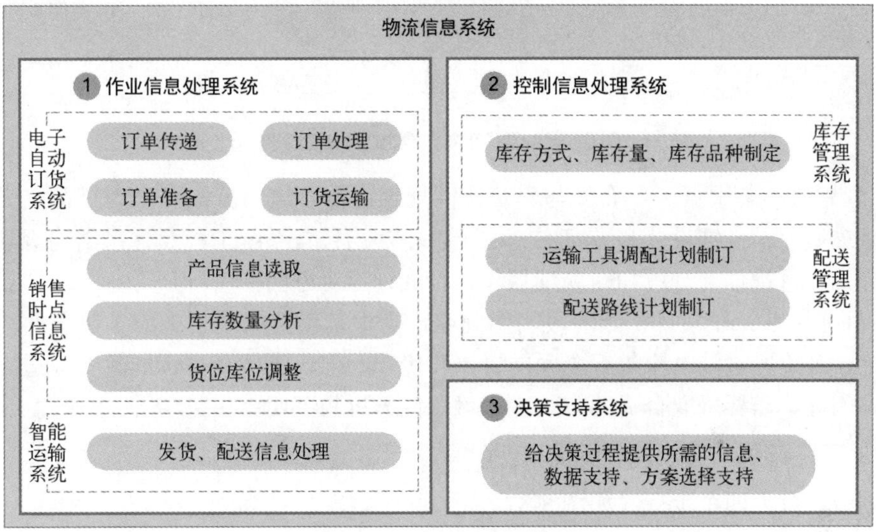

图 8-35　物流信息系统组成

③ 定义数据分类：将数据按支持一个或多个管理功能进行分类。

④ 定义信息结构：确定系统各个部分及其数据之间的相互关系，提炼出独立性较强的模块，并进行子系统的划分。

8.3.3　工厂布局与建筑协同模式规划

合理的工厂布局与建筑存在紧密联系，工厂布局以满足生产需求为核心，主要用于制造资源的布置，建筑规划依赖工厂布局，同时建筑也会影响工厂布局。因此，工厂规划过程中的布局与建筑需要协同规划。

（1）工厂布局与建筑协同规划原则

工厂布局与建筑协同规划是技术与管理相互作用的复杂过程，系统性的协调对于项目的成功影响较大，工厂布局与建筑协同规划原则如图 8-36 所示。

① 相互作用。建筑空间条件会显著影响生产过程，建筑结构的规划影响着企业生产运营，直接影响包括后续投资成本、运营成本、维护费用等，间接影响包括生产柔性与合理化、物料流转等。

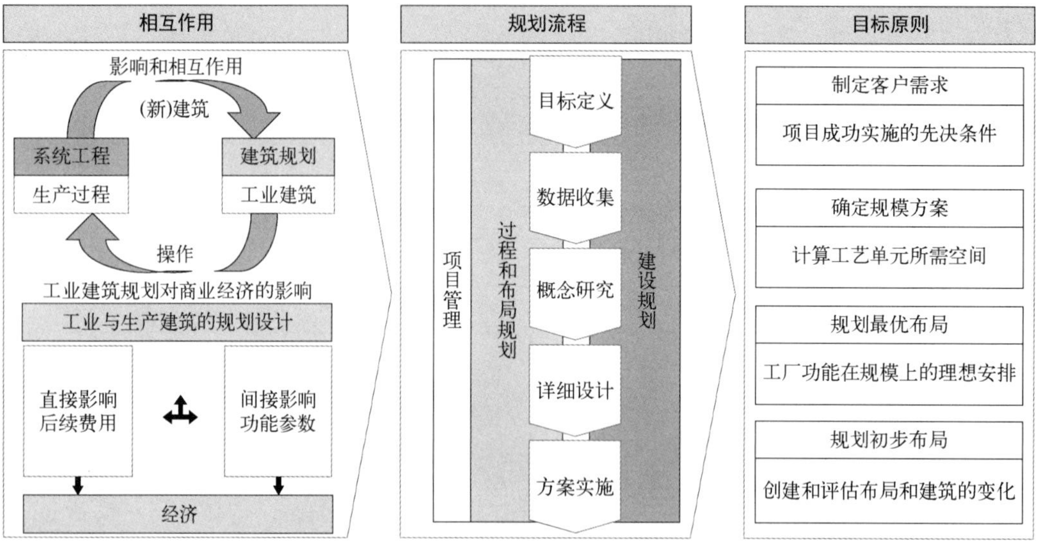

图 8-36　工厂布局与建筑协同规划原则

② 规划流程。根据工厂布局与建筑协同规划过程，纵向流程可分为目标定义、数据收集、概念研究、详细设计和方案实施五个阶段，均包含系统工程及体系结构规划；横向流程可分为项目管理、过程和布局规划和建设规划三个方面。

③ 目标原则。在项目初始阶段，明确客户需求是项目成功实施的先决条件。为实现项目目标，各阶段过渡时应进行全面的协调和优化，但优先级和目标的改变或适应是无法避免的，因此，需要采取合适的方式进行可行性分析与证明。

（2）工厂布局与建筑协同规划流程

规划流程分为四个步骤（如图 8-37 所示）：

① 规划初期主要关注生产流程规划与工厂布局规划，并确定理想方案，两个规划过程都是从向规划者和顾问传达基本数据开始。

② 在概念上开发规模功能方案，这取决于有关生产过程、物料流、供应链等生产过程相关数据的集成。

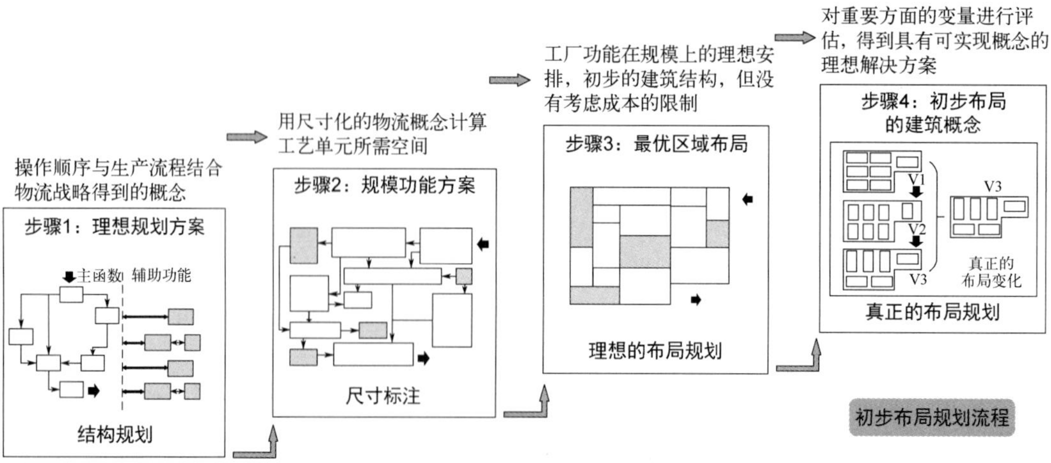

图 8-37　工厂布局与建筑协同规划流程

③ 最优区域布局表示工厂功能上的最优性，但并没有考虑到经济上的限制，而真实布局考虑所有已知的限制以及与建筑规划有关的场地和建筑要求，如果地点尚未选定，建设规划可以提供替代方案和评估。

④ 工厂布局与建筑协同规划流程的结果是具有可实现概念的定量和定性的初步布局规划。

（3）工厂布局与建筑协同规划影响因素

随着工厂布局方案的不断优化，建筑结构成为优化过程中重要的影响因素。因此，协同规划效果将直接影响生产成本降低、能耗物资减少、产品质量提高以及生产能力提升的程度。客户需求是智能工厂布局与建筑协同规划影响因素的基础，主要目的是明确工作范围、确定协同规划详细目标。工厂布局与建筑协同规划影响因素如图 8-38 所示。

① 软件需求工程专业知识：需要了解并遵循客户需求相关方面的逻辑。

② 客户导向经营战略：以客户为中心，用战略管理的思想满足客户需求。

③ 现状分析：对现有协同规划方案进行分析，并制定后续优化方案。

④ 建筑及业务费：包括直接费和间接费。

⑤ 运营成本：工厂生产产品以及提供劳务的成本。

⑥ 客户专用设备：按照客户需求定制的具体设备。

⑦ 业务视角：承接客户需求，并且推动业务向正确的方向发展。

图 8-38 工厂布局与建筑协同规划影响因素

⑧ 投资者：创造财富的同时分担风险和分享收益。

⑨ 客户预期：了解清楚各个需求方的需求、优先级和方案预期。

⑩ 柔性：确认建筑的结构形式中不可变动部分的墙体会不会影响建筑的重新布局，影响程度越小，柔性越好。

⑪市场定位网络：包括顾客服务定位、网站类型定位和服务半径定位等。

8.4 智能工厂生产质量管理规划

8.4.1 质量管理体系对比分析

质量管理体系是组织内部建立用于实现质量目标的系统性质量管理模式，一般包括管理活动、资源提供、产品的实现、测量、分析与改进活动的相关过程，涵盖了订单与产品全生命周期的纠正与改进活动。各种质量管控体系的对比分析如图 8-39 所示。

对比	主要内容	特点	适用场合
统计过程控制(SPC)	•用统计技术对过程进行评估监控 •建立并保持过程处于稳定的水平	•全系统、全过程、全员参与 •科学方法保证全过程的预防原则 •可用于服务过程和一切管理过程	适用于重复性生产过程，多用于流水线生产
全面质量管理(TQM)	•以质量为中心，以全员参与为基础 •通过让顾客满意使组织收益最大	•全面性：面向企业管理全过程 •全员性：依靠全体职工一起努力 •预防性：在问题发生前解决问题	适用于涉及数据量较大的生产场景
六西格玛管理(6σ)	•改善企业质量流程管理 •以“零缺陷”来带动质量大幅提高	•对顾客需求的高度关注 •高度依赖统计数据 •重视改善业务流程	适用于对产品质量要求高、需要提前进行管理的场景
失效模式分析(FMEA)	•对子部分进行分析，找出所有潜在的失效模式 •分析可能的后果并预先采取措施	•指出设计可靠性弱点并提出对策 •利用实验设计或模拟分析，对不适当的设计，实时加以改善	适用于产品开发和设计阶段，多用于分析过程
卓越绩效模式(PEM)	•对领导、战略、顾客和市场、测量分析改进、人力资源、过程管理、经营结果等维度综合评价	•从企业经营管理角度出发，更关注企业运营结果 •更注重与优秀、标杆企业的对比	用于构建企业运营的管理框架，多用于顶层设计
质量先期策划(APQP)	•一种用来制定确保某产品使顾客满意所需步骤的结构化方法	•目标明确：满足要求，持续改进 •按规定的方法和组织形式策划 •横向协调保证跨职能活动效率	适用于生产线的搬迁、重新改变工厂的布局等场景
测量系统分析(MSA)	•对构成测量系统的各个影响因子进行统计变差分析和研究以得到测量系统是否准确可靠的结论	•测量系统处于统计控制中 •测量系统变差小于制造过程变差	适用于数据量少、需要浮现式设计与实践的场景

图 8-39　质量管理体系对比分析

8.4.2　生产质量管控方法规划

生产质量管控方法是在企业质量管理体系下，详细规划并用于保障生产过程质量管控的一系列实施方法及活动，其中，最重要的是质量检验与质量控制。

（1）质量检验

严格的质量检验是保障产品质量的根本保障，生产过程质量检验的目的不仅用于筛选不合格品，还可以通过收集和积累数据发现大量的质量问题。按照质量检验方式的不同，可以分为以下 10 类，如图 8-40 所示。

① 按生产过程顺序可以分为进货检验、过程检验、最终检验。

② 按检验地点可以分为集中检验、流动检验、现场检验。

③ 按检验方法可以分为感官检验和理化检验。

④ 按被检产品数量可以分为全检（全数检验）、抽检（抽样检验）和免检。

⑤ 按质量特性数据可以分为计量值检验和计数值检验。

分类形式	检验类型	方式概述	执行特点	应用阶段					
				仓储	物流	加工	检测	装配	包装
生产过程顺序	进货检验	在原材料入库之前进行的检验	从源头控制使用原材料的质量	●	○	○	○	○	○
	过程检验	在产品形成过程中对产品特性进行的检验	保证工艺要求被贯彻执行	○	○	●	○	○	○
	最终检验	在生产结束后产品入库前进行的全面检验	减少了流向顾客的不合格品	○	○	○	○	●	○
检验地点	集中检验	在一个固定的场所进行检验	流程固定，检验效率高	○	○	○	○	●	○
	现场检验	在生产现场或产品存放地进行检验	便于发现问题后及时修改	○	○	○	○	●	○
	流动检验	在生产现场对制造工序进行巡回质量检验	追溯产品质量，减少瑕疵品数	○	○	●	○	○	○
检验方法	理化检验	依靠量检工具、仪器、测量装置等进行检验	适合对质量要求高的产品	○	○	○	○	●	○
	感官检验	依靠人的感觉器官对产品的质量进行评价	适合对质量要求低的产品	○	○	○	○	●	○
被检产品数量	全数检验	对提交检验的产品逐件按规定标准全数检验	需提供完整的检验数据信息	○	○	○	○	●	○
	抽样检验	通过对样本的检验推断批合格或批不合格	检验的单位产品数量少	○	○	○	○	●	○
	免检	对信得过产品在买入时执行免检	质量稳定，拥有质量保证体系	○	○	○	○	○	○
质量特性数据	计量值检验	根据产品数据与标准对比判断产品是否合格	企业自检合格的产品	○	○	○	○	●	○
	计数值检验	采用界限量规(如塞规、卡规等)进行检验	检验费用低	○	○	○	○	●	○
检验后样品状况	破坏性检验	将被检验的样品破坏以后才能取得检验结果	抽样的样本量小，检验风险大	○	○	○	○	●	○
	非破坏性检验	产品不破坏、质量不发生实质性变化的检验	不影响产品功能作为前提	○	○	○	○	●	○
检验目的	生产检验	在生产过程中的各个阶段所进行的检验	对产品质量的监控力度大	●	●	●	●	●	○
	验收检验	顾客在验收企业提供的产品时进行的检验	执行与供方确认后的验收标准	○	○	○	○	○	●
	监督检验	独立检验机构从市场抽取商品的监督检验	由外部机构对质量进行监控	○	○	○	○	○	●
	验证检验	独立检验机构抽取样品进行质量检验	外部机构对样品进行检验	○	○	○	○	○	●
	仲裁检验	双方因质量发生争议时由独立检验机构检验	检验有依据，对比结果和依据	○	○	○	○	○	●
供需关系	第一方检验	企业对自己所生产的产品进行的检验	企业针对自身问题进行纠错	●	●	●	●	●	○
	第二方检验	对原材料等进行的检验称为第二方检验	产品需求方针对问题进行纠错	●	●	●	●	●	○
	第三方检验	政府部门所授权的独立检验机构检测	外部机构针对问题进行纠错	●	●	●	●	●	○
检验人员	自检	操作工人对自己所加工的产品所进行的检验	工人自己对自己的问题反思	○	○	●	○	○	○
	互检	同工种或上下道工序的操作者相互检验	工人和工人之间查找问题	○	○	●	○	○	○
	专检	质量检验机构专职从事质量检验的人员检验	外部机构向操作人员指出问题	○	○	●	○	○	○
检验系统组成部分	逐批检验	对生产过程中生产的每一批产品进行检验	以固定生产数量对节点检验	○	○	○	○	●	○
	周期检验	每经过相同的时间间隔进行的检验	以固定时间间隔对节点检验	○	○	○	○	●	○

图 8-40　检验方式对比表

⑥ 按检验后样品状况可以分为破坏性检验和非破坏性检验。

⑦ 按检验目的可以分为生产检验、验收检验、监督检验、验证检验、仲裁检验等。

⑧ 按供需关系可以分为第一方检验、第二方检验和第三方检验。

⑨ 按检验人员可以分为自检、互检和专检。

⑩ 按检验系统组成部分可以分为逐批检验和周期检验。

（2）质量控制

质量控制（quality control，QC）是质量管理的重要组成部分，其目的是确保产品生产过程中各项质量参数达到设计和生产要求。质量控制活动贯穿于项目建设全生命周期，常见的质量控制手段有以下几类：

① 传统 QC 工具。传统 QC 工具能够对数据和资料进行收集、整理和分析，把握客观实际，梳理问题并做出正确判断。传统 QC 工具用途非常广泛，主要用于品质管理及改善。传统 QC 工具分别为检查表、排列图、层别法、因果图、直方图、散布图和控制图。

② 新 QC 工具。新 QC 工具在传统 QC 工具的基础上发展而来，能够应对没有数据或数据不足的情况，很多问题需要相关人员参与共同解决，新 QC 工具可以帮助理解问题、达成共识，进而形成可执行的具体方案。新 QC 工具为关联图、亲和图、系统图、矩阵图、矩阵数据分析法、过程决策程序图和控制图，如图 8-41 所示。为了便于对比传统 QC 和新 QC 工具的区别，梳理了图 8-42 所示的对比图。

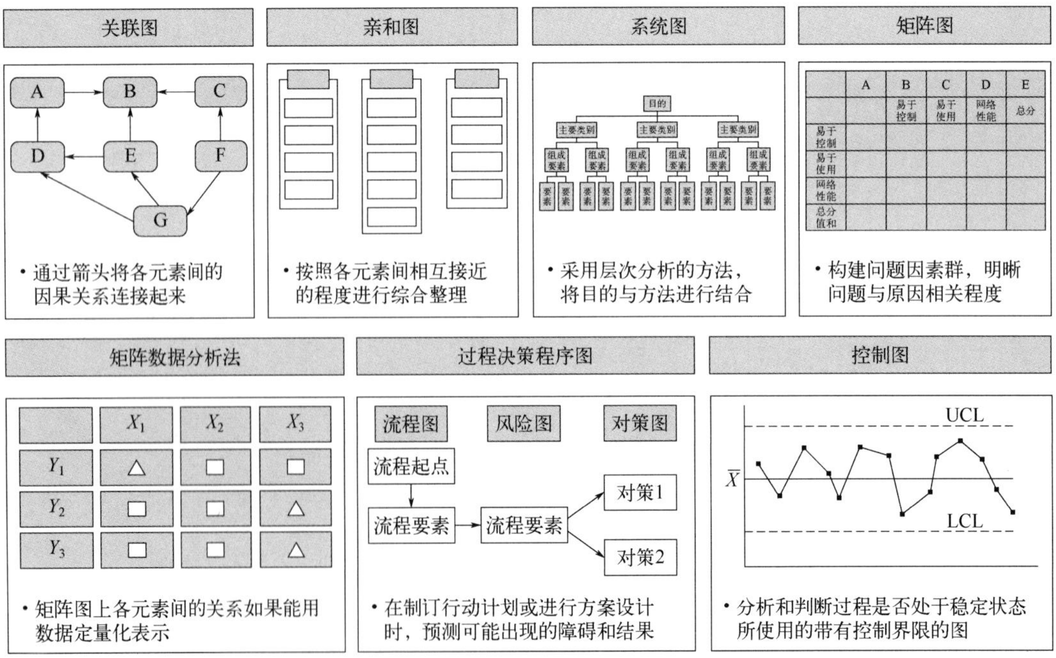

图 8-41 新 QC 七大工具

③ 统计过程控制。统计过程控制（statistical process control，SPC）是指应用统计分析技术对生产过程的质量异常及趋势进行实时监控、预测与报警，进而达到提高和控制质量的目的，SPC 统计技术的具体分类如图 8-43 所示。

质量控制工具		应用场景	优势与限制	注意事项
传统QC七大工具	检查表	·收集、管理日常与收集数据	·简单、广泛、有效，并可事先防止 ·细密度不够	·项目考虑要周详
	层别法	·发现、界定问题并分析原因与影响	·有比较的作用，可以发现不同点 ·数据收集难	·注意性质分类
	排列图	·掌握问题点与要因 ·确认改善效果	·重点把握清楚并通俗易懂 ·无法表现可行性	·表示基准要正确
	因果图	·整理问题、分析原因和对策	·分类清楚并且制作简便 ·无法显示出重点	·归类要正确
	直方图	·测知制程能力、数据的真伪	·品质特性分配易于显出 ·数据收集费时	·纵坐标以0为基准
	散布图	·测知制程能力、数据的真伪	·品质特性分配易于显出 ·数据收集费时	·需从全局考虑整体系统的状态
	控制图	·用于掌握数据全体形态	·发现问题明确并且趋势明朗 ·上下界难以界定	·异常要加以注意
新QC七大工具	关联图	·制定、展开质量管理方针等	·使用容易并且花费时间短 ·不适用广泛性问题	·需要把握重要因素
	亲和图	·研究开发、预测及TQM推行	·组员互相不熟悉仍可应用 ·需要整体保持一致	·相关性与亲和度需要重点注意
	系统图	·企业各项管理活动的展开	·层次分明且因果架构明确 ·复杂问题应用困难	·因果关系及层级架构要分明
	矩阵图	·设定系统产品开发、QFD	·利于企业之间进行多元性思考 ·数据表示能力较弱	·资料评价困难
	矩阵数据分析法	·分析含有复杂因素的工序	·可以计算出各种成分的特征值 ·要借助计算机	
	过程决策程序图	·从全局、整体掌握系统的状态	·前后关系明确、进度易于掌握 ·使用方法较为复杂，使用难度较大	·需从全局考虑整体系统的状态
	控制图	·制订详细计划、及时调整计划	·前后关系明确、进度易于掌握 ·全盘了解才能制作	·需要注意控制图中关键节点

图 8-42 传统 QC 工具和新 QC 工具对比分析表

工业中的过程控制是指以温度、压力、流量、液位和成分等工艺参数作为被控变量的自动控制。SPC 主要包括操作员培训、材料变更、设备维护、人员沟通、车间温湿度、参数变化等，过程中被量化指标的波动是造成“品质”变异的主要根源，“品质”变异的大小更是决定利润多少的关键。

SPC统计技术		
SPC管制图	SPC分析	SPC指标参数
·均值极差管制图 ·不良率管制图 ·不良数管制图 ·缺点数管制图	·柏拉图 ·直方图 ·散布图 ·鱼骨图 ·趋势图	·制程能力指数CPK ·单位产品缺陷率DPU ·过程能力指数PPK ·机会缺陷率DPO ·百万分率PPM ·百万机会缺陷数DPMO ·首次通过率FTY ·一次通过率FPY ·流通合格率RTY

图 8-43 SPC 统计技术分类表

生产过程中，人（如质量意识、技术水平、文化素养、熟练程度、身体素质）、机器（如设备精度、维护保养状况等）、材料（如化学成分、物理性能和外观质量等）、方法（如加工工艺、操作规程和作业指导书等）、测量（如测量手段和测量方法等）、环境（如温度、湿度、含尘度、照明、噪声、振动等）都会对生产质量产生变化，从而导致质量差异性的出现。

④ 防错法（Poka-Yoke）。Poka-Yoke 又称防呆法，是预防性质量控制手段，通常在作业过程中，采用各种防错措施消除生产过程中的错误或使错误发生的概率降至最低，让作业人员不需要依靠记忆将工作正确完成，如图 8-44 所示。

a．防错模式。Poka-Yoke 针对不同过程和失误的类别采取不同的防错模式，包括有形防错、有序防错、编组和计数式防错、信息加强防错，具体描述如下：

a）有形防错是针对产品、设备、工具和人员等制造资源的物质属性所采用的一种硬件防错模式。

b）有序防错针对过程操作步骤，优先对易混易错的作业步骤进行作业，再对其他步骤进行作业的防错模式。

c）编组和计数式防错模式是通过分组或编码方式防止作业失误。

d）信息加强防错模式是通过在不同地点、不同作业者之间传递特定产品信息以达到追溯目的的一种防错模式。

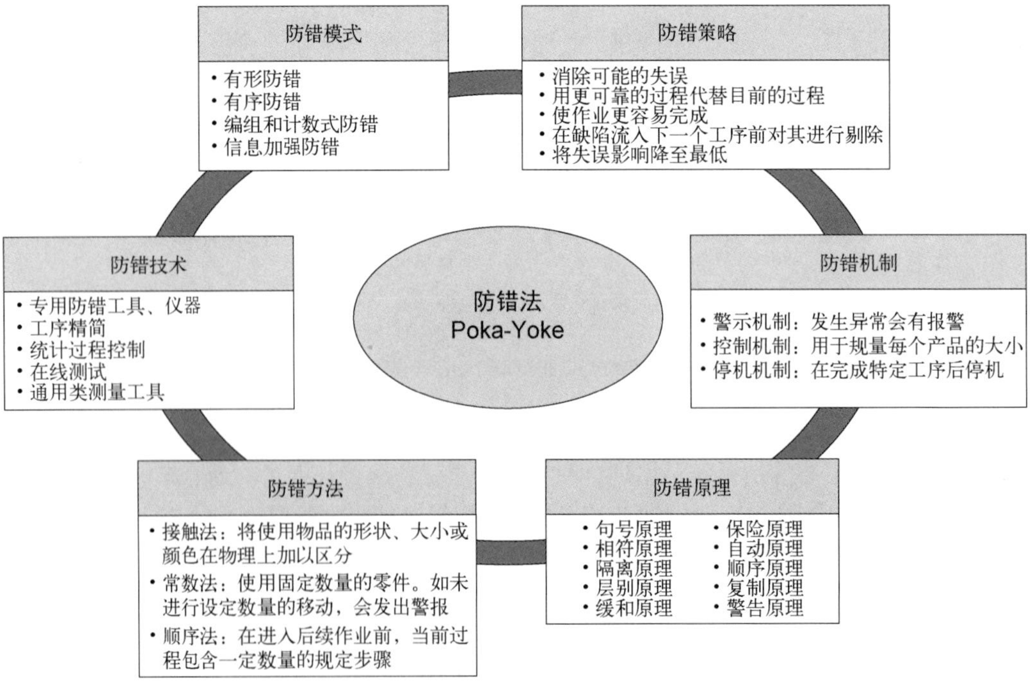

图 8-44　Poka-Yoke 概述

b．防错策略。Poka-Yoke 的目的是制定一种避免制造过程中出现错误的策略，防错策略可以分为消除、替代、简化、检测、减少 5 种，具体描述如下：

a）消除失误是最好的防错方法，可以从源头防止失误和缺陷，符合质量的经济性原则，是防错法的发展方向。

b）替代法是对硬件设施进行更新和改善，使生产过程不过多依赖于作业人员，从而降低由人为原因造成的失误占比。

c）简化是通过合并、削减等方法对作业流程进行简化，流程越简单，出现操作失误的概率越低。

d）检测是在作业失误时自动提示的防错方法，可通过计算机软件实现，是目前广泛使用的防错方法。

e）减少是从失误所造成的损失角度出发，即发生失误后，将损失降至最低或可接受范围内，目前许多智能设备均在一定程度上具备该功能。

c．防错技术。Poka-Yoke 针对不同的生产装配过程采取不同的防错技术来降低错误发生的次数，主要包括以下五个方面的防错技术，具体描述如下：

a）专用防错工具、仪器：指采用专门防错工具、仪器、软件等来防止失误产生，防止由于作业员失误造成的人身伤害和产品缺陷。

b）工序精简：是削减、简化和合并作业工序和作业步骤来达到减少失误的目的，此种方法在企业中被广泛应用。

c）统计过程控制：可以实时发现过程的特殊变异，有利于尽快实施改善而将损失降到最低，统计过程控制是目前较为广泛采用的防错技术。

d）在线测试：是在作业流程中加入检验工序，防止缺陷传递到客户或后续工序的防错手段，几乎所有制造过程均采用该方式进行质量控制。

e）通用类测量工具：可以迅速判断产品是否合格，通过测量取得连续数据，具备高效、低成本、不依赖作业人员、判断准确的优势。

d．防错原理。Poka-Yoke 基本原理是用一套设备或方法使作业者在作业时可以直接且明显地发现缺陷或在操作失误后不产生缺陷，主要原理描述如下：

a）句号原理：将会造成错误的原因从根本上排除，使其不会造成错误。

b）保险原理：借助两个以上的动作必须共同执行才能完成防错。

c）自动原理：以各种光学、电学、力学、机构学、化学等原理来限制某些动作的执行或不执行，以避免错误的发生。

d）相符原理：检验核对动作是否符合标准，来防止错误的产生。

e）顺序原理：避免工作顺序或流程前后倒置，可依编号顺序排列。

f）隔离原理：通过分割不同区域避免造成危险或错误。

g）复制原理：同一件工作如需做两次以上，最好采用复制方式来达成，可保证省时且不发生错误。

h）层别原理：为避免不同层级的工作混淆与操作失误，设法将其区分。

i）警告原理：以声光等方式显示出各种警告信号，避免错误发生。

j）缓和原理：以各种方法来减少错误发生后所造成的损害，虽然不能完全排除错误的发生，但是可以降低其损害的程度。

e．防错方法。Poka-Yoke 作为一种质量工具，要么消除错误，要么减少犯错机会以及由其引起的缺陷，降低成本并提高质量，常用 3 种方法描述如下：

a）接触法：将使用物品的形状、大小或颜色在物理上加以区分。

b）常数法：使用固定数量的零件，不符合要求则会触发警报以防止异常。

c）顺序法：在进入后续作业前，当前过程包含一定数量的规定步骤。

f. 防错机制。Poka-Yoke 的防错机制代表一种强制手段，意味着当发生问题时采取措施，共有 3 种防错机制，具体描述如下：

a）警示机制：在产品生产过程中如果发生异常则会触发报警。

b）控制机制：用于测量每个产品的大小，剔除不合格产品。

c）停机机制：完成某一步特定工序后停机检测，防止后续产生错误。

g．Poka-Yoke 应用步骤。Poka-Yoke 的应用步骤可以分为追溯期、分析期和改善期，详细介绍如图 8-45 所示。

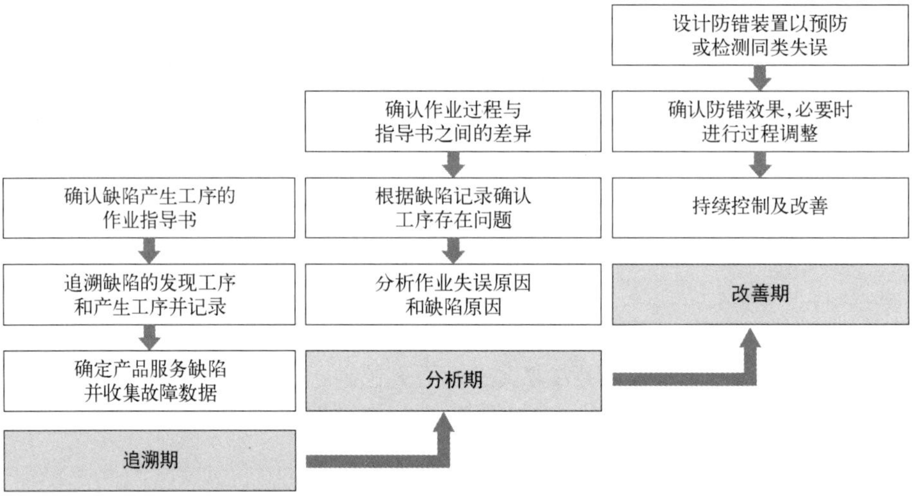

图 8-45　Poka-Yoke 应用步骤

8.5 柔性智能化产线规划

8.5.1　产线规划流程介绍

生产线（产线）是工厂中组织产品生产的最核心载体，也是企业数智化转型的核心。智能化产线的实施可以为企业带来巨大的价值，不仅能够提高车间基础生产能力和综合集成水平，而且还能够带动企业整体的数智化转型升级，占据价值链顶端。

柔性智能化产线规划既需要考虑当前基础，也要考虑自动化、数字化与智能化转型升级需求，综合考虑并选择经济可行的实施方案。产线规划的流程可分为五步：

① 分析企业当前需求，综合考虑作业安全、劳动强度、生产柔性与质量等核心因素。

② 对产线进行概念规划，如工时测定与校核、工艺规划、工艺路线规划以及产品产量分析、布局与物流规划等。

③ 基于产能需求，计算生产工位以及资源的规模与数量，进行工位作业内容划分，

选择需要自动化实施的工序并对其进行详细设计，输出相应工序的自动化需求方案以及产线整体硬件架构。

④ 对方案进行综合评估与仿真分析。

⑤ 输出确定规划方案。

详细产线规划流程如图 8-46 所示。

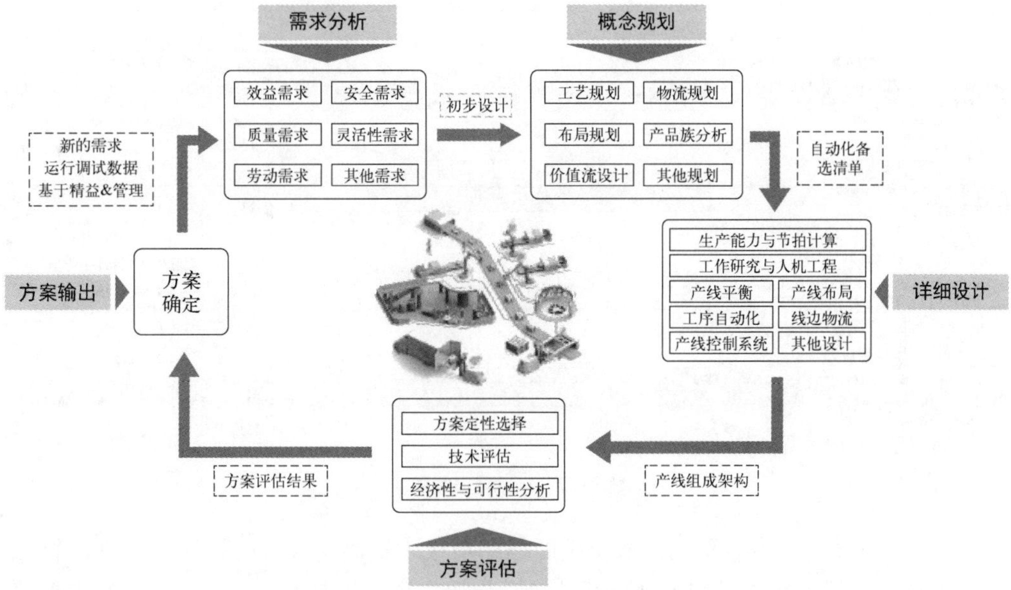

图 8-46　智能化产线规划流程

8.5.2　产线规划需求分析

产线规划前，需要分析规划需求并明确规划目标。产线规划的需求类型分别为效益需求、质量需求、劳动需求、安全需求、灵活性需求及其他需求，如图 8-47 所示。

① 效益需求。产线可以在较长时间内以相对恒定节奏执行生产任务，通过提升累积效率来增加整体产量，产线规划中自动化设备规划可以减少企业对大量劳动力的需求，减少生产波动性与质量不一致性。

② 质量需求。自动化设备能够按照公差要求进行生产，进而保证产品质量。自动化设备和现代数字化分析工具可跟踪产品的整个加工过程，在生产过程中及时发现产品缺陷或质量问题。

③ 劳动需求。自动化机器和工控软件能够从事具有重复性、耗时和存在潜在危险的作业任务，设备可以独立完成工作，也可以与人员协同完成工作。

④ 安全需求。降低安全风险、减少环境影响和满足安全监控要求也是影响产线自动化设备规划与投资决策的重要因素。

⑤ 灵活性需求。产线中自动化设备规划在考虑效率等规划目标时，也需要考虑定制化生产需求下的柔性目标，如通过 AGV 连接各自动化单元大大降低了产线输送系统的刚性，提高了生产的柔性，进而满足灵活的生产任务需求。

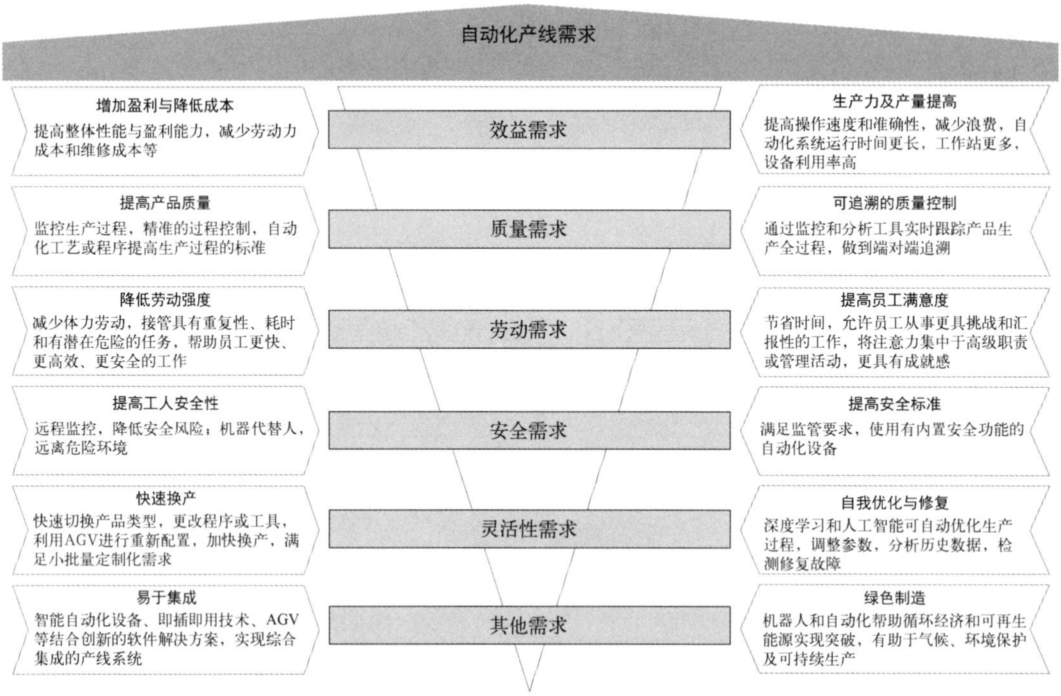

图 8-47 自动化产线需求

⑥ 其他需求。传感器和执行器使用即插即用技术提高了设备的模块化与制造物联能力，自主移动机器人等先进装备结合开放自动化等先进工控系统的创新解决方案，能够大幅度提升产线的集成效率与可重构能力。

8.5.3 产线整体架构规划

在新一轮产业变革浪潮下，以自动化为基础的产线，正在面临新一代信息技术（如云计算、边缘计算、大数据、物联网等）与先进制造技术（如机器人、自动加工设备、数控机床）的深度融合，进而引发产线控制架构的整体变革。因此，在进行产线规划时，需要结合自动化技术发展，选择产线的组成与整体架构。产线主要包括机加单元、装配单元、仓储单元、物流单元、质检单元及控制系统六部分，同时按照执行资源、传感资源、控制资源和其他资源对每个单元的组成资源进行分类，其映射图如图 8-48 所示。

① 机加单元。一般包括工业机器人、数控机床（computer numerical control，CNC）、3D 打印、注塑机等加工设备类、工装夹具类资源以及 PLC、人机界面（human machine interface，HMI）、RFID 等工控类资源，机加单元在工控系统管控下能够根据产品工艺要求进行无人化加工，同时通过设备参数调整、夹具更换等，满足更加灵活的生产需求。

② 装配单元。一般包括协作机器人、智能拧紧设备、压装设备等装配设备类、工装类资源，以及 PLC、HMI、RFID 等工控类资源，主要用于完成对加工后的零部件进行组装，设计要考虑具体的产品结构特征和装配工艺要求。

③ 物流单元。主要负责不同作业单元之间的物流衔接，采用自动化物流设备（如 AGV、自动化输送线、桁架机器人）等能够有效提高物流的效率。

产线资源分类		自动化产线组成单元				
		机加单元	装配单元	物流单元	仓储单元	质检单元
执行资源	机器人(工业、协作)	●	●	●	●	●
	CNC加工资源	●	○	○	○	○
	智能拧紧资源	○	●	○	○	○
	自动压装资源	○	●	○	○	○
	自动化测量资源	○	○	○	○	●
	自动化仓储资源	○	○	○	●	○
	AGV无人搬运资源	○	○	●	●	○
	各类自动化输送线	○	○	●	●	○
	其他设备	●	●	●	●	●
传感资源	RFID技术	●	○	○	●	○
	条码枪	●	○	○	●	○
	各类传感器	●	●	●	●	●
	机器视觉	●	●	●	●	●
	UWB技术	○	○	○	○	○
控制资源	PLC	●	●	●	●	○
	HMI	●	●	○	○	○
	DCS	●	●	●	●	○
	SCADA	●	●	●	●	●
	MES	●	●	○	○	○
	WMS	○	○	○	●	○
其他资源	机器人工装	●	●	○	○	○
	零点快换工装	●	●	○	○	○
	变位工装	●	●	○	○	○
	柔性夹紧系统	○	●	○	○	○
	智能仓库管理系统	○	○	○	●	○
	PTL(电子物料超市)	○	○	○	●	○
MES 生产执行 订单管理 计划管理 质量管理 物料管理 数据管理…				SCADA 主站端 通信系统 远程终端单元…		

图 8-48 产线映射图

④ 仓储单元。主要负责生产线各种状态物料的存储，包括自动化立库、堆垛与分拣装置、自动识别装置（如 RFID、条码等）与信息化控制终端等。

⑤ 质检单元。运用机器视觉、AR 检测、数智化测量仪等智能检测设备，对产品进行质量检测与监控，非接触式无人检测可有效减少质量缺陷的传递。

⑥ 控制系统。基于 SCADA 组态控制系统与 MES 制造执行系统对生产过程进行实时全局管控和调度，保证生产线正常运行，并且不偏离生产目标。

8.5.4 影响产线规划主要因素分析

如图 8-49 所示，有效的产线规划需要考虑较多的影响因素，如在对产线规划方案进行分析决策时，首先进行市场调研与对标分析，了解技术发展趋势、方案周期、未来订单等，进行投资回报分析；其次，分别考虑方案的实施成本、灵活性、可靠性、风险等因素，对方案进行综合分析，并结合企业自身情况（如设备和人力资源的可用性、服务效率、库存控制等）对方案进行评估，选择适合企业发展的产线规划方案。

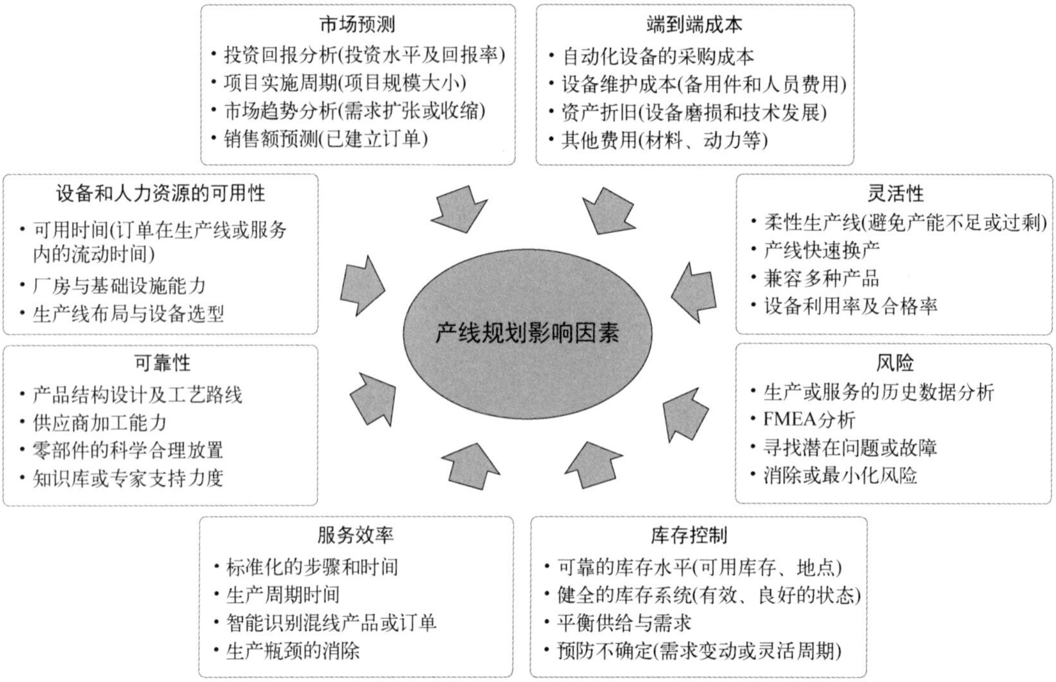

图 8-49　产线规划影响因素

8.5.5　产线规划输出

产线规划中，输出信息主要作为后续建模仿真和详细设计的输入内容，为规划方案仿真分析和产线详细设计方案打下基础。在进行产线规划过程中，需要定义生产流程、资源数量、工艺布局、物流流动以及生产方式等信息，保证后续详细设计和产线仿真的正常进行。

（1）输出信息

生产流程：指在生产工艺中，从原料投入到成品产出，通过一定的设备按顺序连续地进行加工的过程，即产品从原材料到成品的制作过程中要素的组合。

资源数量：指生产过程中需要投入的资源集合，包括设备、人员、原材料和能源等。

工艺布局：指产品生产的工艺流程中，包括机器设备、生产功能在内的工作单位布局方式。

物流流动：指产线运作过程中所需的物流设备型号、种类、数量，物料存储以及物流流转方式等。

生产方式：指产线的形态和运作方式。

（2）产线详细设计有效输出标准

产能明确化：可生产的产品型号和生产节拍明确，同时考虑到生产异常和需求波动，设备的设计产能存有余量。

单件流动化：无在制品积压，基本符合一个流生产模式。

生产同速化：生产线平衡率满足设计要求，整体生产速度较为同步。

工位最优化：工位设计符合就近原则，工位物料、工具摆放合理。

设备弹性化：生产设备可适应多变环境，便于换线换产。

线体模块化：线体设计考虑模块化设计和可连接的工位，方便拆装线体，增加产线柔性。

取料便捷化：作业人员可从产线前方按顺序取料，无动作浪费。

上料专人化：专人负责物料配送补充，空箱回收。

物流通畅化：人物分流设计，物流通道宽敞，畅通无阻。

反馈实时化：产线设置安灯系统，当出现异常时，及时反馈信息，拉动相关人员迅速响应，解决问题。

（3）产线仿真有效输出标准

生产系统仿真一般分为产线布局仿真、工艺过程仿真、生产物流仿真等。一般来说，判断生产系统仿真输出是否有效需要遵循以下原则：

产线布局仿真：符合工艺过程要求；物料搬运时间短；保持生产柔性；空间利用率高。

工艺过程仿真：工艺过程无碰撞、干涉；符合人机工程要求；装配路径最优。

生产物流仿真：优化空间利用率；生产系统能力平衡；优化物流中的瓶颈环节与关键路径。

8.6 规划方案仿真分析

8.6.1 生产仿真软件对比分析

在工厂概念规划阶段，由于各种因素的影响往往会形成多种规划方案，需要通过仿真分析来进行验证，辅助企业选择合适的规划方案开展深入详细设计。规划方案仿真分析首先需要选择合适的仿真软件，以工厂规划的目标（如产能、生产资源配置数量等）为依据，通过不断地仿真以及模型优化，进而达到对方案可行性分析的目的。通过生产仿真能够避免返工以及方案不合理造成的不必要浪费。常用的仿真软件可分为加工工艺仿真、装配过程仿真、生产线布局规划仿真、车间内部物流仿真等几个维度，详细描述如下。

（1）Plant Simulation

Plant Simulation 是一款集成建模、仿真、动画制作和优化等功能于一体的离散事件仿真软件，主要应用于布局、物流仿真，车间产能预测，产线平衡优化，该软件能够通过持续的迭代优化完成对方案的仿真分析。

① 布局、物流仿真。通过遗传算法等工具能够根据各作业单元物流量对各作业单元进行优化排序，通过试验设计（design of experiment，DOE）求出最优物流设施数量与物流路线。

② 车间产能预测。通过时间分布函数、设备故障率等概率事件仿真模拟，预测出未来车间规划方案的产能指标，通过指标对比优化并确定最终方案。

③ 产线平衡优化。通过仿真分析得出产线平衡率，并找出瓶颈问题（如缓存区较小、搬运设备不足、设备负荷较大等）进行优化，实现产线均衡化生产。

（2）Process Designer & Process Simulate

西门子工艺设计与仿真软件（process designer & process simulate，PDPS）是西门子研发的工艺仿真软件，主要应用于加工工艺与装配过程仿真。其中，Process Designer 主要功能是数据管理与工艺规划，通过对生产工艺过程的规划、分析、确认和优化等，缩短产品生命周期；Process Simulate 通过对产品和制造资源三维数据的有效整合，简化复杂制造过程的验证、优化和试运行等工程任务，对产品的制造方法和手段进行虚拟验证。在生产过程建模仿真验证时，一般通过 Process Designer 对生产线工艺结构进行定义，确定装配工艺信息以及装配资源信息，然后在 Process Simulate 中对上述规划进行仿真验证，包括空间、设备与机械手加工作业、搬运流程、干涉、可达性等方面验证。除此之外，PDPS 在人因工程仿真方面应用广泛，如人体创建和姿态调整、视线和抓取包络、手创建和姿态调整、疲劳和能耗分析等。

（3）Visual Components

Visual Components 在智能制造数字化工厂仿真中被广泛应用，能够提供快速、便捷、真实的数字化工厂仿真解决方案，主要用于生产场景布局规划仿真与数字孪生应用验证。在布局方面，其应用程序具有丰富的工业资源模型（如机器人、机床、输送线等），能够支持拖动式快速布局；在流程建模方面，可视工作流引擎可以最大程度减少编程需求，并支持三维场景中的生产流程查看和管理，更易于分析并排除故障和修改布局，同时基于 Visual Components 的丰富的模型库以及通信接口，如 OPC-UA，消息队列遥测传输（message queuing telemetry transport，MQTT）等，Visual Components 也被广泛用于车间数字孪生系统的开发。Visual Components 支持以折线图、面积图、条形图或饼图等形式输出仿真结果（如产线效率、产出率、产线瓶颈、各工位或设备实际效率等），可将三维布局转换成 CAD 工程图纸，支持 VR 等虚拟设备的接入，提供更加沉浸式的模式体验并评估整体的布局与物流方案等。

（4）AnyLogic

AnyLogic 是一款主要针对离散、系统动力学、多智能体混合的系统建模和仿真工具，具备强大的工作流引擎及工作流建模功能，支持离散事件与连续系统的建模与仿真，广泛应用于工厂布局方案验证以及各种复杂场景（如港口、物流中心、交通枢纽等）下的物流仿真模拟，具有二维和三维仿真动画输出功能，具有丰富的可用编程控件（如按钮，滑块，编辑框等）与图形库，能够用于开发具备一定人机交互功能的仿真软件。除此之外，基于 AnyLogic 的通信功能，可用于数字孪生系统的构建与试验验证等。

（5）FlexSim

FlexSim 是面向对象的离散事件仿真软件，广泛应用于生产制造中的物流仿真，其主要功能是通过对物流系统的建模与仿真，支撑工厂布局和物流规划方案的优化与确定。软件具备面向对象的特性，建模过程操作比较简单，支持在平面布置图上通过拖放建立三维模型，也支持用户自定义复杂链接，使建立和完善分散式生产流程简单化，软件的开放性和柔韧性较强，能够为绝大多数产业定制特定模型。

（6）软件对比分析

下面从六个方面展开针对仿真软件各方面特性的对比分析：

① 在仿真类型上，均偏向动态过程仿真，Plant Simulation、AnyLogic 与 FlexSim 具备物流仿真功能，但 AnyLogic 物流场景更加广泛，PDPS 主要用于加工作业仿真与装配过程仿真，Visual Components 多用于产线级的规划仿真，车间级的离散事件仿真功能较为薄弱。

② 在工作环境方面，均支持面向对象的图形化集成建模、仿真与优化。其中，Plant Simulation 与 FlexSim 提供 C++脚本编译环境；AnyLogic 提供统一建模语言（unified modeling language，UML）、Java 脚本编写环境，支持混合状态机来描述离散和连续行为；PDPS 支持 Java 和 Perl 脚本语言环境；Visual Components 也支持语言编译。

③ 在外部数据接口与集成方面，Plant Simulation 支持与数据库平台（如 Oracle）的交互接口，支持基于 Socket 的 PLC 通信接口；PDPS 支持通过 OPC-DA、OPC-UA 或 PLC 模拟器与 PLC 进行通信；Visual Components 支持 OPC-UA 与 MQTT 等通信方式实现与 PLC 以及其他设备的通信和数据采集；AnyLogic 具有开放式的体系结构，可以利用 Java 语言或其他自定义模块与其他软件协同工作，支持对电子表格、数据库、ERP 或 CRM 系统进行数据动态读写与嵌入；FlexSim 支持连接 OBDC（开放数据库互联）数据源并直接输入仿真数据。

④ 在模型的创建与导入方面，均支持以库文件的形式导入建模资源，支持导入 CAD 文件。其中，Plant Simulation 与 PDPS 均具有内置软件包，Visual Components 具有丰富的资源库且支持自定义资源库创建；AnyLogic 支持导入多种格式的图形图像以及数据文件；FlexSim 支持导入 SKP 等格式的 3D 文件和通过软件本身构建的任何虚拟模型。

⑤ 在仿真数据统计分析与输出方面，Plant Simulation 支持自动瓶颈分析、流量分析图、甘特图等生成与输出；PDPS 支持仿真参数查看以及 2D 布局图与仿真视频的生成与导出；Visual Components 支持多样化的数据统计以及高清品质仿真视频、交互式 3D PDF 文件输出；AnyLogic 支持各种二维或三维形式的图形或文件导出。

⑥ 在算法仿真优化方面，Plant Simulation 内置遗传算法，能够优化运算系统关键参数；AnyLogic 与 FlexSim 集成了世界领先的 OptQuest 优化器，使用启发式方法、神经网络和数学优化方法，能够找到使目标函数值最大或最小的离散或连续参数值；FlexSim 模型各部件有 VC++接口，支持自定义嵌入算法编写。

综上所述，对 Plant Simulation、PDPS、Visual Components、AnyLogic 与 FlexSim 仿真软件在方案验证中的不同维度进行对比分析，总结各个软件的相对优势，如图 8-50 与图 8-51 所示。

结合各类软件对比分析结果，总结出使用者关注最多的十个维度进行量化分析，如图 8-52 所示。其中，左侧雷达图为软件性能维度对比，右侧雷达图为软件使用维度对比，各维度具体描述如下。

① 图形建模与信息反馈：体现为丰富的图形库以及图形自定义建模与编辑、出错与警告等类型的信息反馈、虚拟现实支持等。

② 建模效率：体现为模块化设计、仿真模型与数据分离、通用丰富的模板库、组件的自动联结（程序生成器）、模型可移植性与可重构性等。

软件名称 对比项	Plant Simulation	PDPS	Visual Components	AnyLogic	FlexSim
软件功能	离散事件仿真 生产线布局仿真 车间内部物流仿真	工艺规划与验证 离线编程开发 离散事件仿真	离散事件模拟仿真 机器人离线编程开发 数字孪生仿真	多方法通用仿真工具 系统动力学建模仿真 离散事件仿真	离散事件仿真 生产线布局仿真 车间内部物流仿真
应用行业	汽车行业/航空航天/电子机械/医疗保健/物流……	制造业/航空航天/国防等离散制造行业	汽车行业/重型机械行业/工业自动化等	供应链/运输/仓库运营/道路交通……	供应链/制造工厂/包装/仓储/材料处理/航空航天……
兼容软件	Matlab/Excel/CAD/ Teamcenter	Excel/Oracle/CAD	SolidWorks/ Excel/CAD	Excel/Oracle/CAD	Excel/Oracle/CAD
信号接口	PLC/OPC/ OPC-UA/ODBC	OPC-DA/ OPC-UA/PLC	PLC/OPC/ OPC-UA/ODBC	PLC	PLC
编程语言	C++	C#/Java	C#/Python	Java	C++
操作系统	Windows	Windows	Windows	Windows/ Mac/Linux	Windows
概率统计方法	22个预定义分布	ExpertFit	ExpertFit	31个预定义分布/ 自定义分布/ StatFit/ExpertFit	ExpertFit
数据统计	数据表/直方图/ 散点图/桑基图/ 神经网络图 ……	数据表/直方图/ 饼状图/折线图/ 组合图/散点图 ……	直方图/饼状图/ 折线图/组合图/ 散点图/条形图 ……	直方图/饼状图/ 折线图/流程图/ 散点图/条形图	数据表/直方图/ 饼状图/折线图/ 组合图/散点图 ……
优化功能	遗传算法/神经网络/ 爬山算法……	N/A	N/A	OptQuest/ 自定义优化算法 ……	基于OptQuest的优化附加组件/自定义优化算法等

图 8-50　常用生产仿真软件对比分析

Plant Simulation

- 易用的图形化工作环境，支持模块化建模、层次化建模、面向对象的建模方式等
- 支持实时统计对象信息、支持一键瓶颈分析、支持使用流量分析图将物流密度可视化
- 功能强大的优化算法，具有多种系统优化工具，如遗传算法、神经网络等
- 开放的系统架构，便于工厂仿真和其他应用系统进行通信和数据交换等

AnyLogic

- 支持多方法建模环境，基于代理的事件、离散事件与系统动力学建模
- 支持基于云在开发和执行模型时进行编写，并即时在线提供仿真结果
- 可连接Bonsai平台模拟器，为生产制造和运营提供自适应控制和深度强化学习
- 能够构建数字孪生软件进行实验、分析和通信
- 可创建具有可缩放动态等级结构的动画

Visual Components

- 在线模型组件库丰富
- 拖拽式布局搭建
- 模型预留接口，快速修改布局
- 支持对机器人模型进行离线编程仿真
- 软件自带简单模型渲染
- 具有数据统计工具及开放式数据分析功能
- 拥有丰富的信号接口，可以实现数字孪生仿真
- 开放式体系架构，支持自定义导入模型

FlexSim

- 具有完全C++面向对象性
- 无需传统的动态链接库和用户定义变量的复杂链接，容易建立和完善分散式生产流程
- 软件的开放性和柔韧性较强，能够为绝大多数产业定制特定模型

PDPS

- Process Designer支持多种工艺仿真，如点焊、弧焊、激光焊、铆接、去毛刺、抛光、喷涂、滚边等
- Process Designer支持通过干涉检查自动生成跟踪加工曲线所需要的机器人位置与路径
- Process Simulate建模工具的流程逻辑表达方式丰富，支持高复杂流程

图 8-51　常用生产仿真软件优势提炼

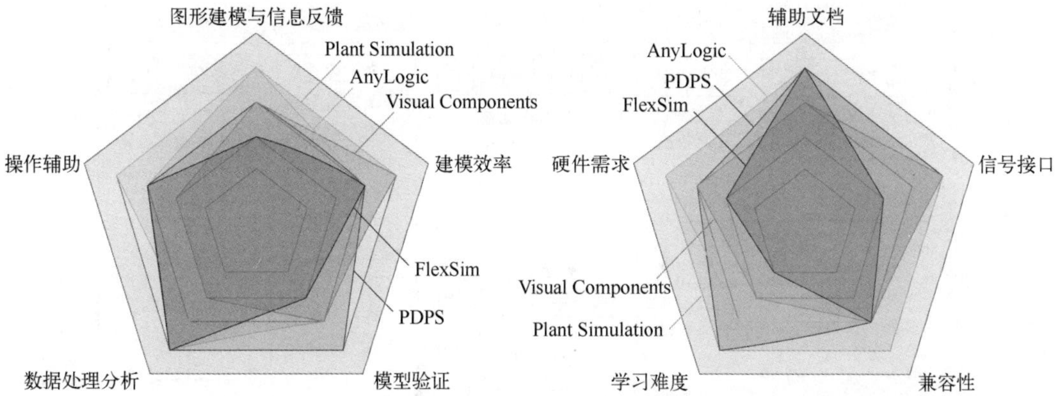

图 8-52　常用生产仿真软件量化分析

③ 模型验证：体现为模型的逻辑检查、逻辑检查结果提示等。

④ 数据处理分析：体现为轨迹文件的生成、多样化数据与报告的输出汇总、数据库的维护、流程分析、分布拟合、拟合度测试等。

⑤ 操作辅助：体现为提供模型的存储检索与管理、模型组件操作、鼠标指定零件加工路径、视角转换、排错难度、模型编辑与改动等。

⑥ 辅助文档：软件操作帮助文档、软件专业功能帮助文档、项目案例文档。

⑦ 信号接口：体现为与同类软件相互关联能力、与相关工业软件关联能力、与相关工业设备关联能力等。

⑧ 兼容性：体现为软件向上兼容能力、软件向下兼容能力、与相关数据类软件兼容能力、与相关建模软件兼容能力等。

⑨ 学习难度：体现初学者快速掌握以及使用者精通应用项目所需时间等。

⑩ 硬件需求：体现为软件基本运行与大型项目运行所需硬件配置等。

8.6.2　仿真流程设计

工厂规划设计方案通过实施验证需要消耗大量的人力与财力，而通过仿真的方法不仅能够对方案进行验证，还可以根据仿真结果进行分析与优化。因此，规划设计方案在实施前需要经过建模与仿真环节，具体如图 8-53 和图 8-54 所示。

① 仿真目标。在进行建模与仿真时，物理系统的实际运行情况与优化改善目标会影响仿真过程与结果。因此，在建模与仿真前首先需要确定研究对象的范围与详细程度，其次才能确定仿真目标。仿真目标根据仿真功能可以分为设计类和运行类仿真目标。

设计类仿真目标关注生产能力、生产工艺、生产物流及车间仓储等，可以为以下问题的决策提供支持：

a．在生产任务一定时，系统所需设备、工具及操作人员的类型和数量。

b．加工设备或物料搬运系统的类型、结构和参数优化。

c．缓冲区及仓库容量的确定。

d．企业或车间的瓶颈工位分析与改进。

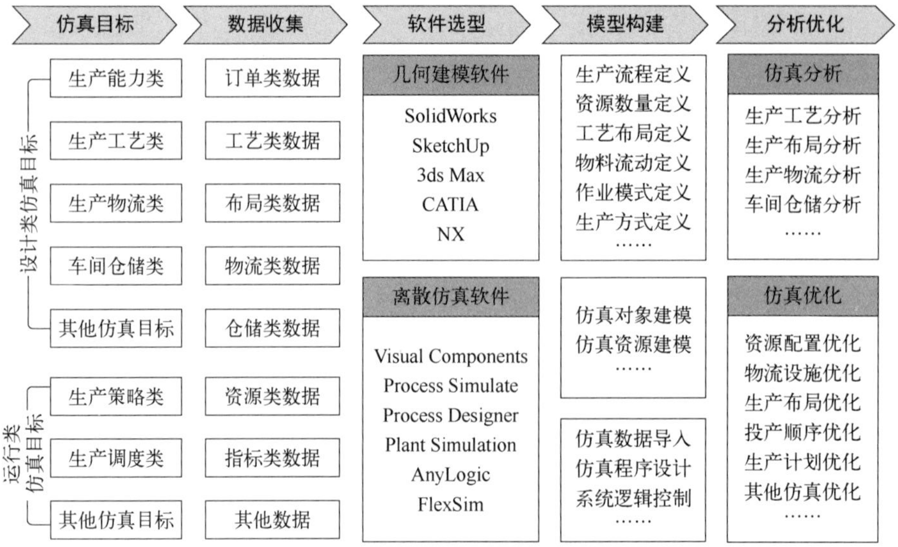

图 8-53　生产系统建模仿真阶段

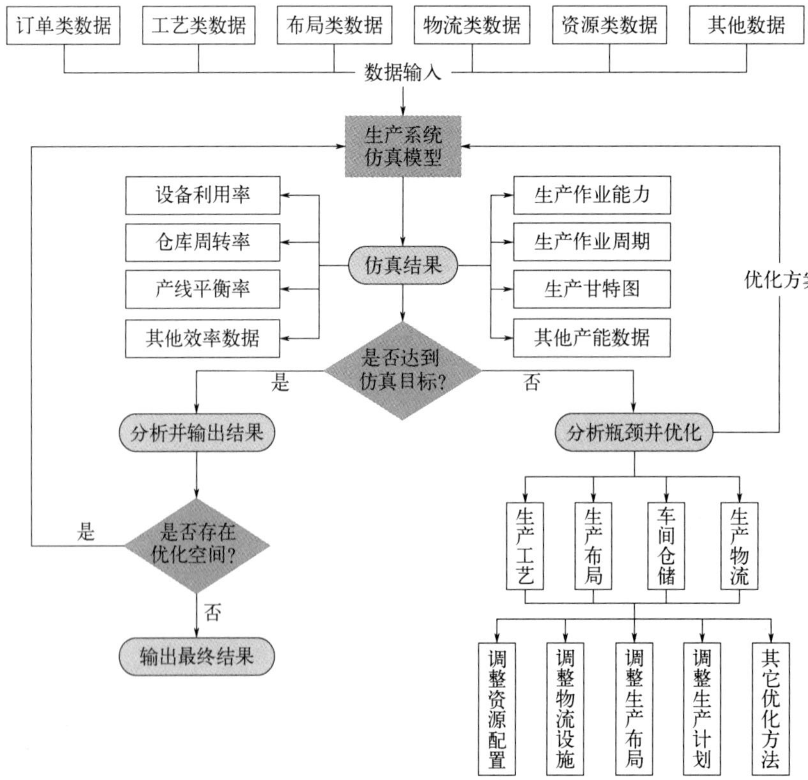

图 8-54　生产系统建模仿真流程

e．设备故障、统计及维护对系统性能的影响。

运行类仿真目标关注系统运营过程中的生产策略以及生产调度与控制等，可以为以下问题的决策提供支持：

a．给定生产任务时，制订作业计划、安排作业班次。

b．制订采购计划，使采购成本最低。

c．优化车间生产控制及调度策略。

d．优化企业制造资源的调度，以提高资源利用率，实现效益最大化。

e．设备预防性维护周期的制定与优化。

② 数据收集。建模仿真过程需要基础数据支持，基础数据的质量（全面性、真实性）对仿真结果的可信性有直接影响，通常包括以下数据：

a．订单类数据：订单数量、订单的工件构成、订单的投放规律等信息。

b．工艺类数据：工序、工时、工具、设备、物料清单、工艺路线等信息。

c．布局类数据：设施布局和物流路径数据，一般为 CAD 文件。

d．物流类数据：物流运输路径、物料配送策略、缓冲区和仓库的位置与容量、出入库策略等信息。

e．故障类数据：设备的故障模式、失效分布、维修特征等数据。

f．质量类数据：缺陷类型、缺陷发生的概率分布、缺陷处理策略等数据。

③ 软件选型。可以根据仿真目标来选择合适的软件，具体可参考各仿真软件的主要应用场景、功能和特色等进行选择。

④ 模型构建。首先，根据仿真目标对布局、生产模式、物料流动及资源数量等进行定义；其次，在仿真软件中创建人员、设备、加工机器及生产工具等对象，并按照规定的布局方式进行摆放；接着，在仿真软件中根据生产系统的仿真需求详细定义对象的属性与仿真流程；然后，在仿真软件中导入基础数据，建立对象与数据之间的关联，并在仿真软件中定义生产资源之间的访问机制与生产流程；最后，在仿真软件中自定义脚本与逻辑控制，完成仿真模型构建。

⑤ 分析优化。基于仿真模型进行模拟运行，并依据仿真结果（如设备利用率、产线平衡率、生产甘特图、生产作业周期、故障统计等）验证模型的有效性，并判断是否达到既定仿真目标并进行分析优化，也可以基于仿真结果指导生产系统规划及后期的运作管理。

8.7 数字化系统规划

8.7.1 业务流程规划

8.7.1.1 业务流程规划的重要性

信息技术的崛起加速了信息化的发展进程，使得企业之间的信息交互愈加紧密。然而，企业信息化与数字化建设，不仅是一门新的技术引入，也是企业管理思想的变革和业务流程的优化与重构。企业通过信息化、数字化建设，提升了运营过程中的各个业务环节的管控能力。由此可见，企业信息化、数字化建设与业务流程具有密切的联系。

企业业务流程规划的目的是要利用新一代信息技术和现代化管理手段，最大限度地实现技术上的功能集成和管理上的职能集成，打破传统的组织模式与企业运营方式，从而建立面向客户的业务流程，剔除无价值的业务流程，以更低成本、更快速度输出客户满意的产品和服务。

企业信息化、数字化建设实践证明，盲目的信息化、数字化建设，将使得传统的企业运营模式固化至信息系统中，进而导致企业无法适应市场变化，造成数智化转型失败，其主要体现如下：

① 业务流程不规范。不规范的业务流程主要依靠管理驱动，易造成业务流程管理失控，一旦管理与监督不到位，流程执行就会出现问题，这种问题无法依靠人员的自觉性来优化调整，也无法对问题点进行有效追溯。

② 业务流程过于复杂。传统的企业运营模式往往存在业务流程长、流程节点多等特点，也使得企业信息化建设难以落实，而如果考虑流程中物品的各种状态及属性，就要建立多个编码、多套 BOM，维护的信息量大。若不考虑，又无法实现状态和属性信息在系统中各个生产环节之间的流转。

③ 各子系统无法有效整合。企业整体业务流程规划环节的缺失，会增强子系统的异构性和孤岛性，各系统之间相对独立，没有统一接口，无法实现数据的共享与集成，直接影响企业信息化的整体建设。

④ 流程优化成本高。企业信息系统与生产运作之间相互影响，当生产运作模式出现变化时，由于业务流程的复杂性，信息系统的更新将耗费大量时间与成本，极大降低企业运作效率，增加了运营风险。

由此可见，企业的信息化、数字化建设与业务流程规划密切关联，业务流程规划在提升信息化与数字化建设的有效性方面发挥着重要作用。

8.7.1.2 业务流程规划方法

(1) 业务流程架构规划

流程架构规划的重点在于以外部客户或市场为导向，识别出直接输出产品或服务的核心价值链及业务流程。同时，需要通过保障核心业务流程正常运作的内部服务和管理监控体系，进而达到管理支撑流程的目的。流程架构模型如图 8-55 所示。

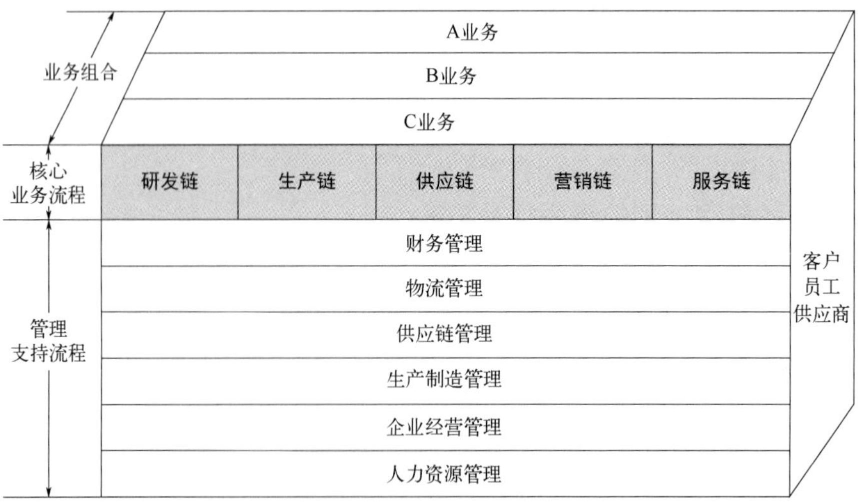

图 8-55 流程架构模型

在流程架构规划过程中，需要根据企业核心业务流程对业务模型进行识别，开展对业务模型和业务流程的梳理，最终以模板或表格的形式规范业务流程。流程架构规划方法如图 8-56 所示。

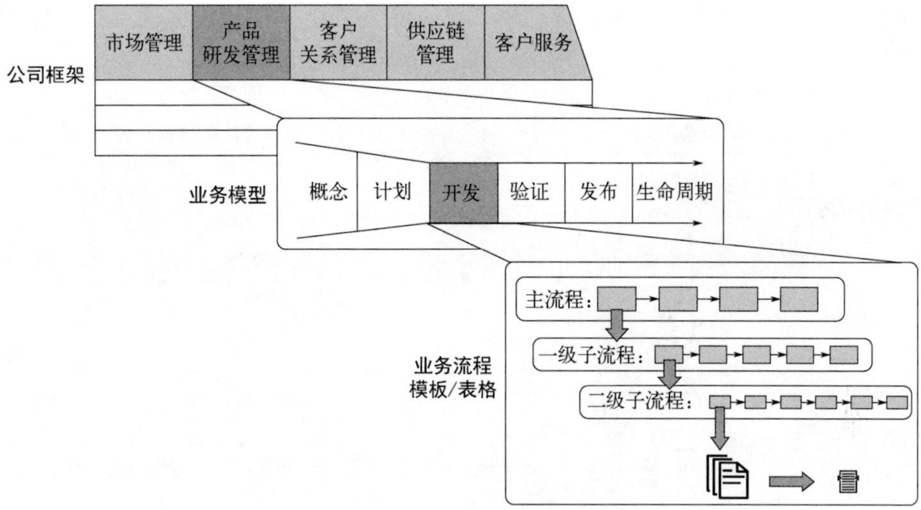

图 8-56　流程架构规划方法

在业务流程梳理过程中，可以根据公司业务性质与业务模式等，对企业的战略流程、运营流程、管理流程进行梳理，识别出企业一级流程，并将一级流程细分为二级流程、三级流程、四级流程等，最终形成包含企业完整业务流的流程架构。流程架构示例如图 8-57 所示。

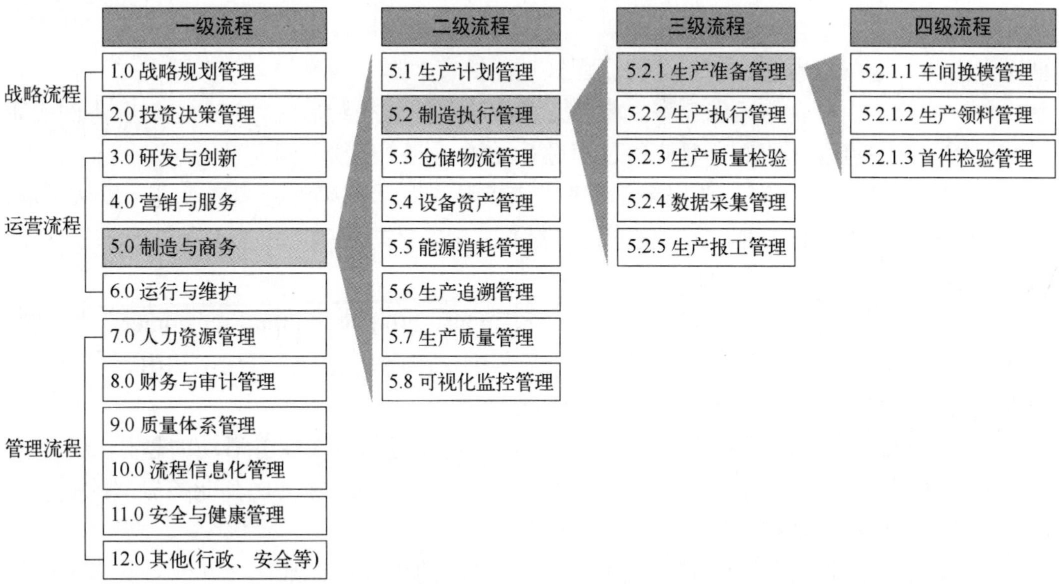

图 8-57　流程架构示例

（2）业务流程规划类型

常见的业务流程规划类型为端到端的流程规划，通过企业端到端的流程及场景，形成流程场景图作为流程架构的主流程图，再根据主流程图进行流程分解，形成业务流程闭环。在此过程中，通过识别业务闭环上的关键业务点，设置业务检查指标，实现业务自查，最终构建出高效的企业运营管理模式，为企业的信息化建设提供支撑，如图 8-58 所示。

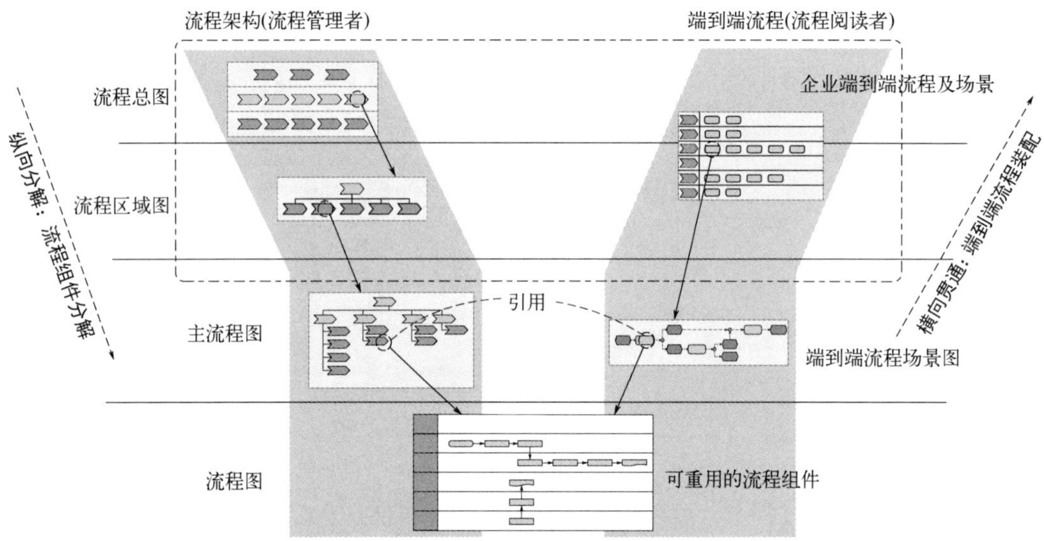

图 8-58　端到端的流程规划

（3）端到端流程规划方法

端到端流程指以供应链中的参与者为输入或输出所组成的一系列连贯、有序的活动而组成的流程。主要从客户需求出发，以市场作为输入和输出，实现高效快捷服务，从而降低企业人工与运营成本等。端到端的流程规划能够有效建立战略与运营对接关系，提升跨部门协同能力，提高企业运作效率，驱动企业战略落地。端到端流程规划是对业务的实质进行分析，并用流程化的语言对业务过程进行描述，主要步骤如图 8-59 所示。

① 确定流程目的。首先要根据流程客户定义标准逐步明确流程客户，进一步从质量、费用、时间、风险四个方面对客户需求进行细化，确定客户关键需求，识别关键业务目标，最终将客户需求转化为流程目的。

② 确定流程范围。采用 SIPOC（supplier、input、process、output、customer，供应者、输入、流程、输出、客户）方法，通过分析流程的供应者、输入、流程、输出、客户五个方面确定流程的范围，并明确组织人员及流程负责人。

③ 确定流程主体。需要从业务价值入手，注重业务本质（业务活动的划分及其逻辑顺序），根据流程范围实现流程图设计。根据所设计的流程内容，考虑其业务流程的关键控制点和业务关键绩效考核指标，从而确定流程主体。

④ 流程详细建模。根据流程范围，对流程图中的内容进行细化，并针对其内容进行建模，以实现流程的结构化与严谨表达。

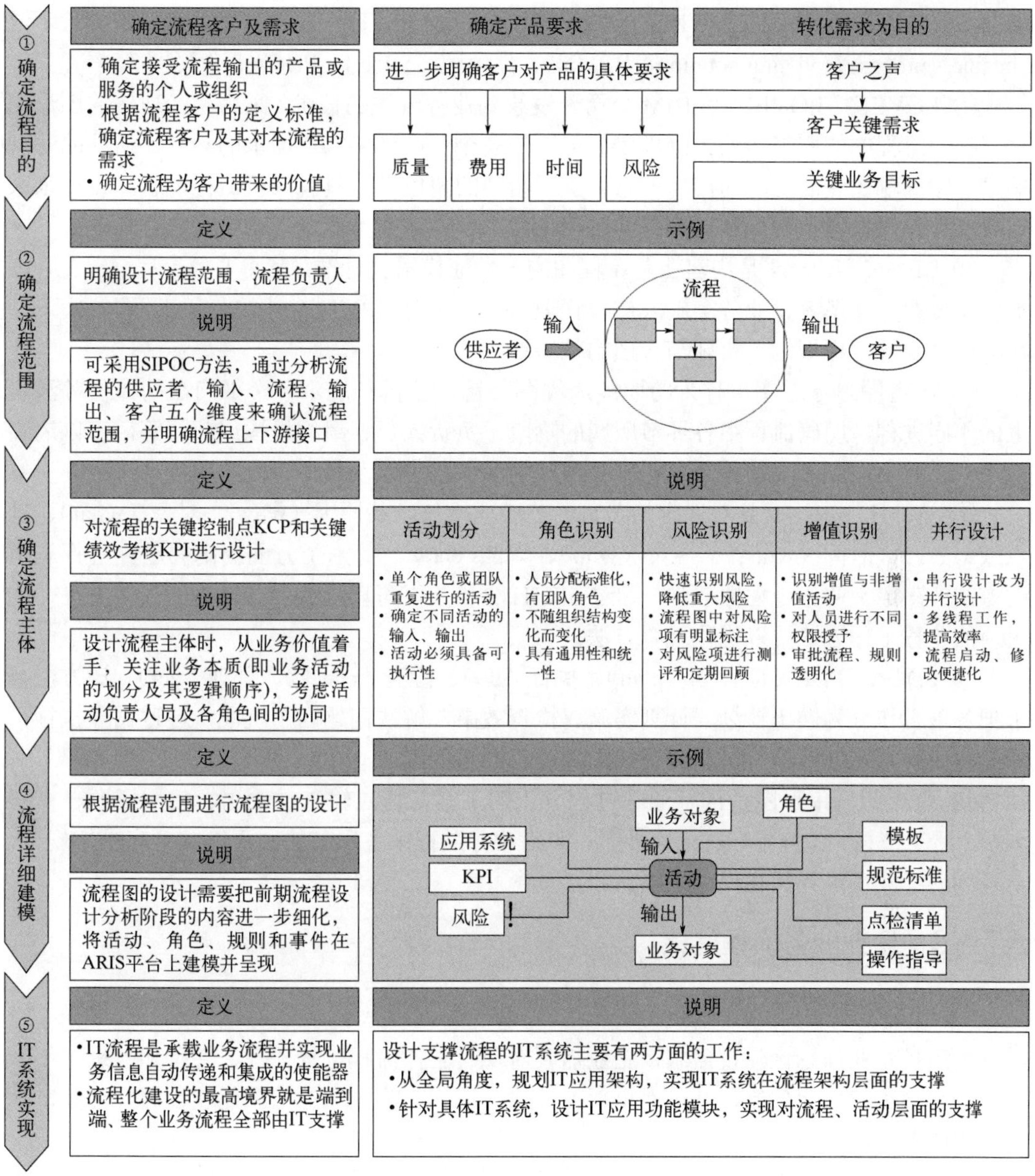

图 8-59　端到端的流程规划方法

⑤ IT 系统实现。流程化建设的高级形式是整个业务流程全部由 IT 支撑，所有作业内容、数据都被 IT 技术承载，实现全流程的集成和自动化。在进行 IT 系统设计时需从全局考虑，规划 IT 系统的应用架构，实现对流程架构的支撑，并根据具体应用场景，设计 IT 系统功能模块，实现对流程、活动层面的支撑。

（4）业务流程规划工具

业务流程规划需要基于业务流确定不同业务间的先后顺序及相互作用，同时要确保与业务流的匹配。根据识别的每项业务，进行作业分析，清晰定义业务的作业顺序、时间、接口、每个过程节点的输入和输出，确保各任务输出结果之间的平衡。常用的业务流程规划方法有企业可视化流程建模（line of visibility enterprise modeling，LOVEM）、业务流程建模表示法（business process modeling notation，BPMN）、泳道图、5W1H、PDCA、龟形图等。

① LOVEM。LOVEM 是 IBM 公司开发绘制业务流程的技术，采用易于理解的图形语言来描绘流程中的所有活动。LOVEM 可以描述企业内外部客户需求的活动、活动的时间顺序、输入输出和活动间的接口关系、执行活动的角色等，具有分析流程现状、设计未来业务流程、根据既定目标测评流程的作用。

② BPMN。BPMN 是构建业务流程图的一种建模语言标准，其将业务流程简单化、图形化，使业务建模者、业务实施人员、管理监督人员对 BPMN 描述的业务流程更加了解，从而提高业务流程规划、实施与管理的效率。

③ 泳道图。泳道图也称为跨职能流程图，旨在分析和展示各个部门在同一任务流程上的不同进程，明确流程中各环节所属的阶段、负责人员、组织机构或部门等，可以清晰地反映企业不同职能间的关系，明确各部门的任务范围以及每个阶段的所需动作。

④ 5W1H。5W1H 是对选定的项目、工序或操作，从原因（why）、对象（what）、地点（where）、时间（when）、人员（who）、方法（how）等六个方面提出问题并进行思考的方法。在定义业务过程标准时，通过 5W1H 分析法，可以寻找业务过程的改善方向，构思新的业务工作方法，以优化现有方法。

⑤ PDCA。PDCA 即计划（plan）、执行（do）、检查（check）、处理（act）。该方法要求把各项工作分为做出计划、计划实施、检查效果、解决问题四个阶段，通过循环执行，不断解决暴露出的问题，以达到优化业务过程的目的。

⑥ 龟形图。龟形图是进行业务过程分析的工具，通过输入、输出、使用资源、负责人员、活动依据、评价指标等六大要素，明确业务过程中各环节的职责以及对应操作规范，从而为后续业务过程优化提供依据。

8.7.1.3 企业业务流程优化

（1）业务流程优化的流程与内容

为满足企业信息化建设需求，企业需要对现有工作流程进行梳理、完善和改进，不断发展、完善和优化业务流程，进而重新设计业务流程，为企业的信息化建设做好铺垫，基本步骤如图 8-60 所示。

业务流程优化是指从根本上对现有业务流程进行重新设计，将垂直职能型结构转变成扁平流程网络结构，实现组织结构的扁平化、信息化和网络化，从结构层次上提高企业管理信息系统的效率和柔性。业务流程优化需要多个不同角色共同参与，以优化项目的形式，对流程进行优化，具体步骤如下：

① 确定优化目标。优化目标的确定需要考虑流程客户的需求是否被满足、管理者的诉求是否被满足、流程参与者在流程执行中的反馈三方面因素，从而梳理出符合 SMART（specific、measurable、attainable、relevant、time-bound，具体的、可衡量的、可实现的、相关的、有时限的）原则且可量化的优化目标。

② 组建优化团队。业务流程优化需要业务、流程以及 IT 等多方参与，共同完成流程优化过程，涉及的角色主要为各业务领域的代表，各代表职责明确。

图 8-60　业务流程优化基本步骤

③ 流程现状描述。根据企业实际的业务流程现状，对业务流程现状进行描述，重点识别流程接口、活动、输入、输出、角色等。流程现状描述主要包括基本要素描述、实际业务流程呈现与 As-Is（现状）流程描述。

④ 业务流程分析。根据流程优化目标，分析实际业务流程中存在的问题，并寻找优化点，主要包括端到端流程分析、流程多要素分析、制订行动计划。

⑤ 未来流程设计。根据业务流程分析中找出的优化点，结合实际业务场景，对未来业务流程进行设计，并对设计的流程进行试运行，监控流程运行状况，找出存在的问题并加以改正。

（2）业务流程优化工具

流程优化工具是研究流程管理与流程优化的一项基本方法，常用的业务流程优化工具有以下五种。

① 美国工程师学会标准（American Society of Mechanical Engineers，ASME）。ASME最大优点是可以清晰表达流程中各个活动是否为增值活动，并暴露非增值活动所处环节。该方法采用表格的方式对现有流程进行描述。

② 失效模式与影响分析。失效模式与影响分析（failure mode and effects analysis，FMEA）是对流程中各组成部分及其工作状态逐一进行分析，找出潜在失效模式，并分析可能后果，从而预先采取必要措施，以提高流程运作效率的一种系统化活动。

③ 关键成功因素法。关键成功因素法（key success factors，KSF）是信息系统开发规划方法之一，是以业务内的关键因素为依据来确定业务流程总体规划的方法。通过对关键成功因素的识别，找出实现目标所需的关键信息集合，确定业务流程的优先次序，围绕这些关键因素来确定业务的需求并进行规划。

④ ECRS。ECRS 即取消（eliminate）、合并（combine）、重排（rearrange）、简化（simplify），是工业工程学程序分析的四大原则，用于对业务过程或作业过程进行优化，以减少不必要的步骤，提高运转效率。运用 ECRS 四大原则，可以找到更好的工作流程和更佳的工作方法。

⑤ SDCA。SDCA 即标准（standardization）、执行（do）、检查（check）、总结（action），SDCA 通过对所有与改进过程相关的流程更新，根据运行状况，检查其运行过程，并进行合理性分析，以保证流程的精确性。

8.7.2 数字化架构规划

8.7.2.1 数字化架构简介

数字化架构规定了完善的系统架构规划内容，主要包括业务架构、应用架构、技术架构与数据架构四个方面，数字化架构愿景如图 8-61 所示。

① 业务架构。业务架构用于描述业务运作模型，定义了企业战略、管理、组织和主要业务流程。在制定架构前，需要根据架构原则分析架构愿景阶段的业务战略、业务原则、架构愿景等。应用架构是企业业务架构与 IT 系统之间的桥梁，同时也是企业战略的载体。在智能工厂中，业务架构是基于企业业务流程构建的业务运作模型架构，能够帮助梳理工厂建设中的能力主线，为企业的应用架构提供参考依据。同时，业务架构结合企业数智化建设需求方向，能够将高柔性、高定制化等需求落地，更好指导智能工厂系统架构的规划。

② 应用架构。应用架构用于描述各个应用系统在企业中的定位，其内容包括企业的应用架构蓝图、架构标准/原则、系统的边界和定义、系统间的关联关系等内容。应用架构是企业业务流程与 IT 系统之间的桥梁，通过应用功能的规划来支撑企业业务主线。同时，应用架构是各个 IT 系统的实施主线，规定了各系统在企业中的作用和定位。在智能工厂的建设中，系统的应用架构应以功能建设为核心，基于“研—产—供—销—维”五个维度构建支撑企业整体业务流程的应用架构，并定义各个应用系统的功能以及不同系统间的关联等。

图 8-61　数字化架构愿景

③ 技术架构。用于描述需要支持的业务、数据和应用服务部署的逻辑软件和硬件能力，包括 IT 基础设施、中间件、网络通信和技术标准等。技术架构作为应用架构的支撑，用于保障应用架构的实现与运维。针对企业数智化建设的需求，从底层数据采集、数据集成、系统平台建设以及应用服务等方面进行技术架构搭建。通过分析每个应用系统的技术构成以及在系统不同阶段的技术应用，完善应用架构建设过程中所需的基础设施、网络和核心组件，最终形成完整的技术架构。在智能工厂建设中，技术架构设计尤为关键，在完成技术架构设计后，需要完成软硬件基础设施的搭建，构建企业系统网络，完善技术标准，奠定企业应用架构落地的基础，从而帮助企业顺利开展应用架构的规划。

④ 数据架构。数据架构是基于数据服务和应用程序接口（application program interface，API），对不同系统中的数据资源、数据仓库以及关系型数据库中的数据进行汇集，提供业务绩效的整体视图。数据架构是提高企业数据利用效率的关键，传统制造企业中的数据相对孤立，系统间数据交互通过确定的功能接口完成，数据架构规划得不清晰易导致企业数据利用效果差。在智能工厂建设中，数据架构从底层的数据采集阶段出发，经数据集成到达数据平台，并在数据平台进行分析处理，从而支撑企业的各种管理应用。

在企业 IT 架构规划中，业务架构是现实业务流程与 IT 系统之间的桥梁，业务架构、应用架构、技术架构、数据架构是 IT 规划的主要部分。因此，在企业数智化规划中，业务架构是基础，应用架构需基于业务架构对信息系统进行规划，技术架构与数据架构是应用架构实现的支撑。业务架构解决“做什么”，包括企业战略与业务流程；应用架构属于“怎么做，谁来做”，包括功能设计与系统范围界定；技术架构是应用架构中使用的各项技术；数据架构则是应用架构中使用的数据，包括数据采集、整理、利用以及大数据技术使用。

8.7.2.2 业务架构规划

业务架构是企业应用架构的基础，是连接业务和技术的纽带，能够帮助企业 IT 技术架构的落地实现，也是企业战略在系统应用中的体现。业务架构的重要体现形式是业务流程，本书从“研—产—供—销—维”五个维度进行全业务流程业务架构设计，如图 8-62 所示。

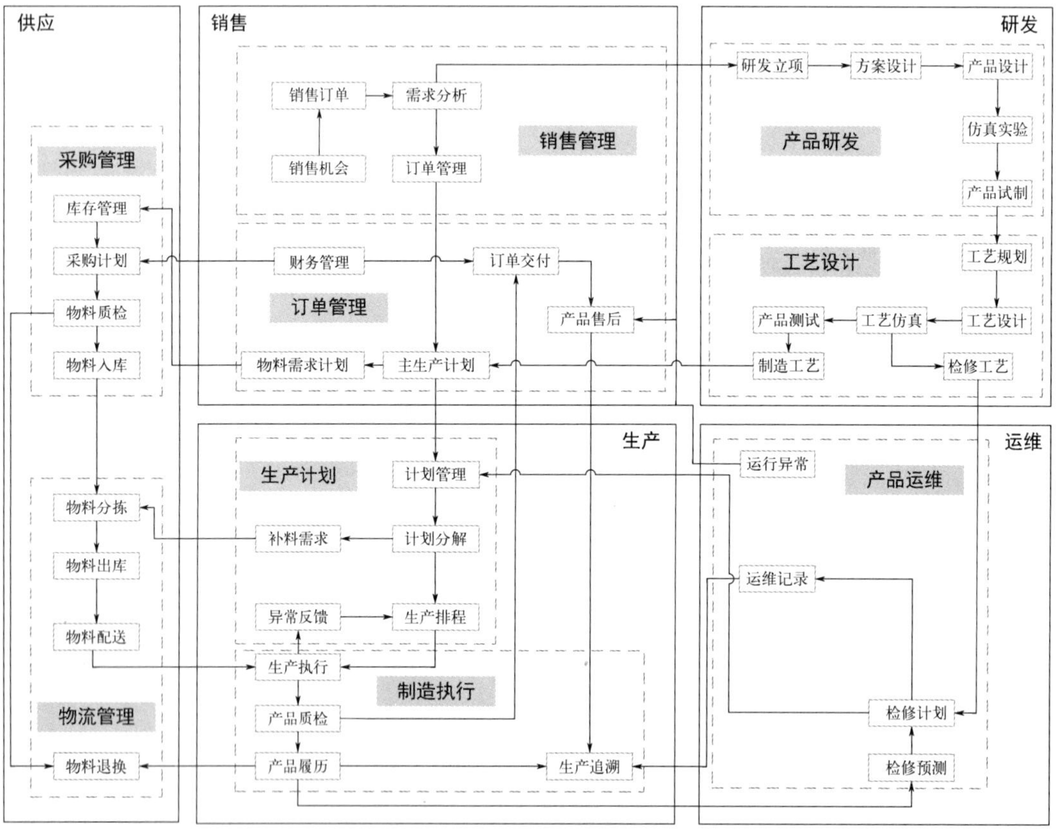

图 8-62　智能工厂业务架构示意图

通过业务流程分析，确定主要业务流程，本书梳理并总结出智能工厂中九个主要业务流程，分别是研发维的产品研发与工艺设计流程、销售维的销售管理与订单管理流程、供应维的采购管理与物流管理流程、生产维的生产计划和制造执行流程以及运维阶段的产品运维流程。

基于以上业务建立智能工厂通用业务架构，在整体业务框架中，依据销售订单或市场需求进行产品研发，完成产品的功能规划与结构设计后，进行产品试制，在产品设计完成后对产品进行工艺设计，并通过工艺仿真设计产品的制造工艺及产品维修工艺；产品研发完成后，销售部门将生产订单下发至生产部门形成主生产计划，经 MRP 分解形成物料需求计划发送至仓储部门；经库存盘点形成采购计划交由采购部门采购，并在物料进厂时进行质量检测；完成采购之后依据物料需求通过物流管理配送至生产现场开始制造执行流程，该流程涉及多种业务（如物料和设备的管控、生产过程质量监控等），但制造执行的过程中由于产品不同，涉及的业务流程相差较大，故不再进行详细展开；产品制造完成后，生成产品履历，并将产品通过销售部门交付至客户；产品维护维修是在产品交付之后，通过对产品履历与运行记录的分析制定维护维修策略，在产品发生异常时及时进行维修，并通过产品履历实现产品追溯。

8.7.2.3　应用架构规划

依据企业战略发展方向和业务模式，应用架构可进行规划并指导企业各 IT 系统的定位和功能，应用架构介于业务架构和技术架构之间，是整个系统功能实现的总体架构，业务架构中需要指出系统层次以及系统各个层次的应用服务，应用架构示意图如图 8-63 所示。

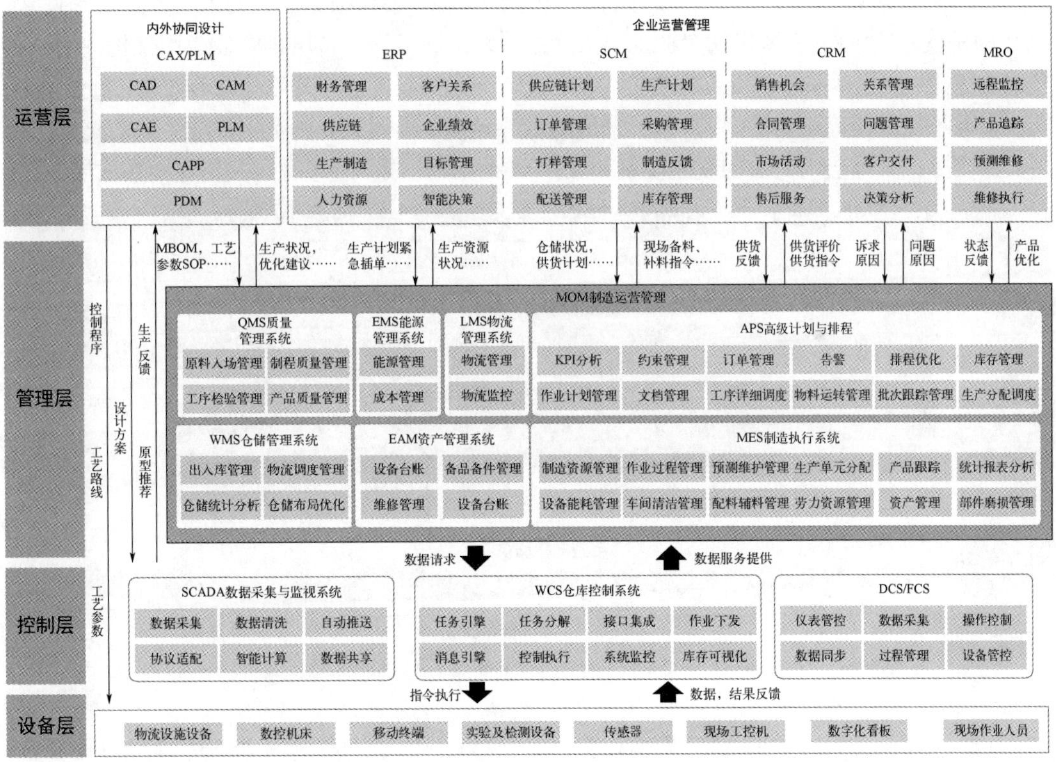

图 8-63　智能工厂应用架构示意图

针对业务架构中所提出的九个关键业务流程进行企业应用功能及应用架构设计，如产品研发业务流程中目前主要采用具有 CAD、CAE、CAM 设计功能的应用软件；研发项目管理流程中一般采用 PLM、PDM 等应用系统进行管理，支撑产品的工艺设计；企业运营管理的核心是企业资源管理，ERP 作为企业运营管理的核心需要与较多涉及资源应用的业务系统进行交互；SCM 支撑采购与物流管理流程，CRM 支撑销售管理与订单管理流程，MRO（产品运维流程）支撑产品运维流程。MOM（制造运营管理）作为智能工厂的核心，主要支撑生产过程的整体业务流程，MOM 针对生产过程的多个方面进行应用架构设计，其中，生产计划通过高级计划与排程（advanced planning and scheduling，APS）支撑生产能力规划与资源调度，由 MES（制造执行系统）进行生产流程的实时管控，QMS（质量管理系统）支撑生产过程的质量管理流程，EAM（企业资产管理）用于管理制造资产管控流程，WMS（仓储管理系统）与学习管理系统（learning management system，LMS）主要支撑生产过程中涉及物料存储和运输的流程。

应用架构需要依据业务场景进行规划设计，但在规划设计过程中应当考虑技术实现的可行性，在系统架构中，应用架构主要负责系统边界的确定，但无法作为系统实施的直接依据，需要通过进一步细化形成可开发实施的技术架构。

8.7.2.4 技术架构规划

技术架构作为系统架构的实现方式，是应用架构的进一步细化，主要包括系统开发框架、技术以及规范。本书主要从服务层、平台层、集成层和数据层进行技术架构介绍，如图 8-64 所示。服务层主要包括企业上层的应用系统或服务；平台层是企业应用架构中的核心技术支撑，主要包括系统开发过程中使用的技术与规范；集成层作为数据层与平台层的交互中间件主要承担数据集成功能，将数据层采集的多源异构数据通过多种数据集成手段转化为平台层数据支撑；数据层则是由物联网设备和数据平台接口组成，经边缘网关传递至集成层。

图 8-64 智能工厂技术架构示意图

企业技术架构中的服务层主要从“研—产—供—销—维”五个方面来支撑企业的整体业务流程；平台层中的系统支撑服务是基础，主要支撑平台层的运作，公共智能模型库是通过大数据技术形成生产过程知识库，大数据与云服务主要提供数据计算和分析服务，公共资源库是系统业务支撑过程的信息提供者与储存者，工业微服务组件是微服务在企业中的组件化应用，技术规范则是系统开发与运维过程中需要遵守的规则；集成层与数据层主要用于数据获取与处理。

8.7.2.5　数据架构规划

数据架构主要用于识别企业数据需求，并设计和维护总蓝图以满足需求，指导数据集成、控制数据资产，并保持数据投资与业务战略的一致性。离散工厂中数据种类多样，依据不同应用场景所需的数据格式不同。因此，本书所提数据架构主要从数据管理与应用方面进行数据架构的规划设计，如图 8-65 所示。

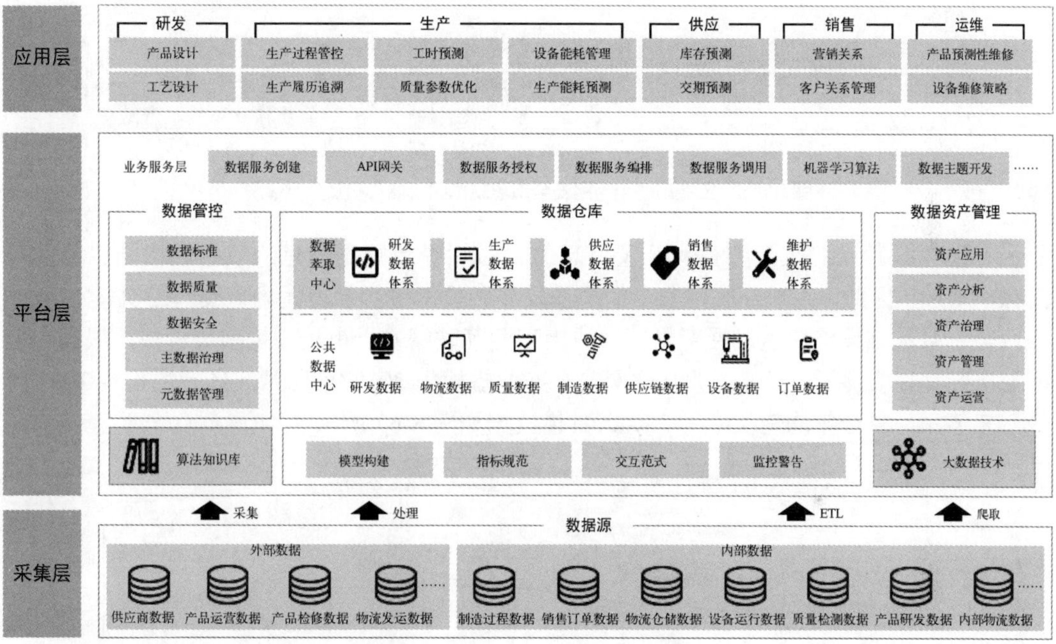

图 8-65　智能工厂数据架构示意图

数据架构与技术架构都是应用架构的进一步细化，需要从应用层、平台层与采集层逐层分析。其中，数据应用层列举企业生产过程中常用的数据应用；平台层主要包括数据管控、数据资产管理以及数据仓库的组织形式；数据采集层则包括内外部数据来源。

8.7.2.6　网络安全规划

（1）智能工厂网络安全概述

在智能制造背景下，智能设备的自动化与智能化，需要依靠工业控制系统和工业互联网，其安全可靠的运行至关重要。近年来，国内外多个行业的工控系统及工业互联网频繁遭遇网络攻击、勒索、数据泄露等威胁，导致较大损失。由此可见，制造业网络安全是企业智能化转型升级的必然要求，也是智能工厂规划中不可或缺的重要部分。

在制造业转型升级的过程中，可靠的工控系统和工业互联网技术必不可少，网络安全直接影响到人员安全、生产和效益，也间接影响到企业的名誉、社会责任和发展战略。根据嘶吼安全产业研究院最新调研数据显示，2021 年，工控安全产业市场规模达到 31 亿元，同比增长 210%；预计 2025 年，工控安全产业规模达到 150 亿元，占到网络安全产业规模的 10%，其整体描述如图 8-66 所示。

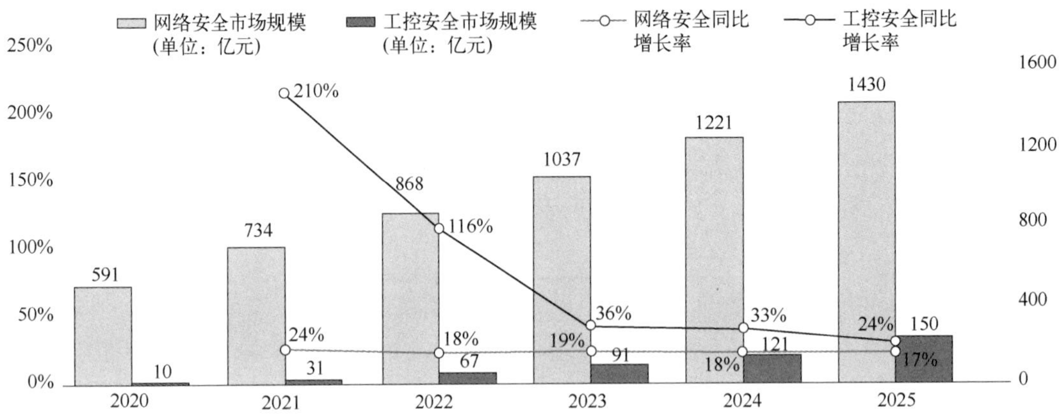

图 8-66　工控市场与网络安全市场规模同比增长率及预测情况

万物互联带来的大量数据交互及信息传输必然导致数据信息的敏感性增强以及受攻击频率增加。因此，工业互联网安全的产业发展和技术进步显得尤为重要。在 5G、工业互联网等新型基础设施快速发展背景下，我国工业互联网安全市场规模增长较快，根据中商产业研究院报告显示，我国工业互联网安全产业规模由 2017 年的 72.8 亿元增长至 2021 年的 228 亿元，复合年均增长率为 33%，具体数据如图 8-67 所示。

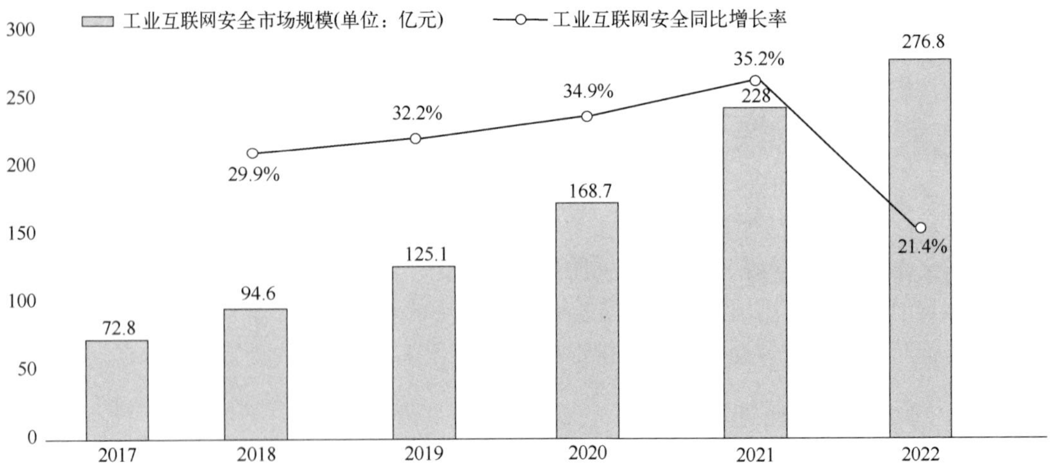

图 8-67　我国工业互联网安全产业规模趋势图

（2）智能工厂网络安全规划

结合上述内容，工控系统与工业互联网安全正在逐步得到重视。本节所介绍的长扬科技网络安全架构整体基于 ISA-95 框架进行构建，主要包含企业资源层、生产管理层、过程监控层、现场控制层、现场设备层，如图 8-68 所示。

智能工厂网络安全架构由多种安全防护产品共同支撑来实现既定的功能，架构中主要围绕企业的工控系统安全和工业互联网安全展开，其中涉及的产品如图 8-69 所示。

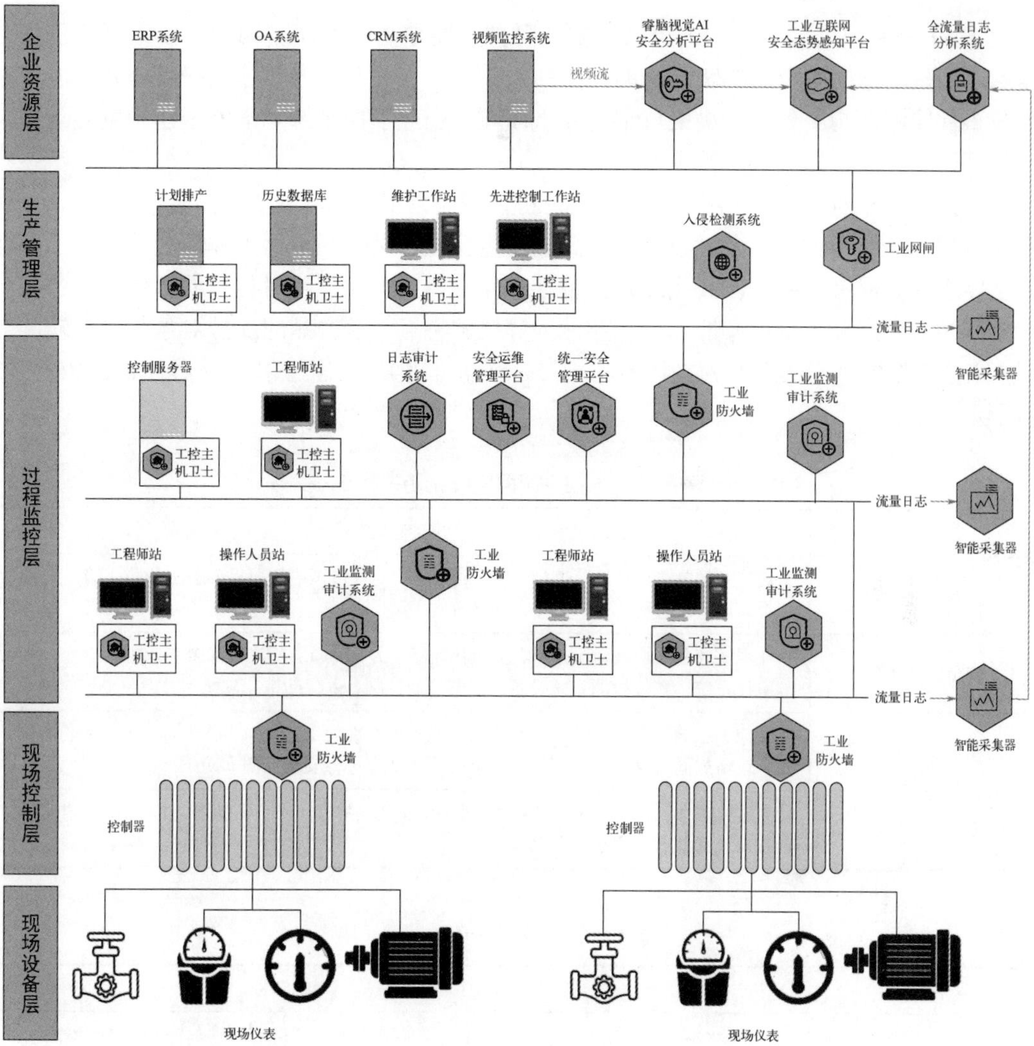

图 8-68　网络安全架构图

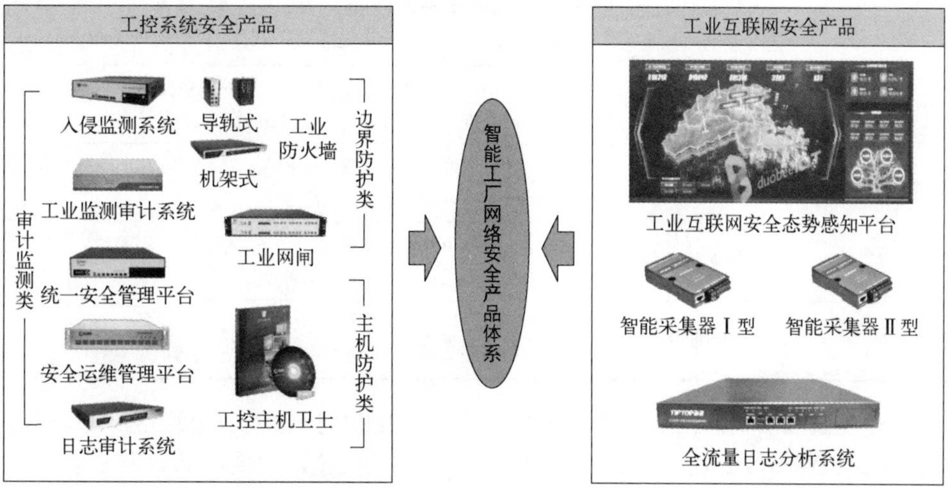

图 8-69　网络安全产品体系图

① 工控系统安全防护。工控系统安全防护主要是基于主动防御理念，采用机器学习技术，构建动态的安全防护和预警的产品体系，加强工业网络的整体网络安全防御能力，形成事件监测、响应处置、决策反制的安全闭环。企业工控系统网络安全建设主要防护措施包括四个方面，如表 8-2 所示。

工控系统相对封闭，使用周期长，通信协议种类繁多，通常每个厂商会开发一套协议，系统及内部通信相对稳定，对延时要求高，若遭受破坏时，通常后果非常严重，对于网络安全需求首先保障可用性，其次才是完整性和保密性。因此，相对传统的信息安全产品，工控网络安全产品具有可靠性高、行业性强等技术特点。从产品的保护对象与防护功能来看，工控系统安全产品主要分为边界防护类、审计监测类、主机防护类，具体描述如表 8-3 所示。

表 8-2　工控系统网络安全防护措施

防护方向	防护措施
安全通信网络	在现场控制层、过程监控层、生产管理层、企业资源层的边界部署工业防火墙、工业网闸设备，进行边界隔离和安全防护
安全区域边界	在现场控制层、过程监控层、生产管理层、企业资源层的边界部署工业防火墙、工业监测审计系统、入侵检测系统设备，采取访问控制、入侵防范、安全审计等措施
安全计算环境	在控制系统操作人员站、工程师站和服务器上部署工控主机卫士软件，采取身份鉴别、安全策略加固、移动介质管控、恶意代码防范等进行安全加固和防护
安全管理中心	通过日志审计系统、统一安全管理平台、安全运维管理平台的部署，实现日志集中收集、设备安全管理和安全运维管理等

表 8-3　工控系统安全产品

产品种类	产品名称	详细描述
边界防护类	工业防火墙 工业网闸	工业防火墙、工业网闸进行边界隔离和访问控制，实时检测工控网络中的攻击行为
审计监测类	入侵监测系统 工业监测审计系统	入侵监测系统、工业监测审计系统进行蠕虫、木马等恶意攻击方式检测及告警，对操作进行审计记录、异常流量告警
	统一安全管理平台	应对中大型工业网络离散分布，针对工业系统软硬件和工控网络安全产品进行统一监控、管理和分析的软硬件一体化产品
	安全运维管理平台	实现了运维简单化、操作可控化、过程可视化的综合性安全管理产品
	日志审计系统	用于收集企业系统中的安全设备、数据库、服务器、主机等所产生的日志并进行存储、监控、审计、分析、报警和响应的产品
主机防护类	工控主机卫士	为工控主机、服务器打造的终端防护产品，使诸如工控网络中的上位机和服务器等工控主机抵御木马、病毒等恶意程序

② 工业互联网安全。工业互联网安全产品主要由智能采集器、全流量日志分析系统、安全态势感知平台构成，共同支撑、维护工业互联网的安全，主要产品如表 8-4 所示。其中，工业互联网安全态势感知平台为工业互联网安全运营管理赋能，平台以网络安全数据、

关键基础设施行业数据为基础，通过 AI 精准感知网络安全威胁，全面提升企业关键基础设施网络安全风险评估、态势感知、监测预警及应急处置能力。

表 8-4　工业互联网安全产品

产品名称	详细描述
智能采集器Ⅰ型 智能采集器Ⅱ型	在不影响正常工业生产的前提下，实现对所有工业现场设备的实时数据采集
全流量日志分析系统	对厂级全流量进行分析监测，使得厂级监测可视化
安全态势感知平台	工业安全态势感知分析与事件处置，使得多维度态势可视化及实现资产管理与分级拓扑

不同工厂所面临的处境不同，在解决问题时要结合自身情况制定解决方案，本节总结了工厂可能存在的问题及网络安全防护策略，具体如表 8-5 所示。

表 8-5　智能工厂存在问题及网络安全防护策略

存在问题	安全防护策略
网络准入控制缺失	引入 UniNAC 等网络准入控制系统解决安全问题，为大型机构网络安全、终端管理、信息安全管理提供直接支撑
网络传输加密问题	采用高级加密标准（advanced encryption standard，AES）、RSA 等加密技术对关键网络会话进行加密传输
系统安全配置薄弱	通过工业安全管理平台实现对工业设备的集中管理、设备状态监控、安全告警及安全策略管理，并通过安全威胁和关联分析，实现对工控安全的事件追溯、态势感知和动态响应
缺乏安全监测与审计措施	部署工业监测审计系统，进行全局监测和区域监测，实现从区域到全局的分层、分级监控体系，及时发现各种违规行为和病毒、黑客的攻击行为
重要设备未隔离	在 PLC、MES 等重要设备或系统前端部署工业防火墙，对其进行重点防护，从而发现异常指令、告警可疑操作、隔离威胁数据，同时阻止操作员或工程师有意无意的非法操作
对其内部生产控制系统及网络进行分区、分层	在管理信息网与生产网之间部署工业网闸进行物理隔离。通过“2+1”物理结构、私有安全协议以及基于 Linux 操作系统开发的过程控制对象链接与嵌入协议采集转发功能和工控协议应用层指令级“4S”深度防护技术，实现多种工业协议、数据的安全可信转发
关键服务器缺乏主机安全防护措施	在关键服务器上部署工控主机卫士来监控主机当前运行状况，全面展示工控主机的异常行为与活动
病毒入侵网络	在控制网之间部署工业防火墙，实现基于区域和功能的网络划分及隔离，对工业专有协议进行深度解析，阻止区域间的越权访问，阻止病毒扩散和入侵，将危险源控制在有限范围内

8.8 规划方案评比分析

概念规划是基于企业整体规划需求与目标，在考虑重要影响因素基础上形成多种可能方案，在充分调研并参考国内外先进制造型企业智能制造转型建设成功经验的基础上，结合仿真分析，通过系统性规划形成车间智能化转型升级与建设的多个建设方案。在进入数智化转型详细设计阶段前，需要综合考虑方案的技术可行性、投资收益、运营灵活性以及相应的效能指标，依此评比分析各规划方案。

（1）投资金额

投资金额是评价方案可行性的重要指标，需要根据方案中各类软硬件实施项评估投资金额，投资金额常用预估方法如下：

① 逐项测算法。对需要实施的各个项目逐项测算投资金额并进行汇总。

② 单位生产能力估算法。根据单位生产能力投资预算和未来生产能力需求进行投资额估算，其中，生产能力是指各规划方案在实施投产后预计达到的产量。

③ 设备能力指数法。根据设备能力及能力指数预测硬件投资额。

（2）投资回收期

投资回收期又称“投资回收年限”，是规划方案实施后获得的收益总额达到该方案的投资总额所需要的时间（年限）。投资回收期的计算方法有多种，按回收投资的起点时间不同，有从方案开始实施之日起计算和规划后开始使用之日起计算两种。投资回收期有 0～2 年、3～5 年以及 5 年以上几种类型。投资回收期计算方法如下：

$$PP = \frac{TIC}{CR} \tag{8-15}$$

式中，PP 为投资回收期（单位为年）；TIC 为投资金额（单位为元）；CR 为成本节省（单位为元）。

以 A 公司核心部件生产车间数智化转型为例，以核心工艺环节数智化转型为核心的规划方案投资回收期、投资金额与成本节省结算如表 8-6 所示，方案的总投入为 4810 万元，实施该方案后每年节省为 1468.85 万元，故该方案的投资回收期是 3.27 年。

表 8-6　重点工艺环节数智化转型升级规划方案投资回收期

类型		金额/万元	金额合计/万元	回收期/年
支出	智能化车间规划、厂房建设	500	4810.00	3.27
	设备层 SCADA 系统	400		
	车间层信息化—MES	140		
	自动化加工设备	3180		
	自动物流系统	275		
	先进工装夹具	215		
	其他支出（物料容器等）	100		
节省	节省人员/年	1440	1468.85	
	能耗节省/年	67.35		
	维保费/年	−38.5		

全部工艺环节数智化转型为核心的规划方案投资回收期、投资金额与成本节省结算如

表 8-7 所示，方案的总投入为 16771 万元，实施该方案后每年的节省为 1944.03 万元，方案的投资回收期是 8.63 年。

表 8-7　全面数智化转型升级方案投资回收期

类型		金额/万元	金额合计/万元	回收期/年
支出	智能化车间规划、厂房建设	500	16771.00	8.63
	设备层 SCADA 系统	430		
	车间层信息化—MES	700		
	自动化加工设备	11590		
	自动物流系统	2700		
	先进工装夹具	651		
	其他支出（物料容器等）	200		
节省	节省人员/年	2036	1944.03	
	能耗节省/年	26.03		
	维保费/年	−118		

（3）运营灵活性

在智能制造领域，运营灵活性的提升是企业实现高效生产和快速响应市场变化的关键。运营灵活性是指企业在面对市场变化、客户需求波动和突发事件时，能够快速调整生产计划、优化资源配置并高效响应的能力。运营灵活性分析主要针对生产计划调整时间缩短、生产切换效率提升、订单响应时间缩短、生产批量灵活性提升等方面。

① 生产计划调整时间缩短。规划方案通过柔性生产系统、数字化生产管理、智能预测等技术手段，提升了工厂的生产计划调整能力，使得生产计划调整时间得以改善。具体计算如下：

$$\Delta T_{\text{plan}} = \frac{T-t}{T} \times 100\% \tag{8-16}$$

式中，ΔT_{plan} 为生产计划调整时间缩短率；T 为改善前调整时间；t 为改善后调整时间。

② 生产切换效率提升。同理，生产切换效率提升的计算如下：

$$\Delta E = \frac{T-t}{T} \times 100\% \tag{8-17}$$

式中，ΔE 为生产切换效率提升率；T 为改善前切换时间；t 为改善后切换时间。切换时间指从一种产品生产切换到另一种产品生产所需的时间（h/d）。

③ 订单响应时间缩短。同理，订单响应时间的计算如下：

$$\Delta T_{\text{order}} = \frac{T-t}{T} \times 100\% \tag{8-18}$$

式中，ΔT_{order} 为订单响应时间缩短率；T 为改善前响应时间；t 为改善后响应时间。响应时间指从接收订单到开始生产的时间（h/d）。

④ 生产批量灵活性提升。同理，生产批量灵活性提升率的计算如下：

$$\Delta F_{batch} = \frac{F - f}{f} \times 100\% \tag{8-19}$$

式中，ΔF_{batch} 为生产批量灵活性提升率；F 为改善后最小生产批量；f 为改善前最小生产批量。最小生产批量指工厂能够适应最小生产批量（件/批）。

⑤ 综合运营灵活性提升。同理，综合运营灵活性提升率的计算如下：

$$\Delta O = \frac{\Delta T_{plan} + \Delta E + \Delta T_{order} + \Delta F_{batch}}{4} \times 100\% \tag{8-20}$$

式中，ΔO 为综合运营灵活性提升率；ΔT_{plan} 为生产计划调整时间缩短率；ΔE 为生产切换效率提升率；ΔT_{order} 为订单响应时间缩短率；ΔF_{batch} 为生产批量灵活性提升率。

（4）关键绩效指标（key performance indicator，KPI）分析

KPI 分析是对方案实施后绩效提升评估量化的依据，为改善概念规划方案、选择适合的阶段规划、确定详细设计方案奠定基础。KPI 分析主要针对产能提升、效率提升、质量提升、成本降低、减员率、生产过程透明化程度等方面。

① 产能提升。规划方案实施后对生产模式、设备的布局等有了改善和提高，使得工厂的生产能力得到提升。具体计算如下：

$$Q = t / T \tag{8-21}$$

$$Q_1 = T_1 / \left(nT_2\right) \tag{8-22}$$

式中，Q 为生产能力；t 为单位工作时间；T 为周期时间；Q_1 为改善后生产能力；T_1 为瓶颈时间；n 为总工位数；T_2 为标准工艺工时。

② 效率提升。同理，生产效率具体计算如下：

$$\Delta P = \frac{T - t}{T} \times 100\% \tag{8-23}$$

$$P_1 = P_0\left(1 + \Delta P\right) \tag{8-24}$$

式中，ΔP 为效率提升比率；P_1 为改善后生产效率；P_0 为改善前生产效率。

③ 质量提升。同理，质量提升的比率计算如下：

$$\mathrm{QIR} = \frac{D - d}{D} \times 100\% \tag{8-25}$$

式中，QIR 为质量提升比率；D 为改善后产品合格率；d 为改善前产品合格率。

④ 成本降低。同理，成本降低的比率计算如下：

$$\mathrm{CR} = \frac{C - c}{C} \times 100\% \tag{8-26}$$

式中，CR 为成本降低比率；C 为改善前成本；c 为改善后成本。

⑤ 减员率。同理，节省人员数量占原总人数的比率计算如下：

$$H = \frac{M - m}{M} \times 100\% \tag{8-27}$$

式中，H 为人员节省比率；M 为原人员数量；m 为自动化后人员数量。

⑥ 生产过程透明化程度。概念规划方案对工厂的生产过程产生了影响，令某些工序由隐蔽转化为透明，更方便管理者进行监督。生产过程透明化程度具体计算如下：

$$F = \frac{n}{N} \times 100\% \tag{8-28}$$

式中，F 为工厂透明化程度；n 为操作透明工序的数量；N 为生产过程中总工序的数量。

综上所述，规划方案评比应从投资金额、投资回收期（0～2 年，3～5 年，>5 年）、运营灵活性、KPI 分析（产能提升、效率提升、质量提升、成本降低、减员率、透明化程度等）等评估维度进行分析，基于评比分析结果进行概念方案的选择，并依据选定的方案进行详细设计。

课后习题

一、名词解释

1．柔性制造系统。

2．准时化生产系统。

3．大规模定制化生产系统。

4．标准工时。

5．产品原则布局。

6．工艺原则布局。

7．防错法（Poka-Yoke）。

8．统计过程控制（SPC）。

二、简答题

1．列举影响生产系统模式选择的主要因素。

2．说明准时化生产系统与任务型生产系统的差异性。

3．简要描述产品生命周期不同阶段的生产系统模式。

4．说明标准工时在智能工厂规划中的作用。

5．简要描述标准工时测定方法中模特法的优点、限制与应用场景。

6．从人员、机器、材料、方法等生产资源配置的角度分析短期产能提升的策略与途径。

7．简要描述工厂布局规划的核心原则与类型。

8．说明分布式布局与工艺布局的差异性。

9．列举仓储物流系统整体规划流程中包含的主要阶段。

10．简要描述仓储类型及主要用途。

11．简要描述仓储作业流程。

12．说明工厂中常见的物流分级及作用。

13．说明看板发货与台套配送的差异性。

14．列举工厂布局与建筑协同规划的影响因素。

15．列举常见的质量管理体系。

16．列举智能工厂生产管理活动中常见的质量控制手段。

17．列举常见的防错策略。

18．简述柔性智能产线的规划流程。

19．列举产线规划的需求类型。

20．简述生产仿真的重要性。

21．简述生产系统仿真设计流程。

22．简述业务流程优化的重要意义。

23．说明数字化架构规划中常见架构类型及作用。

三、综合分析题

1．某制造企业计划对其生产能力进行全面评估和优化。该企业主要生产两种产品：产品 A 和产品 B。产品 A 的生产涉及三个主要工序，分别由不同的设备组完成；产品 B 的生产涉及四个主要工序，同样由不同的设备组完成。企业的生产组织层级包括设备、产线、车间和工厂。请根据表 8-8 计算：

① 每个设备组的生产能力；

② 产品 A 和产品 B 的产线生产能力；

③ 产品 A 和产品 B 的车间生产能力；

④ 工厂的总生产能力；

⑤ 分析工厂生产能力的瓶颈环节，并提出优化建议。

表 8-8　产品 A 和 B 的生产数据

生产能力数据	产品	工序	设备台数	设备计划期内有效工作时间/min	单位产品加工时间定额/（min/件）
设备生产能力数据	产品 A	工序 1	5	2000	0.5
		工序 2	3	2000	1
		工序 3	4	2000	0.75
	产品 B	工序 1	4	2000	1
		工序 2	6	2000	0.5
		工序 3	3	2000	1.5
		工序 4	5	2000	1

2．某公司要进行核心部件生产车间数智化转型，以核心工艺环节数智化转型为核心规划方案的投资金额与成本节省如表 8-9 所示。假设该公司的理想投资回收期为 4 年，请问该方案是否具备经济可行性？

表 8-9　投资金额与成本节省

项目	金额/万元
智能化车间规划、厂房建设	700
设备层 SCADA 系统	500
车间层信息化—MES	120
自动化加工设备	3000
自动物流系统	300
先进工装夹具	100
其他支出（物料容器等）	100
节省人员/年	1500
能耗节省/年	70
维保费/年	50

参考文献

[1] 易树平. 基础工业工程[M]. 北京: 机械工业出版社, 2018.
[2] 李晓军. 智能建造演进路径与建筑工业化协同发展[J]. 中国勘察设计, 2020(9): 31-35.
[3] 郑卫明. 数字化制造生产线规划与工厂物流仿真[M]. 北京: 机械工业出版社, 2021.
[4] 曹进, 刘逸然, 江志斌. 基于随机规划的压缩机产能规划问题研究[J]. 工业工程与管理, 2017, 22(1): 36-42,49.
[5] 邹树梁, 余潇韧, 向虹, 等. 制造业标准工时制定方法研究现状及展望[J]. 南华大学学报(社会科学版), 2014, 15(4): 61-65.
[6] 伏开放. 基于工艺程序分析与模特法的窗帘包装作业优化研究[J]. 价值工程, 2013, 32(31): 54-56.
[7] 蒋祖华. 工业工程典型案例分析[M]. 北京: 清华大学出版社, 2004.
[8] 管理科学技术名词审定委员会. 管理科学技术名词[M]. 北京: 科学出版社, 2016.
[9] 范志宁. 大规模定制环境下多产品系统生产能力分配策略研究[D]. 上海：上海交通大学, 2011.
[10] Center for Chemical Process Safety. Guidelines for Siting and Layout of Facilities[M]. 2nd. New York: Wiley-AIChE, 2018.
[11] 李世荣. 数字化工厂实践指南: Plant Simulation 系统仿真与建模手册（基础卷）[M]. 北京: 机械工业出版社, 2022.
[12] 薛华成. 管理信息系统[M]. 北京: 清华大学出版社, 2022.
[13] 刘宏. 质量管理中的新老七种统计工具[J]. 电子质量, 2006(2):37-41.
[14] 韩国灿. 统计过程控制技术（SPC）在挤出过程中的应用[D]. 北京：北京化工大学, 2004.
[15] 王佐开, 王学良. 防错技术的实施思路及其案例分析[J]. 航空标准化与质量, 2010(3):10-13.
[16] 冯为民, 任宏, 曲成平, 等. 建设项目综合评价体系及模型研究[J]. 重庆建筑大学学报, 2004(6):103-107,111.
[17] Wiers V. Designing, Selecting, Implementing and Using APS Systems[M]. New York: Springer, 2017.
[18] Stjepandić J, Sommer M, Denkena B. DigiTwin: An Approach for Production Process Optimization in a Built Environment[M]. New York: Springer, 2021.

本书配套资源

第9章

LDGF4.0 智能工厂转型详细设计阶段

知识图谱

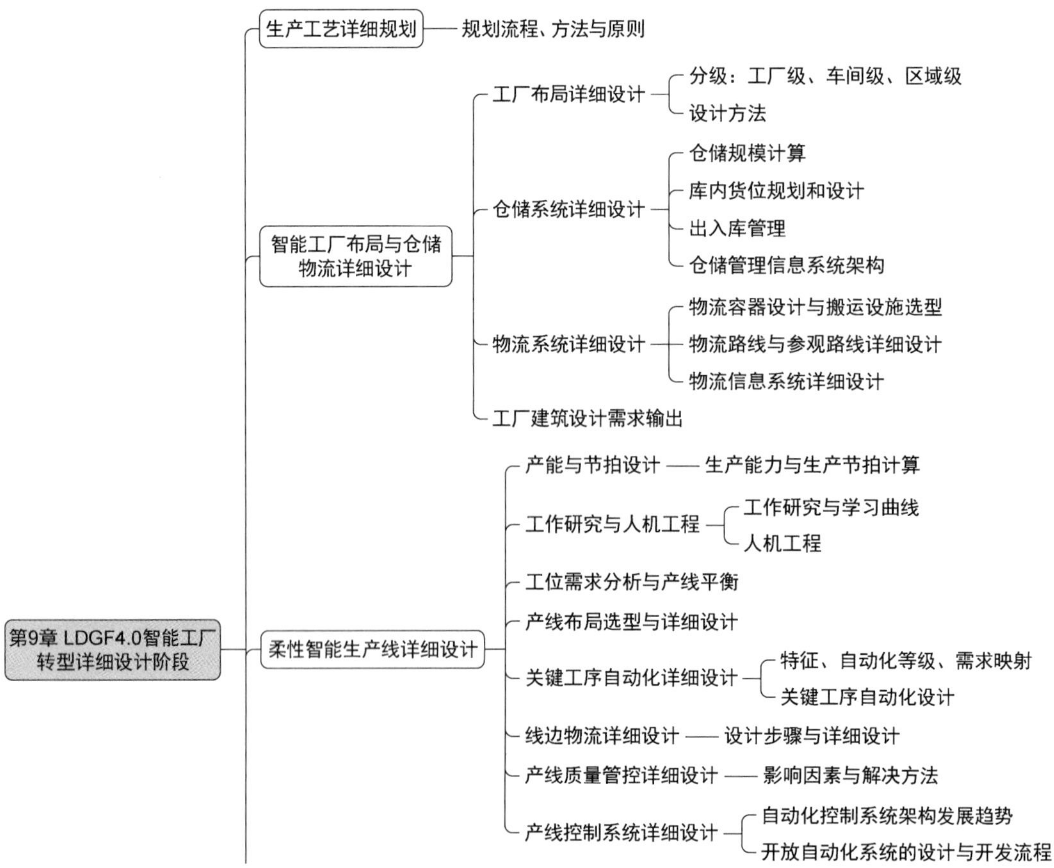

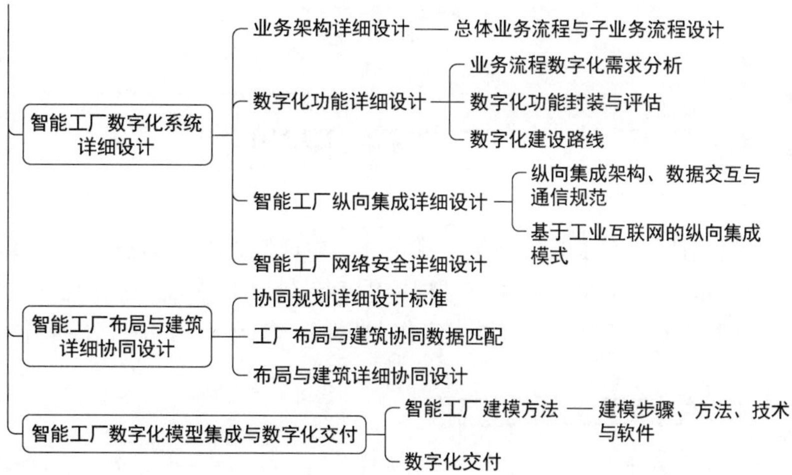

学习目标

① 能够描述生产工艺规划的整体流程，辨别并使用常见的生产工艺规划工具；

② 能够辨别并描述常见工厂布局详细设计方法的特性与适用场景，并运用 SLP 等方法完成生产布局详细方案设计；

③ 能够描述仓储与物流系统详细设计的主要内容，并能正确运用相关方法完成仓储与物流系统核心内容的详细方案设计；

④ 能够根据产线的需求与影响因素构建柔性智能产线详细设计方案；

⑤ 能够正确运用相关方法完成包含产能规划、工作研究、产线平衡等在内的产线效能设计；

⑥ 能够依据柔性产线布局规划的原则与类型，运用产线布局方法设计详细布局方案；

⑦ 能够基于关键工序自动化设计流程与方法，完成自动化方案详细设计；

⑧ 能够基于线边物流详细设计步骤与内容，完成线边物流的详细方案设计；

⑨ 能够分析影响产线质量管控因素，并运用正确的方法与工具完成产线的质量管控方案详细设计；

⑩ 能够简要描述产线控制系统的发展趋势，并阐述开放自动化技术的应用特性；

⑪ 能够依据智能工厂整体业务流程框架与子业务流程分析数字化功能需求与可行性，并构建数字化建设的实施路线；

⑫ 能够依据智能工厂纵向集成架构，完成包含数字化系统集成需求、交互规范与通信协议等在内的纵向集成方案详细设计；

⑬ 能够简要描述智能工厂布局与建筑协同详细设计流程与方法；

⑭ 能够简要描述智能工厂建模步骤、建模方法、建模技术与数字化交付内容。

9.1 智能工厂生产工艺详细规划

智能工厂生产工艺规划是产品设计与生产制造之间的桥梁，主要将产品的设计信息转换为产品的制造信息，为生产过程提供工艺数据支撑。工艺详细规划主要用于优化配置资源、合理编排工艺过程、指导生产作业规范，以确保产品质量、提升生产效率和运营效率。

9.1.1 生产工艺规划流程

生产工艺规划主要为确定生产方法、选择生产工艺流程、确定生产设备的类型/规格/数量、选取各项工艺参数及定额指标、确定劳动定员及生产班制、合理安排车间工艺布置等方面奠定基础，保证工艺技术、生产设备、人员组织等方面，在生产过程开始后能正常生产，并且在产品数量和质量上达到工艺要求。生产工艺规划整体流程如图 9-1 所示。

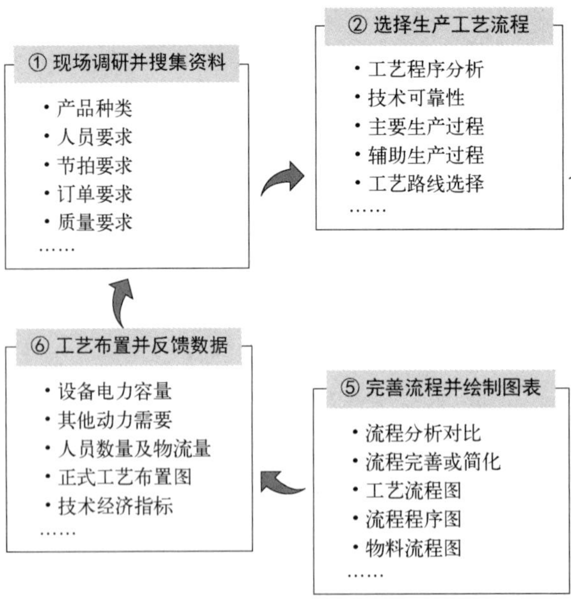

图 9-1　生产工艺规划整体流程

了解产品特性等相关信息是工艺规划的前提，产品详细调研需要确定生产人员、作业节拍、订单数量与产品质量等需求。在此基础上，进行工艺流程分析，并制定合适的生产工艺流程。在制定工艺流程时应考虑技术可靠性、产线数量、生产方式及生产过程等因素，确定产品工艺路线，形成初步的工艺流程。优化初步工艺流程时，要确定工艺参数及指标数据，如温度、数量、压力、速度、时间等，并对物料平衡、产线平衡与设备选型等进行计算，进一步考虑工艺柔性、控制系统等相关问题。针对多工艺流程对比分析，可利用工艺流程图（图 9-2）和流程程序图（图 9-3）等辅助工具完善优化流程，绘制工艺流程草图。结合生产现状，确定最终工艺流程。

表头		统计			
工作部门：组装部	研究者：李**	内容	次数	时间/min	距离/m
制品名称：产品A	审核：王**	操作	5		
版本：B	日期：2022.11.09	检验	3		
型号：-13		合计			

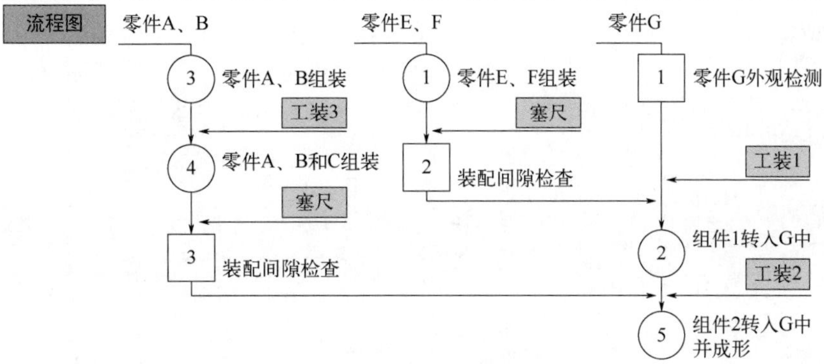

图 9-2　工艺流程图

工作系别：车间冲压区	编号：003	统计			
工作物名称：***	编号：AT-001	项目	次数	时间/min	距离/m
工作名称：***冲压	编号：AT-001-03	加工○	3	4	
		检查□	2		
		搬运⇨	3		50
研究者：李**	开始日期：2022.11.09	等待 D	2		
审阅者：王**	结束日期：2022.11.10	储存▽	1		

工作说明	距离/m	时间/min	工序：加工	工序：检查	工序：搬运	工序：等待	工序：储存	备注
钢板在原材料区			○	□	⇨	D	▼	
搬至切割机前	10		○	□	➡	D	▽	
切断及落料		1	●	□	⇨	D	▽	
检验落料质量			○	■	⇨	D	▽	
运到下一道工序	10		○	□	➡	D	▽	
打开机器		2	●	□	⇨	D	▽	
放到工作台上			○	□	⇨	D	▽	
冲孔		1	●	□	⇨	D	▽	
检验冲孔质量			○	■	⇨	D	▽	
取下零件放在车上			○	□	⇨	D	▽	
运往仓库货架	30		○	□	➡	D	▽	

图 9-3　流程程序图

9.1.2　生产工艺规划方法

生产工艺流程主要基于计算机软件技术辅助实现工艺规划，即计算机辅助工艺规划（computer aided process planning，CAPP）。随着先进技术的不断发展，工艺环节已经可以依靠云计算、大数据等技术来赋能 CAPP 系统，涌现出数字化工艺规划、基于数字孪生的工艺规划等智能规划辅助工具。

（1）传统 CAPP 工艺规划方法

传统 CAPP 软件系统接收来自 CAD 系统的产品设计信息，依托工艺知识库，辅助工艺设计人员做出决策，在一定程度上提升了工艺设计的效率，主要流程如图 9-4 所示。

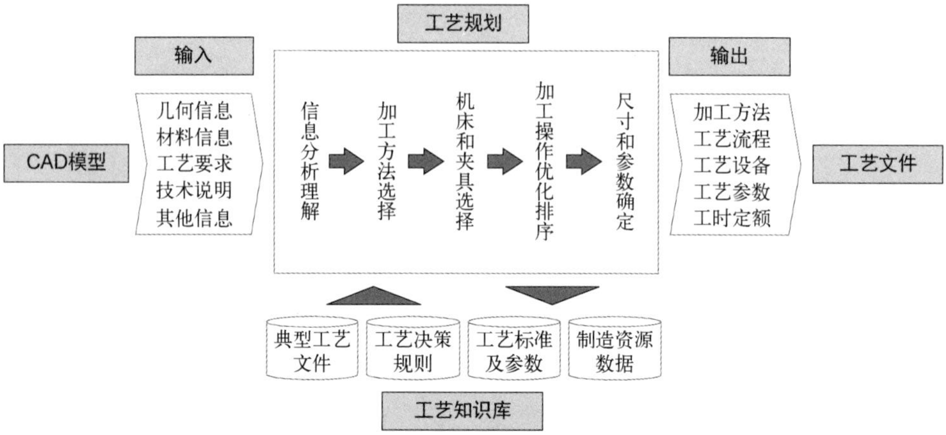

图 9-4　传统 CAPP 流程图

（2）数字化工艺规划

数字化工艺规划是指在数字化制造的平台上，对产品的工艺进行规划，完成工艺知识建模、归集和优化，识别产品制造特征，进行数据挖掘及分析，制定产品加工工艺路线及工艺参数等，具有基于 3D 数模的工艺过程规划与设计、自定义工时与节拍分析、基于 3D 工艺文件输出等工艺规划能力，如图 9-5 所示。

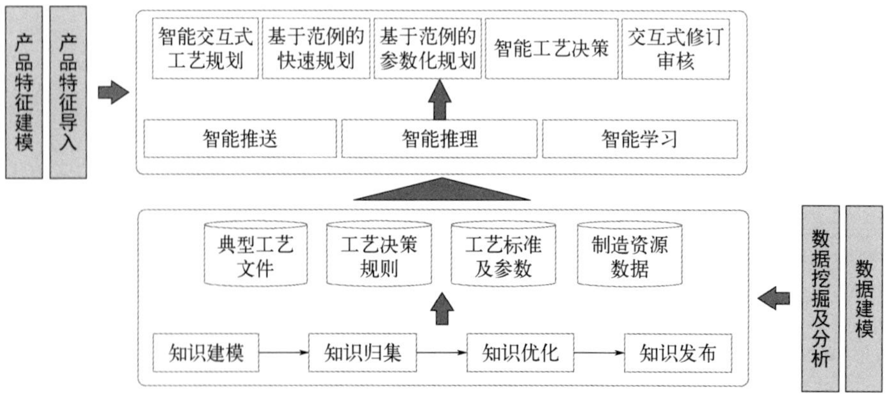

图 9-5　数字化工艺规划

（3）基于数字孪生的工艺规划

基于数字孪生的工艺规划是通过建立具有超高拟实度的产品、资源、工艺流程等虚拟仿真模型，实现全要素、全流程的工艺规划融合，支撑面向产品的工艺设计与持续优化。在数字孪生驱动的工艺规划模式下，虚拟空间的工艺仿真模型与物理空间的生产流程相互映射，形成虚实共生的迭代协同优化机制，具体过程如图 9-6 所示。

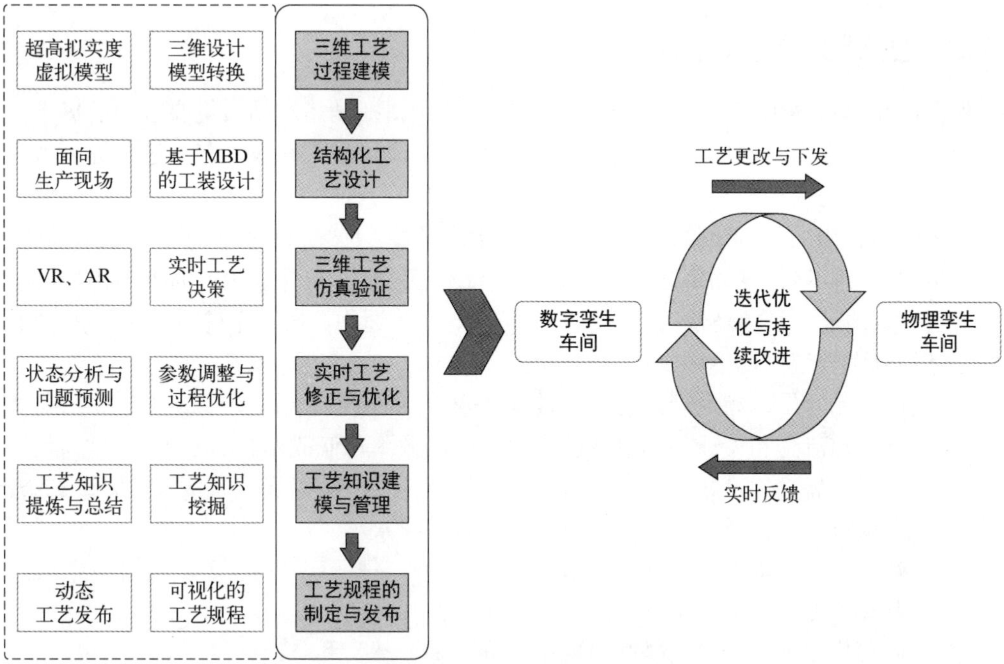

图 9-6　基于数字孪生的工艺规划

综上所述，传统 CAPP 已逐渐无法满足现阶段工艺规划的需求，企业数智化转型过程中包括数字化工艺规划，而基于数字孪生的工艺规划技术仍处于探索与发展阶段。三种工艺规划方法的对比结果如图 9-7 所示。

图 9-7　工艺规划方法对比

9.1.3 生产工艺规划原则

保证产品质量是生产工艺规划过程中的核心原则，在满足产品质量要求的前提下，尽可能能简化流程，缩短生产周期。工艺流程应积极引入先进技术和新工艺，进而提高效率和降低成本。在选用新技术、新工艺时要充分调查、反复论证、考虑技术是否可靠，要注意吸收实践中所积累的丰富经验，充分利用现有生产条件，提高自动化水平、降低劳动强度、保证安全生产。同时，规划工艺流程需要考虑技术经济性，要保证投产后各项指标经济合理。工艺规划的最终目标是使工艺流程质量可靠、水平适用、技术先进、经济合理。因此，生产工艺规划主要遵循如下原则：

① 保证产品质量，满足规定的各项技术要求。

② 选择工艺流程和设计指标包括但不局限于高效率与低成本。

③ 积极引入先进技术和新工艺，减少原材料消耗和能源损耗，为技术发展留有余地。

④ 结合现有生产条件，合理提高自动化和智能化水平。

⑤ 降低工人劳动强度，保证安全生产。

⑥ 注意环境保护，减少污染。

⑦ 其他规划原则，如工艺设备的维修与健康管理等。

9.2 智能工厂布局与仓储物流详细设计

9.2.1 工厂布局详细设计

9.2.1.1 工厂布局详细设计概述

工厂布局详细设计是工厂数智化转型的核心环节。结合工厂布局概念规划内容，将布局详细设计分为工厂级、车间级与区域级，如图 9-8 所示。其中，工厂级布局设计主要围绕车间占地面积、位置等内容展开；车间级设计主要考虑工艺流程、区域关系、物流强度等因素完成布局设计；区域级设计主要考虑功能区域内部作业人员与设施间的合理布置。工厂布局详细设计在概念规划的基础上，进一步细化布局方案，从根本上决定工厂的生产运营系统是否能够有序、经济、高效地运行，有效的布局方案会以最小的运营成本最大程度地有效利用可用资源。

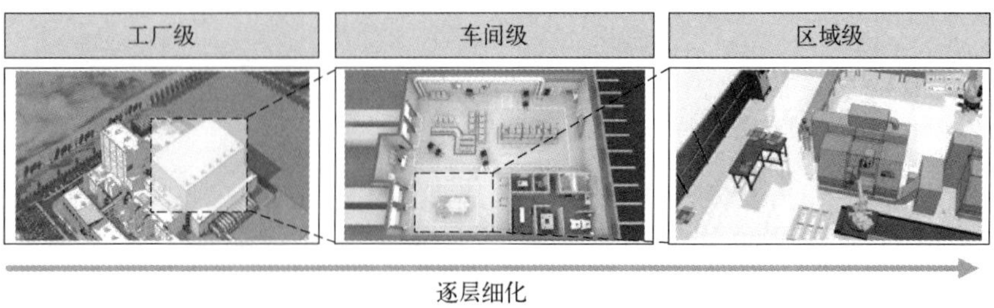

图 9-8 工厂布局详细设计分级

9.2.1.2 工厂布局的详细设计方法

（1）系统布局规划

系统布局规划（system layout planning，SLP）是一套具有系统性、规范性、适用性的布局设计方法。通过分析不同层级规划对象之间的相关性来确定其具体相对位置，将物流关系和非物流关系联合考虑，从各对象之间的综合相关关系出发，实现各个对象的合理布置。SLP 方法具有严格的设计流程，需要确保按规范执行，以提高最终方案的准确性，其具体流程如图 9-9 所示。

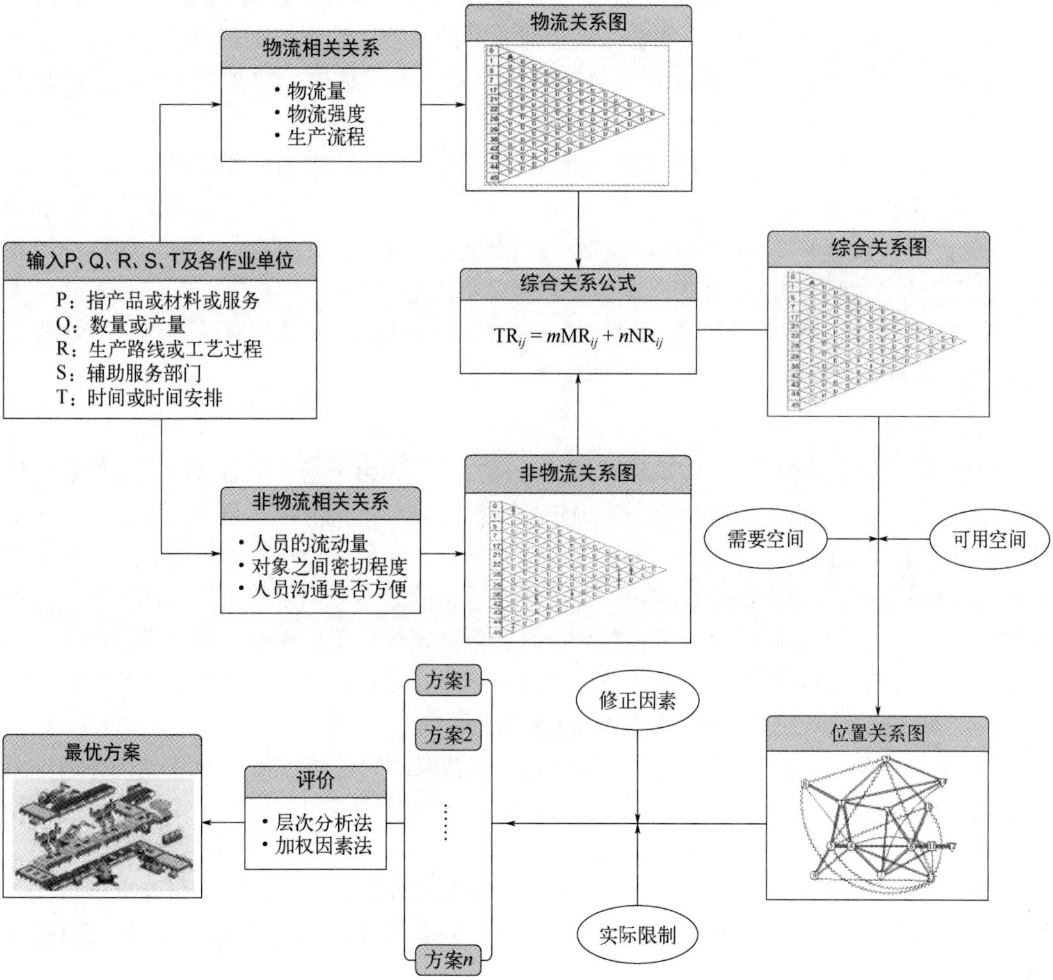

图 9-9 系统布局规划流程

① 收集系统布局规划有关资料，包括各层级研究对象的基本信息、材料种类、最终产品产量等。

② 分析各研究对象相互关系，包括物流和非物流的相互关系，各个单位之间相互关系的密切程度计算如式（9-1）所示，并经过综合分析得到综合关系图。

$$TR_{ij} = mMR_{ij} + nNR_{ij} \tag{9-1}$$

式中，TR_{ij}为综合相互关系密切程度等级；MR_{ij}为量化的物流相互关系密切程度等级；NR_{ij}为量化的非物流相互关系密切程度等级；m、n分别为物流关系和非物流关系的重要程度。

③ 根据综合关系图中研究对象之间相互关系的密切程度，确定相互间的距离，进而根据各部分相对位置绘制位置关系图。

④ 通过对位置关系图的修正和调整，得到数个可行的布局方案，采用加权因素法或层级分析法对各方案评价择优。

在 SLP 流程的执行过程中需要注意如下事项：

① 控制（非）物流关系比例：物流关系和非物流关系的重要程度$m:n$的值一般在 1/3～3 之间。当比值小于 1/3 时，说明物流关系对生产的影响非常小，工厂布局时只需考虑非物流的相互关系；当比值大于 3 时，说明物流关系占主导地位，只需要考虑物流的相互关系。

② 综合相关关系是一个量化值：结合量化数据，经过等级划分才能建立出符号化的综合关系图。

③ 物流关系与非物流关系合并限制：在物流关系与非物流关系合并时，任一物流相互关系等级与 X 级非物流相互关系等级合并时都不应超过 O 级。

④ 危险对象等级：对于某些极不希望靠近的作业单位之间的相互关系可以直接定义为 X 级，即绝对不能相互接近。

（2）经验布局法

经验布局法是一种定性、定量相结合的分析方法，多用于基于已有车间布局的优化场景。结合以往布局的正面经验和反面教训定性地提出布局优化方案，再从定量的角度对于新提出的方案进行评价。对于经验丰富的决策者来说，他们可以根据现有条件与以往的布局进行比较从而迅速得出优化方案，大大提升了决策的效率。当现有工厂布局在某些方面存在不足导致生产效率较低时，需要找到更好的方法来优化工厂布局，具体步骤如下：结合历史经验与工厂现状对布局重新划分的功能区域进行摆样，进而设计出较为科学的布局方案。经验的获取途径有很多，典型方法介绍如下：

① 头脑风暴法：头脑风暴是通过畅谈的方式获取经验，该方法主要基于引导词、流程参数和各种检查表进行推进，各层级不同研究对象被分割成很多研究节点，并逐一进行分析，每个研究节点都会定义出布局设计的意图。

② 一对一访谈法：通过与相关人员进行交流得出方案，相比其他方法能提供更深入的经验和更真实的情况，其缺点是经验较为单一，不是整体组织的经验，但仍然可以提供有用的布局见解。

③ 专家评估法：根据布局目的和要求，向专家组提供相关资料，就布局优化方案进行交流并提出量化的分析，通过向专家咨询深入了解目前布局存在的瓶颈，该方法可以帮助决策者快速获得布局的经验。

接下来针对基于历史经验提出的布局方案进行评价，通过 SLP 对布局方案的各项指标进行计算。将这些指标量化评估结果与原有方案进行对比，确定选择哪种布局方案，具体流程如图 9-10 所示。

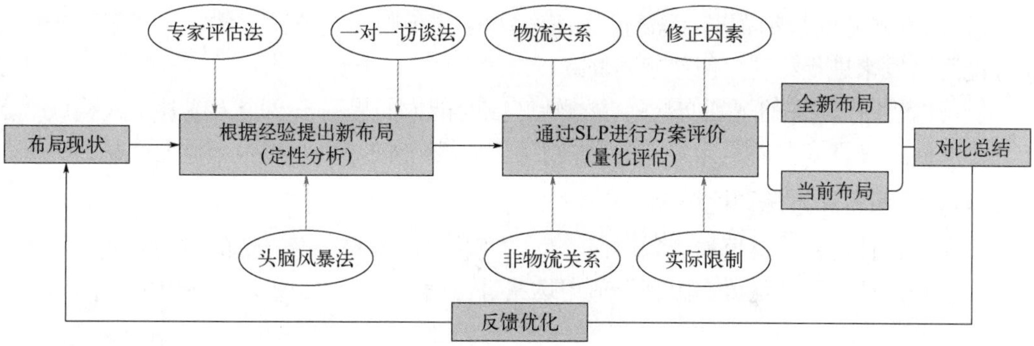

图 9-10　经验布局法流程图

在经验布局法流程的执行过程中需要注意以下事项：

① 多因素考虑：在功能区域模块摆样时，要关注各区域间的属性关系，同时要注意在摆样的过程中充分考虑安全等因素。

② 模型尺寸校准：摆样的模型一定是严格按照比例缩放而来的，需要校准模型规格数据，使其贴近实际布局。

③ 多维度方案择优：在对比全新布局和当前布局的过程中，一定要从多个角度对方案进行对比，综合考虑新方案是否可行。

（3）精益设施布局系统

精益设施布局系统（lean facility layout system，LFLS）是将精益生产的特点应用到布局设计过程中，其目的是减少设计过程中存在的浪费，它将不必要的运输时间、空间和设施视为必须减少的浪费，在很大程度上节省了工厂的生产及物流成本，提高了生产效率。LFLS 首先要定义当前的状态并且通过价值流图等精益工具绘制 As-Is 模型，展示布局设计任务的当前状态；接下来采用精益管理工具分析模型，寻找模型中可识别的浪费；然后以消除或减少存在的浪费为目标提出 To-Be 模型；最后确定需要变更和改进的项点，制定新的布局模式，将新的布局与当前布局进行对比，总结改善点，具体流程如图 9-11 所示。

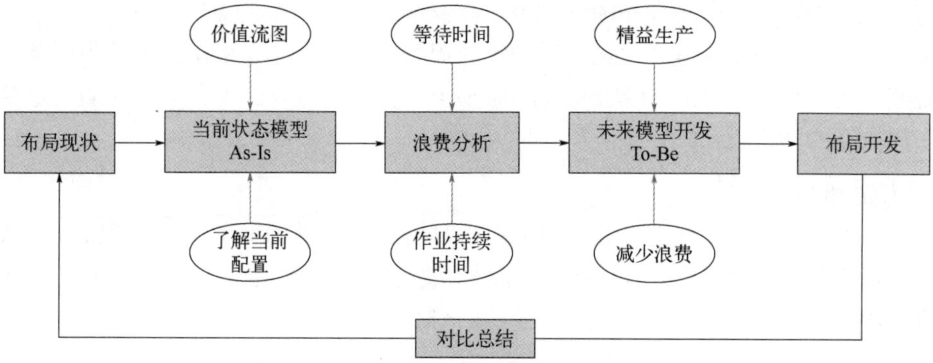

图 9-11　精益设施布局系统流程图

在精益设施布局系统的执行过程中需要注意以下事项：

① 精益驱动的规划布局：要从产品的生产工艺、作业流程、减少生产浪费和 5S 的角度出发，进而规划布局方式。

② 结合实际的规划布局：当前状态模型和未来模型一定要贴合实际，要根据工厂的实际能力出发来进行绘制，切勿好高骛远。

③ 注重生产柔性的规划布局：注意转产应变能力的提高，一个人或几个人构成一条单元生产线，许许多多的单元生产线构成工厂的拼装车间，可对应多个类型产品的生产。

（4）详细设计方法对比分析

在布局设计过程中要根据规划层级、生产现状等因素来选择合适的布局方法。综上所述，将三种设计方法从优势、限制、适用场景等方面进行对比分析，如图 9-12 所示。

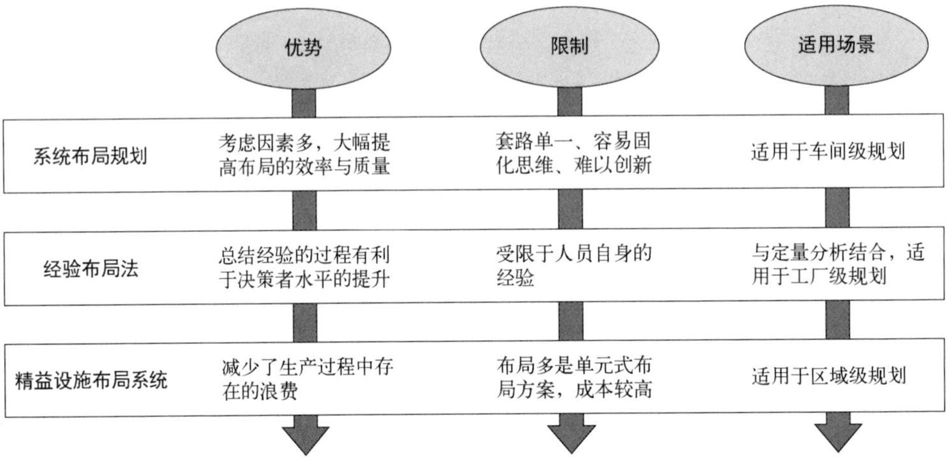

图 9-12　工厂布局的详细设计方法对比

9.2.1.3　工厂级布局详细设计方案

随着市场需求变化与转型过程推进，工厂布局优化是降低生产成本、减少能源消耗、提高产品质量、提高生产能力的重要环节。在工厂级布局设计过程中主要考虑车间面积和车间位置两个因素。以 X 工厂为例，该工厂存在车间布局混乱、物流路线繁杂、转运距离过长等问题，现阶段工厂布局如图 9-13 所示。

现对工厂级布局现状进行优化，详细设计流程如下：首先要根据各车间生产能力等数据确定其占用面积，然后根据经验布局法与 SLP 共同确定各个车间的相对位置，从整体上完成布局方案的初步设计。

（1）车间面积计算

车间面积计算主要计算建筑面积，由基础设施占地面积和实际使用面积组成。基础设施占地面积指建造车间的硬性结构要求，如墙体、支撑柱等，这些结构必须考虑但无法为工厂创造价值，实际使用面积是车间真正能用于生产制造的面积，计算方法如式（9-2）所示。

$$S = T + G \tag{9-2}$$

式中，S 为车间建筑面积；T 为基础设施占地面积；G 为车间实际使用面积。在车间面积计算时，需要以 m^2 作为各部分面积计算的单位，使用长和宽的乘积得到各部分面积后，通过累加得到车间总体面积。

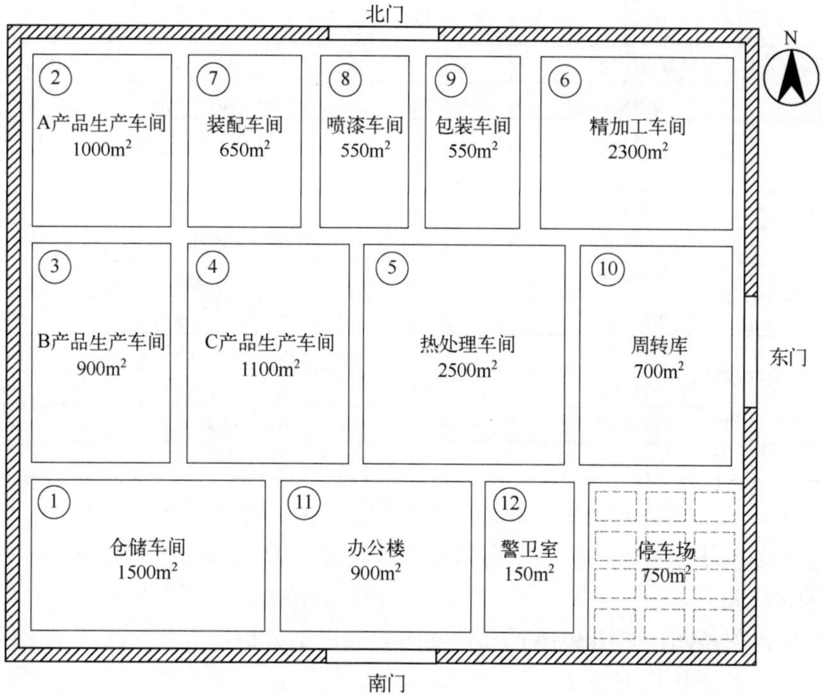

图 9-13　X 工厂布局现状

（2）车间位置确定

首先分析工厂内各车间功能，根据经验来判断车间所处的大体位置，然后根据 SLP 计算工厂内物流强度并对其评级，如式（9-3）所示，根据量化评级结果理清物流相互关系，最后绘制位置关系图确定各车间相对位置关系。

$$f = QN \tag{9-3}$$

式中，f 为工厂当量物流量；Q 为一个搬运单元的当量重量；N 为单位时间内流经某一区域或路径的单元数。

根据图 9-13 可知，X 工厂内包括仓储车间、A 产品生产车间、B 产品生产车间、C 产品生产车间、热处理车间、精加工车间、装配车间、喷漆车间、包装车间等，各车间定位如下：

① 仓储车间：位置靠近工厂的入口，方便物料的存储。

② 产品加工车间：布置在仓储车间周围，便于原材料的输送、加工，车间位置上应避免阳光直接照射和热辐射的影响，避免潮湿和气流的影响。

③ 热处理车间：属于产品的公共处理车间，应布置在工厂的侧边，同时要在宽敞易通风的区域来防止中毒。

④ 精加工车间：在位置上靠近热处理车间，注意通风和避免阳光直晒。

⑤ 装配、喷漆、包装车间：位置需要符合工艺流程的方向，区域的选取尽可能靠近出口，方便产品最终的运输。

在此基础上，根据式（9-3）计算各车间的物流强度，如表 9-1 所示。

表 9-1　物流强度分析表（一）

产品名称	物料数量/（个/月）	物料流向	当量重量/kg	物流强度/（kg/月）
仓储车间	500	1→2	40（原料）	20000
仓储车间	400	1→3	40（原料）	16000
仓储车间	300	1→4	40（原料）	12000
A 加工车间	470	2→5	40（A 产品）	18800
B 加工车间	390	3→5	42（B 产品）	16380
C 加工车间	270	4→5	25（C 产品）	6750
热处理车间	1130	5→6	36（三种产品）	40680
精加工车间	1127	6→7	36（三种产品）	40572
装配车间	1127	7→8	36（三种产品）	40572
喷漆车间	1127	8→9	36（三种产品）	40572
包装车间	1127	9→10	36（三种产品）	40572

根据表 9-1 中计算数据，对车间物流强度进行评级，物流强度大于 40600kg/月赋为 A 级，介于 20000kg/月与 40600kg/月之间赋为 E 级，介于 15000kg/月与 20000kg/月之间赋为 I 级，低于 15000kg/月赋为 O 级，表上没有写明的代表物流关系很弱为 U 级。依此绘制物流关系图与位置关系图，如图 9-14 所示。同时根据以上分析，本节给出两个优化后的布局方案以供参考，如图 9-15 所示。

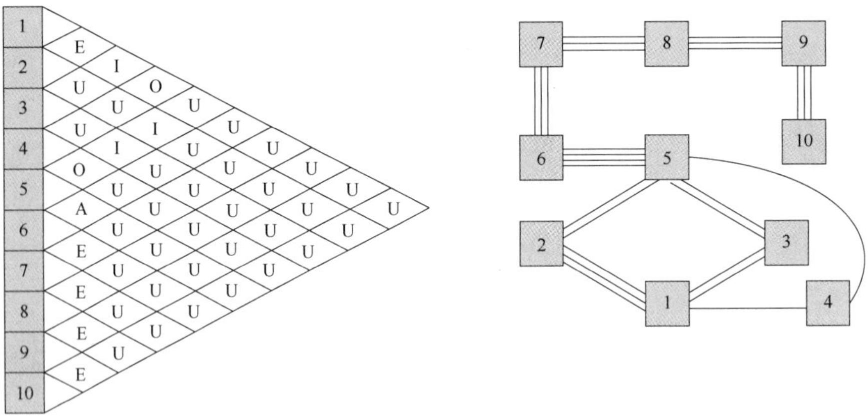

图 9-14　物流关系图与位置关系图

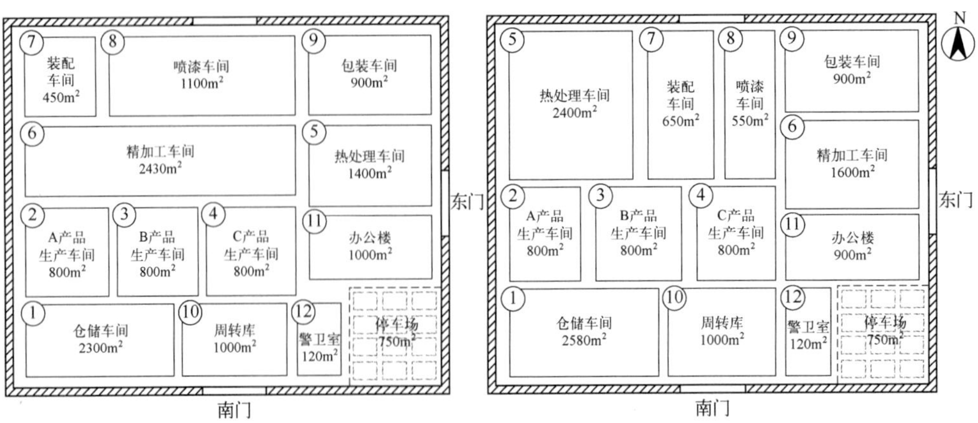

图 9-15　工厂级布局优化方案

对比分析两种布局方案，大部分产品在粗加工、精加工前后都需要进行热处理，导致需要多次往返热处理车间，在完成热处理工艺后仍需进行喷漆等工艺，因此，这种情况选择图 9-15 左侧方案更加经济。通过这个示例总结出影响布局方案选择的主要因素如图 9-16 所示。

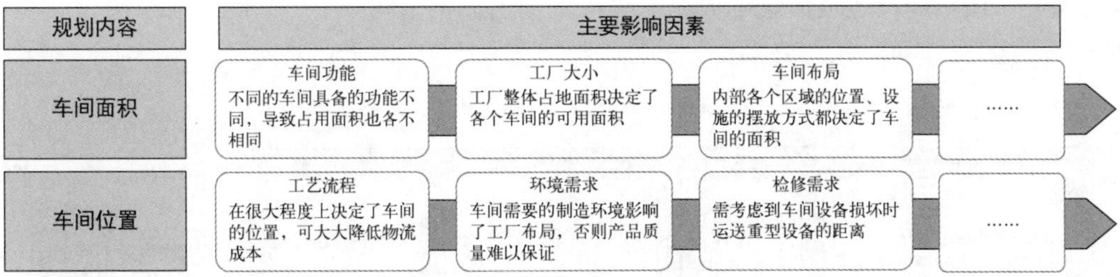

图 9-16 工厂级布局影响因素

9.2.1.4 车间级布局详细设计方案

车间级布局设计主要研究区域间的位置关系与区域占地面积，车间布局合理性将直接影响到整体生产效率。以 C 产品生产车间为例，C 产品由 C1、C2 部件组成，产品结构树如图 9-17 所示，同时，C 产品的生产过程需要经过多道工序，某些部件还具有高精度要求，工艺路线如图 9-18 所示。

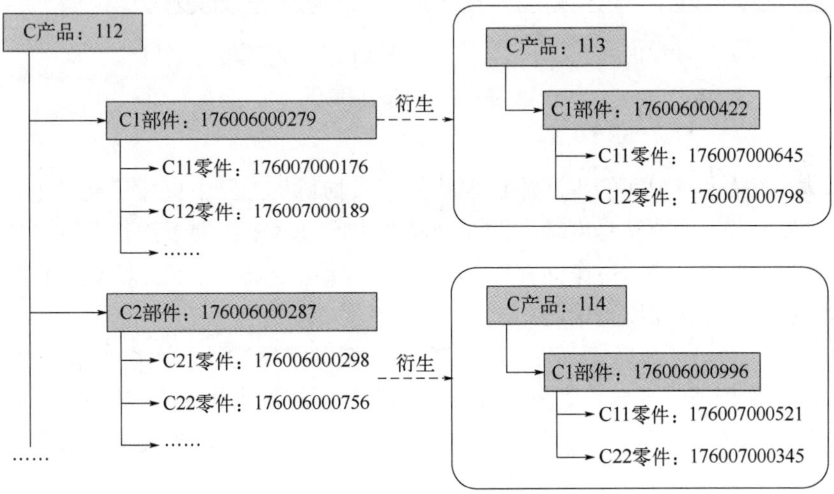

图 9-17 C 产品结构树

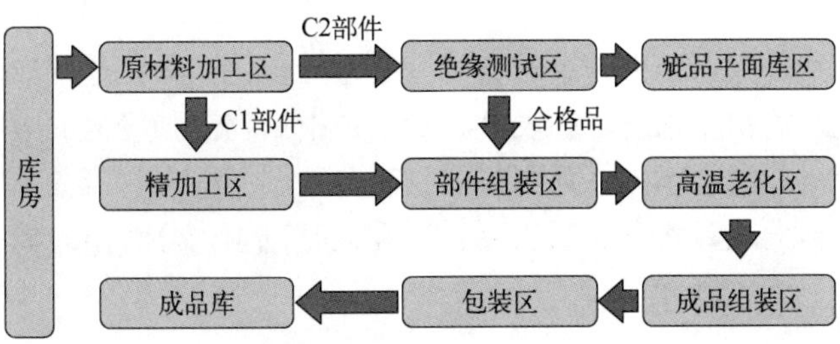

图 9-18 C 产品生产工艺路线

C 产品车间生产现状如下：C 产品生产所需的原材料存放于工厂的中央库房，根据生产需求将原材料直接配送至原材料加工区进行初步处理。加工完成后，不同部件会根据各自工艺需求进入不同的功能区域完成后续加工工艺。完成所有加工工艺和绝缘测试工艺后，部分完成部件组装，送至高温老化区进行不良部件的检测。如果检测结果合格，就对成品进行组装，最后经过包装后送至成品库等待运输出加工车间。生产车间目前布局如图 9-19 所示。

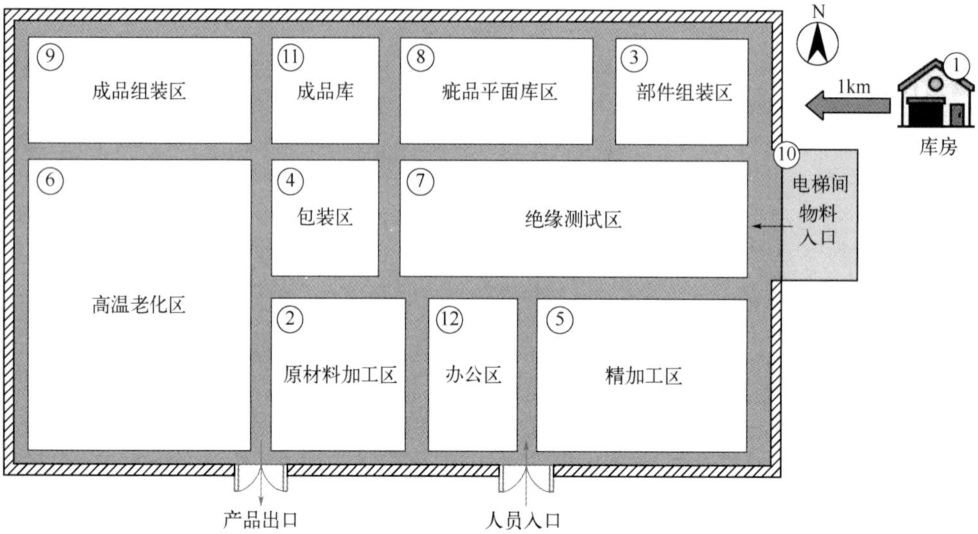

图 9-19 车间布局现状

目前，C 产品生产车间的生产流程现状如下：物料从工厂中央库房通过电梯间进入车间，以人工搬运为主，劳动强度较大；在制品在生产过程中需要多次往返部件组装区、高温老化区等，物流交叉严重；车间存在部分作业区域由于安全因素无法更换位置。根据车间生产现状分析，其存在以下问题：

① 作业区域分散：导致搬运路线不够合理，搬运距离过长，运输成本高。

② 在制品堆积严重：导致库房的库存量始终处于较高水平，仓储物料周转率较低。

③ 车间距离库房较远：导致物料在进入车间过程中需要耗费大量的时间，增加了物流距离。

④ 存在空间浪费和冗余移动：导致生产流程过于松散，空间利用率低，造成时间与费用上的增加。

在此基础上，结合痛点分析结果对布局方案进行优化，具体过程如下：根据式（9-3）计算各作业区域之间的物流强度，如表 9-2 所示；根据物流强度值的大小与非物流因素的影响程度来划分等级并绘制物流关系图与非物流关系图；根据物流关系图、非物流关系图和式（9-1）来绘制综合关系图与位置关系图。在此基础上，分解出布局方案中重点优化的部分。

表 9-2　物流强度分析表（二）

单位名称	数量/（个/月）	物料流向	当量重量/kg	物流强度/（kg/月）
库房	3500	1→10	70（原材料）	245000
电梯间	1700	10→2	70（原材料）	119000
原材料加工区	700	2→5	44（C1 部件集合）	30800
原材料加工区	1000	2→7	46（C2 部件集合）	46000
精加工区	650	5→3	45（精加件集合）	29250
部件组装区	600	3→6	40（C1 部件）	24000
绝缘测试区	900	7→6	38（C2 部件）	34200
绝缘测试区	100	7→8	45（不合格件）	4500
高温老化区	1500	6→9	39（C1、C2 部件）	58500
成品组装区	1500	9→4	40（成品）	60000
包装区	1500	4→11	41（包装品）	61500

对物流强度进行评级，物流强度大于 130000kg/月赋为 A 级，介于 22000kg/月与 130000kg/月之间赋为 E 级，介于 10000kg/月与 22000kg/月之间赋为 I 级，低于 10000kg/月赋为 O 级，表上没有写明的代表物流关系很弱，用 U 来表示，绘制物流关系图，如图 9-20 所示。同时要考虑非物流因素来绘制非物流关系图，其中，考虑因素如下：

① 工作流程；

② 使用相同设备、设施或同一场地；

③ 联系频繁程度；

④ 使用一组人员；

⑤ 作业性质类似；

⑥ 监督和管理；

⑦ 噪声、振动、烟尘、易爆等。

最后绘制综合关系图、位置关系图，如图 9-21 所示。

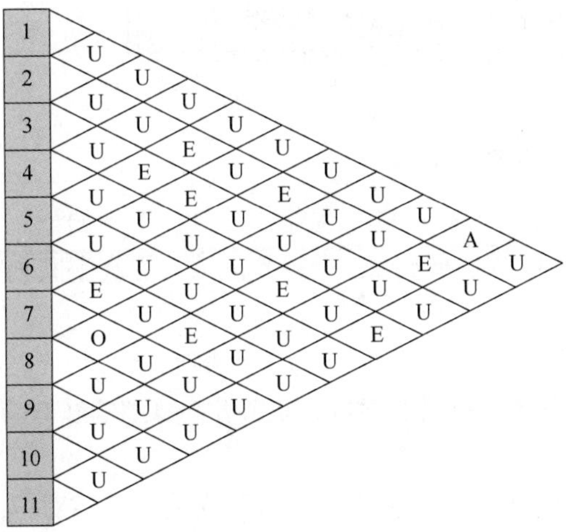

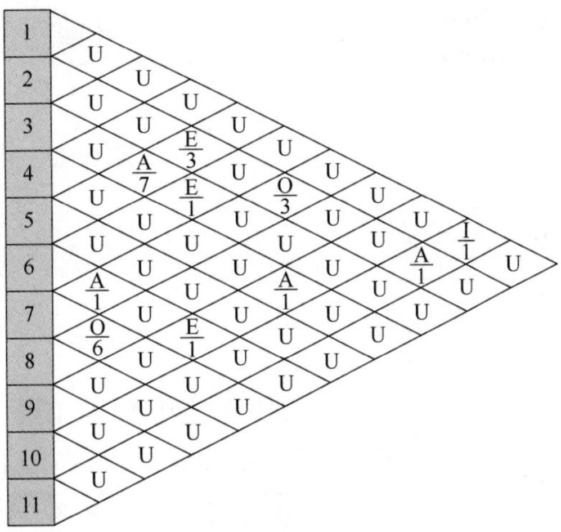

图 9-20　物流与非物流关系图

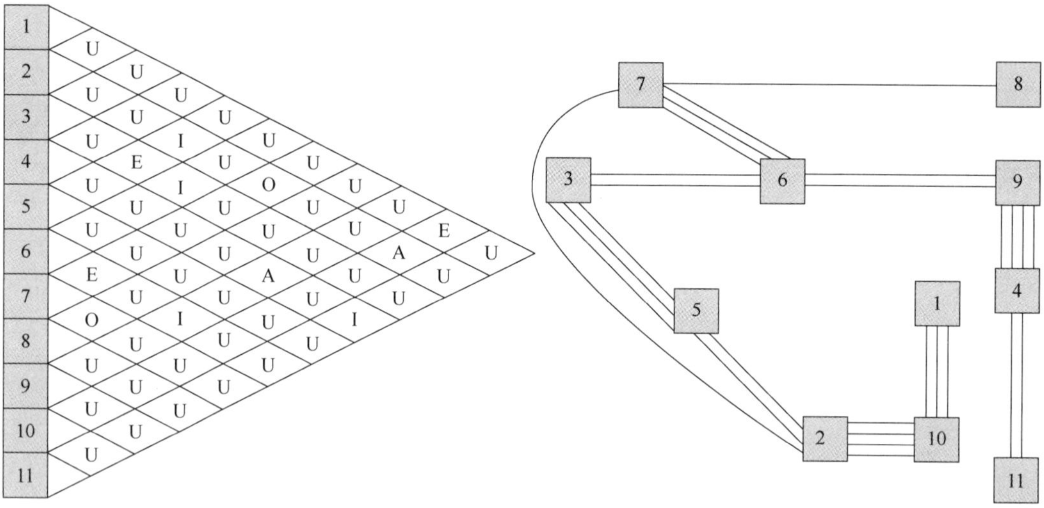

图 9-21　综合关系图与位置关系图

经过以上分析得出车间布局优化后的方案，如图 9-22 所示。

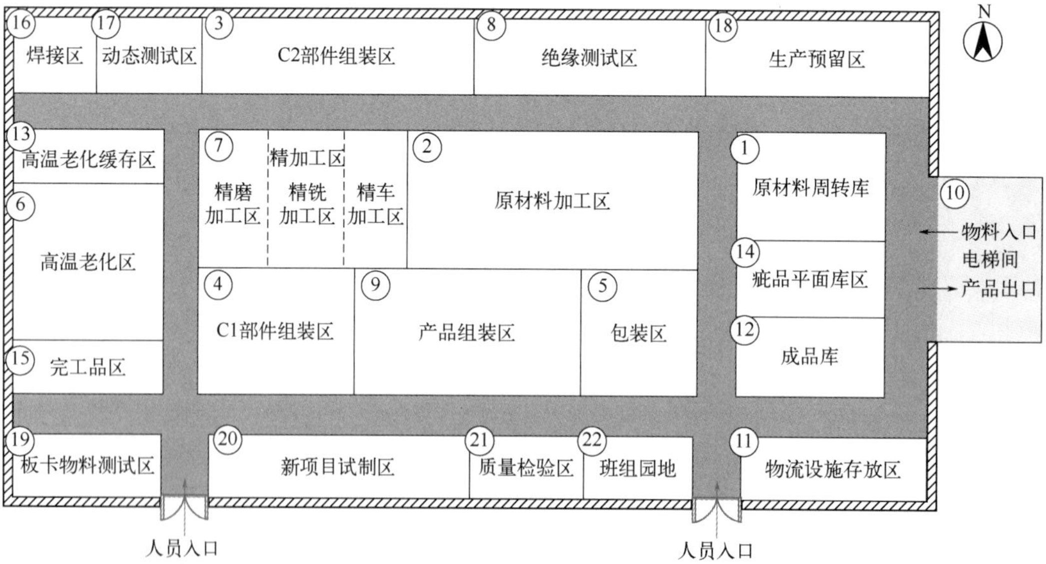

图 9-22　优化后车间布局方案

通过对物流、区域位置等进行改善，进而对车间的布局进行优化，其具体措施如下：

① 车间的布局由原来的 12 个主要工艺流程区域扩展到 22 个功能区域，提高空间利用率并且完善车间功能。

② 改变区域布置位置，使其按照工艺原则进行布局，布局方式较为清晰。

③ 在车间内布置原材料周转库，便于车间内部原材料的存取，提高生产柔性。

改善前后物流强度对比分析如图 9-23 所示。

车间级布局方案设计更为细致，着重研究车间内各个区域之间的关联关系与相对位置。因此，影响车间布局的因素主要从人员、设备、物料、方法、环境等维度展开分析，具体影响因素如图 9-24 所示。

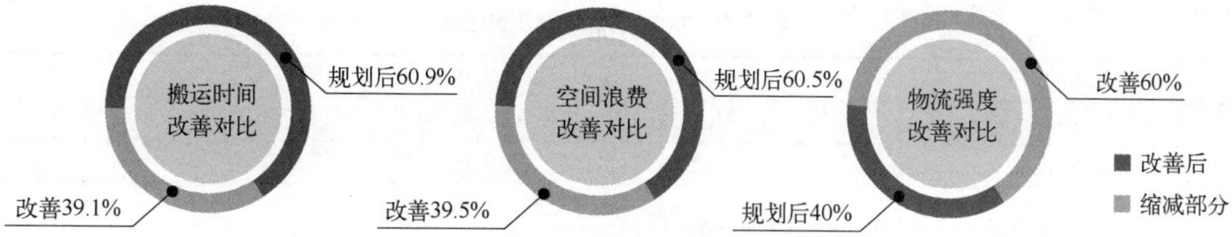

图 9-23　改善前后物流强度对比分析图

影响因素		影响环节				
		仓储	物流	加工	检测	装配
人员	人员班组	●	○	●	●	●
	人员工制	●	○	●	●	○
	人员作业时长	●	○	●	○	○
	人员工作能力	○	○	●	●	●
	人员数量	●	○	●	●	●
设备	设备位置	○	●	●	●	●
	设备尺寸	○	○	●	●	●
	设备种类	○	○	●	●	●
	设备工作要求	●	○	●	●	●
	设备可扩展性	●	○	●	●	●
	设备自动化程度	○	●	●	●	●
	设备数量	●	●	●	●	●
	设备能力	●	○	●	●	●
物料	物料种类	●	●	●	○	○
	物料数量	●	●	●	○	○
	物料可流动性	●	●	○	○	○
方法	工艺路线	●	●	●	●	●
	作业方法的水平	○	○	●	●	●
环境	作业环境的要求	●	●	●	●	●
	作业环境整洁程度	●	●	●	●	●

图 9-24　车间布局详细设计影响因素

9.2.1.5　区域级布局详细设计方案

区域级布局详细设计主要研究区域内“人—机—料”的关联关系，保证在有限的空间内实现合理的布置。区域级布局详细设计主要流程如下：首先，根据车间内各功能区域的生产能力需求确定区域占地面积；其次，考虑各个功能区域布局的影响因素（如表 9-3 所示），结合实际情况并依据有关影响因素来布置区域内的生产资源。综上所述，完成区域级布局方案详细设计。

表 9-3 区域级布局影响因素

影响因素	布局要求
区域间距	各区域间不发生作业干涉，考虑物流通道预留的宽度
设备间距	预防设备工作时发生干涉，预留出一定的安全距离
设备规格	考虑设备尺寸规格，预留空间保证单设备作业区域
设备数量	结合设备规格，预留足够区域面积布置所有生产设备
设备移动性	保证设备之间留有移动空间，使其可以按需移动
设备作业范围	预留足够空间保证设备可以按需完成要求的一系列工艺动作
设备生产能力	考虑设备数量与未来扩展需求
产品规格	影响物料容器的规格及缓存区预留空间的大小
产品数量	影响物料容器的规格与作业设备数量
物料容器规格	影响缓存区域预留空间
物料容器数量	结合容器规划，影响物料容器预留存储空间
物料容器回流	考虑区域物流的通畅性与物料容器的重复使用
工位规格	考虑人员作业范围，使人员可以轻松地完成一系列工作
工位数量	在布局时要考虑工位预留空间
人员舒适度	区域的布局要减少作业人员不必要的移动搬运浪费
线边料架定位	结合区域的工艺流程分析，要便于人员取放物料
物流通道的宽度	保证物料或人员能够在区域内不同设备之间顺畅地流通
物流设备规格	考虑缓存区预留多大空间来存放物流设备
刚性建筑结构	布局时要避开建筑结构，采取其他的布局形式
危险作业区域	周围预留出安全空间，远离人员与其他设备，避免发生危险
消防通道位置	预留出足够的疏散距离，避免踩踏事件发生
区域出入口	影响设备布局的模式与缓存区的位置
目视化管理要素	处于区域内引人注意的地方，时刻起到警示作用

在确定完各个区域面积之后，考虑表 9-3 中区域级布局的影响因素：区域间距、设备间距、设备规格、设备数量、设备作业范围、产品规格、产品数量、物料容器规格、物料容器数量、工位规格、工位数量、线边料架定位、物流通道的宽度、物流设备规格等。进而绘制精加工区与 C1 部件组装区的区域级布局图，如图 9-25、图 9-26 所示。

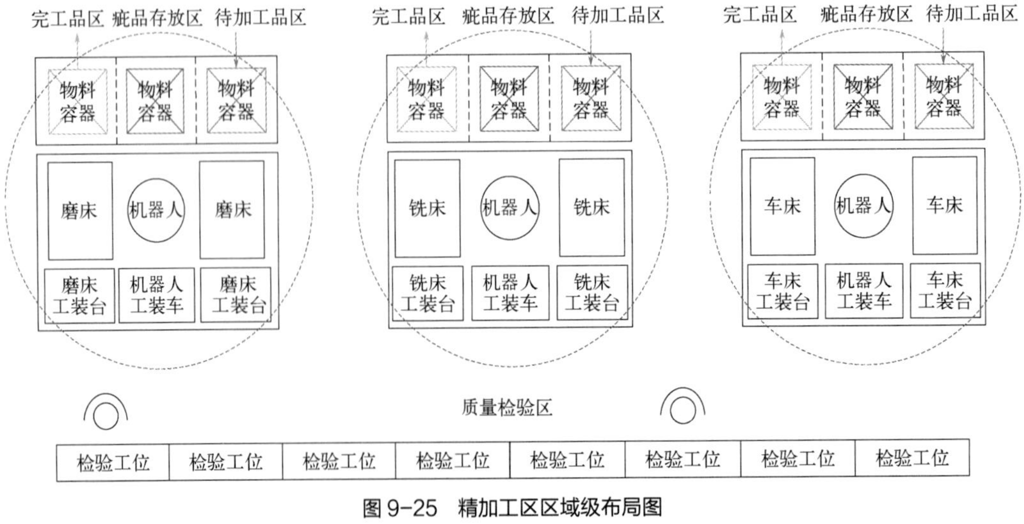

图 9-25 精加工区区域级布局图

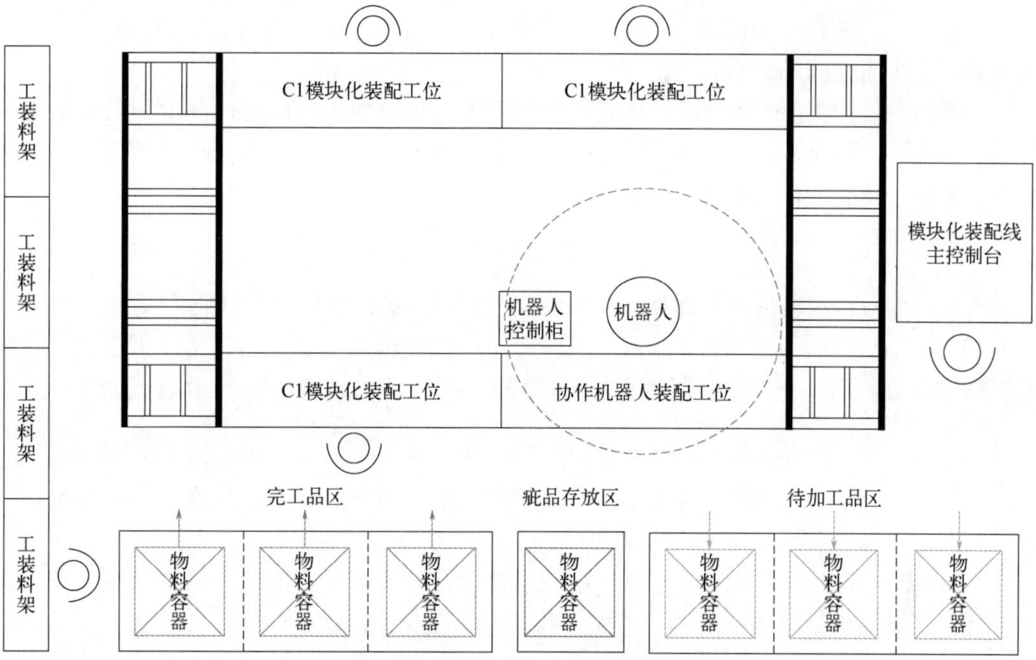

图 9-26　C1 部件组装区区域级布局图

9.2.2　工厂仓储物流详细设计

9.2.2.1　仓储系统详细设计

（1）仓储规模计算

仓储规模是指用于原材料存储、库存预留和订单履行的可用空间量。计算仓储规模确定仓储可用空间，合理规划仓储空间可降低存储成本、提高空间利用率。确定仓库规模的具体步骤如下：

① 测定配送及储存产品总量。仓库的配送量和产品储存量直接受企业订单总量的影响，企业订单量越大，所需要存储的物料与产品就越多。

② 推算平均配送量。平均配送量包括平均配送每吨公里数与平均存储量，其中，平均存储量影响仓储规模的大小。同时，平均存储量又受产品平均周转速度影响，周转速度慢，占据仓库空间时间长，需要仓库的规模就大；反之，仓库规模需求较小。平均配送量计算公式如下：

$$\overline{S}=S/T \tag{9-4}$$

式中，$\overline{S}$ 为平均配送量；S 为产品总储存量；T 为平均周转次数。

③ 计算储存空间需求量。由于产品种类及规格多样，所占仓库空间也不同，需要引入“仓容占用系数”表明产品储存量与储存空间之间的关系，储存空间需求量的计算公式如下：

$$R=\overline{S}q \tag{9-5}$$

式中，R 为储存空间需求量；$\bar{S}$ 为平均配送量；q 为平均仓容占用系数，指单位重量或金额产品所占空间的大小。

④ 计算仓库理论储存面积。仓库储存面积的大小取决于产品堆码高度，其影响因素包括产品性能、包装、仓库建筑构造和设备的配备等。因此，综合考虑诸多因素后，确定堆码高度，计算仓库储存面积，计算公式如下：

$$S_i = R / H \tag{9-6}$$

式中，S_i 为仓库理论储存面积；R 为储存空间需求量；H 为平均堆码高度。

⑤ 计算仓库实际储存面积。为了保证产品储存安全及作业空间充足，需要引入仓库面积利用系数，提高仓库储存面积宽泛度，增大仓库实际储存面积，计算公式如下：

$$S_c = S_i / u \tag{9-7}$$

式中，S_c 为仓库实际储存面积；S_i 为仓库理论储存面积；u 为仓库面积利用系数，受库房布置和仓库管理水平等多种因素影响。

⑥ 确定仓库整体面积。仓库整体面积应包含仓库实际储存面积与其他区域面积，其中，其他区域面积主要包括墙距、垛距、作业通道及作业区域等，结合实际需求最终确定仓库整体面积。

（2）库内货位规划和设计

货位是仓库最小存储区域，货位管理就是利用库位对产品进行保管与定位，同时精准把控产品出入库，保证随时掌握产品的储存数量、位置与出入库情况。

① 货位区域划分。企业一般是根据库房的建筑形式、规模大小、楼层高低等情况，结合储存条件将储存场所划分为若干货库，每一货库再划分为若干货位，每类货位固定存放一类或几类保管条件相同的物料。在此基础上，库房一般预留部分机动库位，能够随时接收计划外物料入库，还可作为物品清点、整理等区域，避免固定货区因超额储存而造成货物混乱等问题。

② 货位规划原则。货位区域划分是确定各储货区存放物料的种类，而货位规划原则是为了指导物料的存放方法和排列位置。货位规划是指根据物料的外形、包装及合理的堆码方法与操作要求，结合储存区域规模，规划货位分布或货架位置。货位规划应遵循以下原则：

a．货位布置要紧凑，提高仓容利用率。

b．便于收货、发货、检查、包装及车辆装卸。

c．堆垛稳固，操作安全。

d．通道流畅便利，叉车行走距离短。

③ 货位布置方式。货位布置方式一般有横列式、纵列式和混合式三种。横列式是指货垛或货架的长度方向与仓库的侧墙互相垂直，纵列式是指货垛或货架的长度方向与仓库侧墙平行，混合式是指在同一保管场所内，横列式布局和纵列式布局兼而有之，如图 9-27 所示。

④ 货位编码。货位编码是在货位区域划分和货位规划的基础上，将存放物料的场所按储存地点和位置排列，采用统一的标记号码，绘制分区分类、货位编码平面图或填写方位卡片，便于仓储管理。

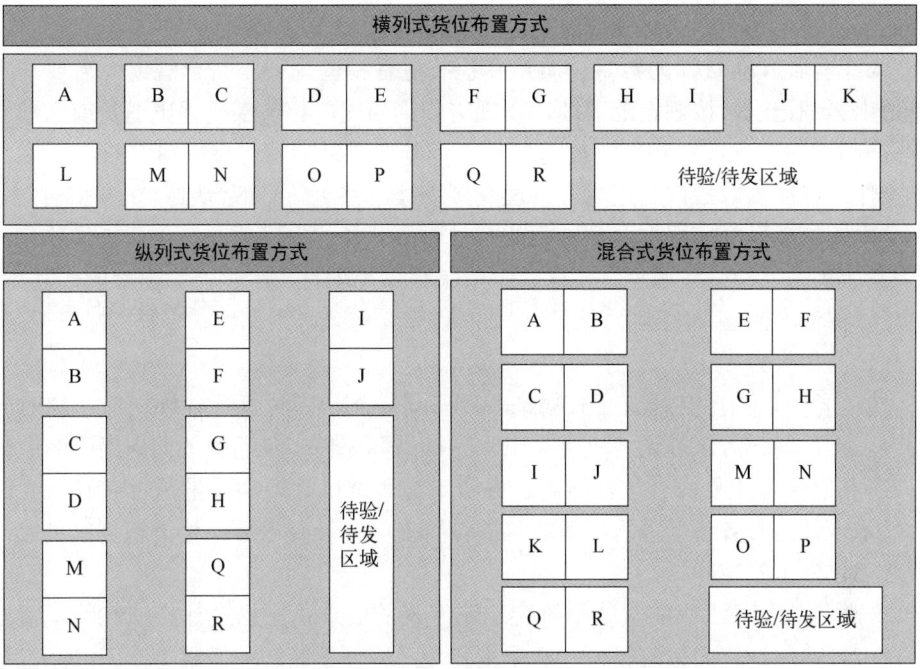

图 9-27　货位布置方式

a. 货位编码的方法。货位编码主要有以下四种编码方式，结合自身实际情况，统一规定出入库的货位划分及编码方法，以达到方便管理目的。

a）区段式：将仓储区域分割为几个区段并进行编码，依据物流量来决定其所占区段面积，适合大批量且保管周期短、容易单位化的产品。

b）品项群别式：将产品依其相关性、类似性区分成几个品项群，再对每个品项群进行编码。适用于比较容易进行产品群别保管或品牌差距大的产品，如五金产品。

c）地址式：利用仓储区域中现成参考单位，如库房号、货架号、层次号、货位号四者统一编码，如 3-8-2-3 来表示 3 号库房 8 区 2 段 3 号。通常以一个货位为编码单位且具有相对顺序性，适合量少或单价高的产品。

d）坐标式：利用空间概念来编排货位的方式。适合需要长时间存放或流通率很小的产品。

b. 货位编码标记。货位编码可以标记在地面或承重柱上，也可以在通道上方悬挂标牌，以便识别。一些规模较大的仓库要求建立方位卡片，将仓库所有物料的存放位置记入卡片，发放时将位置标记在出库凭证上，保证保管人员能够迅速找到货位。

（3）出入库管理

产品入库管理是根据产品入库凭证，在产品接收入库时完成查点、验收、办理入库手续等各项业务的计划和组织活动，保证入库产品数量准确、质量符合要求、包装完整无损、手续完备清楚等，具体步骤如下：

① 准备工作。根据入库通知单，清点入库货物，制订仓储计划，安排存储货位并做好货位准备工作。

② 货物接收。货物到库后，仓库收货人员首先要检查货物入库凭证，然后根据入库

凭证开列的收货单与货物名称核对送交的货物内容。

③ 入库验收。对货物的数量、质量和包装进行检验，如不符合规定，需要与有关人员当场做出详细记录，按规定的手续，在规定的期限内向相关部门提出退货或索赔要求。

④ 产品入库。入库货物经过核对数量、查验质量之后，可以安排卸货、入库、堆码等后续操作。产品入库后，与送货方办理交接手续，并更新仓库台账。

产品出库管理是仓库根据业务部门或存货单位开具的出库凭证（包括提货单、调拨单等），按其所列产品编号、名称、规格、型号、数量等项目，组织产品出库的一系列工作。出库管理要保证产品必须准确、及时、保质、保量，包装必须完整、牢固，标记正确清楚，核对仔细。具体步骤如下：

① 核单备料。出库必须有正式凭证，仓管员接到出库凭证后仔细核对，核对无误后开始备料工作，备料时应遵循“先进先出、易霉易坏先出、接近失效期先出”的原则。

② 产品复核。主要内容包括核对品种数量是否准确、产品质量是否完好、配件是否齐全、技术证件是否齐备、外观质量和包装是否完好等。复核后保管员和复核员应在“产品调拨通知单”上签字确认。

③ 产品包装。若出库的货物不符合运输方式的要求，应当进行产品包装。根据产品的外形特点，选用适宜的包装材料，其重量和尺寸应便于装卸和搬运。出库产品包装要求干燥、牢固且要写明收货单位、到站、发货号、本批总件数、发货单位等。

④ 点交。产品经复核后，如果是本单位内部领料，则将产品和单据当面点交给提货人，办清交接手续；如果是送料或将产品调出本单位办理托运的，则与送料人员或运输部门办理交接手续，当面将产品点交清楚。交清后，提货人员应在出库凭证上签章。

⑤ 登账。点交后，保管员应在出库单上填写实发数、发货日期等内容，并签名。然后将出库单连同有关证件资料，及时交给货主，使货主办理货款结算。保管员把留存的出库凭证交给货物明细账登记人员登记做账。

综合上述出库流程，总结出以下出库遵循的原则，具体如图 9-28 所示。

① 先进先出。遵循时间顺序，即首先处理长时间放置在库存中的物料。

出库原则	特点	适用场景
先进先出 FIFO	减少浪费 遵循库存的自然流动 剩余产品将更好地反映市场价值	适用于产品价格稳定且其旧款产品仍在销售的企业
后进先出 LIFO	使所销售的存货按最近期取得存货的成本与其实现的销售收入相配比	适用于价格波动且最新产品首先出售的企业
到期先出 FEFO	侧重于产品的有效期，而不是其制造日期或将其搁置在仓库中的日期	适用于经营易腐或保质期短的产品
最高先出 HIFO	在任何给定的时间段内，库存费用将是销售商品成本的最高可能值	适用于一段时间内需要平滑财务业绩的公司
随机出库	无需考虑商品特点，具有较高的灵活性	适用于产品在成本波动上的变化较小、无保质期或受市场因素影响较小及财务成本核算上的要求不高等企业

图 9-28 出库原则

② 后进先出。基于“后入库的先发出”的原则，现有库存为最早的货物。

③ 到期先出。是先进先出方法的变体，具有最早有效期的产品或批次首先出库，避免因产品无法使用造成损失。

④ 最高先出。先从库存盘点中出售、使用或移除采购成本最高的库存。

⑤ 随机出库。产品无须考虑成本、保质期等因素，可以随机出库。

（4）产品拣选

产品拣选是根据订货单需求的产品种类与数量，将产品从存储位置上取出，并汇总到指定位置的作业活动。

① 拣选策略。常见的拣选策略有静态拣选、动态拣选、顺序拣选以及并行拣选四种，具体描述如下。结合四种拣选策略的概述，分别从优点与限制两方面进行分析，如图 9-29 所示。

a．静态拣选是指工作人员到存储物料处，根据清单拣选所需零部件。

b．动态拣选是指将器具从拣选仓库中移出，并在一个中央提取点提供给工作人员，人员根据清单来挑选所需物料。

c．顺序拣选是指订单由工作人员完全按照顺序进行处理，且工作人员可能需要访问超市内不同的存储或者提取区域。

d．并行拣选是指一个订单被细分为多个不同的拣货单，并由多个工作人员同时进行处理。

拣选策略	静态拣选	动态拣选	顺序拣选	并行拣选
优点	• 可直接提取所有物料 • 可实现低成本支出 • 灵活应对强烈变化波动的要求 • 缩短平均订单周转周期 • 可处理紧急订单	• 员工无需行走空间，提高了拣选效率 • 无空行路径 • 可以使用拣选辅助工具进行其他预处理 • 可以优化拣选工作站的设计 • 容易输送已空载设备 • 更容易处理空箱器具	• 无须对物料进行重新分类 • 无须物料合并流程	• 单个订单的处理时间短 • 由特定工作人员专门针对一定的产品系列和仓库区域工作
缺点	• 人员长距离移动，生产率低 • 员工负荷重 • 物料补充困难 • 难以运输、清除空箱	• 输送设备和控制系统的投资成本高 • 只有少数物料可以直接提取 • 需求发生波动时，缺乏相应的灵活性 • 平均订单交货时间更长 • 系统发生故障时，会停止运行而无法运营	• 订单处理时间长 • 跨越存储区域的拣选行程时间长 • 复杂订单可能需要不同的运输方式	• 可能需要重新分拣或重新包装 • 必须进行合并和出货检验

图 9-29　拣选策略对比分析

② 拣选方式。常用的拣选方式主要包含按表拣选、移动设备引导拣选、信号引导拣选、声音引导拣选和视觉引导拣选 5 种，具体描述如下：

a．按表拣选。这种方法是按照打印的纸质拣选清单，挑选对应的物料，人员勾选列表中完成拣选的物料并签字确认。

b．移动设备引导拣选。这种方法中拣选清单通过无线传输，并显示在移动数据采集设备上，已拣选的物料需要在移动设备端进行确认，同时可以在设备上输入短缺的物料信息。

c．信号引导拣选。这种方法是通过信号灯实现可视化物料拣选，作业人员通过数字化设备引导确定拣选的物料位置与数量。

d．声音引导拣选。这种方法是通过语音来实现和工作人员之间的沟通。拣选作业人员被告知在哪个货位上拣选物料。在取货现场，工作人员在货架上给定一个校验码，只有输入了正确的校验码，工作人员才会收到正确的拣选物料名称和数量。

e．视觉引导拣选。这种方法中所有与拣选相关的信息都通过 VR 眼镜等方式直接显示在工作人员的视野范围内。除了静态文字信息之外，还可以根据工作人员的观看方向来动态地显示拣选过程中的虚拟对象。

③ 拣选流程。拣选作业的基本流程主要包括拣货信息形成、拣选地点抵达、拣货信息核对、分类与集中四个环节，具体流程如图 9-30 所示。

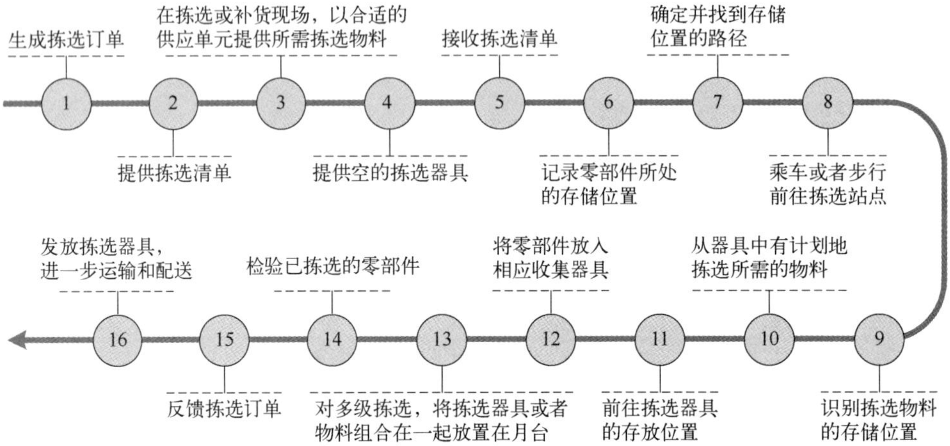

图 9-30 拣选流程

a．拣货信息形成。拣货作业开始前，根据接收的订货清单生成拣货信息，使拣货员或自动拣取设备进行更有效的拣货作业。

b．拣选地点抵达。拣货人员根据可视化标识、拣选清单提示到达指定拣货地点。拣货方式通常采用两种方法：拣货员根据指引到各位置进行拣货；拣货人员在固定位置上，由自动分拣设备将货物拣选到指定位置。

c．拣货信息核对。无论是人工或机械拣取货物都必须首先确认被拣货物的品名、规格、数量等内容是否与拣货信息一致，可以通过人工目视查验信息，也可以利用无线传输终端机读取条码，与电子拣货单进行对比。

d．分类与集中。针对批量拣选的货物，需要根据不同的清单进行分类，有些需要进行流通加工的商品还需根据加工方法进行分类，加工完毕再按一定方式分类出货。

(5) 内部转运

内部转运是指在工厂内部由于工艺路线、协同加工等原因在各区域间完成货物或半成品的转运，常见的六种精益物流转运方式如图 9-31 所示。

① 线边物料超市。线边物料超市是精益物流的主要转运与存储方式，可承担一些存储与转运任务。线边物料超市可理解为一个生产区域附近的配送站，用于转运生产物料，以实现在较短的交货周期内快速为生产区域提供物料。

② 分散式转运。分散式转运理念是要求尽可能就近、准时地为生产区域提供所需物料。分散式转运可使配送速度更快，同时提高转运过程透明度。

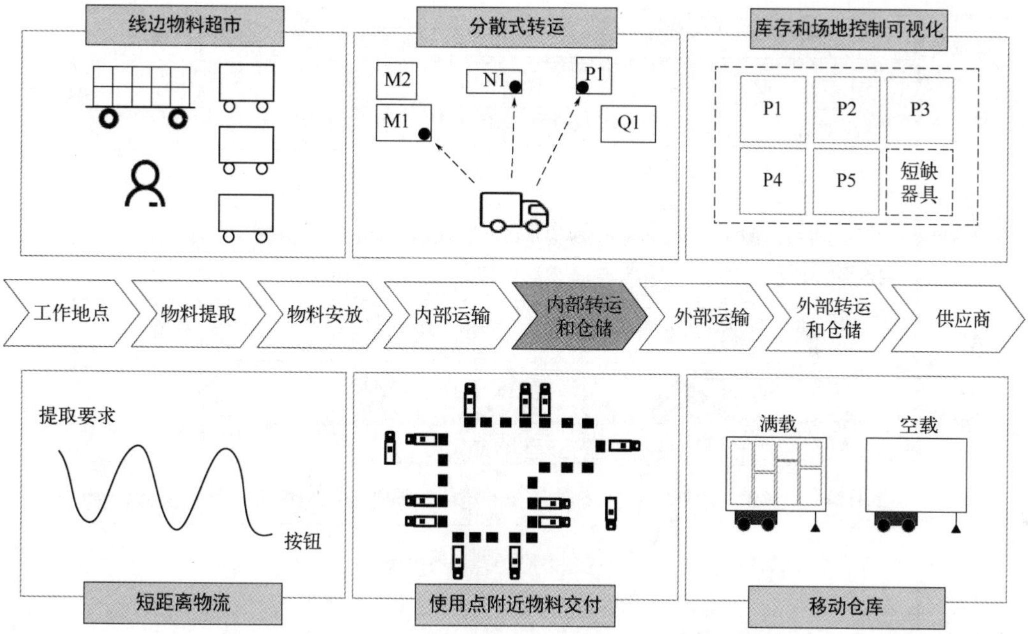

图 9-31　精益物流转运方式

③ 库存和场地控制可视化。库存和场地控制可视化是安灯原则的直接应用领域，它可以扩展到整个物流链。其目的是简单地收集物流状态信息（如区域内的器具丢失），且通常不需要投资密集型的技术解决方案。

④ 短距离物流。对短距离物流系统而言，其主要的要求就是降低整个物流链中的运输、转运和存储成本。以短距离物流为导向的工厂布局设计，可极大地促进实现无浪费型工厂的目标。

⑤ 使用点附近物料交付。使用点附近物料交付需要重新规划车间布局，且要根据短距离物流原则进行设计。细长形的车间布局可允许多辆转运设施对接，在区域外墙进行物料交付，可将交付的物料尽可能靠近后续的装配现场。

⑥ 移动仓库。在转运和生产现场之间，最简捷的物料输送接口形式是通过移动仓库方式进行交付。满载转运设施停靠在生产区域附近，在理想情况下，物料只需在几米的距离内从转运设施进行交付。其先决条件是可移动式器具，这些器具以预先排列好的顺序，与生产流程同步提供。

（6）仓储管理系统架构

仓储管理系统的应用架构从仓储流程出发，全方位分析仓储功能，实现仓储系统结构化设计。由于系统的功能模块较多，业务逻辑复杂，因此，系统的应用架构采用分层设计的思路，从系统运行的角度将系统功能进行层次划分，分别为设备层、通信层、作业执行层、分析决策层和管理集成层。仓库管理系统的总体架构如图 9-32 所示。

设备层通过传感器、数码相机等设备，采集外部物理数据；通信层通过 RFID、条码、工业现场总线、蓝牙、红外等短距离传输技术传递仓储流程中所需数据；作业执行层对获取的数据进行统一存储和管理，保证仓储系统中各项功能的实现；分析决策层按标准对各种数据进行全生命周期管理，包括数据整理、数据分析、预测需求等；管理集成层实现与来自 ERP、MES 等系统的数据同步。

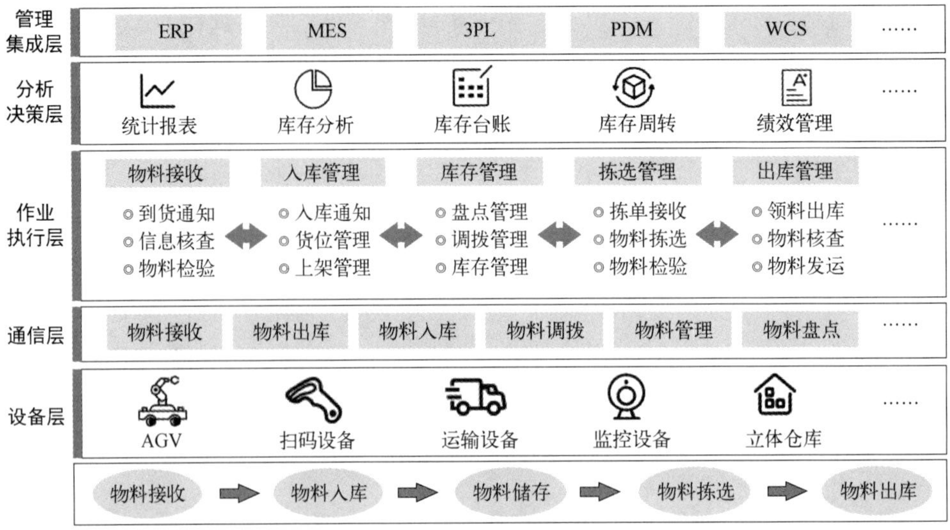

图 9-32　仓储管理系统架构

9.2.2.2　物流系统详细设计

（1）物流容器设计

物流容器是物流系统中基础的器具，贯穿物流全过程。在符合物料存放要求的基础上，容器需具有通用性，与物流各环节的储运设施相兼容。同时，物流容器能够自身堆垛并尽可能与其他容器相互兼容堆垛，以提高空间利用率。物流容器除了具备基本功能（盛放、包装、保管搬运物料、保护物料品质、计量）外，还需要与数字化技术共同实现物流信息存储功能，以提高物流作业的效率和准确率。以下是常见的物流容器介绍以及物流容器设计步骤。

① 常见物流容器。工厂物流中容器种类很多，这里只针对物流周转中常用的几种物流容器进行介绍，如图 9-33 所示。

名称	示例	分类	适用范围
塑料周转箱		· 可堆式周转箱 · 斜插型周转箱 · 套叠型周转箱 · 折叠型周转箱	与多种物流容器和工位器具配合，用于仓库与生产空间各工位间的物料周转
托盘		· 平托盘 · 柱式托盘 · 箱式托盘 · 网箱托盘	作为集装单元化器具，将零散的物料组合成规格统一、具有一定体积重量的货物单元
物流台车		· 网络状物流台车 · 两面型物流台车 · 铁板型物流台车	常用于大型生产企业的物流配送或工厂工序间的物流周转
集装箱	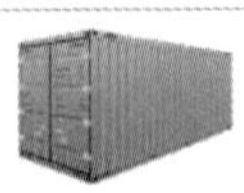	· 固定式集装箱 · 折叠式集装箱 · 薄壳式集装箱	用于有包装或无包装的成组货物运输

图 9-33　常见物流容器分类及适用范围

② 物流容器设计步骤。物流容器设计的合理性、科学性对物流运作效率和物流成本都有着重要影响。其设计的核心问题是如何对物料与容器、物流包装单元与存储货位、货架、运输工具进行合理匹配，通过标准化规格与尺寸成模，提高存储空间利用率与运输工具利用率。设计过程中需要遵循安全、质量、成本、标准化、人机工程等原则，主要步骤如图 9-34 所示。

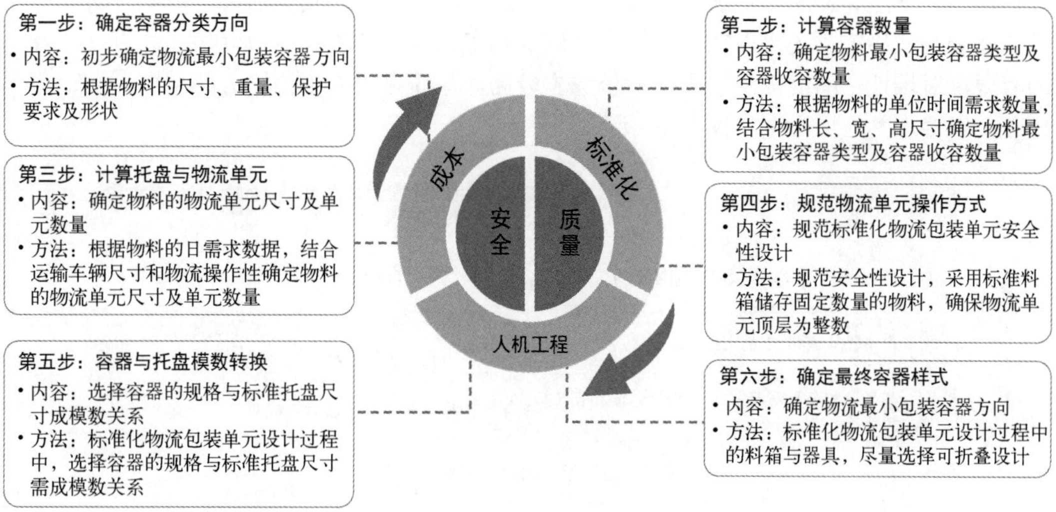

图 9-34　物流容器设计步骤

（2）搬运设施选型

搬运设施选型是指利用有关物料搬运的知识和经验，考虑各种条件和限制，并计算各项需求，配合作业人员、物料容器、移动路径以及工厂布局，选择适合的搬运设施。下面介绍常见的搬运设施及其数量、能力计算方法。

① 叉车。叉车是指对成件托盘货物进行装卸、堆垛和短距离运输作业的各种轮式搬运车辆。在物流活动中，其主要用于叉取、提升和运输器具，主要的操作对象是托盘和器具。叉车主要类型如图 9-35 所示。

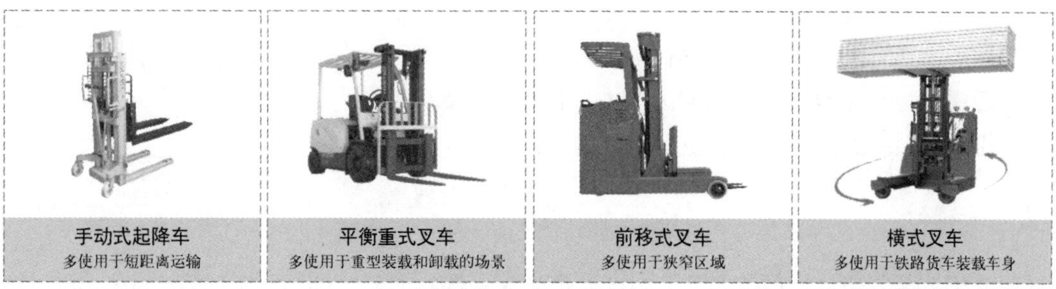

图 9-35　叉车类型

② 拖车。拖车的主要任务是确保生产流程中连续均匀的物料流动，并补偿生产区域内需求波动。与叉车相比，它是在循环路线期间，以预定的节拍提供预定数量的物料，进而降低物流现场发生事故的风险并提高工厂内部物流的稳定性，增强物流的透明度。

③ AGV。AGV是指装备电磁或光学等自动导引装置，能够沿规定的导引路径行驶，具有安全保护以及各种移载功能的运输车。AGV主要有货叉式、牵引式、背驮式、举升式、潜入式、重载式、辊道式等类型。

④ 无人驾驶运输系统。无人驾驶运输车辆是一种在地面上行驶的通道式输送工具，具有可自动控制的自行驶驱动装置，而且控制系统无须与地面接触。无人驾驶运输系统通过摄像头、雷达和传感器实现控制和调节。其最大的优势在于其灵活性，可同时实现平稳输送和装配线稳定，还可以在紧急情况下进行超车、人工卸载和更改顺序。缺点是装载能力有限，对场地空间的需求较大，投资成本较高，与简单的人工传输方案相比，控制工作要复杂得多。其应用举例如图9-36所示。

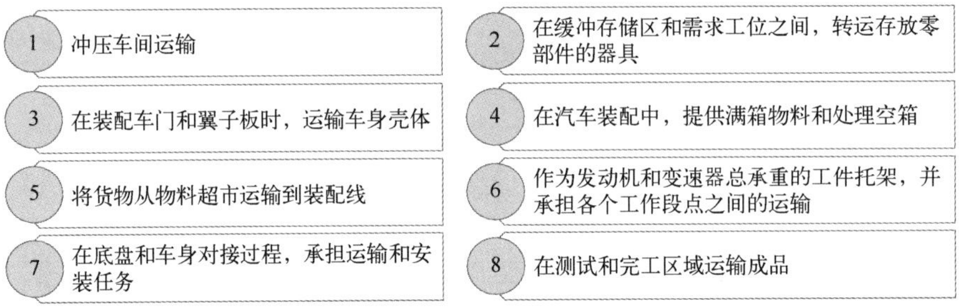

图9-36　无人驾驶运输系统应用

⑤ 无通道限制的运输系统。无通道限制的运输系统主要有起重机、悬挂式输送机构、气动管道输送系统三种。

a. 起重机。起重机的优点在于被输送的物料可在垂直和水平方向任意运动，且可以同时进行。

b. 悬挂式输送机构。一种将轨道固定在车间天花板或支撑柱上，利用轨道输送物料的无通道式物料输送机构，具备物料传输、暂存、缓冲功能。可把将要运输的物料暂时存放在悬挂式输送机构中，并根据需求再进行提取。

c. 气动管道输送系统。一种特殊的无通道式物料输送系统，使用气压作为驱动力。与传统的运输系统相比，其优点是投资成本低、可使用性高，采用集中式空气压缩机产生输送驱动力，维护成本较低。

完成搬运设施选型后，需要计算所需的各类搬运设施数量。在详细设计搬运设施时，需要考虑搬运设施数量影响的搬运能力，计算方式如下：

① 搬运设施数量计算公式如下：

$$N = \frac{T}{ta} \tag{9-8}$$

式中，N为搬运设施数量；T为每天物品需要搬运的总时间；t为工作时间；a为一台机器每天使用的百分比。

② 搬运系统能力计算公式如下：

$$m = vl \tag{9-9}$$

$$M = \sum m \tag{9-10}$$

式中，m 为各类搬运设施运输能力；v 为单位时间搬运的物品量；l 为搬运距离；M 为总运输能力。

（3）物流路线详细设计

物流路线是车间内生产区域间原材料、零部件、产品运输的路径。物流路线详细设计中首先需要依据物流路线合理化原则以及物流路线影响因素来明确工厂物流路线设计方向，然后再对各级物流路线进行详细设计。

① 物流路线合理化原则。

a. 物流流向合理化：物流流向必须严格遵守工艺流程要求，从物流的连续性、时间性、稳定性和有序性等方面进行控制。

b. 物流路线简洁化：要求各作业区域间的安排尽量紧凑，避免迂回、倒流往复，减少生产过程中的装卸搬运环节。

② 物流路线设计影响因素。

a. 路线倾斜程度。

b. 路面条件和拥挤情况。

c. 有无空气调节和卫生要求。

d. 起止点情况、取货点和卸货点的数目、生产设施布置情况。

③ 物流路线设计示例。以第 9.2.1 节中的 C 产品生产车间为例，物流路线如图 9-37 所示，依据以上原则分析车间物流现状与痛点如下：

a. 车间物流层级、职责与物流路线界定不清晰。

b. C1、C2 部件物流路线存在较多的交叉和干涉，需要减少物流交叉现状。

c. 物料流与信息流不匹配，导致物流需求不能被及时响应，各个区域需要预留更多的物流暂存和周转区域。

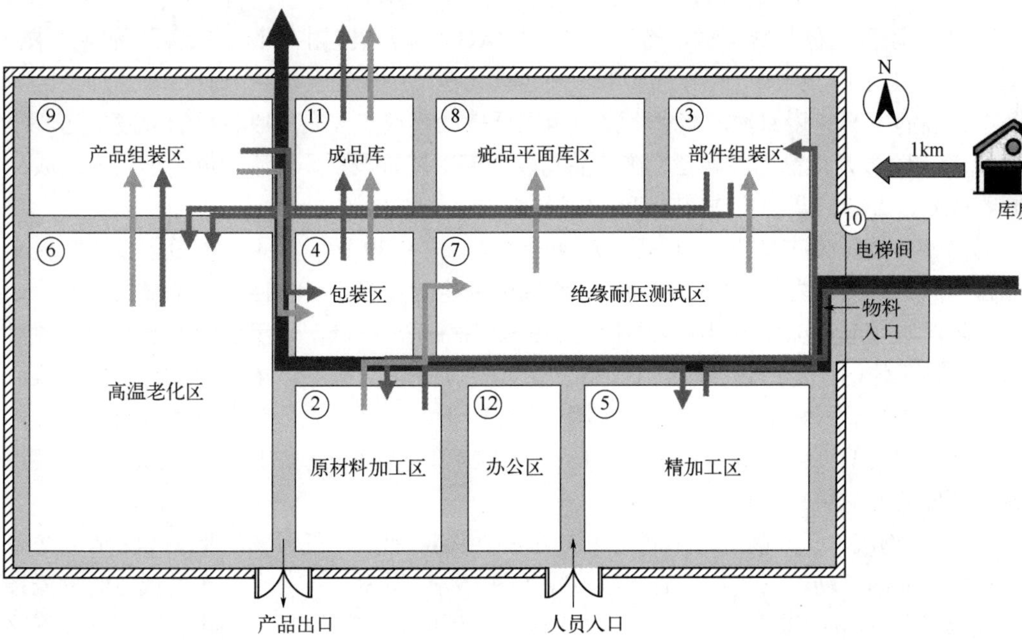

图 9-37　C 产品生产车间物流现状

d．物料运输起止点不明确，取料点和卸货点位置混乱，导致线边物料、待完工品、完工品堆积严重。

在C产品生产车间布局优化的基础上，划分物流体系并设计各个作业区域之间的物流路线，具体设计内容如下：

① 一级物流。C产品生产车间一级物流路线如图9-38所示，为该车间的原材料入库和成品转出流程，车间一级物流共分为三个阶段。

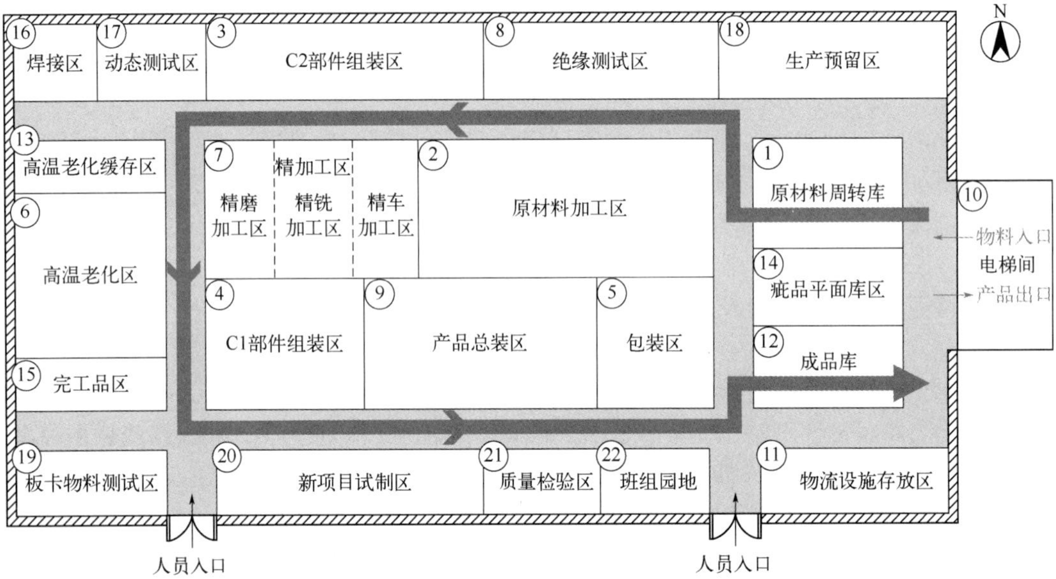

图9-38 C产品生产车间一级物流

a．第一阶段是原材料接收，由作业员将原材料从电梯间运送进原材料周转库等待配送。

b．第二阶段是原材料配送，搬运设备（如AGV等）根据生产计划或实际物料需求，将原材料配送到原材料加工区等待加工，搬运设备在图中阴影区域内行驶，根据加工区域内各个工位的生产计划和物料需求将物料运送至自动卸料点，完成原材料的分发配送。

c．第三阶段是成品回收转运，在产品完成全部工艺阶段后，物流人员到车间内的成品库回收成品，并通过货梯将成品转运出车间。

② 二级物流。C产品生产车间二级物流路线如图9-39所示，主要由搬运设备实现半成品在不同生产区域之间的自动转移。二级物流的执行过程为：由搬运设备根据作业计划和工艺阶段的完成情况将物料配送到指定工位上的待完工品区，该工位的全部作业完成后再将其从该工位的完工品区转移到下一工位的待完工品区。其中，虚线为C1部件物流流向，实线为C2部件物流流向。整体物流路线为U形，实现同侧上料和成品转出。两种部件生产区域内的U形物流路线的开口方向朝向货梯和外来物料接泊区，便于搬运设备实现对两个部件的原材料补充和成品回收。

③ 三级物流。C产品生产车间三级物流如图9-40所示，三级物流主要是半成品在各个生产区域内的移动。三级物流的物流路线如图中路线所示，在各个生产区域内的物流按照U形及直线形路径移动，即从原材料加工区开始到成品包装区为止按照U形和直线形路径依次完成上线、生产、下线三个阶段。

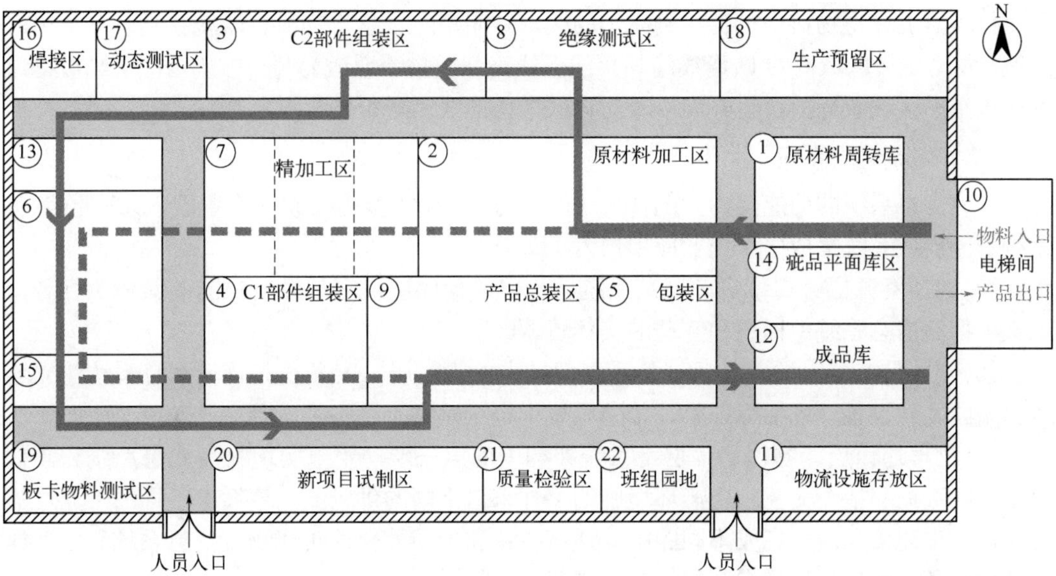

图 9-39　C 产品生产车间二级物流

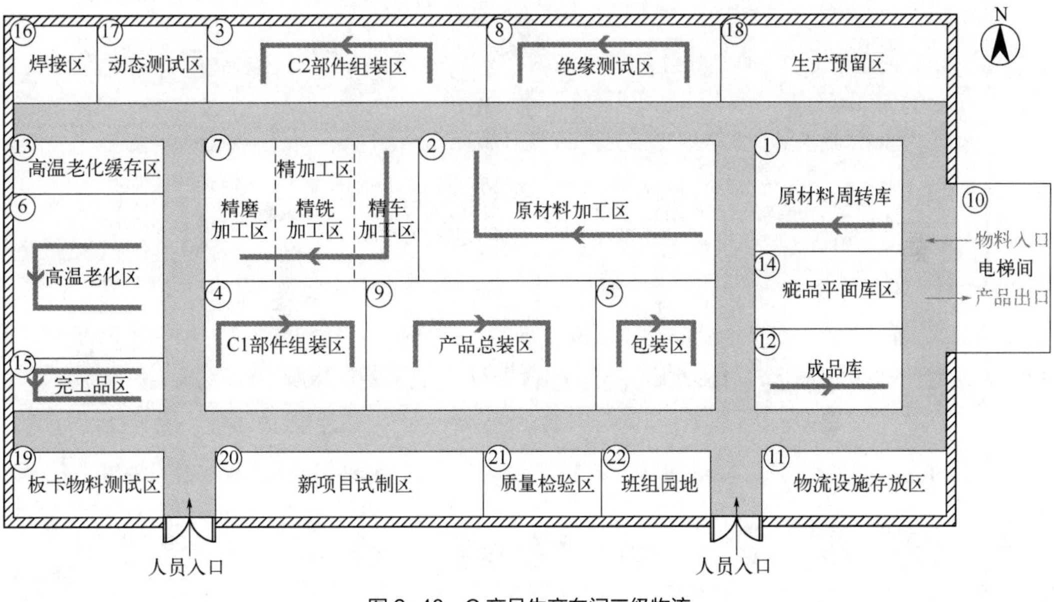

图 9-40　C 产品生产车间三级物流

a．上线阶段：将原材料或半成品从待加工区搬运至作业工位或产线，开始生产任务；将原材料从线边料架搬运至装配工位。

b．生产阶段：在一个工位或者一条产线内执行装配、测试或包装等生产任务；在同一条产线内的不同工位之间传递。

c．下线阶段：将完成生产任务的产品搬运至完工品区。

三级物流中，从待加工区内的物料容器上取料，完成生产任务后再将半成品放在同一个物料容器上并将物料小车转移到完工品区，呼叫搬运设备将物料容器转移到下一个生产区域。每个生产区域内的U形线路和直线形线路都以物流通道为开口方向，便于二级物流中对该生产区域进行原材料补充以及对该区域内的成品进行转运。

（4）物流信息系统

物流信息系统的功能架构如图9-41所示，分为实体资源层、硬件设备层、物理通信层、系统功能层、系统集成层和企业应用层六个部分。

① 实体资源层。实体资源层是系统架构中的最底层，它是系统功能的具体执行者，定义了物流信息系统中标识和管理的实体资源。

② 硬件设备层。硬件设备层是系统架构中的第二层，定义了和物流信息系统建立连接关系的硬件设备，包括标识类、传感采集类、运输类、控制类设备。

③ 物理通信层。物理通信层是系统架构中的第三层，用于实现物流信息系统和硬件设备之间数据和指令交互。生产环境中的硬件来自不同的供应商，遵循着不同的工业通信协议，物理通信层通过集成不同的工业通信协议和中间件软件实现物流信息系统和多元异构硬件设备之间的信息和指令的相互传递。

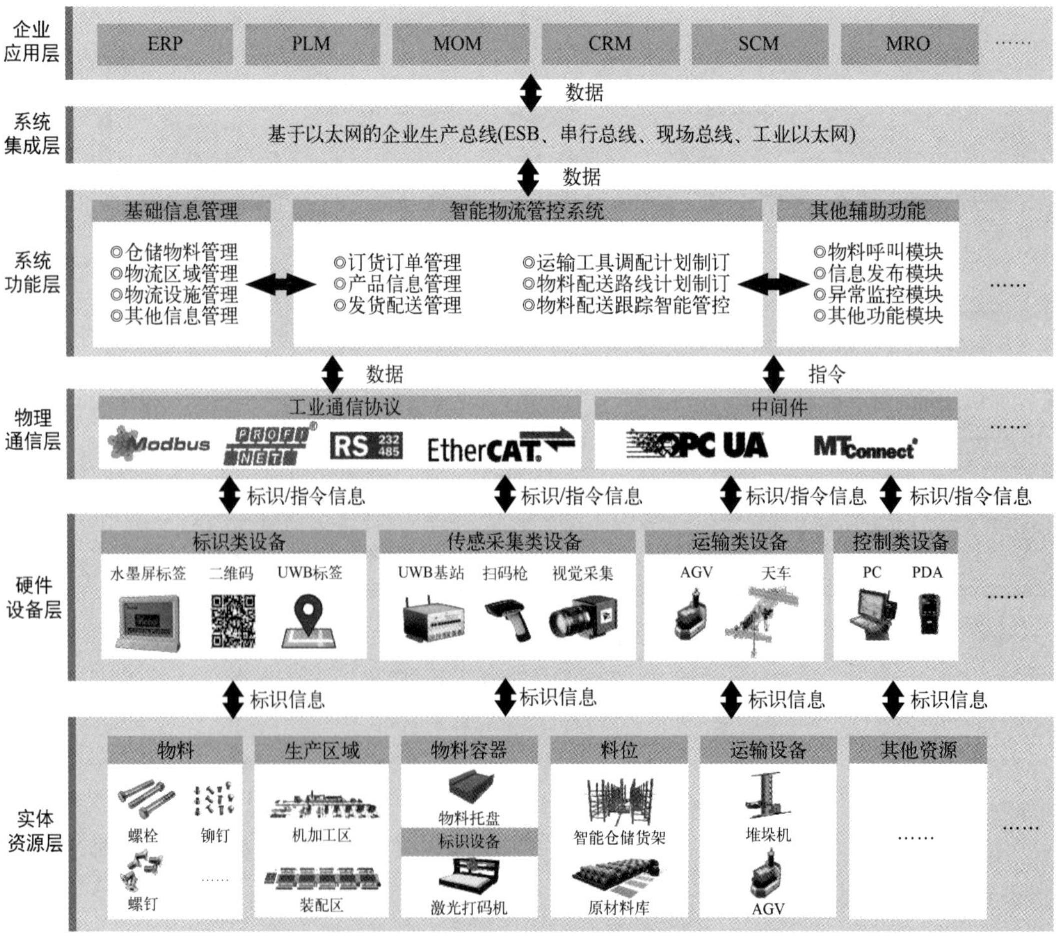

图9-41　物流信息系统功能架构图

④ 系统功能层。系统功能层是系统架构中的第四层，集成了物流信息系统中的功能模块，包括基础信息管理模块、智能物流管控系统模块以及其他辅助功能模块。

⑤ 系统集成层。系统集成层是系统架构中的第五层，基于以太网的企业生产总线，主要实现物流信息系统和企业内其他系统之间的互联互通。

⑥ 企业应用层。企业应用层是系统架构中的最高层，涵盖了企业制造执行过程中需要和物流信息系统进行信息交互的其他管理信息系统，在生产制造执行过程中，各种管理信息系统集成交互，以实现智能工厂信息设施高度互联与生产过程实时管控。

9.2.3 工厂参观路线设计

工厂参观路线的设计目的是让工厂外部人员走进企业、了解企业、增强参观者的感知和提高参观者的认同度，提升企业品牌形象。工厂参观路线设计主要围绕以下几个方面展开，即参观路线展示内容、工厂参观服务对象等。

9.2.3.1 参观路线设计原则

参观路线设计是使参观人员在参观过程中尽可能全面地了解企业特色与工厂特点而进行的准备工作，其需要一套参观路线设计准则指导路线设计，包括参观对象差异化、参观规划系统化、参观流程规范化、参观工作常态化和参观设施标准化等，具体内容如图 9-42 所示。

参观对象差异化	参观规划系统化	参观流程规范化	参观工作常态化	参观设施标准化
• 不同对象关注重点不同 • 不同对象设置路线不同 • 不同对象讲解重点不同	• 具有大局观和整体观 • 以系统化思维按步进行 • 各要素系统化考虑	• 参观接待工作专职管理 • 流程文本化、规范化	• 参观工作不需通知准备 • 参观期间生产工作如常	• 依照标准文件设计 • 老旧设施按实际需求、依照计划更换淘汰

图 9-42　参观路线设计原则

① 参观对象差异化。参观对象主要包括客户、同行等，不同参观对象关注重点不同，如领导更关注技术发展、产业创新，而客户更关注质量检查、安全环保，因此，需要根据不同的参观对象设置针对性的路线。对工厂而言，不同需求的参观对象应设置不同的参观路线，讲解不同的内容。

② 参观规划系统化。参观路线设计要以系统化的思维按步骤进行，包括明确参观目的与功能需求，规划参观路线与参观内容，检查规划内容是否达到目的，设计参观路线细节，推进计划制订并落实到人。

③ 参观流程规范化。参观接待工作要有专职或临时岗位管理此事项，包括申报、审核、排期、安排人员以及车辆等内容，将流程文本化、规范化，整理成制度文件，做到有标准可依据。

④ 参观工作常态化。要求参观工作不需要预先通知、特别注意和刻意准备，除重要人员参观需稍做准备外，其余情况生产工作一切如常。

⑤ 参观设施标准化。按照标准文件设计规划参观路线，其中，正常运行的老旧设施

若影响参观，列出整改计划进行整改，若不影响参观，则尽快更换或自然淘汰。

9.2.3.2 参观路线设计流程

在满足参观路线设计准则的前提下，分解路线规划内容，保证路线规划按步骤进行，达到满足客户及公司开展参观的目的。参观路线具体设计流程如图 9-43 所示。

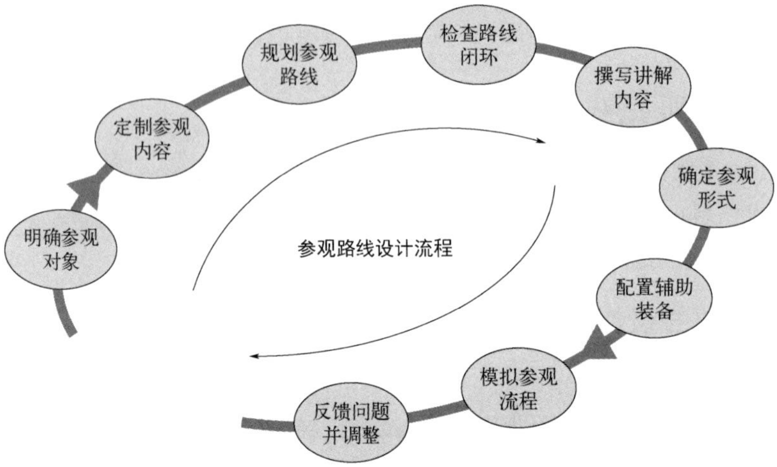

图 9-43　参观路线设计流程

① 明确参观对象。根据客户群体的参观目的及关注点进行分类。

② 定制参观内容。对内容进行整合，按照核心工艺、特色工艺、重点工艺、智能设施进行划分，根据参观对象类别来定制参观内容。

③ 规划参观路线。根据参观内容的关联度与优先级对路线进行规划。

④ 检查路线闭环。对规划完成的路线进行检查，避免路径反复。

⑤ 撰写讲解内容。根据参观内容和路线编撰讲解内容。

⑥ 确定参观形式。确定各阶段参观形式，考虑步行、乘车、停留及拍照等内容所属阶段。

⑦ 配置辅助装备。包括车辆（大巴车、电瓶车、观光车等）、影音设备（投影仪、幕布、讲解器、耳机、扩音器等）、交通设施（交通标线、警示牌、安全隔离栏、交通标识牌）等。

⑧ 模拟参观流程。对参观过程完整模拟，防止遗漏细节。

⑨ 反馈问题并调整。对模拟过程中出现的问题进行分析并改进。

9.2.3.3 参观路线设计注意事项

在参观路线实际设计过程中需注意如下事项：

① 路线通畅。保持一条主路线，减少分支。

② 不可逆流。安排参观者一条路线走到底，不走“回头路”，但也尽量避免“一眼望到底”的体验，逆流会带来拥堵。

③ 不能重复。重复参观会使参观者产生疲劳厌倦。

④ 主次分明。重点内容全面讲解，次要内容简单讲解。

⑤ 没有遗漏。保证工厂的各相关板块都被安排参观。

⑥ 合理安排时间。参观内容较多时，可以划分阶段安排休息。

9.2.4　工厂建筑设计需求输出

工业厂区的规划设计对经济发展起到很大的促进作用，科学合理的工厂布局规划，对企业实现精益生产管理目标起到事半功倍的作用。工厂设计规划从宏观来说可以分为两方面：一方面是厂区土建用地规划，可以精确地规划某个厂房的具体功用、规划布局等；另一方面是工厂建工前的建筑设计需求规划。本节主要讨论的是后者，即工厂建设前的建筑设计需求规划，主要研究工厂总体与车间的建筑设计需求。

工厂建筑设计需求主要分为基础资料与设计成果两类，如表 9-4 所示。基础资料用于说明工厂建设的基本信息，如建筑面积、建设地点等内容；设计成果用于说明建设方根据自身需求进行的工厂规划设计，如工厂布局需求、功能需求、建筑外观需求、通道需求、消防需求等。

表 9-4　工厂建筑设计需求输出分析表

建筑设计需求		详细内容	需求输出
基础资料	规划需求	包含建设用地位置、建设内容、建设面积等	工厂设计文档
	建筑要求	当地部门的建筑规划要求（如容积率、建筑密度、限高等）	建筑指导文件
设计成果	布局需求	工厂内各车间的整体布局需求与主要单体车间布局需求	工厂布局方案图
	功能需求	针对各车间的保温、隔热、通风、照明等特殊功能需求	设计结构需求书
	建筑外观需求	工厂外观的设计需求	外观设计示意图
	通道需求	工厂与车间内道路宽度、斑马线、指示牌、警示牌等设计需求	通道设计方案
	消防需求	工厂与车间内消防与安全通道建设需求	消防需求文档
	其他需求	建设方的特殊需求	特殊需求文档

9.3 柔性智能生产线详细设计

9.3.1　生产能力与节拍计算

生产能力对企业的市场反应速度、成本结构、库存策略以及企业自身管理和员工制度等都将产生重大影响。因此，在产线规划中，需对产线生产能力及节拍进行计算，作为核心输入参数，为后续产线规模、资源配置等提供支撑。

9.3.1.1 生产能力计算

依据产品种类与工艺相似度，生产能力计算主要分为单一产品的生产能力计算、多品种但工艺相近度高的生产能力计算、多品种但工艺差距较大的生产能力计算，如图 9-44 所示。

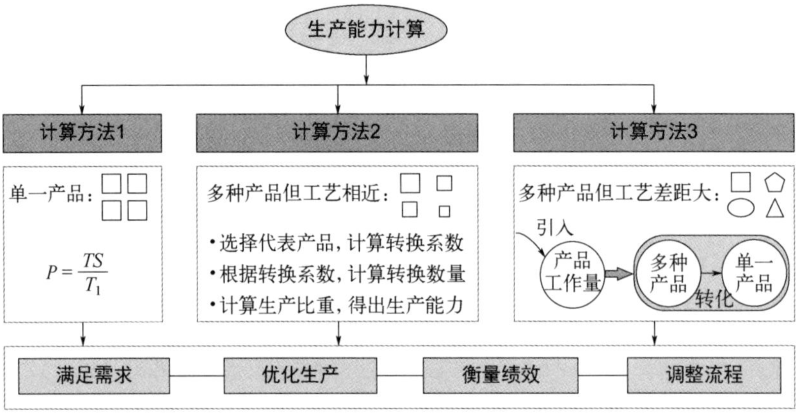

图 9-44 生产能力计算方法

① 单一产品的生产能力计算公式如下：

$$P=\frac{TS}{T_1} \tag{9-11}$$

式中，P 为生产能力；T 为单位设备有效工作时间；T_1 为单件产品生产时间定额；S 为设备数量。

② 多品种产品的生产能力计算方法。多品种但工艺相近度高的情况，采用代表产品法，选具有代表性的产品作为计算单位来核定设备组的生产能力。对于多品种但工艺差距较大的情况，采用假定产品法，按各产品工作量比重构成一种虚拟产品，假定一个统一计量单位来核定各产品生产能力。多品种产品的生产能力具体核定方法如图 9-45 所示。

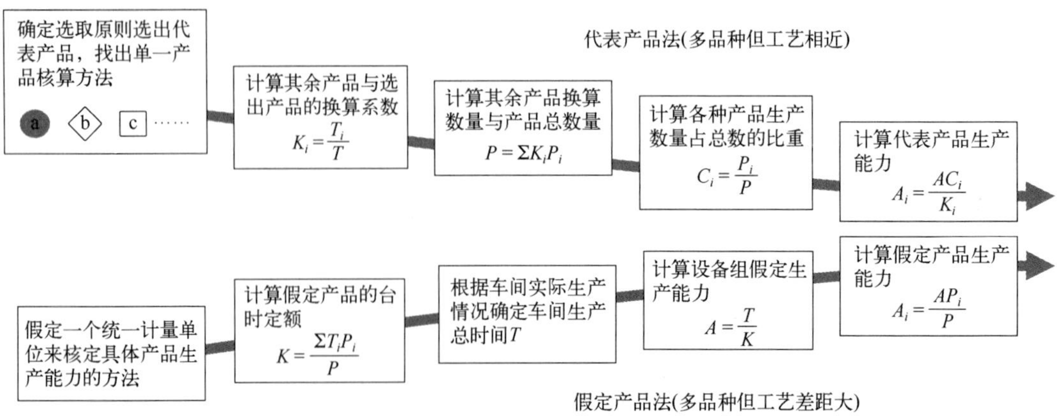

图 9-45 多品种产品生产能力计算方法

代表产品法中，T 为台时定额，A 为产品生产能力，K_i 为产品 i 换算系数，T_i 为产品 i 台时定额，P_i 为产品 i 计划产量，P 为总产量，C_i 为 i 产品占总产量比重，A_i 为 i 产品生产能力。

假定产品法中，T_i 为产品 i 台时定额，P_i 为产品 i 计划产量，P 为总产品计划产量，K 为台时定额，T 为生产总时间，A 为假定生产能力，A_i 为产品生产能力。

9.3.1.2　生产节拍计算

生产节拍是总有效生产时间与客户需求数量的比值，是单件产品生产的必需时间。节拍计算中的生产时间为有效生产时间，不包括工人的休息、定期维护和班次转换等。基于节拍的生产运营企业可以更快识别生产线上影响生产速度的瓶颈或生产性能不佳的工位，同时也使制造工厂能够更加专注于增值工作，如图 9-46 所示。

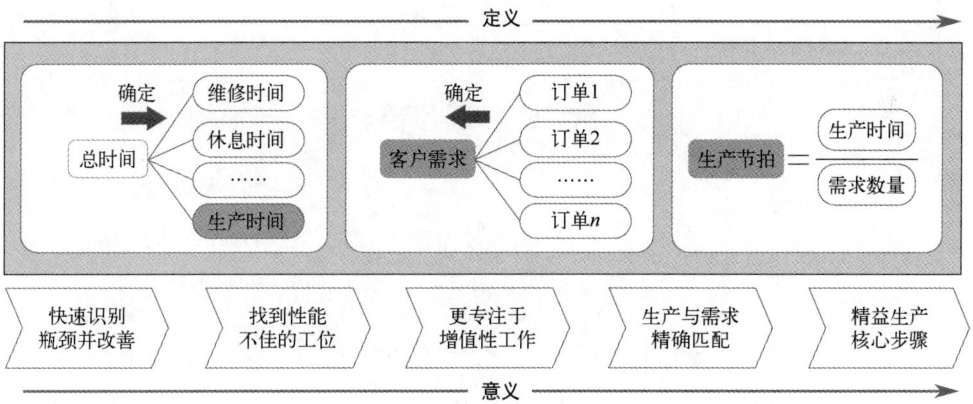

图 9-46　生产节拍计算方式及意义

9.3.2　工作研究与人机工程

工作研究主要用于确定工艺流程中各工序的标准工时与更优的工作方法，进而提高生产效率，而在确定工作方法时，需要考虑“人—机—环境”三者之间的相互关系（人机工程方面），使作业人员能安全、健康、舒适和高效地进行工作。因此，工作研究与人机工程是生产线详细设计中必不可少的内容。

9.3.2.1　工作研究

工作研究在分析影响工作效率各种因素的基础上，通过改进工作流程或工作方法以及制定标准时间，达到消除人力、物力与时间等资源浪费目的，从而提高劳动生产率和效益，主要包括方法研究与时间研究（如图 9-47 所示）。方法研究与时间研究二者密切相关，方法研究输出标准工作法，而时间研究则以此为基础确定标准时间，二者结合制定工作标准，并以此来培训操作工人和规范生产作业。

① 方法研究。方法研究是指对工作方式进行系统性分析与改进，从而确定更加经济有效的工作方法，主要包括环境分析、程序分析、作业分析和动作分析。方法研究有助于

改进生产工艺和程序、改进工厂布局、减少物料搬运、促进设备改进、提高资源利用率、提高安全标准，基本步骤如图 9-48 所示。

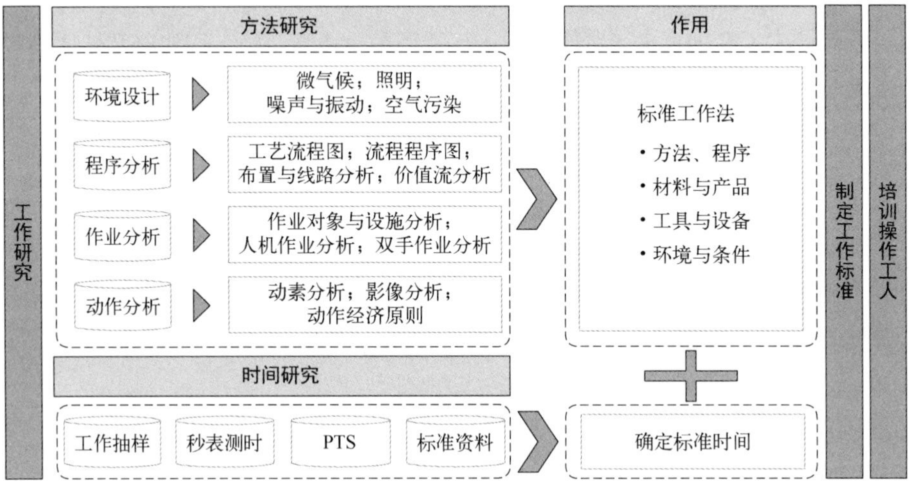

图 9-47　工作研究内容

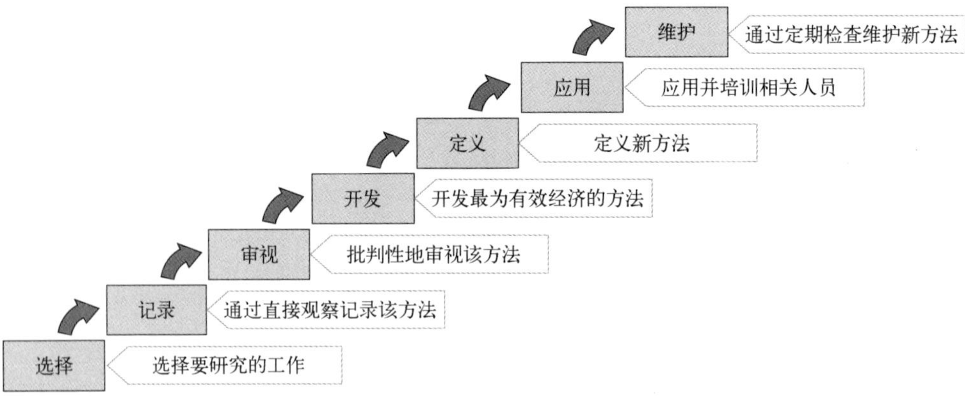

图 9-48　方法研究基本步骤

② 时间研究。时间研究以方法研究所确定的标准作业方法为基础，进而科学合理地确定各项作业的工时定额，其目的是减少或消除非生产时间、确定标准工作时间与标准数据。

9.3.2.2　学习曲线

学习曲线是指随着生产产量的增加，产品生产工时会随着人员技能提升逐渐减少的一种变化曲线，如图 9-49 所示。工时变化主要是操作者在制造过程中通过学习和反复操作后积累经验的结果。由此可见，学习曲线对于工作研究、产能计算与校核等会产生重要的影响，在进行产线规划设计时也需要重点考虑。

（1）影响学习曲线的因素

影响学习曲线的因素主要包括操作员动作的熟练程度、操作工具、产品设计改进、原材料质量和生产库存、专业化分工程度、良好的管理与激励措施等。

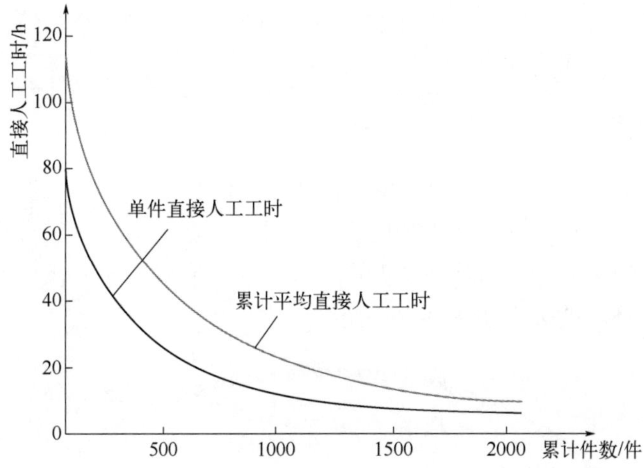

图 9-49　人员学习曲线图

（2）学习速率测定方法

测定学习速率的方法较多，常用的有以下四种：

① 历史资料法。根据历史资料提炼出各种作业的标准学习速率。在预测新作业学习速率时可以对照类似作业，并略加修正后确定。该方法依靠平时积累的资料，使用方便，但存在误差。

② 经验估计法。当本企业缺少类似作业的历史资料或学习速率时，可对标其他企业，并结合本企业具体情况加以修订后确定。

③ 直接测定法。通过观测取得足够（通常为 30 个）的样本值，并根据该组 x 和 y 的观测值使用最小二乘法求得参数 α 的估计值，再根据 $\alpha=-\log s/\log 2$ 公式，求得学习速率 s。此方法的精确度取决于采样及参数估计的精度。

④ 合成法。当一个作业由两个子作业组成时，可分别测定子学习速率，然后按加权平均法合成学习速率，合成法可以推广到多个子作业组成的作业系统。此法通过分解与合成的过程，提高测定结果的科学性与客观性，结果比较可靠。合成法计算公式如下：

$$x=t_1/\left(t_1+t_2\right) \tag{9-12}$$

$$100\%-x=t_2/\left(t_1+t_2\right) \tag{9-13}$$

式中，x 为子任务 1 占总作业时间的比例；t_1 为子任务 1 的作业时间；t_2 为子任务 2 的作业时间。

（3）学习曲线的应用

① 预测作业时间。学习曲线给出了单件产品制造工时会随着累计产能提升而逐渐减少的规律，可利用学习曲线预测作业时间。

② 激励作业人员。静态的绩效评估单纯依靠设定工时来确定月标准产量以及工时绩效，没有激励作用，而基于学习曲线的动态绩效评估有助于激励作业人员，降低单件产品的制造工时。

③ 预测销售价格。因为学习曲线的应用能够有效提高生产效率，如果不考虑原材料

价格波动，后续订购价格总会低于原订购价格。因此，在比较复杂的情况下，也可用学习曲线来预测销售价格，作为参考。

9.3.2.3 人机工程

人机工程是按照“以人为本”的思想来设计和优化“人—机—环境”系统的一种方法。它要求在设计生产线时应特别注意人的因素和特性，例如人体尺寸、反应能力、限度与心理等，把人机工程所需的技术方法渗透到产线设计中，有助于建立操作者与系统之间的协调关系，人、机、环境的关系如图 9-50 所示。

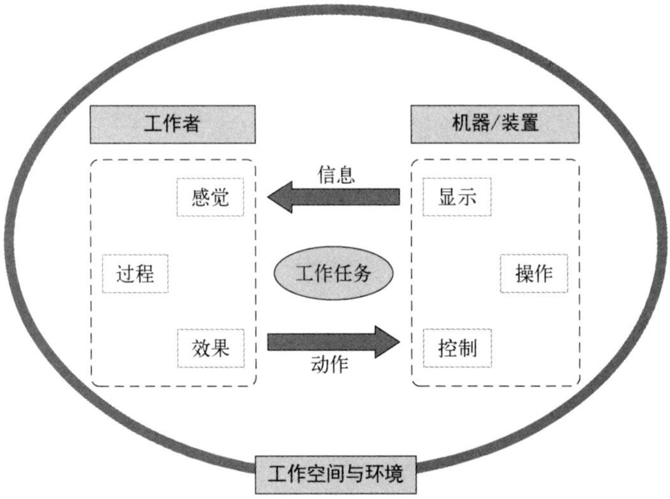

图 9-50 人、机、环境的关系图

在智能工厂中，车间或产线系统的“人—机—环境”的协调水平，是影响工作效率与安全的重要因素。因此，在进行生产系统详细设计时，应充分运用人机工程准则从工作设备、工作空间、工作环境、工作过程等维度考虑，结合生产运行特点，使生产系统布局、人机交互界面、环境和组织等方面能适合人的生理与心理特点，使人能安全、健康、舒适和高效地工作。图 9-51 所示为智能工厂设计中考虑人机工程因素的四个主要原则。

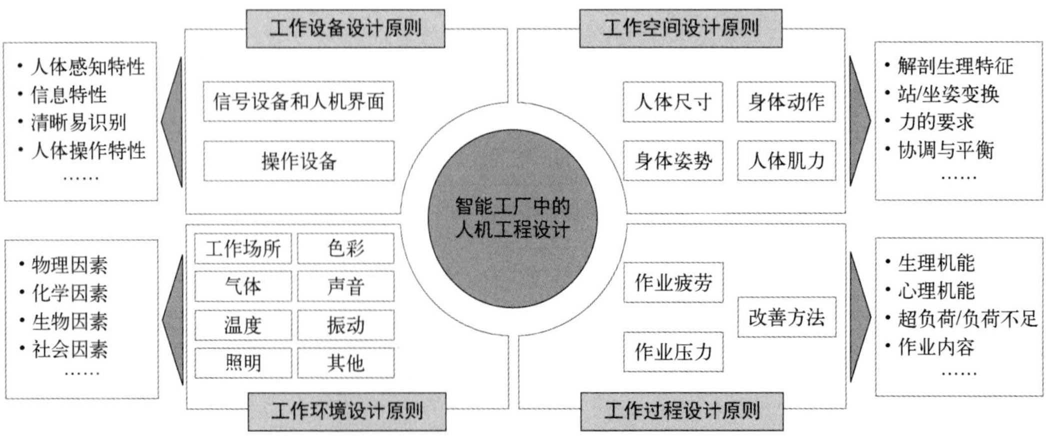

图 9-51 智能工厂中的人机工程设计原则

（1）工作设备设计原则

信号设备与人机界面是人和设备之间传递信息或进行沟通的部件，应以适合于人的感知特性为依据进行操作设备的选择、设计和配置，该过程应与人体操作部分的特性（特别是动作）相适合，并考虑技能、准确性、速度和力方面的要求。具体可参考《控制中心的人机工程设计》（ISO 11064）系列标准和人机界面标准《人机交互工效学》（ISO 9241）。

（2）工作空间设计原则

工作空间设计时应考虑人体尺寸、姿势、肌肉力量和动作因素，给人员提供一个合理的作业空间，允许工作人员以良好的工作姿态和动作完成任务，并允许工作者灵活调整作业姿势。

① 人体尺寸因素。工作高度适合操作者身体尺寸及工作类型；座位装置调节适合人的生理特点；身体活动空间充足；操纵装置应在机体功能可及范围内。

② 身体姿势因素。座位或工作台的设计需要考虑操作者的坐姿和立姿以及交替作业；较大肌力作业情况下，需要考虑合适身体姿势下的力矩矢量最短或最简单；允许身体姿势变换，避免长时间静态肌紧张所致的疲劳。

③ 人体肌力因素。力的要求应与操作者的肌力相适合，如果工作所需力的要求过大，则应引入助力装置，避免肌肉损伤以及长时间静态肌紧张。

④ 身体动作因素。身体各动作间应保持良好的平衡，通过变换动作维持长时间稳定，对高精度要求的动作，应避免很大的肌力作业，并设置引导装置，以便于明确动作先后顺序和动作实施规范。

（3）工作环境设计原则

产线设计应保证工作环境中物理、化学、生物和社会等因素对人无害，以保证工作者的健康与工作能力，应注意的环境因素与考虑内容如表 9-5 所示。

表 9-5　环境因素与考虑内容

环境因素	考虑内容
工作场所	应大小适当，包括总体布置、工作空间和通道等
气体	车间通风应从室内的人数、体力劳动强度、工作场所大小、室内污染物质产生情况、耗氧设备、热环境方面进行考虑
温度	应按照当地的气候条件调节温度，主要考虑气温、空气温度、风速、热辐射、体力劳动强度、服装、工作设备和专用保护装备的特性等
照明	应为生产活动提供最佳的视觉感受，注意亮度（对比度）、颜色、光分布、无眩光及不必要的反射、操作者年龄等因素
色彩	为工作场所和设备选择颜色时，应该考虑到它们对亮度分布、对视觉环境的结构和质量及对安全色感受的影响
声音	应避免有害或扰人噪声影响，包括外部噪声的影响，应特别注意声压级、频率、随时间的分布、对声信号的感觉、语言清晰度等因素
振动	传递给人的振动和冲击，不应当引起身体损伤和病理反应或感觉运动神经系统失调
其他	避免使工作人员接触危险物质及有害的辐射；在室外工作时，对不利的气候影响（如热、冷、风、雨、雪、冰）应提供适当的遮掩物

在保证环境条件达到了认可标准的同时，还应注意工作环境对安全和任务执行效率可能造成的影响，如不适当的背景声音可能会掩盖有用的声音信号，而恰当的光照将提高视觉检查任务的效率。

（4）工作过程设计原则

工作过程的设计应当保证工作者的健康和安全，在增进工作绩效的同时，避免超越操作者的生理或心理机能范围的上限或下限，进而形成超负荷或负荷不足。负荷不足会使人感到工作单调进而降低警觉性，而超负荷会使人容易产生疲劳。因此，设计过程应注意工作者的疲劳程度与作业压力，并进行改善。

① 作业疲劳分析。作业疲劳是指在劳动生产过程中，作业能力出现明显下降，或由于厌倦而不愿意继续工作的一种状态。作业能力动态变化情况，取决于神经紧张的类型和紧张程度，如以脑力劳动或神经紧张型劳动为主的作业，其作业能力动态特性的差异极大。以体力劳动的作业为例，作业能力的变化阶段如图 9-52 所示。

a．入门期：开始工作时，工作效率较低，而后操作者动作逐渐加快并趋于准确，劳动效率逐渐提高，不良品率降低，一般持续 1～2h。

b．稳定期：当作业能力达到最高水平时，即进入稳定期，一般会持续 1h 左右，该阶段的劳动效率以及其他指标变化不大。

c．疲劳期：稳定期之后，作业者开始感到劳累，作业速度和准确性开始降低，不良品开始增加，即转入疲劳期。

d．终末激发期：有时在工作快结束时，会出现工作效率提升的现象，这与结束任务和争取或超额完成任务的情绪激发有关，但不会持久。

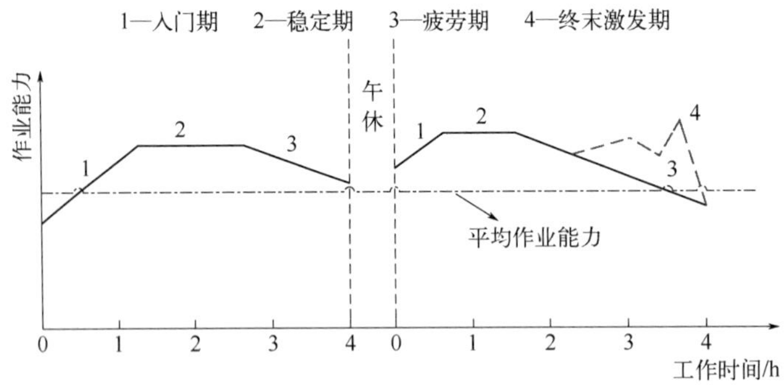

图 9-52　作业能力的变化阶段

② 作业压力分析。生理上和心理上的压力不仅是工作设备、工作空间与工作环境设计中需要考虑的因素，也在于操作内容、重复程度以及操作者对整个工作过程的控制。

③ 改善方法。可采用下列方法改善工作过程质量：

a．职能扩大：将属于同一工作职能的几项连续工作，交给同一名人员完成。

b．职能充实：将属于不同工作职能的连续操作，交给一名人员完成。

c．变换工作：在生产线或在工作班组内，组织员工自愿变换工种。

d．休息：有组织或无组织的工间休息。

9.3.3　工位需求分析与产线平衡

工位是产线最基本的生产单位，其规模取决于整体生产能力需求，也会影响产线整体资源配置。因此，在深入开展产线详细设计前，需要确定生产线所需工位规模，并在考虑产线平衡或效率最优的情况下完成工位作业内容的划分。

9.3.3.1　理论最少工位数计算

理论最少生产工位规模或数量取决于产线的生产节拍与单件产品的工时定额或生产某个产品全部工序的总时间，具体计算方式为工时定额除以产线生产节拍，计算出的工位数需要结合实际工艺情况进行调整，计算示例如下。

表 9-6 所示为产品种类与产品产量数据，A～F 产品均在同一条生产线上完成。基于第 9.3.1 节中产能与节拍的计算公式，按照一个月工作 22 天，一天有效工作时间为 8h，计算结果如下：

① 总有效工作时间：F_e=22×8×3600=633600s。

② 总节拍：T=633600÷200=3168s。

基于上述计算，得到各类产品的有效工作时间、循环时间、生产节拍以及工位需求数量，向上取整后，即得到理论最小工位数，如表 9-7 所示。

表 9-6　产品种类与产量基础数据

产品种类	A 产品	B 产品	C 产品	D 产品	E 产品	F 产品
月产能/台	50	30	20	30	60	10

表 9-7　理论最小工位数计算

产品种类	月产能/台	有效工作时间/s	循环时间/s	生产节拍/s	工位需求	
A 产品	50	34228.8	6882	2064.65	3.33	4
B 产品	30	99863.5	10825.2	3328.78	3.25	
C 产品	20	76969.3	12546	3848.47	3.26	
D 产品	30	129127.7	14565.6	4304.26	3.38	
E 产品	60	52308.6	7717.2	2310.9	3.34	
F 产品	10	16679.1	5590.8	1667.9	3.55	

9.3.3.2　生产工位划分

（1）工位划分原则

工位划分是在确定理论最少工位数的基础上，依照一定的原则与产品工艺路线划分并排序作业工位的过程。为实现生产线的利用率最大化、单位时间产出最高，需要保证设备利用率最高，因此，工位的合理划分显得尤为重要，工位合理划分需遵循以下原则，如图 9-53 所示。

① 合理划分工位内容。在生产节拍之内，各工位作业时间基本平衡，避免出现瓶颈问题，确实难以拆分的作业，可采用 2 人合作或者隔台加工的方法解决。

② 合理排布工位顺序。使场地零部件摆放更合理，使后续工位作业方便快捷，使前后工位作业动作更符合人机工程，也为工位合并提供条件。

③ 合理合并工位。运用 ECRS 方法，合并多工位作业内容成立生产工站或单元，工站内各工位作业人员可以协同完成作业，也能减少在制品数。

④ 合理排布工位距离。合理排布工位间距离，在空间上消除作业弹性时间。

⑤ 保持线上线下同步。尽量使能在线体下加工的零部件在线体下作业，减少产品在线时间，提高效率。

⑥ 提高作业人员熟练度。对于不能在标准时间完成工作的人员加以培训，提高作业质量、缩短作业时间。

⑦ 前置工位设置缓存。尽量不使设备闲置，设备如需要等待，则让其在上一工位处等待。

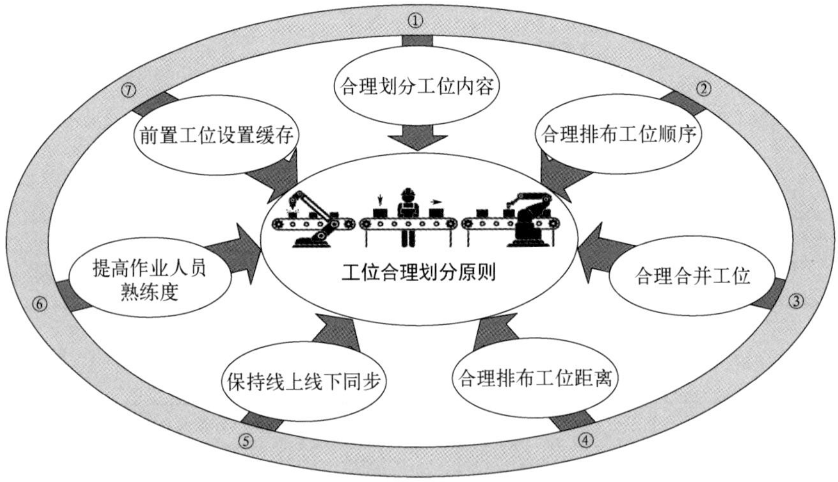

图 9-53　工位划分原则

（2）工位划分流程

工位划分流程主要分为三个步骤：工位划分、原则选取与工序分配。工位划分的具体流程如图 9-54 所示，详细描述如下。

步骤 1：工位划分。确定所需作业工位数量；结合工艺路线分析产线加工任务，整理出工作任务明细表；关联紧前紧后任务关系，并绘制优先图；制定各个工作任务的后续任务表。

步骤 2：原则选取。结合各产线实际需求，明确工位划分目标，选择适合的工位划分原则，如后续工序数目最多的工作优先安排；在后续工序数目相同情况下，作业时间最长的任务优先安排；等等。

步骤 3：工序分配。利用节拍时间逐级累计减去当前任务时间，当相减为负时，则停止，该工位的任务分配结束；重复上述流程开始新工位的作业内容划分，直至所有作业内容分配完毕。

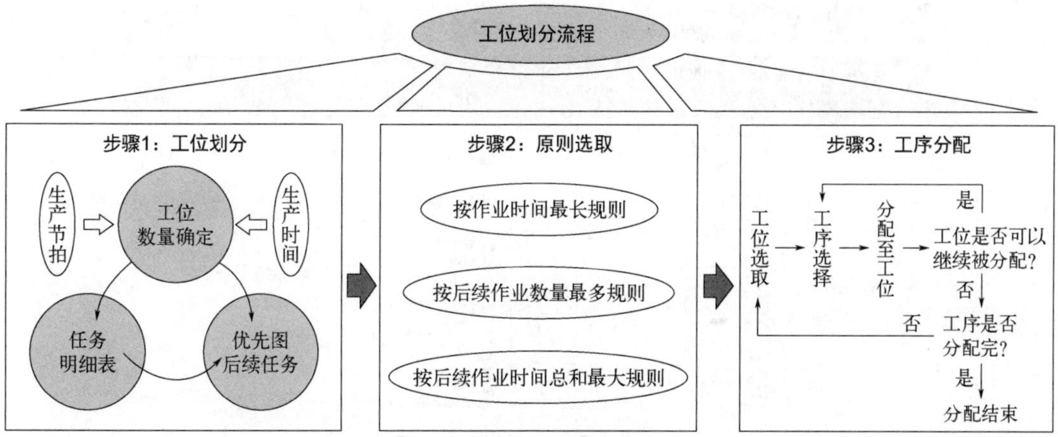

图 9-54 工位划分流程

9.3.3.3 产线平衡评定

（1）产线平衡概述

产线平衡是一种以流程为导向的生产策略，用于提高批量生产过程中的生产力和成本效率，产线平衡计算流程如图 9-55 所示。在实际生产过程中，所有生产环节的作业任务完成时间在周期中不可能均匀分布，因此会出现生产线瓶颈，虽然可以使用生产线仿真达到优化目的，但对于许多企业而言，创建和维护优化模型非常耗时，即使在工业 4.0 环境下依然如此。因此，在现阶段，用于评定生产线平衡的策略模型应用最为广泛。

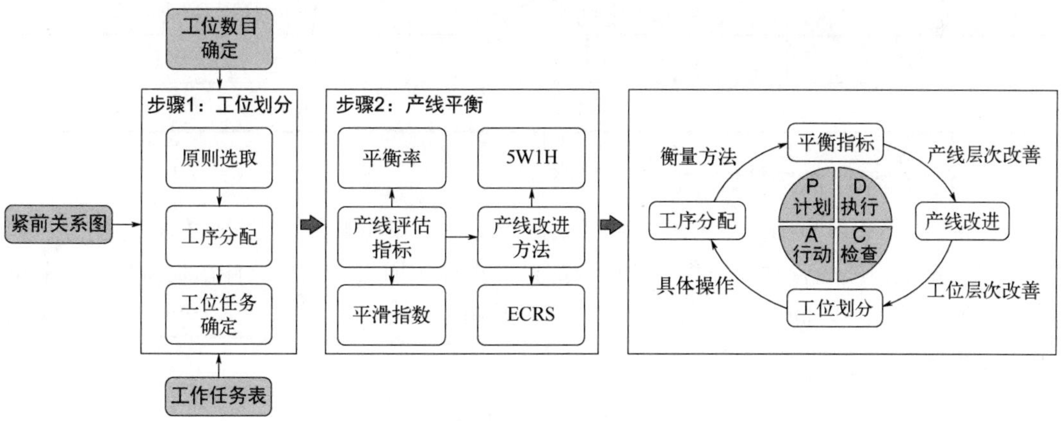

图 9-55 产线平衡计算流程

（2）产线平衡指标

为实现作业工位之间的工作负荷与作业时间的相对平衡，并提高作业工位使用率，需要改善产线的瓶颈工位。整个过程中需通过一定的量化指标对作业工位的设置情况进行评价，具体指标如图 9-56 与表 9-8 所示。

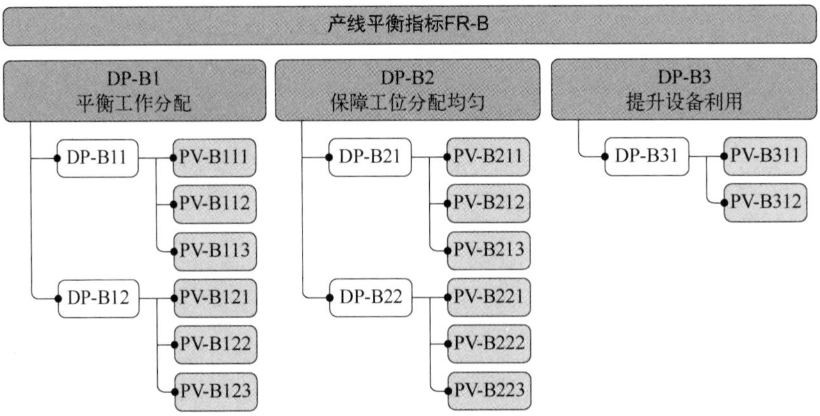

图 9-56　产线指标体系

表 9-8　产线平衡指标注释

序号	名称	编号
1	产线平衡率	DP-B11
2	产线平衡损失率	DP-B12
3	产线平滑指数	DP-B21
4	工序负荷率	DP-B22
5	设备利用率	DP-B31
6	单位实际产量	DP-B311
7	单位理论产量	DP-B312
8	工位时间	DP-B111/B121/B211/B221
9	生产工位数量	DP-B112/B122/B212/B222
10	装配线节拍	DP-B113/B123/B213/B223

(3) 产线平衡指标计算

① 产线平衡率与损失率。平衡率可以直接反映生产线上每个工位的作业分配是否合理，是衡量生产线是否顺畅平稳高效运行的重要指标。损失率是指单件在制品在产线上总空闲时间与总流转时间的百分比。相关计算公式如下：

$$P=\frac{\sum_{i=1}^{n}T_{ei}}{nT}\times 100\% \tag{9-14}$$

$$D=1-P \tag{9-15}$$

式中，P 为产线平衡率；D 为产线平衡损失率；T_{ei} 为单个工序时间；n 为作业工位数；T 为产线节拍。一般来说，产线平衡率应保持在 85%以上，P 越大，产线平衡效果越好。

② 产线平滑指数是表明生产线上各工位作业时间离散状况的衡量指标。指数越大表

明各工位作业时间差异越大，工位分布越不均匀，产线越不平衡；反之，差异越小，工位分布越均匀，产线越平衡。计算公式如下：

$$S=\sqrt{\frac{\sum_{i=1}^{n}\left(C-T_{ei}\right)^2}{n}} \tag{9-16}$$

式中，S 为产线平滑指数；C 为瓶颈工时；T_{ei} 为单个工序时间；n 为工位数量。

③ 工序负荷率是生产作业时间与产线节拍的百分比。工序负荷率计算公式如下：

$$L=\frac{T_{ei}}{T}\times 100\% \tag{9-17}$$

式中，L 为工序负荷率；T 为产线节拍；T_{ei} 为单个工序时间。L 越大，即工序负荷率越高，工位作业时间越接近生产节拍，产线平衡效果越好。

④ 设备利用率是指一个时期内设备实际使用时间占计划用时的百分比，该指标反映设备工作状态及生产效率水平。设备利用率计算公式如下：

$$E=A_{\mathrm{p}}/T_{\mathrm{p}} \tag{9-18}$$

式中，E 为设备利用率；A_{p} 为设备单位时间内的实际产量；T_{p} 为设备单位时间内的理论产量。一般来说，设备利用率越高，实际产量越接近理论产量，产线平衡效果越好。

（4）工位平衡思路

通过产线平衡指标计算，可判断当前产线的运行情况，如需进一步提升产线平衡率，可以从耗时较长与耗时较短工位两个方面进行改善。

① 对耗时较长的工位：分割作业，分配一部分作业内容到耗时较短的工位；利用工具或机械，改善作业，缩短工时；增加作业人员；提高作业人员效率或技能；通过工序流程分析，改进作业流程；通过人因分析，消除动作浪费；通过 5S 和定置管理改善作业环境。

② 对耗时较短的工位：分割作业，分配到其他耗时较短的工位，并取消本工位；从耗时长的工位分配一部分作业过来；合并耗时短的工位；对合并后的工位进行工序流程分析，优化作业流程。

（5）工位平衡方法

工位平衡一般可以通过 5W1H 提问技术对问题进行初步分析，再使用 ECRS 原则解决问题。

① 5W1H 提问技术。5W1H 提问技术是对研究的工作从对象（what）、原因（why）、时间（when）、地点（where）、人员（who）、方法（how）六个方面进行提问。为更清楚地认识到问题，可以连续进行数次提问，对问题的答案做进一步探讨，寻求改进的可能性。5W1H 内容与分析步骤如图 9-57 所示。

② ECRS 原则。ECRS 原则是优化生产工序的重要方法，能使不必要或不增值的工序减少。ECRS 分别代表取消（eliminate）、合并（combine）、重排（rearrange）、简化（simplify），具体方法不再赘述，其应用示意图如图 9-58 所示。

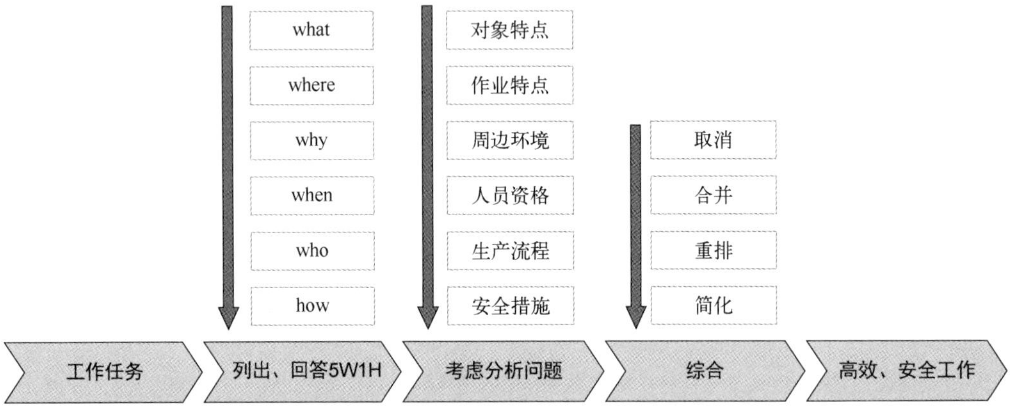

图 9-57　5W1H 内容与分析步骤

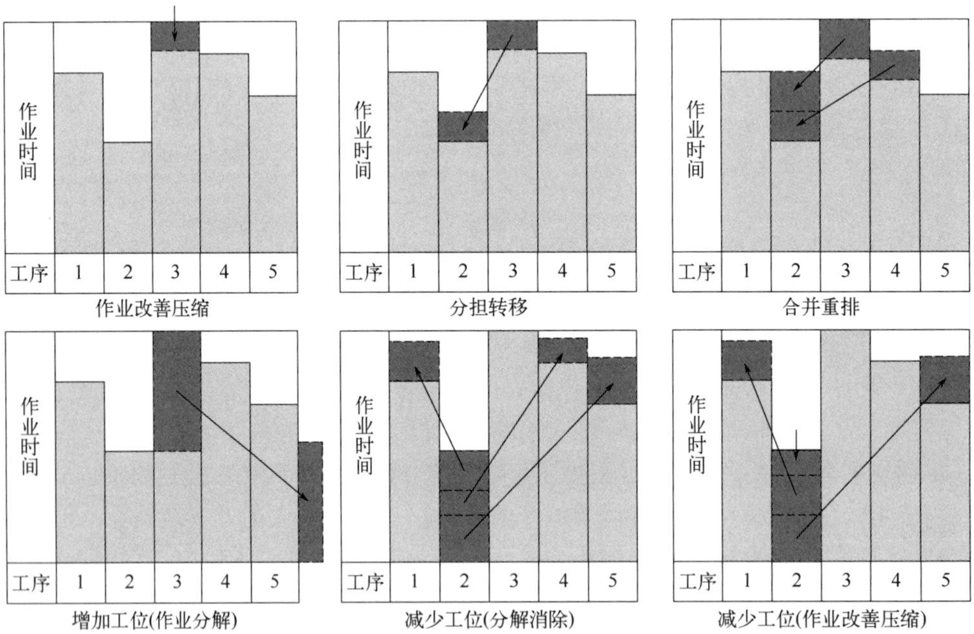

图 9-58　ECRS 原则应用示例

9.3.4　产线布局选型与详细设计

9.3.4.1　产线布局模式类型

在车间内部，依据车间生产作业区域的整体划分，不同作业区域的生产线可以选择不同的布局模式。目前主要的产线布局模式有五种，分别是工艺原则布局、产品原则布局、混合原则布局、固定原则布局与成组原则布局。

（1）工艺原则布局

工艺原则布局又称为机群布置或功能布置，是指按照产品生产工艺流程，将相同生产功能的机器设备等资源集中布置在同一区域。该模式适用于加工零件种类多、批量小的生产线布局，如图 9-59 所示。

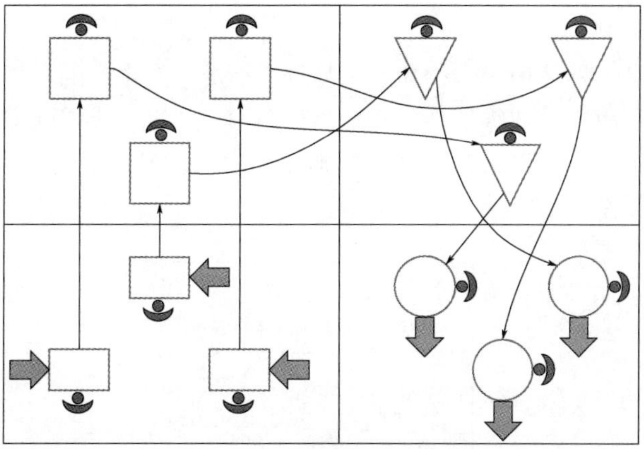

图 9-59　工艺原则产线布局

（2）混合原则布局

混合原则布局是指综合利用工艺原则和产品原则的布局方式（如图 9-60 所示），主要适用于在产品产量不足以大到使用产品原则布局的情况下，部分区域根据生产批量与工艺相似性来布局，使物流流向有序，以达到减少在制品库存、缩短生产周期的目的。

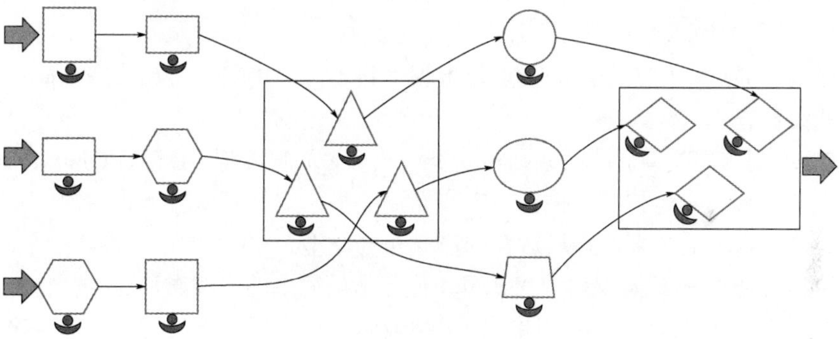

图 9-60　混合原则产线布局

（3）固定原则布局

固定原则布局是指由于加工对象的体积或重量大、不易移动或产品需求等因素，采用生产设备移动方式代替产品移动的布局方式，如图 9-61 所示。

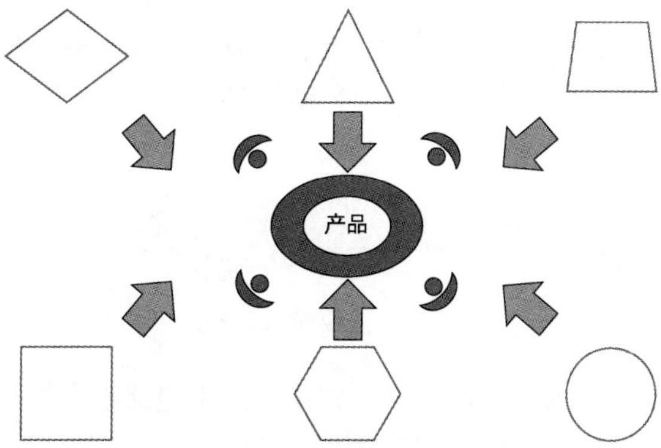

图 9-61　固定原则产线布局

（4）成组原则布局

成组原则布局是一种适用于多样化、多品种、小批量的生产的布局方式，如图 9-62 所示。成组原则布局利用产品或零部件的相似性进行分类，将一类相似的产品生产设备布置在一起，形成制造单元，可以认为是产品原则布局的缩影，是将工艺原则布局系统转化为接近产品原则布局系统。

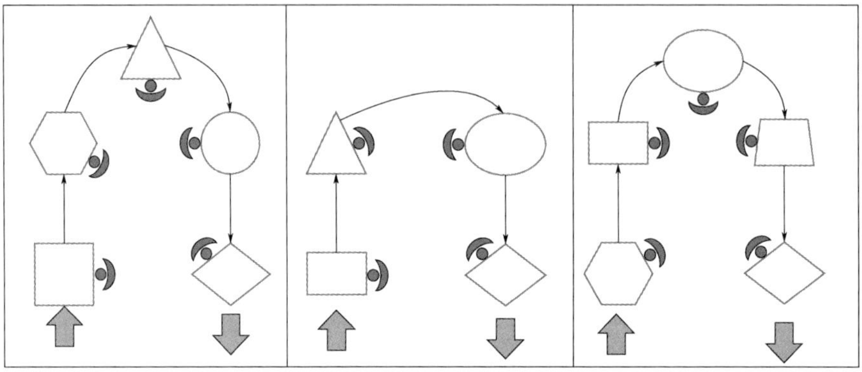

图 9-62　成组原则产线布局

（5）产品原则布局

产品原则布局是指按照产品的特点及步骤，将不同的机器设备和生产功能设置在同一位置区域的布局方式。

① 产品原则布局类型。产品原则布局类型较多，如直线形、L 形、T 形、U 形、环形、S 形等，目前 U 形布局是被广泛接受的产线布局类型，但并不适合所有情况。实际中需要根据不同生产流程和需求来选择最适合的产线布局类型。

a．直线形布局。直线形又称一字形和 I 形，是最简单的产线布局。主要特点为设备按直线配置，便于物料搬运和信息流通，但柔性较差，主要适用于长度较短的生产线。直线形布局又分为单列直线形和双列直线形，如图 9-63 与图 9-64 所示，在工序及工序的工作地都较少的情况下可采用单列直线形，工序及工作地较多而空间长度不足时可采用双列直线形。

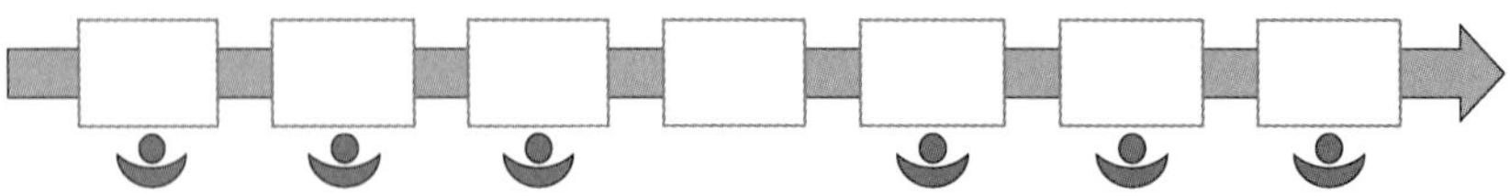

图 9-63　单列直线形布局

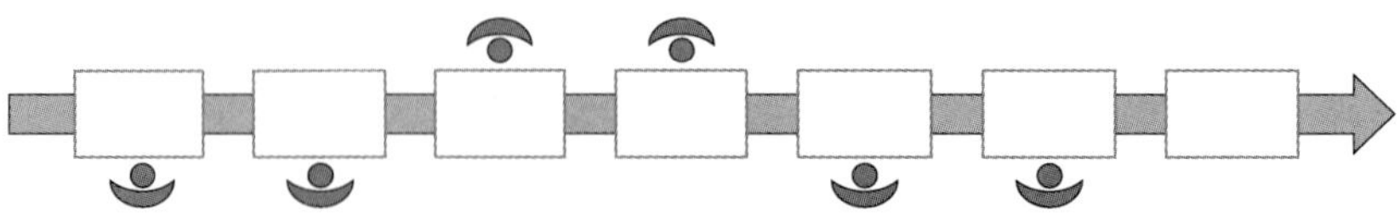

图 9-64　双列直线形布局

b．L 形布局。L 形布局大多是由于工厂可用空间不足或不允许直线形布局所采用的一种布局形式，入口与出口分别处于建筑物两相邻侧面，特点与直线形类似，如图 9-65 所示。

当产线布局通过拐角处时，可采用 L 形布局。

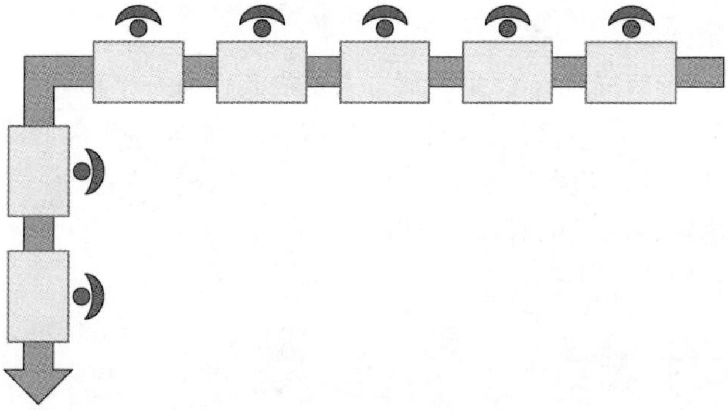

图 9-65　L 形布局

c．T 形布局。T 形布局是 L 形布局的变形，中央以在制品物流主线为主，两端引入物料，子组件在 T 形布局的臂上生产，并汇聚到主线进行最终组装或精加工，如图 9-66 所示。T 形布局适用于需要多种原材料的生产。

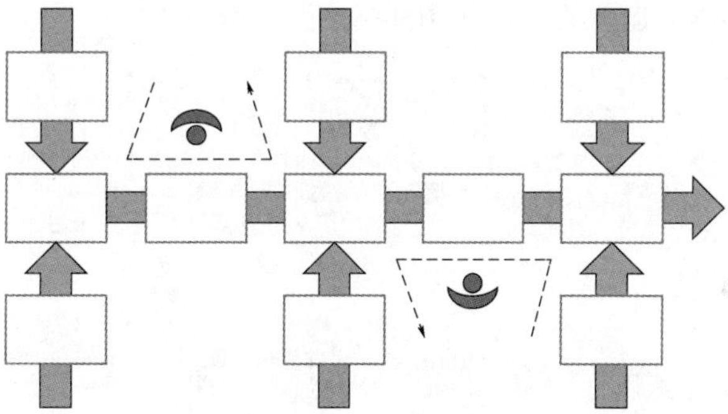

图 9-66　T 形布局

d．U 形布局。U 形布局也称巡回式布局，是柔性生产和精益生产中经常采用的布局方式，被誉为最佳的生产线布局方式，但不是通用的布局解决方案，如图 9-67 所示。U 形布局中，工人能同时处理多个过程，如果生产线发生故障或出现问题，工人可以关注有问题的工位，暂时忽略生产线另一侧工位。U 形布局消除了在制品所需的空间，且使操作的监督和可视化控制更容易。

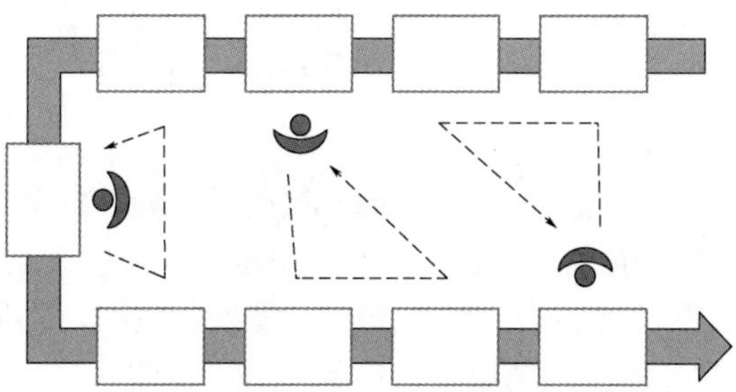

图 9-67　U 形布局

使用U形布局的八大原则为：进出料一个人负责，一个流生产布局；按工序排布生产线；生产速度同步化；多工序操作；作业人员多能工化；移动式作业方式；机器设备小型化；U形连接消除孤岛。

e．环形布局。环形布局也称O形布局，人是坐式作业并不移动，中央空间用于维护，并可以集中工装夹具，如图9-68所示。在环形布局中，可支持工装回流，但设备利用率可能较低，且基于零件设计，机器使用是间歇性的。该布局类型适用于要求物料返回到起点的生产线，常见于由物料搬运机器人服务的制造单元。

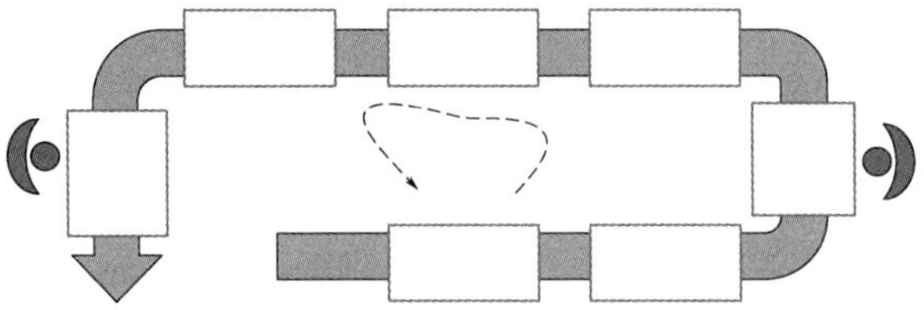

图9-68　环形布局

f．S形布局。S形布局即在S形结构中排列多个直线形生产线段，减少超长生产线需要的空间，降低内部物料运输压力，如图9-69所示。

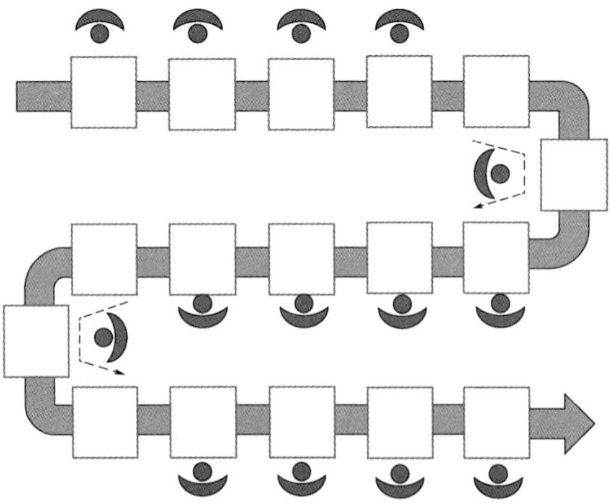

图9-69　S形布局

使用S形布局需要设立横跨通道和接料点，且留出足够宽的过道，以便物料进出产线。S形布局有效地利用了空间，但“S”的末端可以关闭，会导致物料搬运行程时间长，且生产线流程往往在工厂的相对角落开始和结束。该模式适用于长度较长的生产线，或有需要从侧面进行工具与物料装卸的生产线。

在实际设计中，为了便于选定更为合适的产线类型，将产线布局类型从特征、优点、限制、适用场景等方面进行对比，具体如图9-70所示。

② 产品原则布局类型考虑因素。结合工艺、设备、生产、物流等各部门需求，来选择布局类型，要考虑产品特点、工艺要求、设备工装、作业分工、工人要求及物流要求等因素，具体如图9-71所示。

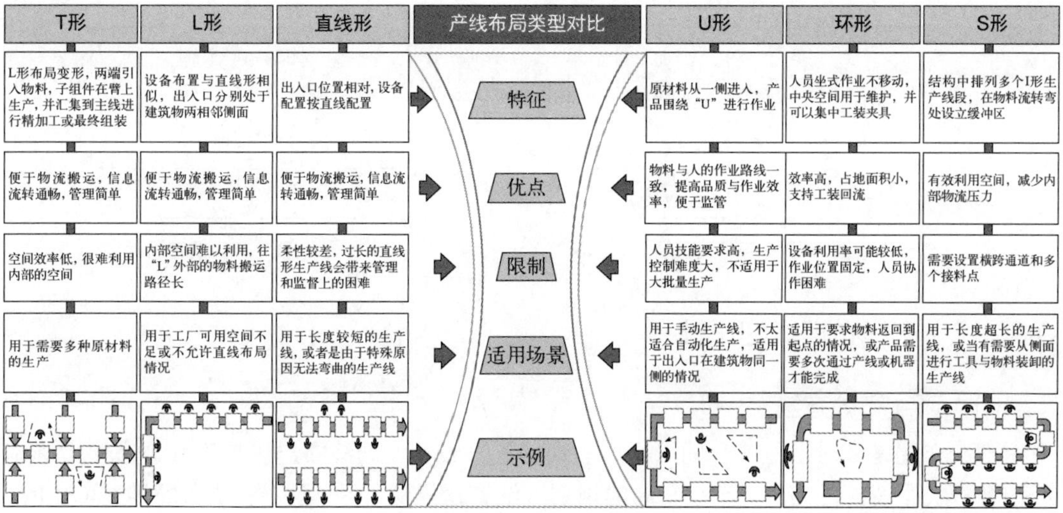

图 9-70　产线布局类型对比

布局类型详细设计

产线需求	直线形	L形	T形	U形	环形	S形
产品特点	• 大批量生产 • 产品种类少	• 大批量生产 • 产品种类少	• 大批量生产 • 产品种类多	• 变批量生产 • 产品种类多	• 小批量生产 • 产品种类少	• 大批量生产 • 产品种类少
工艺要求	• 线体节拍短 • 工艺步骤少	• 线体节拍短 • 工艺步骤适中	• 工艺步骤多	• 作业协同要求高 • 工艺相对清晰 • 工序明确	• 工艺和工序重复 • 需要产品回流	• 工艺步骤多 • 工序数量多
设备工装	• 工具设备投入少 • 采用套装设备工具	• 工具设备投入适中 • 采用套装设备工具	• 工具设备投入适中 • 采用多套设备工具	• 工具设备投入高 • 需要多套设备工具	• 工具设备投入少 • 采用套装设备工具	• 工具设备投入多 • 采用套装设备工具
作业分工	• 工序分工明确 • 工位人员固定	• 工序分工明确 • 工位人员可交换	• 需处理多个工序 • 工位人员固定	• 工位不固定，同时处理多个工序 • 根据标准工时分配，培养多能工	• 工序分工明确 • 需重复进行操作 • 工位人员固定	• 工序分工明确 • 工位人员固定 • 熟练，培养多能工
工人要求	• 操作人数少 • 作业内容简单 • 只需熟悉单工位	• 操作人数多 • 只需熟悉单工位	• 操作人数多 • 作业工序适中 • 只需熟悉单工位	• 人员技能要求高 • 培养周期长	• 操作人数适中 • 作业内容重复	• 操作人数多 • 作业内容简单 • 只需熟悉单工位
物流要求	• 物流流向单一 • 工序物料单一 • 物料配送简单	• 输送线需要折弯 • 有物流迂回	• 物料由支线至主线 • 以“鱼骨”形状汇入中央物流	• 需要良好的物料支撑和物料配送体系	• 物料或产品重复通过产线	• 物流供给要求高 • 需要建立横跨通道和接料点

（影响因素：产品特点、工艺要求、设备工装、作业分工、工人要求、物流要求）

图 9-71　产品原则布局类型选择影响因素

③ 产品布局原则。进行产线布局时，需要尽量避免孤岛式布局（图 9-72）和鸟笼式布局（图 9-73），要综合考虑多种因素，主要包括如下六个原则：

a．最短距离原则：上下工序之间的衔接要保证人员与物料移动的距离最短，减少作业过程中的不必要搬运。

b．物流顺畅原则：人员与物料的流动合理、顺畅，工序切换迅速。

c．减少存货原则：减少存货以平衡产品流量，保证材料运转迅速。

d．便于沟通原则：便于传递生产所需的各种信息。

e．安全原则：考虑作业人员的安全与人机工程。

f．灵活机动原则：产量增加、品种切换等情况下保持作业的灵活机动。

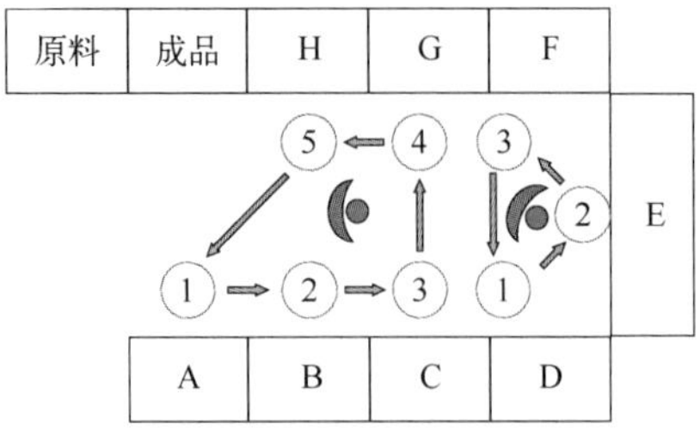

图 9-72 孤岛式布局

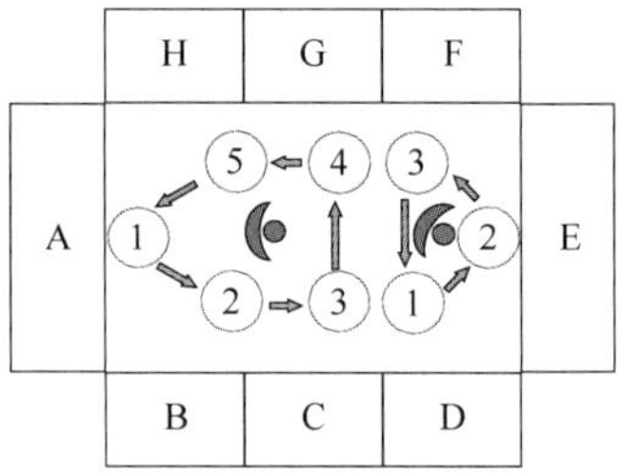

图 9-73 鸟笼式布局

9.3.4.2 产线布局详细设计

(1)产线布局方法

产线布局是针对工厂或车间级生产布局的展开设计，产线布局更加详细，需要考虑产线内各种类型资源的布置。产线布局的规划方法有摆样法、图解法、系统布局设计（SLP）、计算机辅助设施规划技术（CRAFT）、基于作业单位关系强度的布局算法（CORELAP）等。随着计算机技术发展，出现了基于仿真建模软件的布局规划。其中，SLP 由于条理性强、布局规划循序渐进且易于实施，已成为广泛运用的布局方式，因此，本节主要采用 SLP 对产线布局进行详细设计。

(2)基于 SLP 的产线布局详细设计

① 现状分析。SLP 方法首先需要明确 P、Q、R、S、T，即产品种类、产量、工艺流程、辅助服务、时间及其他相关因素信息，根据生产工艺等划分不同的生产工段（工作站或工位）以及辅助生产区域（如线边储存区域等）。

② 密切关系等级。SLP 着重分析不同作业单位之间的物流和非物流关系，并分别进行密切关系等级划分，以得到作业单位间综合关系。

a. 物流关系。是通过作业区域之间的物流量进行定量分析，物流量根据作业区域之间的工艺路线与产量计算，可灵活计算物流量。具体物流量在物流从至表中表示，如表 9-9 所示。

表 9-9 物流从至表示例

从/至	零件 A 加工区域	零件 B 加工区域	装配区域	检测区域	休息区域	临时储存区域	合计
零件 A 加工区域	—	80	0	50	10	0	140
零件 B 加工区域	20	—	60	0	15	0	95
装配区域	0	10	—	120	20	50	200
检测区域	15	0	25	—	17	60	117
休息区域	10	15	20	17	—	0	62
临时储存区域	0	0	0	6	0	—	6
合计	45	105	105	193	62	110	620

将正反物流进行汇总整合，如表 9-10 所示。根据汇总后的物流量将不同作业区域之间

的物流关系按照一定比例进行等级划分，一般将关系密切程度由高到低划分为 A、E、I、O、U 五个等级，本案例划分如下：A 等级（120～150）、E 等级（80～120）、I 等级（40～80）、O 等级（0～40）、U 等级（0）。物流相关关系在物流关系图中表示。

表 9-10　物流从至表汇总示例

从/至	零件 A 加工区域	零件 B 加工区域	装配区域	检测区域	休息区域	临时储存区域
零件 A 加工区域	—	100	0	65	20	0
零件 B 加工区域		—	70	0	30	0
装配区域			—	145	40	50
检测区域				—	34	66
休息区域					—	0
临时储存区域						—

b. 非物流关系。通常考虑作业区域间的流程连续性、方便监督管理、共用设施设备、作业相似性、人员联系、操作安全、清洁等因素。根据这些非物流因素进行非物流密切关系等级划分，按照一定比例由高到低划分为 A、E、I、O、U、X 六个等级，其中，X 表示不可接近，非物流关系在非物流关系图中表示。

c. 作业区域综合相互关系。需要综合考虑物流与非物流关系。设置物流与非物流的权重，一般为 2∶1 左右，不会超过 3∶1 或 1∶3，根据权重对物流和非物流等级进行量化，量化规则由设计者确定，如 A=4、E=3、I=2、O=1、U=0、X=−1。通过量化计算作业区域间的综合关系值，再次进行密切关系等级划分，等级一般和非物流等级设置相同，等级比例可重新进行调整，最终物流关系图、非物流关系图及作业区域的综合关系图如图 9-74 所示。

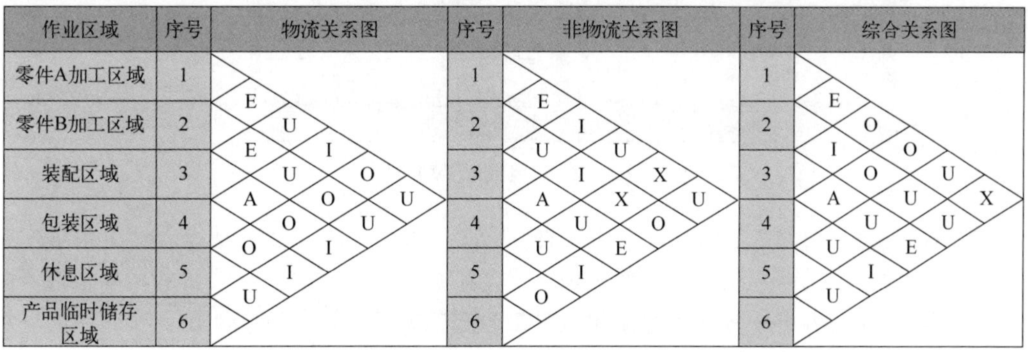

图 9-74　物流关系图、非物流关系图与作业区域综合关系图示例

③ 作业区域位置关系与面积相关图。根据综合相互关系可绘制出作业区域位置关系图。如果综合相互关系太多，依照作业区域间等级进行布局比较复杂，可计算各作业区域综合相互关系程度值，综合程度值越高，该作业区域越靠近中心位置，以此进行布局绘制。其中，作业区域间的关系等级用不同的线条数来表示，如 A 为 4 条、E 为 3 条、I 为 2 条、O 为 1 条、U 为 0 条、X 为虚线或折线，绘制的作业区域位置关系图如图 9-75 所示，结合作业区域位置关系图与作业区域实际面积可绘制出作业区域面积相关图，如图 9-76 所示。

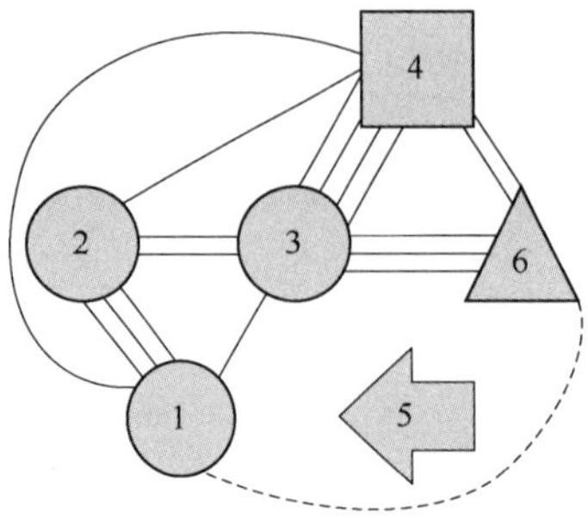

图 9-75 作业区域位置关系图示例

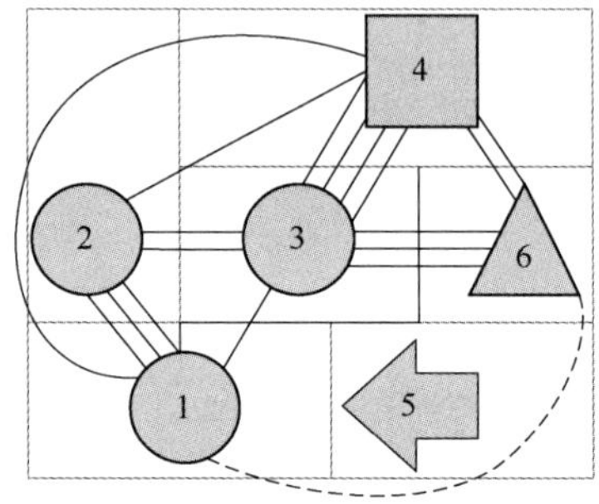

图 9-76 作业区域面积相关图示例

④ 可用布局方案。在现场实施时，存在较多限制（如道路、管道、车间环境、出入口位置、空间不规则、面积大小、建设成本等因素），需要对布局进行修正，最后形成可用的布局方案。通常根据面积相关图可绘制出多种布局方案，以供管理层进行最终决策。可用布局方案具体示例如图 9-77 所示。

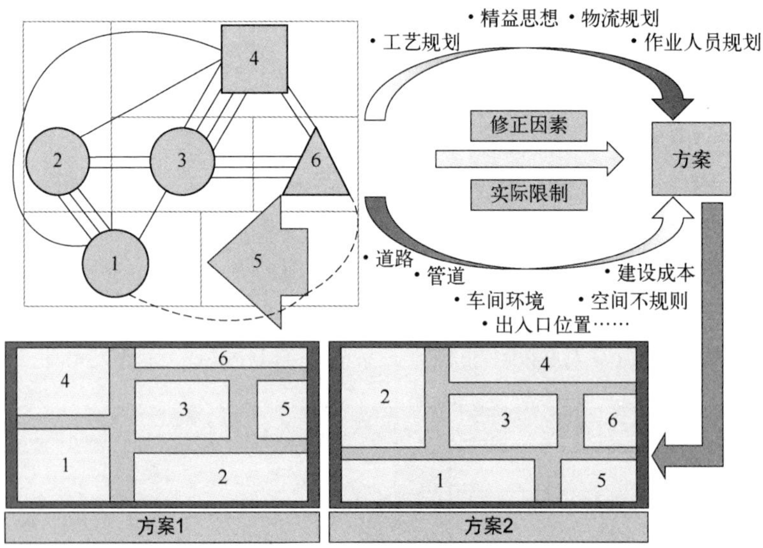

图 9-77 可用布局方案绘制

⑤ 方案评价与反馈。方案的评价方法有层次分析法、方案加权法等。评价包含生产效率、物流效率、场地利用率、工作环境、员工满意度、安全管理、设备利用率、投资回收期等因素。决策者可以根据评价结果选择最合适的方案，进行现场实施。实施后的现场数据可以支持布局的持续性改进。

9.3.5 关键工序自动化详细设计

9.3.5.1 自动化系统概述

自动化系统设计是产线规划设计的核心，也是企业数智化转型必须经历的一个阶段。打造自动化产线能够有效降低劳动强度，提高生产效率与产品质量，进而提升企业的竞争力。自动化系统规划首先需要明确其所具备的特征，即持续稳定工作的设备、稳定的工程能力、作业外流程化或无流程化以及持续改善提高效率，如图 9-78 所示。

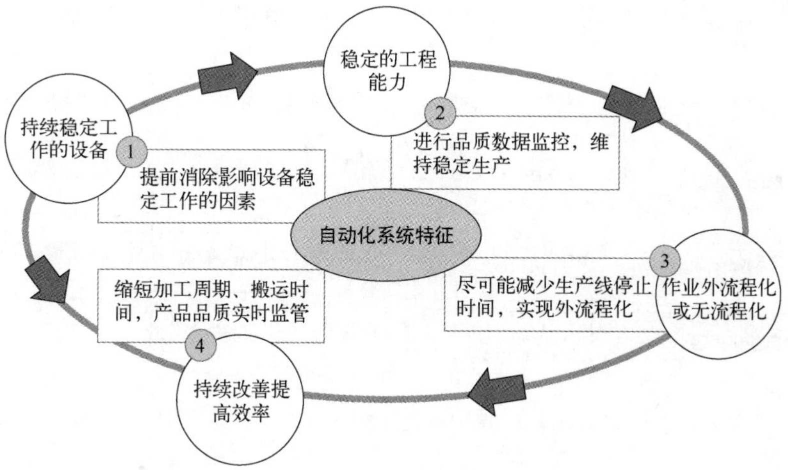

图 9-78　自动化系统特征

① 持续稳定工作的设备。自动化实施需要保证生产线能够按计划稳定地生产，为达到该目标，必须改善设备状况，保证设备无临时停止或长期停止的情况，提高设备的持续性和稳定性。

② 稳定的工程能力。工程能力是维持稳定生产最重要的品质能力，通过对品质数据监控使各工序能够按质量规范和品质要求进行稳定的生产。

③ 作业外流程化或无流程化。内流程指需要完全停止产线才能完成的操作，而不停止产线仍可进行的操作叫外流程，自动化升级要尽可能减少产线停止时间。

④ 持续改善提高效率。持续改善提高效率的要点有两个方面：一是缩短加工周期，如优化加工条件、缩短工件装卸时间等；另一方面是缩短搬运时间，如采用搬运机器人等来实现无人化，从而缩短时间，提高效率。

9.3.5.2　自动化等级定义

自动化升级首先需要评估企业自动化水平，不同自动化实施需求的内容也不相同。目前工业自动化水平被定义为六个等级，如图 9-79 所示。

目前企业的自动化等级几乎都是处于等级 2 及以上，相关等级描述如下：

自动化等级 2：设备能够进行自动循环加工，但工件装卸、工装夹具更换与检查以及设备启动需要人工进行，可以通过机械臂等辅助物料搬运。由于整个生产循环中需要人员参与，也称为半自动化工位。

自动化等级 3：集成了计划接收与报工接口，来料、工件装卸、加工、品质检验判定等一系列工作均可由设备自身实现，也可称为全自动化工位。

自动化等级 4：是在等级 3 的基础上进一步采用自动化的搬运与仓储手段实现合格品在产线上的自动化搬运与储存。

自动化等级 5：产线的数智化特性增强，生产线能够完全自主运转、自主监控并分析生产过程中的任务执行情况、产品质量状态、设备运行状态、刀具状态与产线效能达成度等，具备一定程度的故障自主检测与自动修复能力。

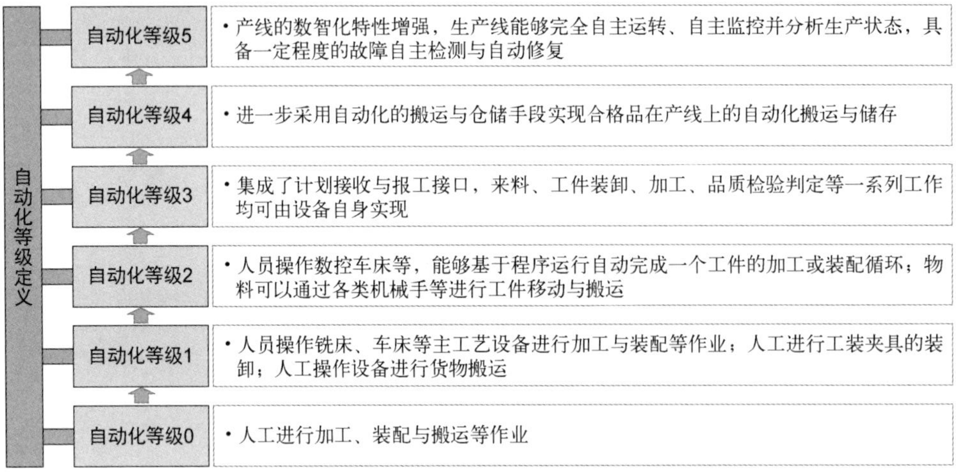

图 9-79　自动化等级定义

9.3.5.3　自动化需求映射

在进行自动化产线设计之前，需要明确自动化升级需求，确定实施目标。自动化实施的典型需求包括效率提升、质量提升、安全保障、劳动强度以及管控需求等。针对不同需求进行具体分析，明确满足需求所需投入的自动化技术与方法。具体自动化需求以及分析方法如图 9-80 所示。

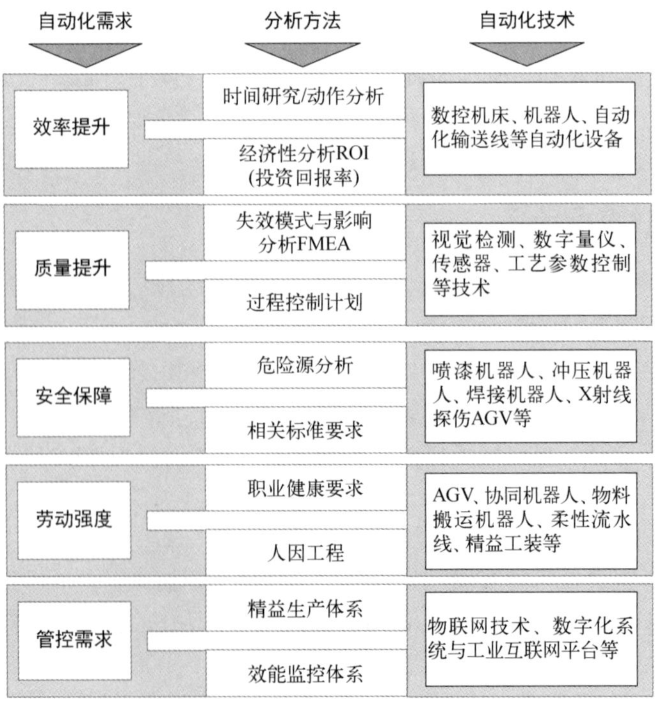

图 9-80　自动化需求以及分析方法

① 效率提升需求。在进行时间研究、动作分析以及经济性分析的基础上，引入数控机床、机器人等自动化设备，缩短作业时间，提高效率，促进产能提升。

② 质量提升需求。通过失效模式与影响分析、统计过程控制等方法，进一步提升产品质量，同时引入视觉检测、数字量仪、工艺参数控制等技术，在提高自动化水平的同时提升产品质量。

③ 安全保障需求。通过分析危险源制定相关安全标准，同时为了降低部分工艺环节对人员安全与健康的影响，引入喷漆机器人、冲压机器人以及 X 射线探伤 AGV 等设备，在提升自动化水平的同时保障人员的安全与健康。

④ 劳动强度需求。在运用职业健康要求、人因工程等分析方法的基础上，通过引入 AGV、上下料机器人、柔性流水线等自动化设备，降低劳动强度。

⑤ 管控需求。自动化升级还包括生产管理的集成化与透明化等需求，在实现自动化基础上，引入物联网技术、数字化系统与工业互联网平台，实现生产过程的集成化管控、远程运维等。

除此之外，自动化升级还包括展示需求，进行部分产线或工位等的自动化升级改造，打造自动化升级样板，用于企业标杆建设以及外部展示。

9.3.5.4 关键工序自动化设计

（1）关键工序自动化设计流程

如图 9-81 所示，在自动化设计过程中需要：

① 明确自动化升级的需求；

② 通过调研和数据收集，进行自动化等级评估，并确定关键瓶颈工序或需要自动化升级环节；

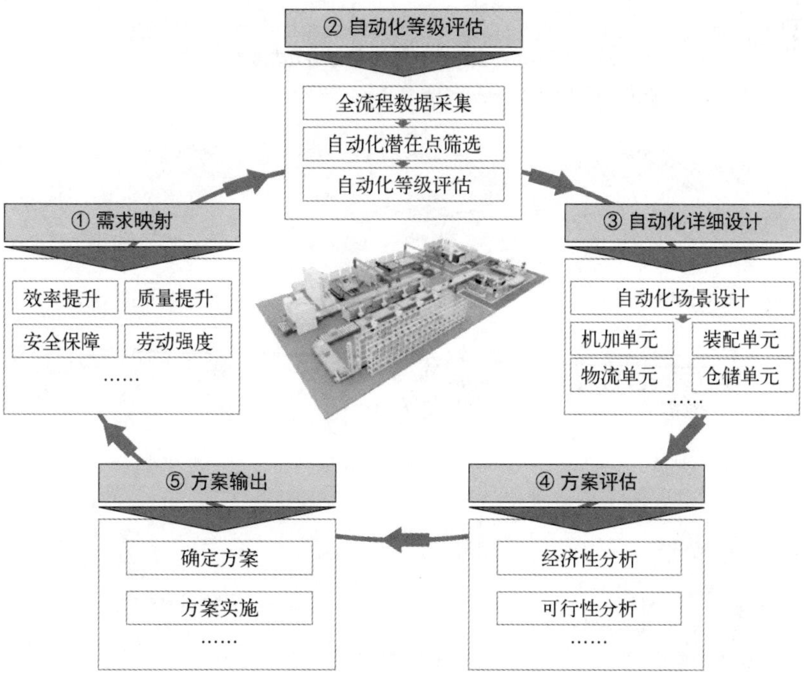

图 9-81 关键工序自动化设计流程

③ 确定自动化场景并围绕场景进行自动化详细设计，如机加单元、装配单元、物流单元、仓储单元等；

④ 对方案进行综合评估；

⑤ 细化方案中实施技术条件，输出方案支撑招投标与项目落地。

（2）案例分析

① 案例简介。某企业作为典型的结构件生产企业，生产线整体包括五大核心区域，分别为机加、装配、质检、包装以及成品存储区域，各区域间物流由输送线以及 AGV 等衔接，区域内部物流由机械臂、桁架机械手、输送线以及工作人员等进行衔接，所搭建的自动化产线及各区域元素组成如图 9-82 所示，具体元素如图 9-83 与图 9-84 所示，各工序自动化详细设计如表 9-11 所示。

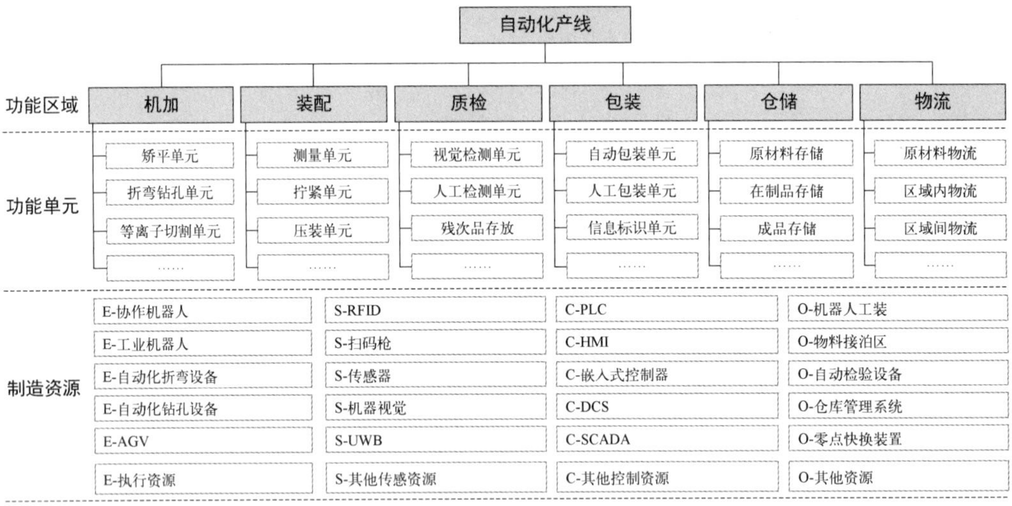

图 9-82　自动化产线及各区域元素组成

E—执行资源；S—感知资源；C—控制资源；O—其他资源

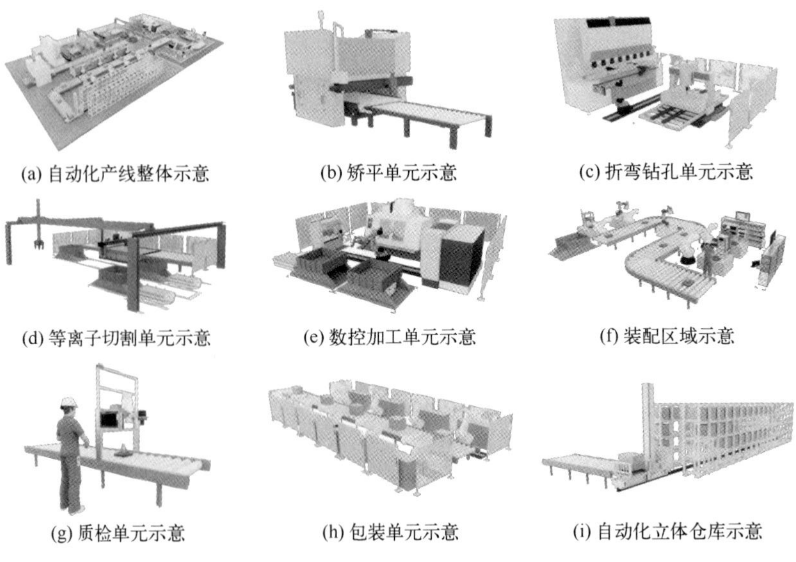

图 9-83　自动化产线单元示意

(a) 区域间物流——AGV

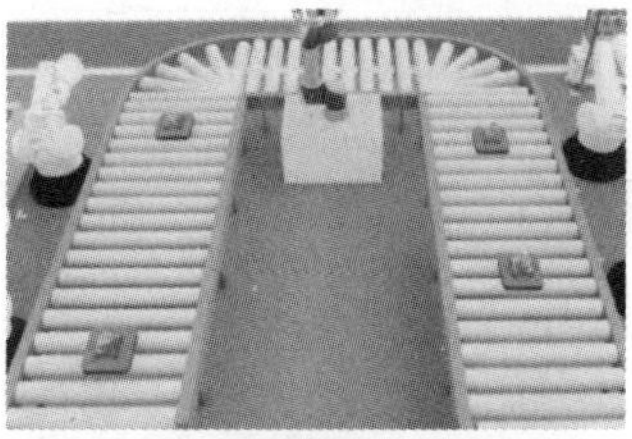

(b) 区域内部物流——输送线

(c) 区域内部物流——桁架机械手

(d) 区域内部物流——机器人

图 9-84　产线物流示意

表 9-11　关键工序自动化详细设计

区域/单元	功能作用	自动化需求	自动化组成
机加-矫平单元	矫平作业	• 效率提升 • 劳动强度降低 • 安全保障	• 自动化矫平设备 • 输送线
机加-折弯钻孔单元	折弯（钣金加工）、钻孔作业	• 效率提升 • 质量提升 • 劳动强度降低 • 安全保障	• 自动化折弯设备 • 自动化钻床 • 工业机器人
机加-等离子切割单元	零部件的切割作业	• 效率提升 • 质量提升 • 劳动强度降低 • 安全保障	• 等离子切割机 • 桁架机械手 • 输送线 • AGV
数控加工单元	零部件的数控加工，包括激光切割、数控铣等	• 效率提升 • 质量提升 • 劳动强度降低	• 数控加工中心 • 数控铣床 • 激光切割机 • 工业机器人 • AGV
装配区域	产品的装配作业，包括测量、自动拧紧、人工拧紧以及压装等几个工序	• 效率提升 • 质量提升 • 劳动强度降低 • 安全保障	• 协作机器人 • 压装机 • 输送线 • AGV
质检单元	借助机器视觉技术，对产品质量特征信息进行采集与检测	• 效率提升 • 质量提升	• 机器视觉模块 • 输送线
包装单元	合格产品的包装作业	• 效率提升 • 质量提升 • 降低劳动强度 • 安全保障	• 协作机器人 • 输送线

续表

区域/单元	功能作用	自动化需求	自动化组成
成品存储区域	成品的存储	• 效率提升 • 质量提升 • 劳动强度降低 • 安全保障	• 自动化立体仓库 • 堆垛机 • 输送线
产线物流	各区域内部的物流流转以及各单元/区域间的物流衔接	• 效率提升 • 质量提升 • 劳动强度降低 • 安全保障	• AGV • 输送线 • 桁架机械手 • 工业机器人 • 协作机器人

② 单元示例。加工区域包含多种自动化加工以及运输设备，故以其中的折弯钻孔单元以及等离子切割单元为例，进行关键工序自动化详细设计介绍。

a．需求分析。明确单元功能，折弯钻孔单元负责零部件的折弯以及钻孔，折弯工序危险系数较高，人工作业安全保障较弱，且劳动强度大，作业效率低。

b．自动化等级评估。通过调研发现当前折弯钻孔作业需要人工辅助进行工装夹具的装卸与物料搬运，效率低且安全无法得到有效保障，处于自动化等级 2，自动化潜在升级点为物料搬运与工装夹具装卸等自动化升级。

c．自动化详细设计。从需求出发，通过现场调研分析，进行自动化等级评估，筛选出自动化升级点，即机床设备自动化升级、物料搬运方式升级。

首先，针对机床设备，为了提高作业效率、降低劳动强度、提升安全保障，将设备升级为自动折弯机，钻孔设备升级为自动钻床，如图 9-85（a）、图 9-85（b）所示。然后，为了配合自动折弯以及钻孔设备，采用工业机器人代替人工进行零部件板材的上下料，提高作业安全系数，同时采用自动化输送线进行原材料和在制品的运输，提升在制品物流自动化水平，提高物料搬运效率。工业机器人及输送线示意如图 9-85（c）所示。

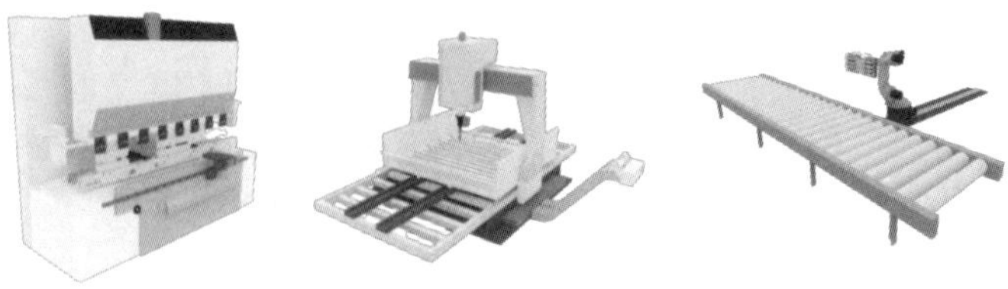

(a) 自动折弯设备　(b) 自动钻孔设备　(c) 工业机器人及输送线

图 9-85　折弯钻孔单元自动化设计

同理，对等离子切割单元展开自动化详细设计，方案如图 9-86 所示。

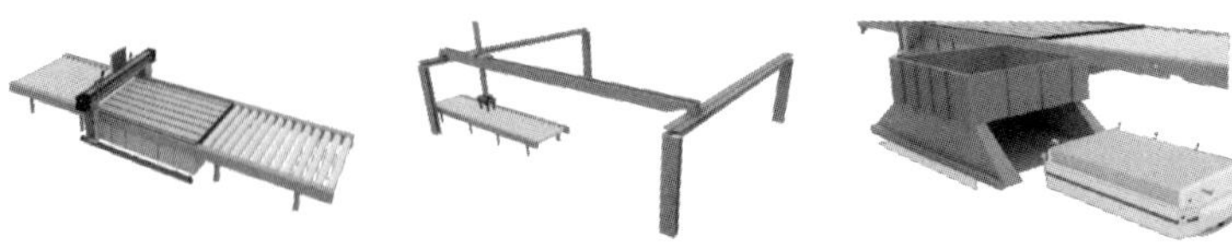

(a) 等离子切割设备　(b) 桁架机械手　(c) AGV

图 9-86　等离子切割单元自动化设计

d．方案评估与实施。对自动化方案进行可行性与经济性分析。可行性分析可以从技术成熟度、自动化需求是否满足（如作业效率、安全保障、劳动强度等）等方面展开分析；经济性分析主要分析投入成本、效能指标、投资回收期等方面。确定最终方案。

e．方案输出。以折弯钻孔单元与等离子切割单元的自动化升级为例，对自动化场景进行设计，具体场景及描述如图 9-87 所示（仅供参考）。

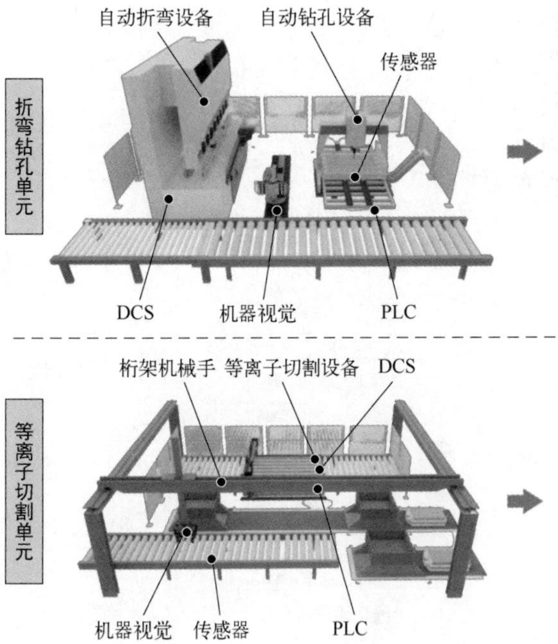

自动化工位场景描述

- □ 原材料通过输送线输入折弯钻孔单元
- □ 上料机器人抓取原材料运送至折弯机
- □ 折弯机与上料机器人按照既定程序进行自动化作业
- □ 折弯机与机器人相配合，通过夹具旋转与刀具配合进行不同角度的折弯
- □ 折弯作业完成后，由机器人将零部件转运至钻床，进行钻孔作业
- □ 钻孔作业完成后，由机器人将零部件转运至输送线，输送至等离子切割单元
- □ 零部件通过输送线输入等离子切割单元
- □ 桁架机械手抓取零部件至等离子切割机
- □ 等离子切割机按照既定程序进行切割作业
- □ 切割作业完成后，由桁架机械手将零部件运输至在制品存放区
- □ 由AGV将加工过的零部件运输至下一单元

图 9-87　关键工序自动化场景示例

9.3.6　线边物流详细设计

线边物流是为生产线加工制造提供的物流服务，涉及车间内外物料交接区、车间内的物料缓存区、生产线工位物料配送以及工位之间的物料传输等，是生产线物流最核心也是最复杂的部分。随着物流技术与装备水平不断提高，在进行线边物流的规划或升级时，需充分结合技术发展，结合实际生产需求设计出更加自动化、数智化的线边物流方案。

9.3.6.1　线边物流详细设计步骤

线边物流详细设计步骤（如图 9-88 所示）是线边物流详细设计的基础，为保证线边物流高效运作，首先需要从整体线边规划出发，明确线边物流设计的步骤及方法，从而达到减少物料库存、降低搬运负荷、提高生产效率等目的。

（1）产线物流需求

精益线边物流设计必须考虑包括人员、设备、物料、节拍等在内的各种影响因素，需求分析需要精准详细。

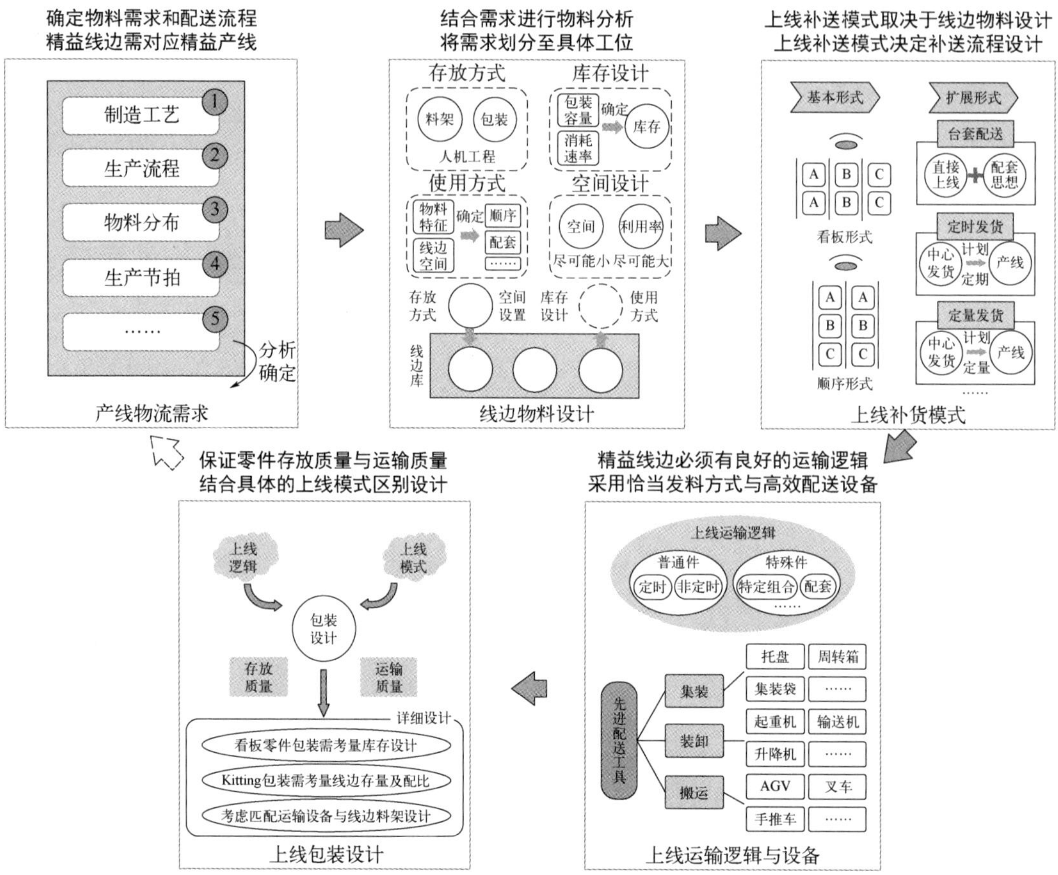

图 9-88　线边物流详细设计步骤

（2）线边物料设计

物流需求确认后，结合产线生产工艺流程及工位功能规划，将物料需求分解到工位，设计过程中需要同时考虑线边物料以下方面：

① 存放方式。物料存放需要设计符合人机工程的料架和包装等，便于补料和取料操作，如流利架、线边传输辊道线等。

② 库存设计。需要设定线边库存目标，结合线边物料包装容量、线边物料消耗速率和运输补货时间等详细计算。

③ 使用方式。需结合物料具体特征及线边空间大小进行设计，可以采用诸如顺序取用、配套取用等方式。

④ 空间设计。结合线边库存设置，在物料正常补料和取料情况下尽量减少空间，确保作业空间能适应未来产能波动可能带来的空间需求变化。

（3）上线补货模式

上线补送模式主要分为看板补货、顺序补货及其他扩展形式，其取决于线边物料设计，也决定了物流人员的补送流程和信息系统的建设需求。

（4）上线运输逻辑与设备

精益线边物流为了满足小批量、高频次的普通物料上线，主要采用定时或不定时发料方式。特殊零件组采用随产线配套搬运或自建运输线排序上线等方式。在线边物流中，装卸搬运作业频率高，一般需要规划叉车、堆高机、自动堆垛机、自动化输送与分拣系统、搬运与码垛机器人、上下料机器人等自动化设备。

（5）上线包装设计

在保证零件存放质量和运输质量的同时，上线包装应当结合具体的上线模式区别设计。

9.3.6.2　线边物流详细设计

按照线边物流设计步骤，线边物流详细设计包括物流量计算与分析、上线补货模式设计、上料运输设计与上线容器设计。

（1）物流量计算与分析

物流量的计算与分析为线边库存及后续线边物流等设计提供参考依据。物流量计算方式并不唯一，重量、体积或者物料容器数量等都可以作为计算标准。工厂中的物料不仅种类繁多，其几何形状、物理与化学状态等都千差万别，不同计算标准很难转换，而当量物流量是一种有效的解决方式，其按规定标准修正、折算物料物流量，便于不同物料之间物流量的统计和比较，但至今为止，当量物流量没有统一标准，需由企业自行确定。线边物流量计算流程如图 9-89 所示。

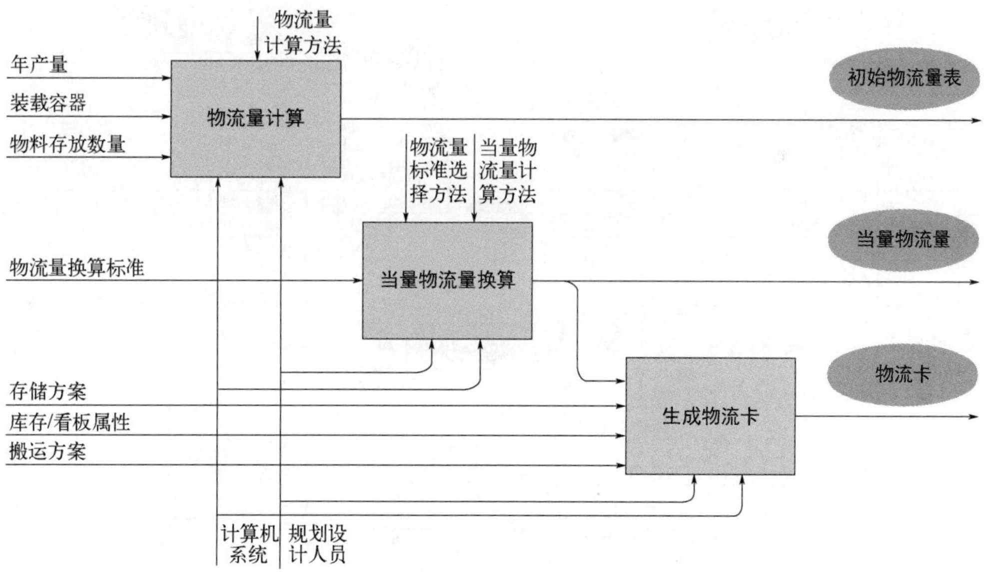

图 9-89　线边物流量计算流程图

图 9-89 中，物流卡是物流系统设计的一个重要工具，它以物料为对象，记录有关生产物流各方面的内容，作为运营过程中管理和控制生产物流的指导性文件。

根据物料移动分析的两种方法（流程分析法和起讫点分析法），对作业单位之间的路线物流量以及某一作业单位的区域物流量进行分析，结果用物流流程表、搬运路线表和物料进出表来表示。物流关系图功能模型如图 9-90 所示，物流量分析方法如图 9-91 所示。

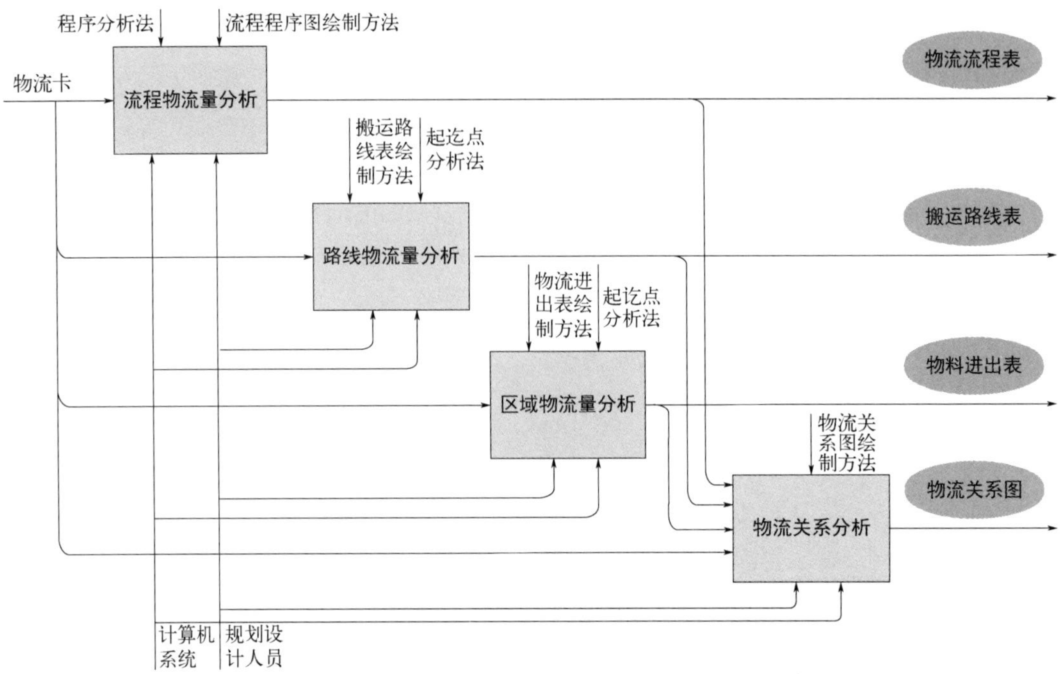

图 9-90　物流关系图功能模型

物流流程表

零件号：BA101　　零件名称：泵体
制表人：　　参加人：
日期：　　第_页 共_页

序号	物料号	物料名称	路线		初始物流量	当量物流量
			从	到		
1	BA101.1	泵体铸件	I	B		
2	BA101.2	泵体机加工件	B	E	72	72
3	BA101.3	泵体	E	O		

路线物流流程表

路线：B—C　　工艺：机加工—热处理
制表人：　　参加人：
日期：　　第_页 共_页

序号	物料号	物料名称	初始物流量	当量物流量	累计当量物流量
1	BA103.2	出油阀弹簧热处理件			
2	BA105.2	弹簧下座机加工件			
3	BA115.2	柱塞弹簧机加工件			
4	BA115.4	柱塞弹簧二次机加工件			
5	BA103.3	出油阀弹簧热处理件			
6	BA115.3	柱塞弹簧热处理件			

区域物流流程表

区域：C　　工艺：热处理
制表人：　　参加人：
日期：　　第_页 共_页

序号	物料号	物料名称	到达(1) 出发(2)	来于/去向	初始物流量	当量物流量	累计当量物流量
1	BA103.2	出油阀弹簧加工件	1	B			
2	BA103.3	出油阀弹簧热处理件	2	B			
3	BA105.3	弹簧下座机加工件	1	B			
4	BA105.3	弹簧下座热处理件	2	E			
5	BA115.2	柱塞弹簧机加工件	1	B			
6	BA115.3	柱塞弹簧热处理件	2	B			

图 9-91　物流量分析方法图

物流流程表代表追踪零部件整个生产过程的物流量情况；区域物流分析是筛选出所有到加工或热处理车间发出的物料流量，并计算累计当量物流量；路线物流分析是对所有经过机加工车间与热处理车间之间路线的物流过程进行分析，并计算累计当量物流量。实际应用过程中，需结合车间需求，选择适当的物流分析方法进行线边物流详细设计。

（2）上线补货模式设计

上线补货模式是线边物流配送的核心，需基于物流量及相关工位生产特性确定。线边物料的基本补充模式有看板、顺序等。看板模式是指在线边至少有两个容器，一个容器用完后，水蜘蛛（即生产线上专门从事生产看板、物料准备和传递的人员）根据空容器和取货看板进行补充的形式。顺序模式是指线边没有固定的容器放置，水蜘蛛根据生产计划顺序，从超市取料并配送到线边的形式。上线补货模式对比如图 9-92 所示。

类型 \ 模式	看板模式	顺序模式
计算公式	双盒拉动容器数 = (2个水蜘蛛循环时间/CT)/容器容量+1	顺序循环容器数 = (2个水蜘蛛循环时间/CT)/容器容量
线边物料	一直存在，循环补充	开始没有，生产后存在
组织形式	按型号放置	按使用顺序放置
补充方式	根据空容器和看板补充；使用之后补充到线边	根据顺序清单补充；取了不一定能补充线边
水蜘蛛操作	循环过程中取空容器和看板，到超市取满容器、放空容器	根据顺序看板首先到超市取满容器，循环后将空容器返回
换型	无需特殊备料，常用型号均为双盒	需配送新型号零件，收回上一产品剩余零件
适合场景	· 零件型号较少 · 循环时间较短(10min以内/以秒计) · 零件体积不大，能保证人机工程学	· 零件型号较大，占用空间较大 · 零件比较贵重，数量少 · 零件质量100%合格

图 9-92　上线补货模式对比

上线补货模式除看板模式、顺序模式以及齐套模式外，根据零件特点，还有定时不定量方式、定量不定时方式等；配送主体上可以是水蜘蛛，也可能是 AGV 等。在工厂精益物流设计中，形式选择不固定，需要根据物料的特性进行针对性设计，确定适合零件特点、空间需求且操作方便的补货形式。

（3）上料运输设计

上料运输的设计主要是对物料装备的设计和选择，包括装载容器的设计、集装单元和装卸搬运工具的选择。设计流程为：

① 优先确定物料对象及物料属性，分析物料轮廓尺寸或包装尺寸；

② 考虑物料活性、物料重量等因素来选择装卸方式和搬运设备；

③ 将所有物流装备汇总，形成完整的搬运系统方案。

（4）上线容器设计

装载容器或上线容器的标准化和单元化设计是简化物流工作、提高物流效率的基础，工厂中使用的装载容器有通用料箱盒与专用工位器具，其中，专用工位器具使用更为普遍。上线容器设计需根据零部件的大小、形状、重量等特性，进行专用化容器设计。上线容器设计流程如图 9-93 所示。

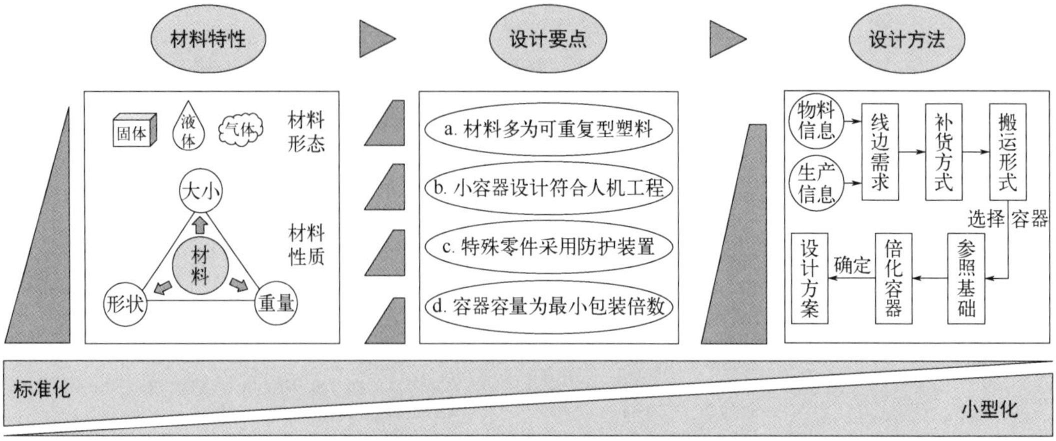

图 9-93 上线容器设计流程

在容器设计时，装载容器首先要选择参照基础，然后按照物料实际大小对参考标准成倍数放大或按一定方式缩小，使装载容器系列化。目前，我国使用以 600mm×400mm 为基础的模型尺寸，其他尺寸可以按它的倍数或约数关系推导而来，具体内容如图 9-94 所示。

如某厂家在泵体生产过程中，根据泵体包装尺寸为 80mm×60mm×110mm 设计。由于物流模数尺寸为平面尺寸，只涉及长和宽，所以设计人员在向系统输入尺寸信息时，需要确定以哪一面为底面，系统默认前面两位数字为长和宽，最后一位数字为高。比如输入 80mm×60mm 的底面尺寸，系统通过对比物流模数，计算机给出：600mm×400mm，50 件/容器；300mm×400mm，25 件/容器；120mm×400mm，10 件/容器。由设计人员选择其中一种，再根据实际情况设计高，此时容器的高为 110mm 或其整数倍。最终泵体的装载容器尺寸为 600mm×400mm× 440mm，且每容器盛放 200 件。

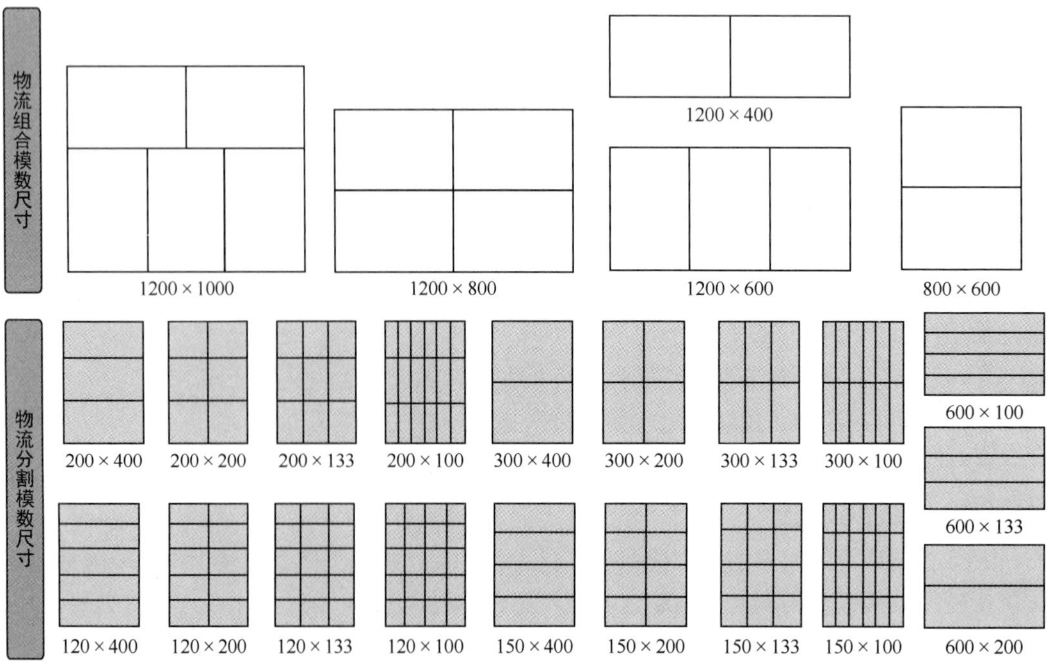

图 9-94 基于模数尺寸的上线容器设计（单位：mm）

9.3.7　产线质量管控详细设计

产线质量管控是指通过一系列的手段、技术或方法来对生产过程中的人员、设备与物料等因素进行控制，最终达到提高产品质量的目的。它是生产系统规划与设计中必要的一环，需要通过持续改进与优化，才能消除或减少各种不稳定因素对产品质量造成的不良影响。

影响产品质量稳定性的因素主要包括物料、设备、人员、产线布局与产品本身等方面，如图 9-95 所示。

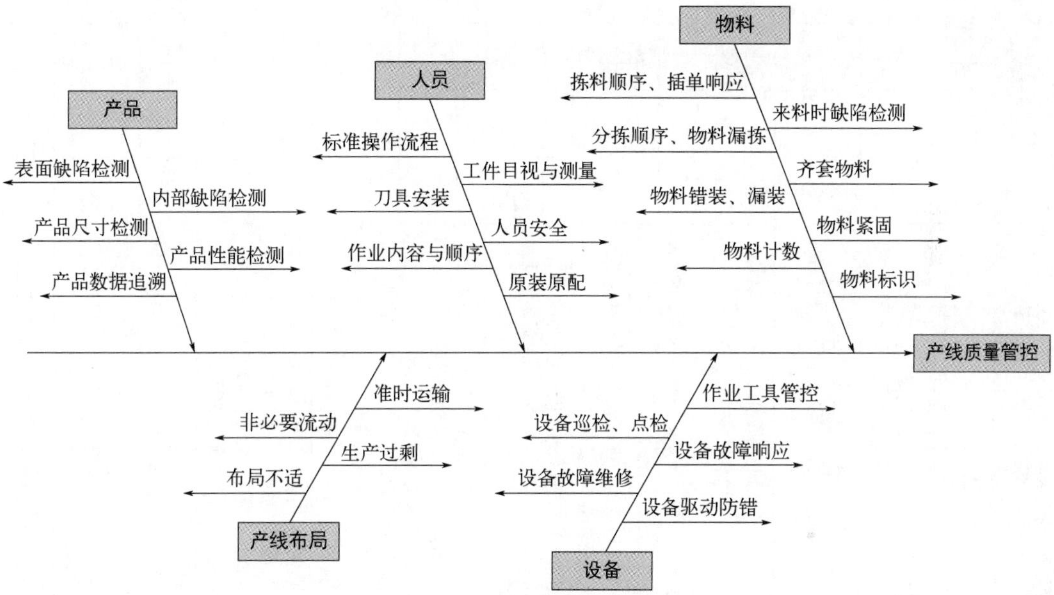

图 9-95　产线质量管控影响因素分析

上述因素都会对质量产生影响，如物料种类多、相似性高造成的错装、漏装等情况；工具的错用或者错拿；员工缺乏标准化操作意识或者因操作不熟练导致发生作业内容、顺序发生错误等情况；产线布局也会影响运输效率与生产系统稳定性；产品本身的内外缺陷、外表及尺寸对产品质量也存在极大的影响。

为了提高产线质量的稳定性，必须坚持“质量第一”的方针，针对影响生产系统稳定性的各个方面，利用精益生产理念与先进生产技术/工具进行有效控制，以此实现生产线质量的管控，提高产品质量。如图 9-96 所示，针对绝大部分生产质量的管控项点，首先需要通过精益方法和工具进行优化，同时结合数字化技术/工具综合保障产品质量，如智能料盒、电子看板、智能工具（如智能扳手等）、视觉检测、防错等相关技术和工具。

9.3.8　产线控制系统详细设计

9.3.8.1　产线控制系统发展概述

产线控制系统作为控制产线制造资源的底层系统，在保证产线顺利平稳运行方面有着不可

产线质量管控				先进技术/工具				精益理念		
管控项点			说明及解决方法	安灯系统	检测技术	管控系统	数字化工具	5S管理	准时化生产	方法改进
物料	拣料	拣料顺序	• 针对拣货序列混乱，可操作系统打印设定数量的拣货单			●				
		插单响应	• 面对紧急插单，可以根据客户优先级别进行订单置顶		●	●			●	●
	来料	缺陷检测	• 物料出库时可能存在缺陷，需检查维修并及时记录缺陷原因							
	分拣	齐套物料	• 针对物料种类多、易混淆，可以使用齐套物料托盘进行运送 • 分拣时可能发生物料种类、数量及顺序错误，可以通过设置亮灯系统来指导分拣作业					●		●
		物料漏拣		●						
		分拣顺序		●						
	生产过程	物料错装	• 物料种类繁多且存在相似性，容易发生错装或漏装的情况，可以利用可视化作业指导系统实时指导，并通过约束来检查是否完成所有工序/工步的任务 • 使用计数型或扭力监测型拧紧枪，可以预防紧固件漏装以及拧紧不符合扭力和转角要求			●				
		物料漏装				●				
		物料紧固					●			
		物料计数					●			
		物料标识				●				
设备	运维	设备巡检、点检	• 可以利用巡检/点检系统定期完成设备的检查，同时在维修时提供维修说明或远程指导，以减少因设备停机而造成的损失			●				
		设备故障维修				●				
	生产过程	作业工具管控	• 针对生产过程中作业工具的错用，可以利用智能工具盒约束 • 利用安灯系统通过亮灯与警报来提醒设备发生故障，同时设定驱动程序防错，当驱动错误时安灯系统警报				●			
		设备故障响应		●						
		设备驱动防错		●		●				
人员	生产过程	标准操作流程	• 可以为操作人员建立标准操作流程以保证工作的高效准确，例如维护保养制度、规范刀具安装制度、预防由调刀导致的错误等 • 操作员工可以目检并测量工件及加工中毛坯本身存在的缺陷 • 操作员工的作业内容可以通过可视化的方式实时展示，确保作业内容的顺序、正确性与完整性，并保证作业人员的安全 • 人员在检修产品时需要将零件放入原装原配托盘，防止混淆							●
		工件目检与测量								●
		刀具安装								●
		作业内容与顺序				●				
		原装原配								●
		人员安全						●		
产线布局	运输	准时运输	• 可以通过AGV、传送带等方式进行物料搬运，确保准时运输 • 工位旁设置线边库，存放常用工具及物料，减少不必要移动 • 利用看板及时反馈生产状况、减少待制品数量，避免堆积 • 针对物流布局可以进行仿真验证，以选择最合适的布局方式				●		●	●
		非必要流动						●		●
		生产过剩							●	
		布局不适								●
产品	质量	表面缺陷检测	• 可以利用视觉检测等技术完成质量检测 • 可以利用SPC技术对质量数据进行实时收集与分析，及时发现生产过程的不稳定因素 • 利用智能RFID标签、传感技术等技术完成对产品零件的实时追踪，保障产品生产过程的透明性与可追溯性		●					
		内部缺陷检测			●					
		产品性能检测			●					
		产品尺寸检测			●					
	追溯	产品数据追溯				●				

图 9-96 产线质量管控项点及解决方法

替代的作用。目前，PLC 与 DCS 仍然是产线控制系统的主要形式，其开发与部署遵循最新版的 IEC 61131-3 标准。除此之外，产线中所包含的工业机器人、AGV、立体仓库和数控机床等专业设备的控制系统大多数情况下由硬件生产商提供，这两部分共同组成产线控制系统架构。

个性化定制需求对生产系统的柔性提出了更高要求，传统控制架构在一定程度上已经无法满足更加高柔性的生产需求，对于工业领域来说，一直因缺乏高适应性、模块化和互操作性的控制系统而备受困扰。当前，随着开放自动化技术的发展，基于开放自动化技术的控制架构正在成为未来自动化控制行业的重点发展方向，自动化产线控制系统发展趋势如图 9-97 所示。

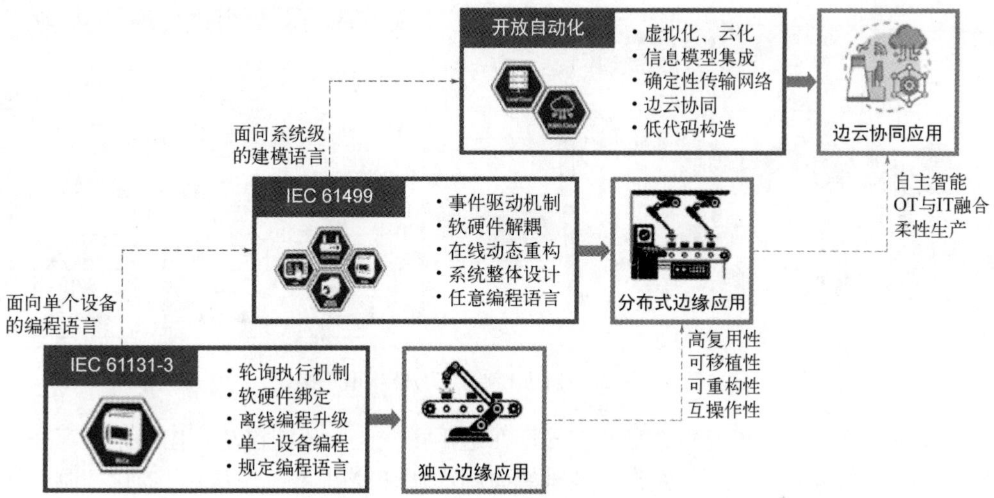

图 9-97　自动化产线控制系统发展趋势

新型信息技术正在重新定义流程工业和离散制造业的自动化架构，传统的 ISA-95 架构逐步向“云—边—端”架构转变，PLC 云化技术已经成为发展趋势。为实现“云—边—端”架构，行业需要解决包括软硬件解耦多语言混合设计、一体化系统动态部署重构、端到端确定性传输等 OT 与 IT 关键技术融合的相关问题。因此，为满足开放自动化系统可连接任何事物、任何数据可被访问、可在任何地方运行、可灵活替换任何资源、开发人员可共同参与等特性，国际标准机构制定了 IEC 61499 标准，该标准在 IEC 61131-3 基础上发展而来，以解决 IEC 61131-3 面对现代大型分布式自动化系统存在的以下问题：

① 各大制造厂商对 IEC 61131-3 的理解不同，协议无法兼容。

② IEC 61131-3 面向大型系统设计时效率低下，无法满足快速搭建的需求。

③ 不支持需求变化下的动态重构能力。

9.3.8.2　传统自动化架构与开放自动化架构对比分析

ISA-95 控制架构以设备层为基础，通过现场总线或工业以太网与控制层的 PLC、DCS 等设备相连，实现对底层设备的逻辑控制。监控层的 SCADA 与 HMI 通过以太网与 OPC-UA 等协议实现对设备数据的监控与管理，并通过集成管理层 ERP 与 MES 等系统实现设备纵向集成。

与 IEC 61131-3 相比，IEC 61499 标准的开放自动化控制系统通过定义设备资产管理壳实现边缘层对设备的高效控制与管理，并通过在边缘端部署的各类资源完成大部分数据处理工作，将数据上传云端进行数据的增值。因此，在控制系统的开发与部署上，开放自动化系统能够实现开发人员在云端进行协同开发，将低代码程序部署在边缘计算网关上，通过边缘端实现对底层设备的控制以及在不停机状态下快速完成重构。两种架构区别如图 9-98 所示。

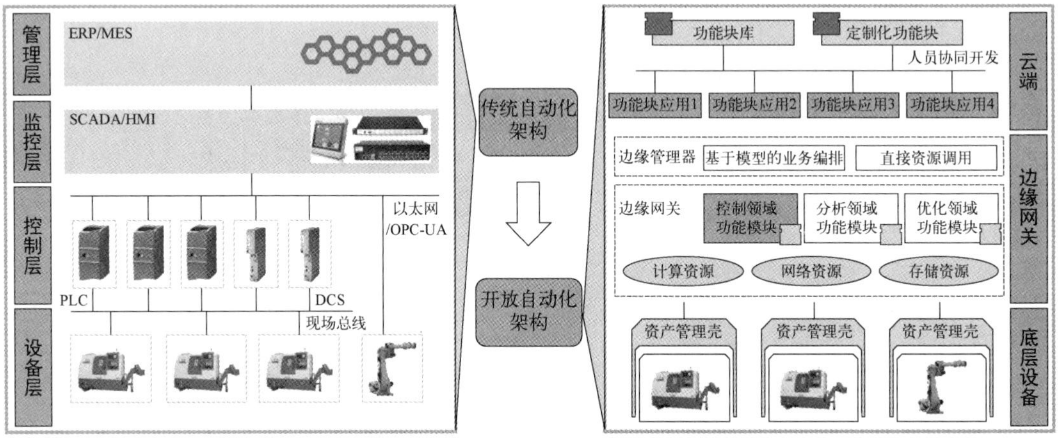

图 9-98 传统自动化架构与开放自动化架构

通过对比分析，除了架构本身的差异，在适用场景上，传统自动化控制系统存在集成性强、开发过程重复工作多、系统管理难等问题；在开发语言上，传统自动化控制注重底层逻辑编程，学习门槛高，不支持协同开发，而开放自动化控制系统采用基于语义的系统建模语言，学习难度低，支持协同开发；在开发依赖性方面，传统自动化控制系统的控制程序需要在设备上开发，而开放自动化控制系统实现了软硬件解耦，开发人员可以在云端完成程序开发；在控制系统重构方面，传统自动化控制系统程序变更后需要重新部署与下载，在庞大的分布式系统中，会浪费大量的时间，而开放自动化控制系统对单独功能块或功能块应用进行替换就可以完成程序或应用的重构，并且支持不停机动态重构，具体区别如图 9-99 所示。

对比项 \ 自动化阶段	传统/专有自动化控制系统	开放自动化控制系统
基础架构	ISA-95架构	“云—边—端”架构
适用场景	单处理器或紧密耦合的多处理器	分布式工业控制系统
开发语言	编程语言(注重逻辑功能)	系统级建模语言(注重语义)
硬件耦合	强耦合	松耦合
系统重构	更改代码&重新部署	动态重构代码与配置

图 9-99 传统自动化控制系统与开放自动化控制系统对比

9.3.8.3　基于开放自动化的产线控制系统设计与开发流程

开放自动化更加适配智能工厂的实施需求，本部分将对基于开放自动化的产线控制系统的详细设计与开发流程进行介绍，如图 9-100 所示，具体步骤如下。

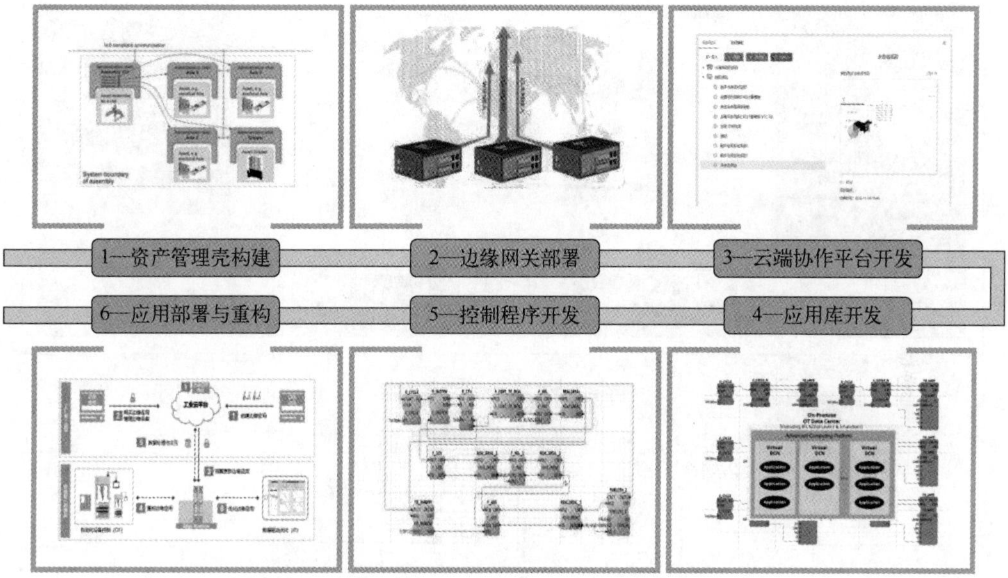

图 9-100　基于开放自动化的产线控制系统详细设计与开发流程

① 设备资产管理壳构建。在构建产线控制系统之前，需要保证设备能够被应用 IEC 61499 标准开发的程序控制，因此，需要构建控制与加工设备的资产管理壳，以保证程序可以转化为底层控制。

② 边缘网关部署。在制造边缘侧部署边缘网关，提供数据存储、计算与资源管理功能，并能为程序或应用的运行提供必需的硬件环境。

③ 云端协作平台开发。在云端需要构建协作开发平台，保证开发人员可以共同进行控制程序的开发，进而降低开发成本，提高开发效率。

④ 应用库开发。为保证开发人员可以快速完成控制程序的开发，需要将常用的、基础的功能进行封装，构建高复用性的应用库。

⑤ 控制程序开发。开发人员可在云端采用图形化、低代码的方式，按照 IEC 61499 功能块应用标准完成控制程序的开发。

⑥ 应用部署与重构。在控制程序开发完成后，应用可以快速部署在边缘网关；在重构时，可以在系统不停机状态下将应用重新部署在边缘侧。

9.3.8.4　产线控制系统案例分析

（1）案例设计与开发平台介绍

本案例所采用的验证平台是雪浪云算盘，如图 9-101 所示。

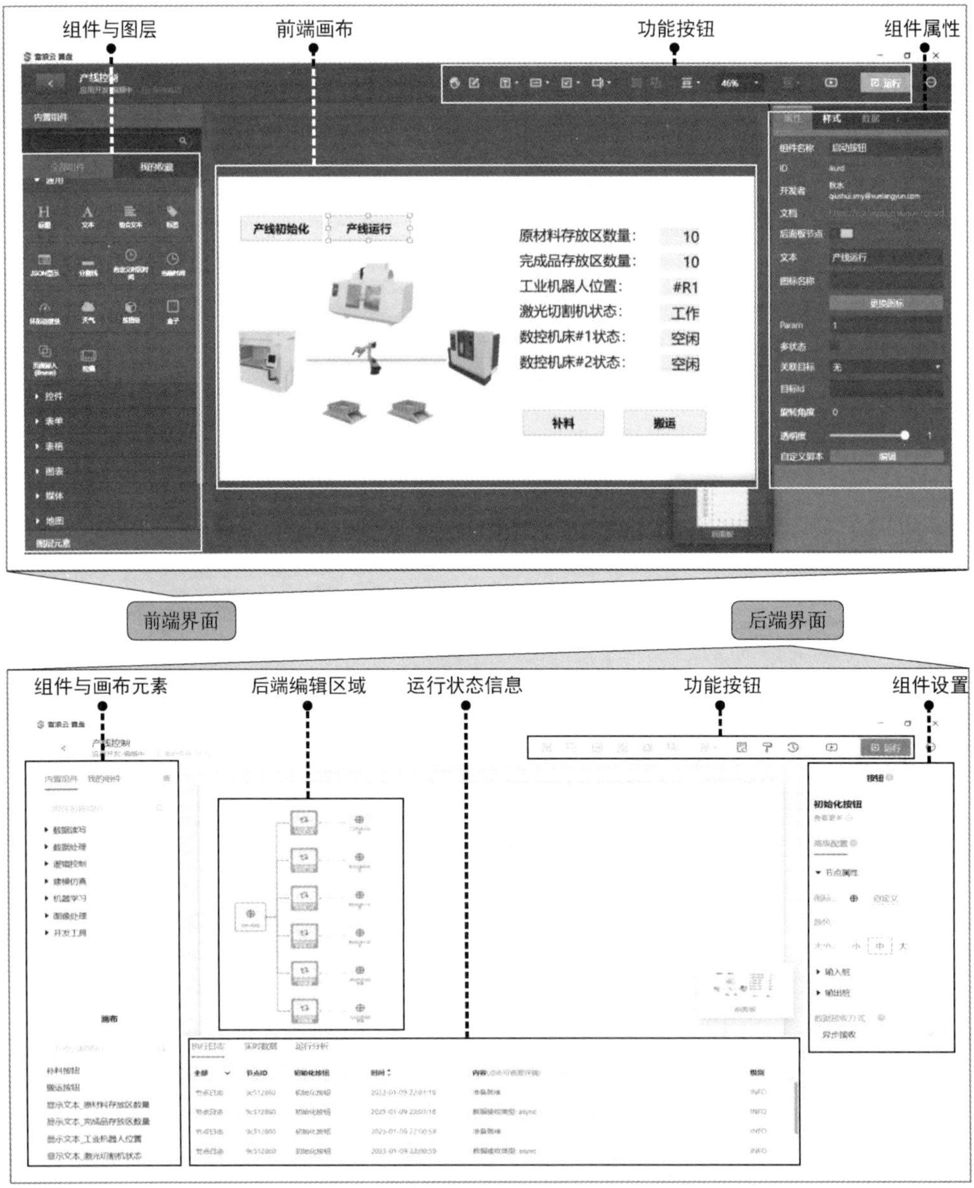

图 9-101　雪浪云算盘界面与功能介绍

雪浪云算盘是一个工业混合建模与计算系统，基于庞大丰富的组件库和图形化编程方式，协助工程师高效便捷地开发装备、产线等数字孪生解决方案，辅助开发人员对产品控制系统及各类工业场景 APP 开发。在产线控制系统设计与开发部分，不仅支撑逻辑层的工作流建模，而且支持前端图形化编程，在应用库功能完善的情况下，初学者也可快速完成产线控制系统的开发。

（2）产线控制系统案例详细介绍

该部分在第 9.3.5 节的案例基础上进行产线控制系统详细设计介绍。

① 数控加工单元设备资产管理壳构建。本部分将对数控加工单元内的主要设备进行

资产管理壳的构建，并通过工业 4.0 通信语言实现与 MES 等管理系统的连接，如图 9-102、图 9-103 所示。

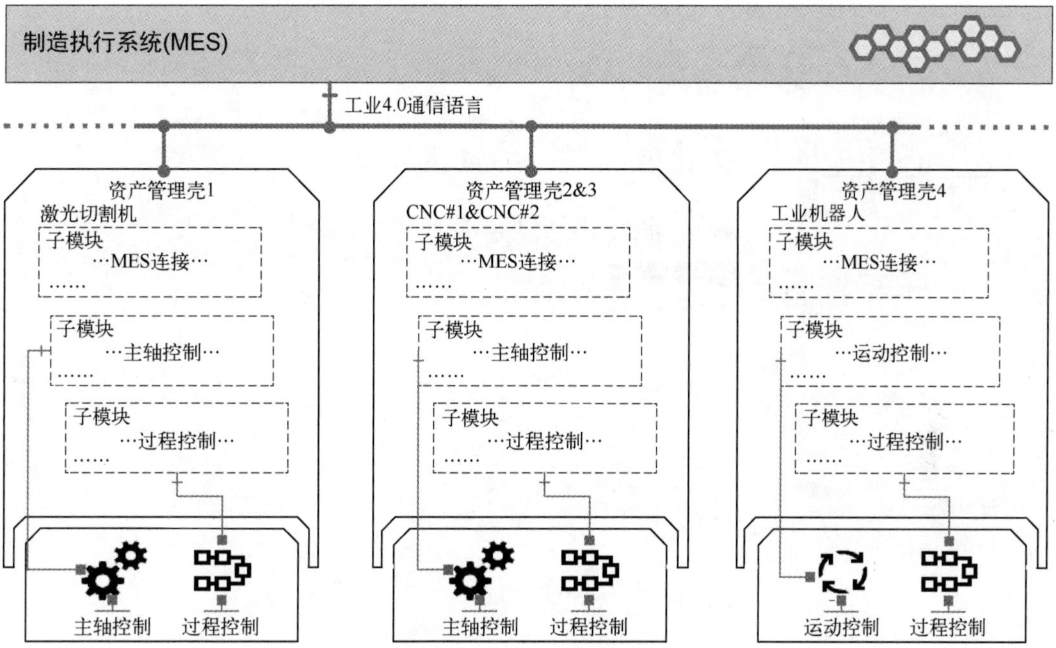

图 9-102　数控加工单元资产管理壳连接方案设计

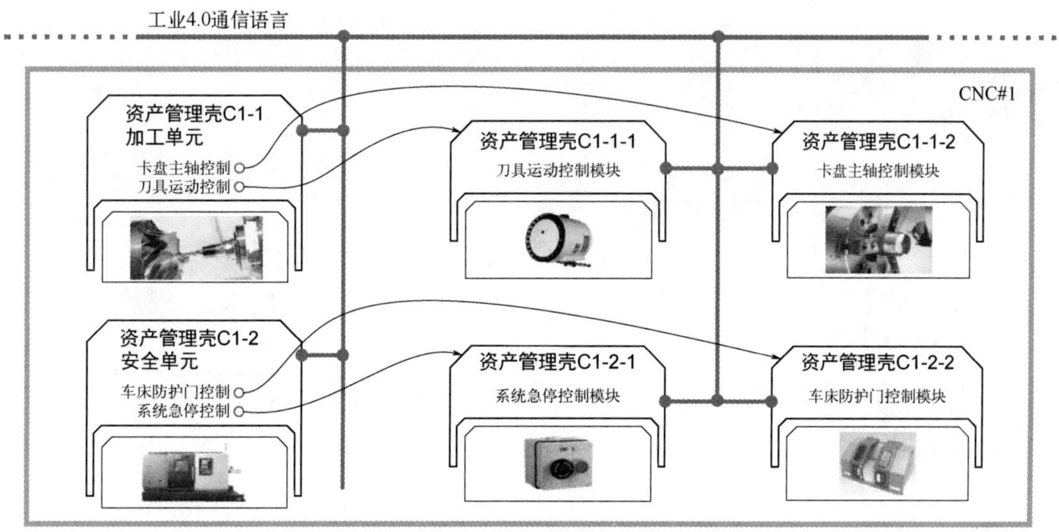

图 9-103　数控加工单元 CNC 资产管理壳设计

雪浪云算盘软件的设备连接基于 Link 组件实现，功能包含数据接入与数据分发。针对数据接入，Link 可以采用 OPC-UA 等协议进行设备或产线数据的采集；针对数据分发，Link

可以使用 MQTT 等传输协议将命令或数据下发至设备，以实现对设备的精准控制，示例如图 9-104 所示。

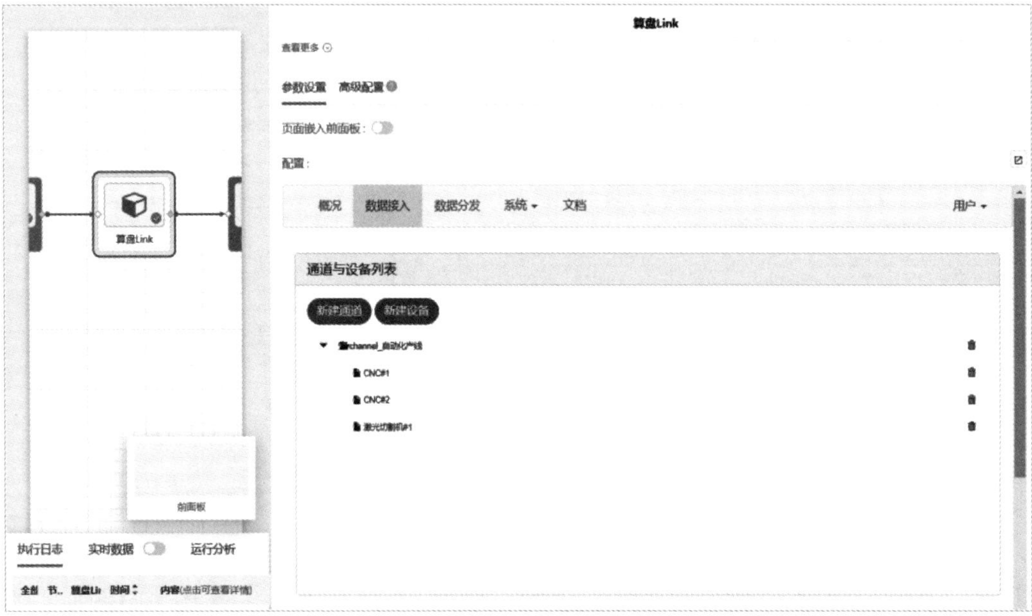

(a) 数据接入

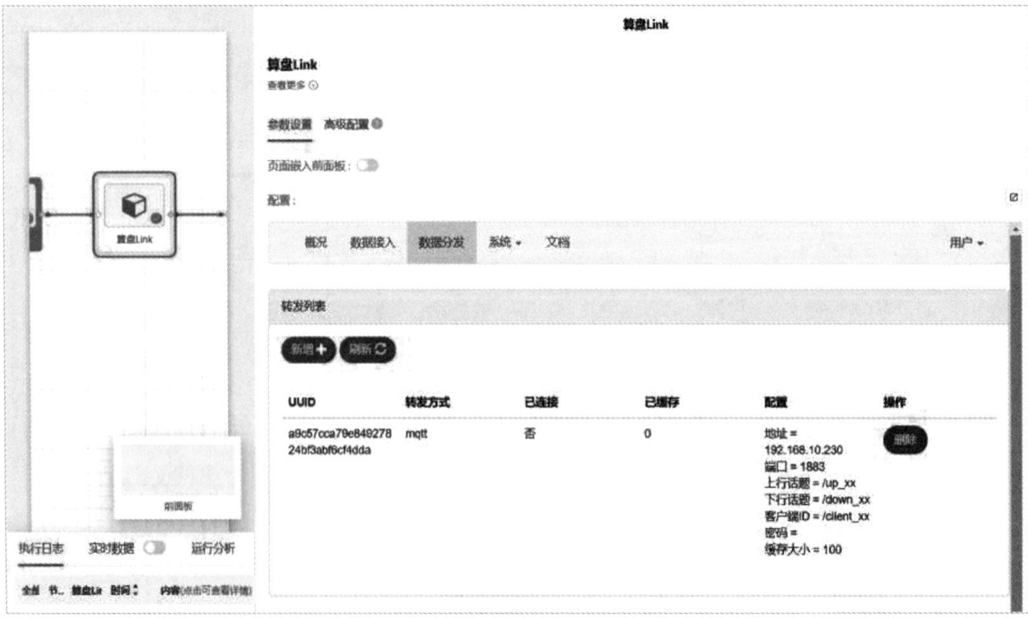

(b) 数据分发

图 9-104　雪浪云算盘 CNC 资产管理壳与设备连接设计

② 边缘网关与云端平台设计。本部分将对自动化产线的边缘端和云端架构进行设计，以保证应用程序在独立开发后能够通过云端直接部署在边缘端，并能实现对底层设备的控制，示例如图 9-105 所示。

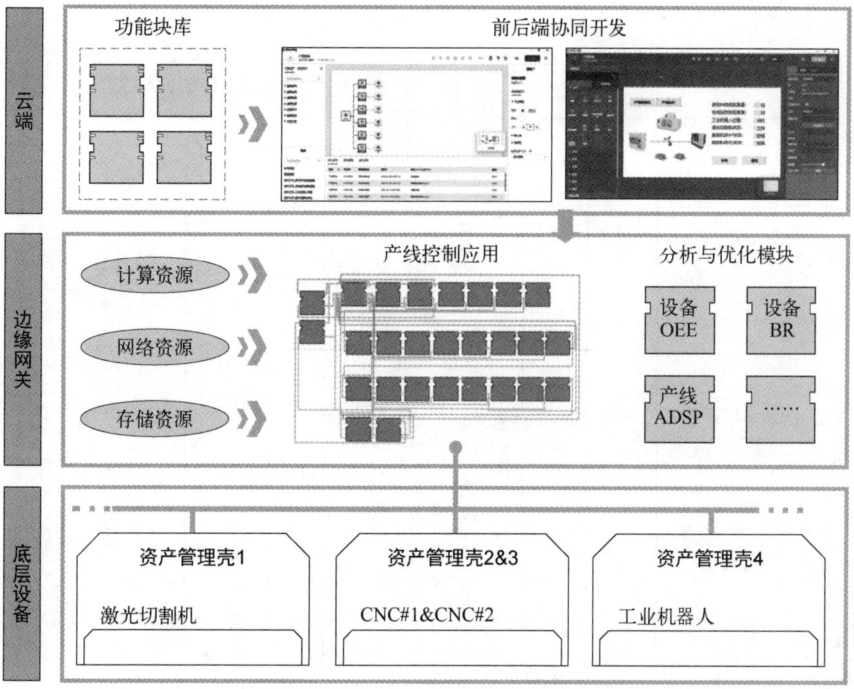

图 9-105 数控加工单元边缘网关与云端平台设计

③ 数控加工单元控制系统运行逻辑与应用开发。在资产管理壳的定义基础上，构建了加工单元的运行逻辑，选择单元中有代表性的三个模块进行展示，如图 9-106 所示。其中，在与资产管理壳的连接关系上，图中对相同或相似功能块的连接关系未重复标注。

基于运行逻辑建模，在雪浪云算盘后端进行开发，工作流建模与逻辑控制程序如图 9-107 所示，前端交互界面如图 9-108 所示。

④ 数控加工单元应用部署与重构设计。应用在云端协作开发完成后，将已下载的应用在边缘网关进行部署，同时对资产管理壳与边缘侧的连接进行调试，确保边缘侧命令可以传输至底层设备的资产管理壳，在完成系列准备工作后，运行边缘网关上的应用完成对设备的控制。

当系统运行逻辑发生改变时，只需要对特定的功能块进行编写与替换，如当运行逻辑被设定为 CNC#1 与 CNC#2 的加工顺序改变，需要在云端发出命令，对相应的机器人搬运与机床加工功能块进行修改或替换，并将修改或替换命令下达至边缘侧，进而完成整体运行逻辑的重构；当硬件设备需要重构时，只需要对其资产管理壳进行构建，同时保证设备能够被应用进行控制。

（3）案例总结

通过上述案例可以发现，开放自动化架构较传统自动化架构在各个方面均具有较大优势，具体包括：

① 在应用资产管理壳的基础上，制造商可以使用标准化的硬件设备，消除传统架构对硬件设备厂商的依赖，为企业节约成本。

② 开发人员可以协作完成分布式制造系统的控制程序开发，且基于功能块的低代码形式开发学习成本低，能够提高开发效率。

③ 设备运行数据经过资产管理壳，再由边缘网关统一管理与上传，提高了数据的保密性。

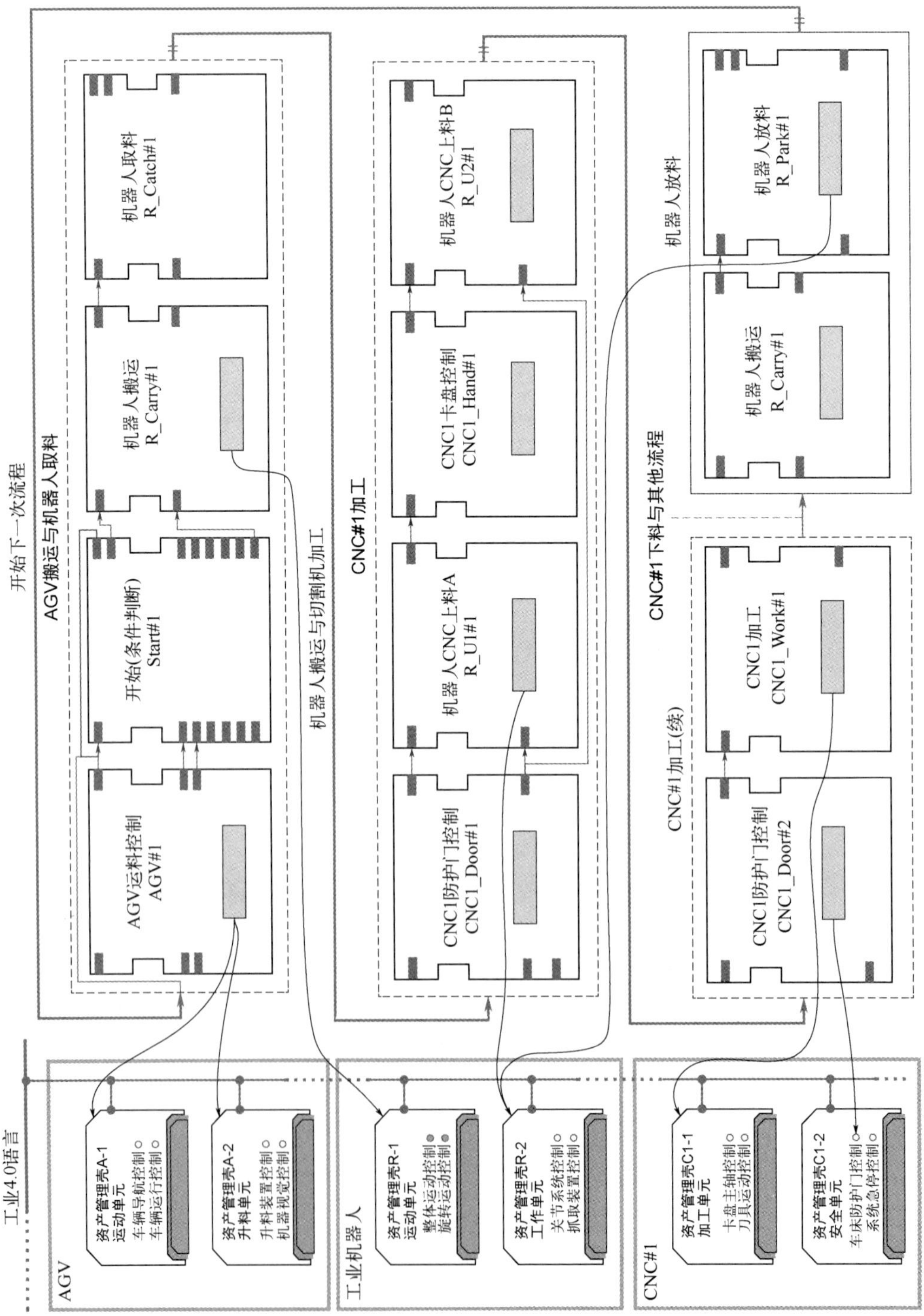

图 9-106　数控加工单元部分功能块应用及硬件对应关系

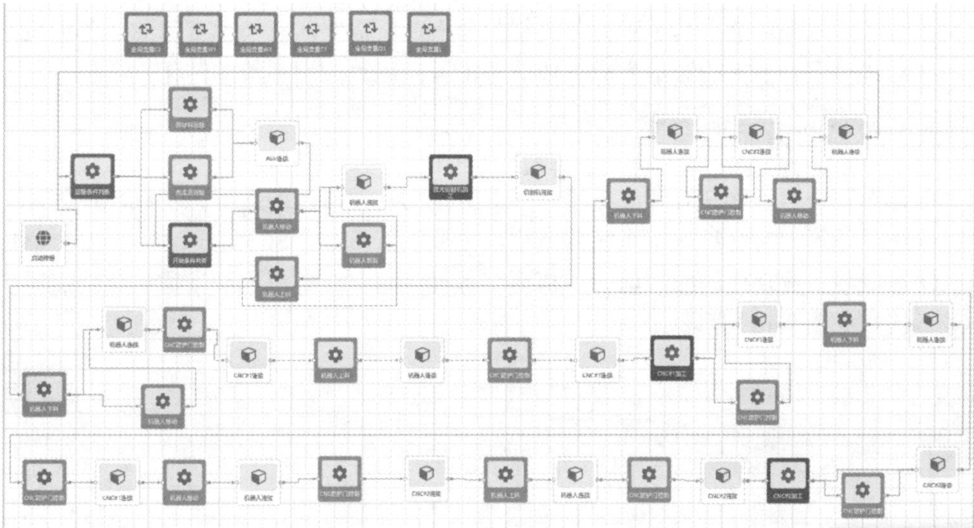

图 9-107　数控加工单元雪浪云算盘后端工作流建模与逻辑控制程序示意图

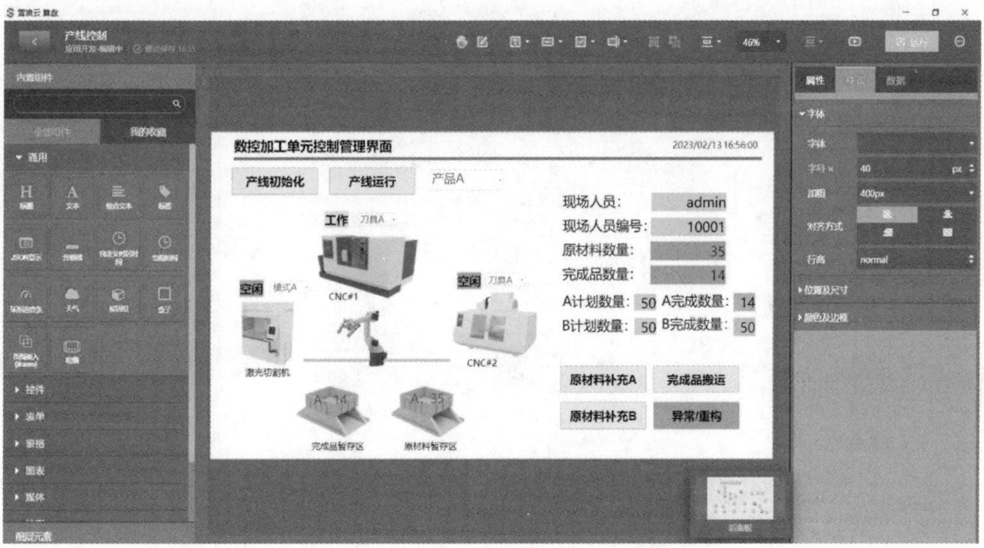

图 9-108　数控加工单元雪浪云算盘前端交互界面开发

④ 产线需要重构时只需要对资产管理壳与功能块程序和运行逻辑进行重新设计与部署，能够满足个性化定制生产模式下的高柔性生产需求。

9.4 智能工厂数字化系统详细设计

9.4.1　数字化业务架构详细设计

业务架构详细设计是通过对业务流程的功能需求分析与设计，进而确定由数字化应用功能支撑的核心业务环节。基于对业务流程的分析，将需要信息技术支撑的业务形成功能需求，并通过对现有技术的评审完成总体业务流程向信息应用系统的转化。

9.4.1.1　总体业务流程设计

目前针对各种工业软件对智能工厂中各业务维的业务流程的支撑比较成熟，因此，本节不再描述业务流程向信息应用系统的转化，主要基于 ERP、SCM、PLM、CRM、MOM 与 MRO 等成熟工业软件的应用场景，梳理出各种应用对业务流程的支撑。智能工厂中的总体业务流程如图 9-109 所示。

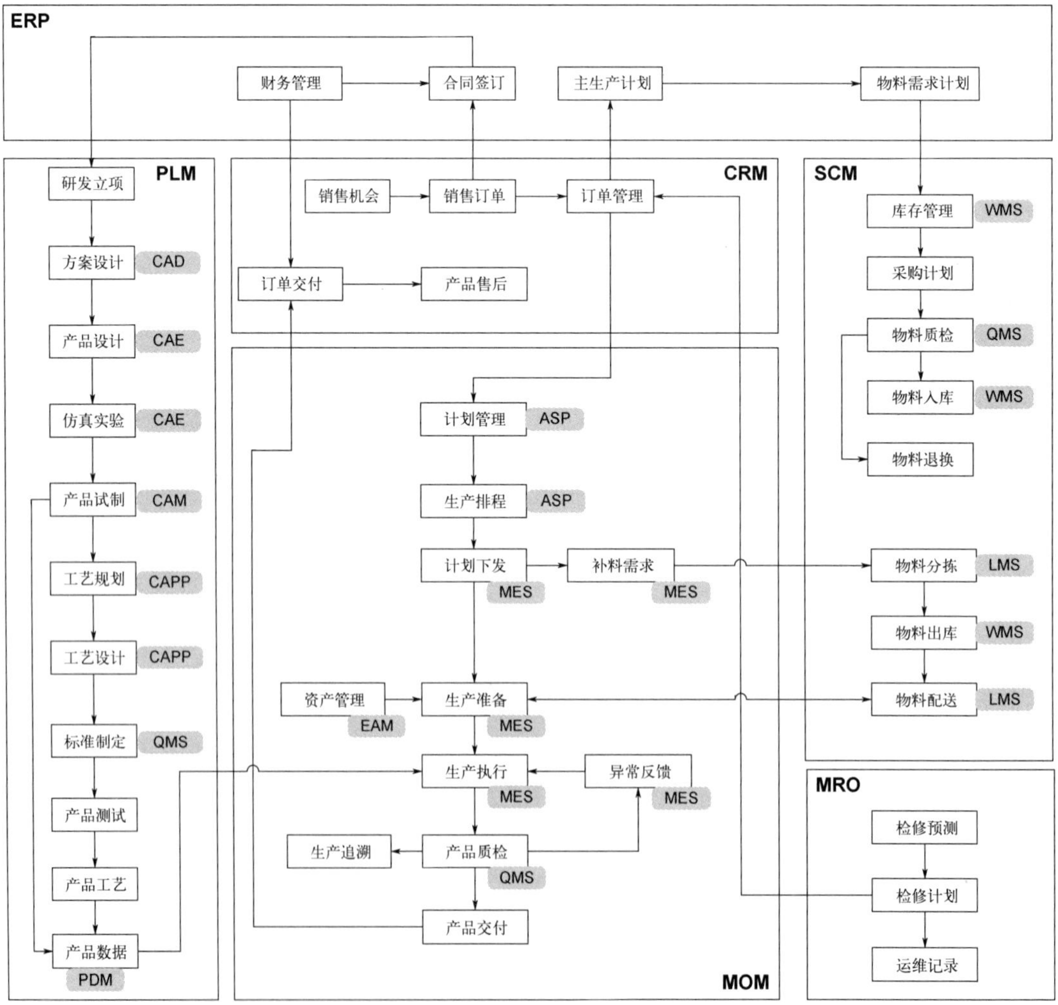

图 9-109　智能工厂总体业务流程设计

图 9-109 所示业务流程是基于智能工厂总体业务流程不断细化以及结合软件系统对业务流程的支撑梳理出来的，但由于不同企业的业务流程存在较大差异，工业软件系统的建设重点也会有所差异。因此，不同企业不需要严格按照此图进行系统部署，可以结合企业实际需求进行系统建设规划与实施。

9.4.1.2　子业务流程设计

本节选了制造执行过程中的业务流程中的焊接子业务流程进行介绍。焊接整体分为点焊与满焊。点焊主要是将零部件进行个别点焊接固定，在焊接之前需要将零部件定位，确保零部件焊接位置正确，在对接触点焊接完成后进行冷却，并重新对在制品进行尺寸测量与检验，在完成检验之后运输至满焊工艺；满焊需要采用夹具对在制品进行固定后才能进行满焊作业，完成满焊后自然冷却，待冷却后检验焊缝质量是否合格，最后进行质量确认。焊接子业务流程设计如图 9-110 所示。

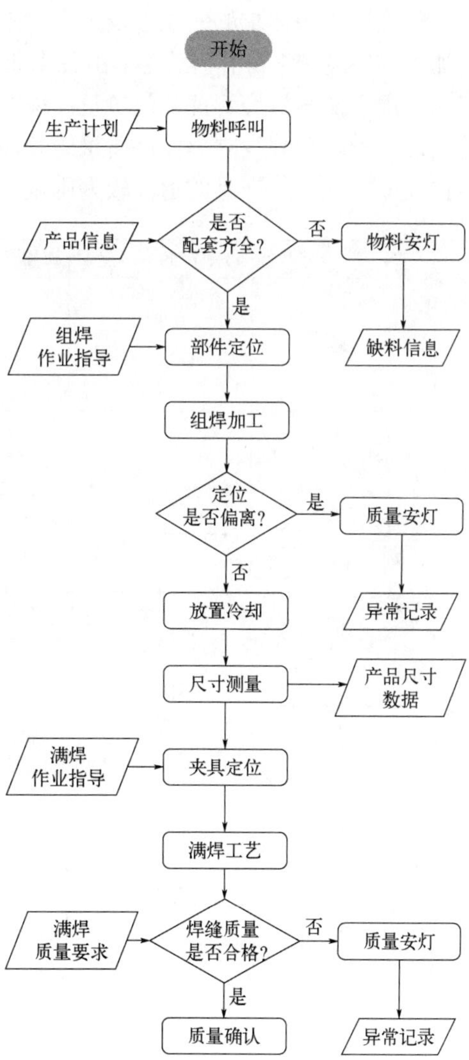

图 9-110　焊接子业务流程设计

9.4.2　数字化功能详细设计

数字化功能详细设计需要依据各业务流程及数字化需求进行分析设计。因此，应先根据企业需求梳理需要数字化支撑的业务流程，然后对所有需要数字化的业务进行重要性与可行性分析，依据分析结果确立数字化功能，并对功能进行评估，评估后确定各数字化功能的实施策略。

9.4.2.1 业务流程数字化需求分析

本节针对智能工厂中的常见业务流程，依据其负责对象的不同将其拆分为 11 个泳道，绘制出泳道图，如图 9-111 所示。其中，报表管理针对智能工厂的业务流程绩效等指标，反映智能工厂实际运行情况，为管理人员提供决策支撑，一般由管理层负责；数据管理包括基础数据与生产过程数据管理，在实施数字化之前，数据管理与报表管理不拆分，实施之后，数据量的增加促使数据管理功能的独立，由数字化系统自动完成；生产计划负责计划编制、生产任务与制造资源需求的匹配以及生产派工等工作，主要由计划员完成；生产执行负责产品的加工与组装等实际作业内容，由各作业班组完成；物料管理负责物料入库、出库与配送等工作，由仓储与资产管理部门负责；采购管理是企业供应链管理的核心，主要用于原材料的采购，一般单独设立部门；质量管理与追溯档案一般都由企业质检部门管理，在企业数字化程度较低时，产品的追溯较为困难，往往只能采集关键节点的数据。

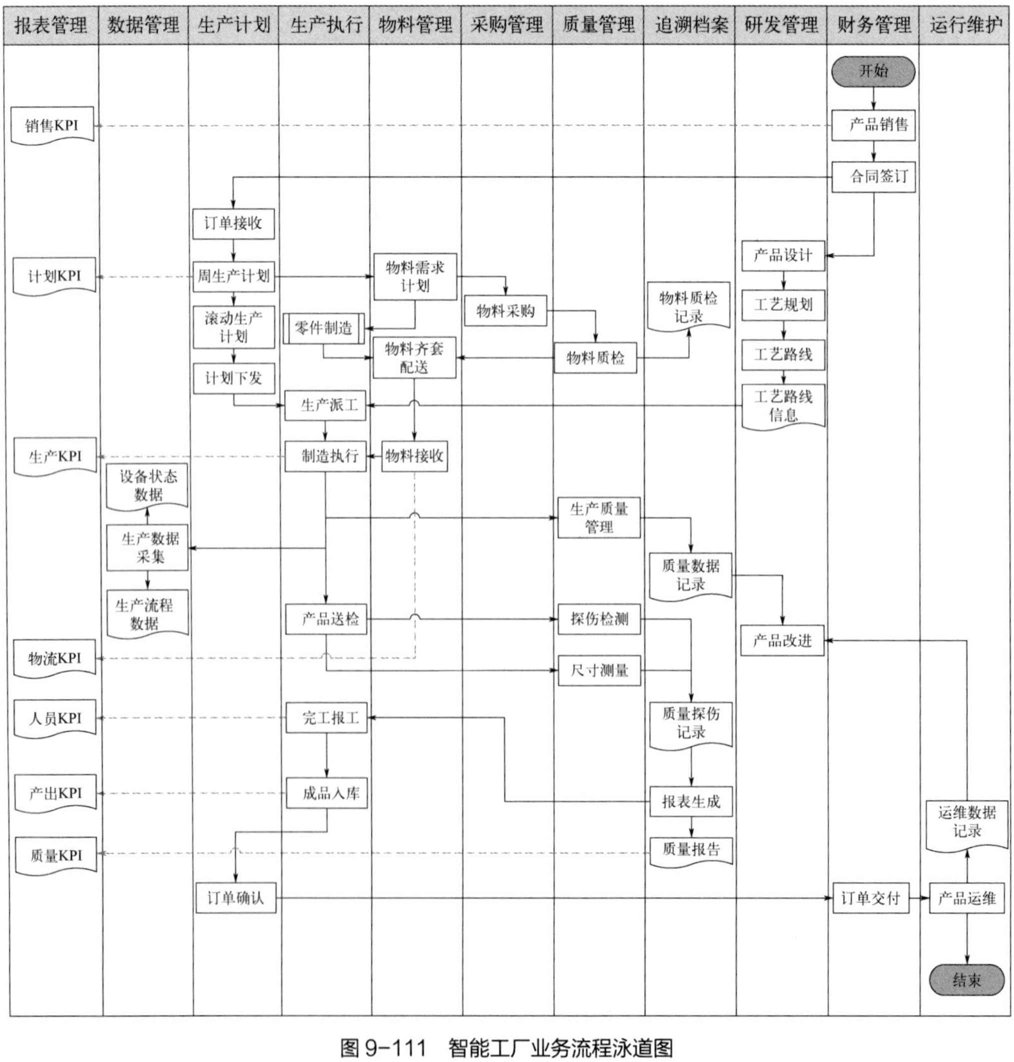

图 9-111 智能工厂业务流程泳道图

9.4.2.2　数字化功能封装

业务需求的梳理是企业数字化建设前必不可少的环节。基于此，本节根据研发管理、生产计划、生产执行等业务需求类别，对业务需求进行梳理（如图 9-112 所示），针对业务流程图的泳道图进行功能封装，将各个环节封装成数字化功能。

业务需求类别	车间业务需求	业务类型
研发管理	A—产品设计	研发类
	B—生产工艺规划	研发类
	C—工艺路线规划	研发类
生产计划	A—订单接收	生产类
	B—周生产计划编制	生产类
	C—滚动生产计划编制	生产类
	D—计划下发	生产类
生产执行	A—生产派工	生产类
	B—制造执行	生产类
	C—产品检验	生产类
	D—生产报工	生产类
	E—成品入库	生产类
物料管理	A—物料需求计划	生产类
	B—物料配送	生产类
	C—物料接收	生产类
	D—线边库管理	生产类
	E—余料管理	生产类
质量管理	A—物料到货检验	技术类
	B—生产质量管理	技术类
	C—质量数据记录	技术类
运行维护	A—运维数据记录	生产类
	B—产品运维管理	生产类
财务管理	A—订单下达	财务类
	B—合同签订	财务类
	C—订单交付	财务类
追溯档案	A—物料检验追溯	技术类
	B—生产质量追溯	技术类
	C—生产过程追溯	技术类
	D—生产档案管理	技术类
采购管理	A—意向洽谈	财务类
	B—物料采购	财务类
	C—供应商管理	财务类
数据管理	A—设备状态数据管理	生产类
	B—生产流程数据管理	生产类
	C—生产环境数据采集	生产类
报表管理	A—销售KPI报表	系统类
	B—计划KPI报表	系统类
	C—生产KPI报表	系统类
	D—物流KPI报表	系统类
	E—人员KPI报表	系统类
	F—产出KPI报表	系统类
	G—质量KPI报表	系统类

图 9-112　业务流程数字化功能需求梳理

9.4.2.3 数字化功能评估

在企业数字化系统建设中，由于无法一步实现企业全部业务的数字化部署，需要对业务需求进行逐步部署与实施。结合车间级业务流程需求的梳理，本节按照重要性与可行性分析，对业务需求进行评估。可行性分析主要是基于企业现有情况，对业务流程通过数字化手段改善的可行性进行分析，如果该部分业务流程具备一定的数字化实施基础，人员具备相应技能，业务流程能够通过数字化方式提高效率，则该部分业务流程的数字化可行性就较高，反之则较低。重要性评估是针对业务流程数字化的重要程度进行评估，主要方法是针对没有数字化的业务流程中存在的问题进行分析，例如，解决企业生产过程原始数据丢失严重导致产品追溯困难问题的需求比较强烈，因此，产品数据采集与生产管控的重要性评级较高，如图 9-113 所示。

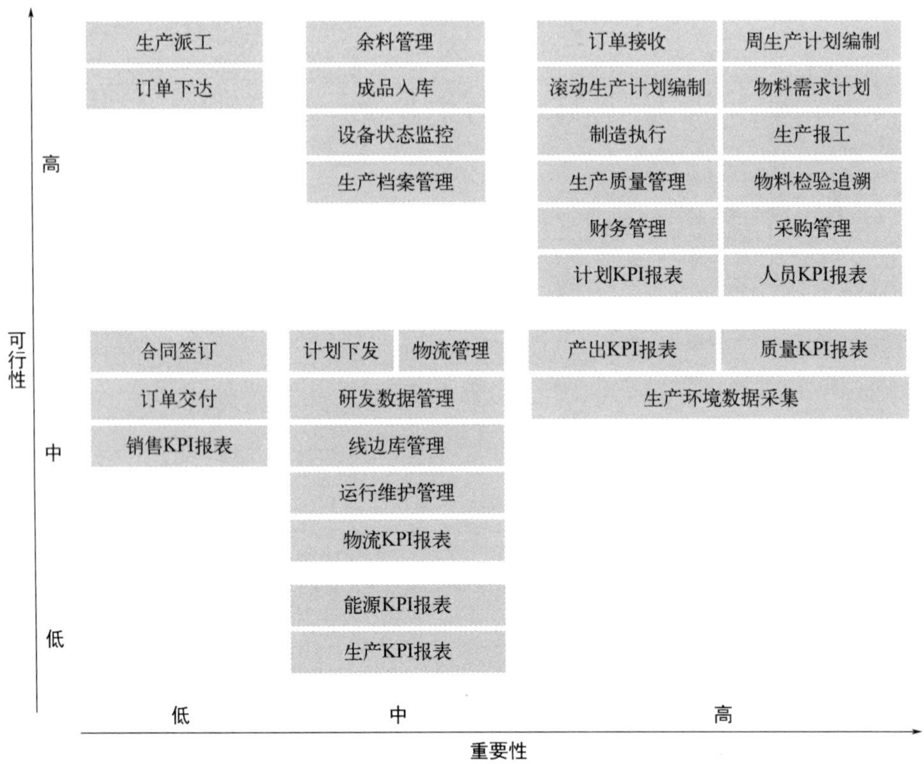

图 9-113 业务流程需求的可行性与重要性分析

9.4.2.4 数字化建设路线

智能工厂中的数据采集模块的实施为工厂创新及战略决策提供了强有力的数据支撑。因此，在智能工厂数字化建设的短中期目标中，应以制造执行数字化建设为主，实现设备物联、数据采集、设备监控预警、实时数据分析等功能，实现纵向集成管理。同时，应注重企业整体业务流程（如财务管理、采购管理、仓储物料管理、产品运行维护等）基本数字化功能应用和贯通，实现企业的数字化制造与数字化运营。随着企业数字化建设的持续推进，企业应以数字化深化为核心，建设企业中业务功能相互支撑的平台、实现 KPI 的持续优化、生产资源的预测性维护、过程质量的控制预警等功能，充分利用企业运营过程数据，实现企业的卓越运营，如图 9-114 所示。

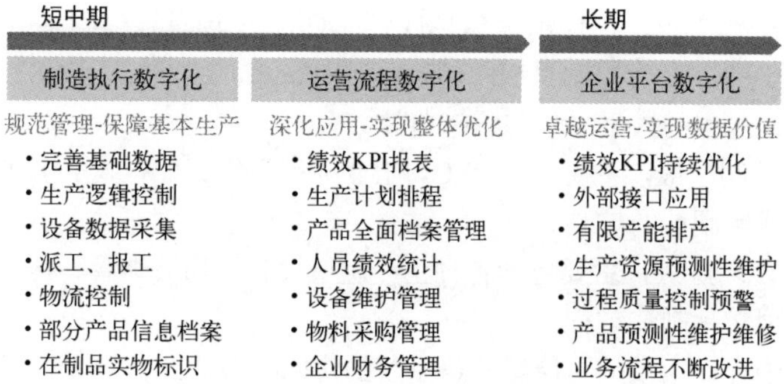

图 9-114　智能工厂数字化建设实施路线图

9.4.3　智能工厂纵向集成详细设计

工厂纵向集成能有效减少工厂内部信息的传递成本，提高信息传递的及时性、针对性和有效性。智能工厂纵向集成主要包括三个层次：第一个层次是将传感器、智能装备、工业机器人等生产现场的设备有机地整合在一起，建成设备与设备之间的集成网络；第二个层次是设备与数字化系统的集成，将不同设备的制造信息传输到数字化系统中，并提供对企业横向集成以及端到端集成的支撑；第三个层次是企业内部各业务数字化系统之间的集成，主要实现对产品全生命周期与订单全流程等的集成、协同与创新。

9.4.3.1　智能工厂纵向集成架构

根据 ISA-95 以及 IEC 62264-1 的定义，智能工厂纵向集成架构包括五个层级，如图 9-115 所示。

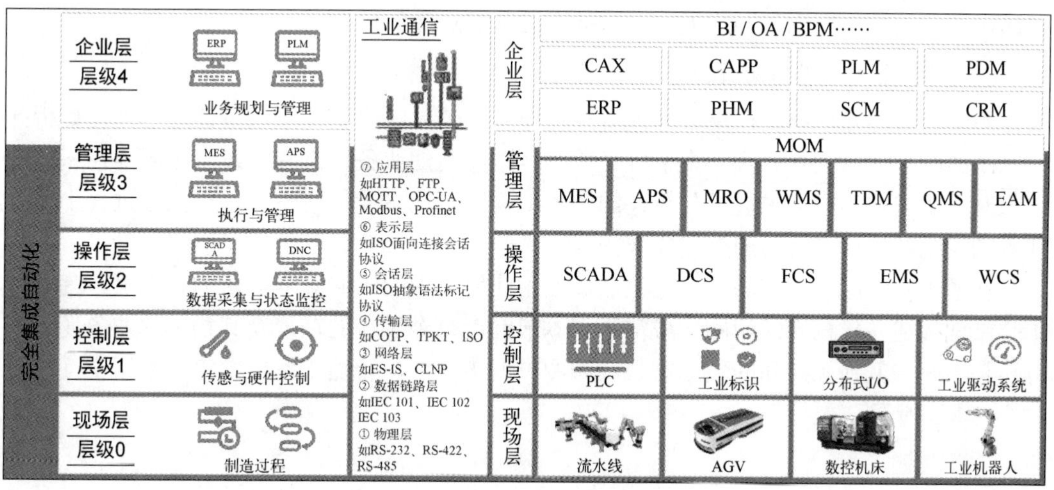

图 9-115　基于 ISA-95 与 IEC 62264-1 的智能工厂纵向集成参考框架

① 层级 4：企业层级，主要包含 ERP、PLM、CAX 等涉及企业管理层的数字化系统平台，实现对企业运营管理、产品研发、质量体系、财务等相关业务的管理。

② 层级 3：管理层级，主要包含 MOM、MES、APS、WMS、EAM 等与制造运行与管理相关的数字化系统平台，实现对生产制造过程的执行与管理。

③ 层级 2：操作层级，主要包含 SCADA、DCS、现场总线控制系统（fieldbus control system，FCS）、EMS、仓库控制系统（warehouse control system，WCS）等系统，实现对现场资源以及制造过程的数据采集与状态监控。

④ 层级 1：控制层级，主要包含 PLC、工业标识系统、分布式 I/O、工业驱动系统等，实现对设备、产线等硬件的控制。

⑤ 层级 0：现场层级，主要包含各种生产制造设备、物流装备、传感系统、电源系统等现场资源，实现实际制造过程。

在智能工厂中存在大量的跨层级、跨系统的协同与集成业务场景，场景实现依赖于异构系统间的数据传输与交互。因此，需要对纵向集成架构中各层级系统间的数据交互与通信方式进行规范。

9.4.3.2 纵向集成数据交互规范

（1）纵向集成数据来源

工业现场数据的数据源包括两类，即工厂内部运营技术网络与时序数据、工厂内外信息技术网络与企业生产经营相关的业务管理数据，详细描述如下。

第一类数据由工业现场控制层资源（如传感器、RFID、PLC）和操作层工控系统（如 SCADA、DCS）提供。控制层主要负责从生产现场实时采集设备、物料、环境等相关数据，并通过工业通信协议实现数据转换和传输，支撑操作层的工业现场实时监测与控制。

第二类数据来源由管理层（如 MES、APS、WMS）和企业层的生产运营管理系统（如 ERP、PLM、SCM）组成。管理层主要负责订单执行过程中包括计划调度、仓储物流、作业管控、设备监控、质量管理、生产追溯等在内的制造过程运行与管理。企业层主要负责产品研发、采购与物流、客户关系、财务等运营层业务的管理。

（2）异构系统间的集成需求

不同层级的异构系统在集成方式上存在一定的差异，为了便于系统性地梳理与分析异构系统间的传输与交互方式，本节以订单的全生命周期业务场景为主线，按照异构系统的层级对系统间的集成需求进行分析，如图 9-116 所示，主要描述生产订单执行过程中主要业务场景中各异构系统间的整体集成需求。

在基于系统层级和产品订单全生命周期主线所梳理的纵向集成需求的基础上，为了更加详细地描述各异构系统间的集成需求，本节针对每个系统的功能及其相关的业务场景，分析该系统与其他系统间的集成需求，如图 9-117 所示，智能工厂纵向集成数据交互规范如图 9-118 所示。

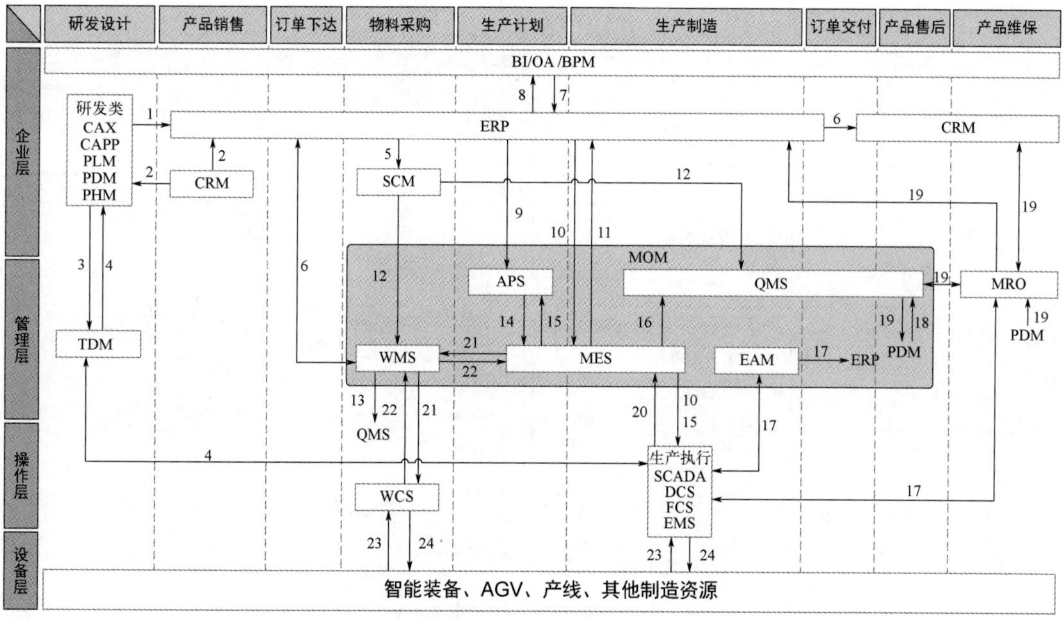

图 9-116　面向订单全生命周期业务场景的集成需求分析

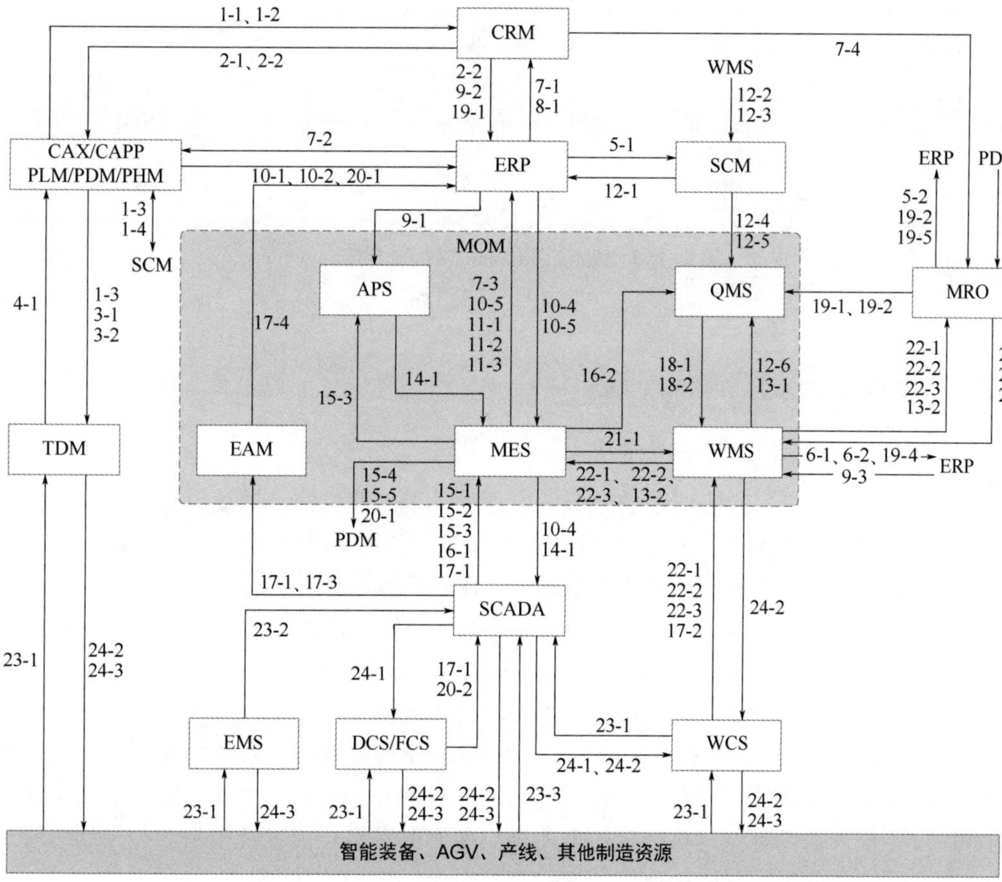

图 9-117　数字化系统集成需求分析

图 9-118　智能工厂纵向集成数据交互规范

9.4.3.3　纵向集成数据通信规范

（1）通信协议概述

通信协议是指通信双方完成通信或服务所遵循的规则和约定，协议定义了数据的标准传输格式，主要包含数据类型及含义、连接方式、数据发送和接收时序等。通信双方应至少支持一种类型的通信协议，协议类型包括但不限于图 9-119 所述协议类型。

① 通用串口协议。串行通信方式，具备成本低、短距离数据传输速度快等特点，适用于生产现场控制设备与控制设备、控制设备与上位机、采集终端与上位机等之间的通信。常见通用串口协议的技术特点与适用场景如图 9-120 所示。

② 现场总线协议。现场总线是指以工厂内现场设备和自动化系统的数字通信为主的网络，采用全数字化通信，具有数据传输便利、适应性高等特点，主要适用于解决工业现场的智能仪器仪表、控制器、执行机构等现场设备间的数字通信以及控制器和控制系统之间的通信问题。常见现场总线协议的技术特点与适用场景如图 9-121 所示。

类型	常见通信协议					
通用串口协议	RS-232	RS-422	RS-485			
现场总线协议	ModBus	ProfiBus	DeviceNet	CC-Link	CAN	
以太网协议	HTTP	MQTT	FTP	WebSocket	OPC	OPC-UA
	MTConnect	PROFINET	POWERLINK	Ethernet/IP	EthernetCAT	Modbus-TCP
	CC-Link IE	Socket				
无线通信协议	Bluetooth	Wi-Fi	ZigBee	UWB		

图 9-119　智能工厂常见通信协议

串口协议类型	S1 RS-232	S2 RS-422	S3 RS-485
技术特点	• 全双工通信模式 • 最大传输速率为20 Kb/s • 适用于20m以内的数据传输 • 点对点通信模式	• 全双工通信模式 • 最大传输速率为10Mb/s • 适用于1.2km以内的数据传输 • 允许在相同传输线上连接多个接收节点	• 采用异步半双工通信模式 • 最大传输速率为10 Mb/s • 适用于3km以内的数据传输 • 可以联网构成分布式系统，允许连接多台驱动器和接收器
适用场景	适用于本地设备之间的短距离通信		

图 9-120　常见通用串口协议类型、技术特点与适用场景

现场总线协议	F1 ProfiBus			F2 ModBus	F3 DeviceNet
技术特点	ProfiBus-DP	ProfiBus-FMS	ProfiBus-PA	• 属于开放协议标准，实际应用较多 • 支持多种开放接口，如RS-232、RS-422、RS-485	• 设备间通信质量高，并具有设备级诊断功能 • 属于开放协议标准，能实现不同类型生产控制设备的通信与工控组态
	• 可实现现场设备层到车间级监控系统的分散式数字控制和现场通信，实际应用较多				
适用场景	适用于加工自动化，解决现场级设备之间的通信服务和管理	适用于一般自动化，解决车间级设备之间的通信服务和管理	适用于过程自动化，解决现场及设备之间的通信服务和管理	适用于现场级控制设备的网络通信与工控组态	多应用于工业控制网络底层，适用于低端设备的数据通信

现场总线协议	F4 CC-Link	F5 CAN
技术特点	• 可实现高速率、大容量的数据传送，并具有自动刷新、预约站功能 • 发生故障后，可在最短时间内恢复网络系统 • 具有可拓展性	• 通信方式灵活，网络上任一节点均可在任意时刻主动向其他节点发送信息 • 采用短帧通信，抗干扰能力强
适用场景	适用于较高的管理层网络与较低的传感器层网络之间不同范围通信	多适用于具有实时、可靠数据通信要求的分布式控制系统

图 9-121　常见现场总线协议的技术特点及适用场景

③ 以太网协议。以太网是使用最广泛的局域网技术，具有技术成熟、价格低廉、稳定可靠、通信速率高、应用广泛等特点。以太网协议主要应用于生产现场与信息系统之间的数据通信。常见以太网协议的技术特点与适用场景如图 9-122 所示。

④ 无线通信协议。无线通信协议是指在没有线缆连接的情况下，实现设备与设备之间或设备与服务器之间的数据通信，不受空间限制，具有功耗低的特点，适用于设备在近距离范围内互用、互操作。常见无线通信协议的技术特点与适用场景如图 9-123 所示。

以太网协议	技术特点	适用场景
E1 HTTP	• 传输方式便捷、灵活；客户向服务器请求服务时，只需传送请求方法和路径	• 适用于客户端浏览器或其他程序与Web服务器之间通信
E2 MQTT	• 开放消息协议，简单易实现 • 采用发布订阅模式，一对多消息发布	• 适合小数据量、低带宽、低硬件资源的设备之间的通信 • 适用于信道不可靠的应用，如小型智能传感器或执行器之间的通信
E3 FTP	• 提供交互式的访问，使得用户更容易通过操作命令与远程系统交互 • 延迟较高，数据请求到数据接收时间长	• 多应用于客户端和服务器之间传输较大文件的场景
E4 WebSocket	• 在创建连接后，便可持久性保持连接，并进行双向数据传输 • 具有较强的实时性和便捷的通信连接方式	• 适用于通信频率较高、时效性要求较高的场景
E5 OPC	• 以标准接口的形式连接多种现场设备 • 以COM/DCOM为基础，软硬件配置具有分布性 • 具有实时性，且传输数据量更大、速率更快	• 适用于通信频率较高、时效性要求较高的场景
E6 MTConnect	• 基于XML，具有便捷的数据传输格式 • 兼容多种数据传输协议标准，具有更高互操作性	• 多应用于数控机床中的数据交互
E7 PROFINET	• 是新一代基于工业以太网技术的自动化总线标准，可完全兼容工业以太网和现有的现场总线	• 适用于多种不同需求的场景，如实时通信需求、分布式现场、运动控制、分布式自动化、故障安全、过程自动化等
E8 POWERLINK	• 融合Ethernet和CANopen技术的优缺点，具有高速开放性的通信接口	• 适用于具有较高通信速度需求、数据安全需求的场合，如机器人系统、CNC系统等
E9 Ethernet/IP	• 基于标准UDP/IP与TCP/IP协议 • 支持CIP的时分和非时分的消息传输服务	• 适用于I/O模块控制、人机界面、设备组态和编程、设备和网络诊断等
E10 EthernetCAT	• 是一种以以太网为基础的开放架构的现场总线系统，具有高精度设备同步、线缆冗余和功能性安全等特点	• 多应用于机器人控制、数控机床等领域
E11 Modbus-TCP	• 支持RS-232、RS-422、RS-485和以太网接口 • 支持ASCII、RTU、TCP等多种报文类型	• 适用于传输数据量较少的场景 • 常用于PLC的控制中
E12 CC-Link IE	• 可实现高速、高精度数据传输 • 支持通过多种开发方法扩充兼容产品	• 适用于从生产现场到信息系统的数据通信，实现生产系统全方位整合
E13 Socket	• 传输数据时间短 • 可自定义数据格式，数据量少 • 加密传输，数据安全性高	• 适用于客户端和服务器端之间数据的实时交互

图 9-122 常用以太网协议技术特点及适用场景

无线通信协议	W1 Bluetooth	W2 Wi-Fi	W3 ZigBee	W4 UWB
技术特点	• 功耗低 • 不适合大型文件传输	• 传输速率高 • 数据容量大	• 功耗低 • 可实现加密传输，数据安全性高	• 短距离内可实现以极低功率高速传输数据
适用场景	适用于100m以内的数据通信	适用于100～200m的数据通信	适用于传感器与网关设备间的双向数据传输	适用于10m以内的高速数据通信

图 9-123 常见无线通信协议技术特点及适用场景

（2）纵向集成通信规范设计

在大量的跨系统协同与集成业务场景中，各异构系统间数据传输与交互的实现依赖于工业通信协议所提供的数据传输通道与方式。因此，为了实现智能工厂纵向集成中的数据通信，需要考虑工控层设备间的通信需求、工控层设备与数字化系统间的通信需求与数字化系统内部的通信需求。

工控层设备间通过发送任务请求或命令，收集设备状态信息或执行相应动作，需要保持通信的实时性与稳定性，常用 Modbus-TCP、PROFINET 等以太网协议满足其通信需求，如 PLC 控制器与工业机器人间的通信等。工控层设备与数字化系统间的交互，需要数字化系统能够与不同设备进行通信，常用 OPC、MQTT 等标准以太网协议满足通信需求，如 SCADA 系统通过工业以太网协议与 PLC 建立通信，实现设备层数据采集。数字化系统间，因不同层级系统功能及业务场景具有差异，需要将不同的生产运营信息进行共享，以实现工厂内部信息和数据的集中管理，常用 HTTP、FTP 等以太网协议满足其通信需求，如 ERP 系统本身并不能对工厂生产瓶颈进行分析，需要得到 MES 系统传递的生产过程信息，以完善自身功能。基于此，本书基于 ISA-95 框架对各层级业务场景的通信集成需求进行分析，如图 9-124 所示。

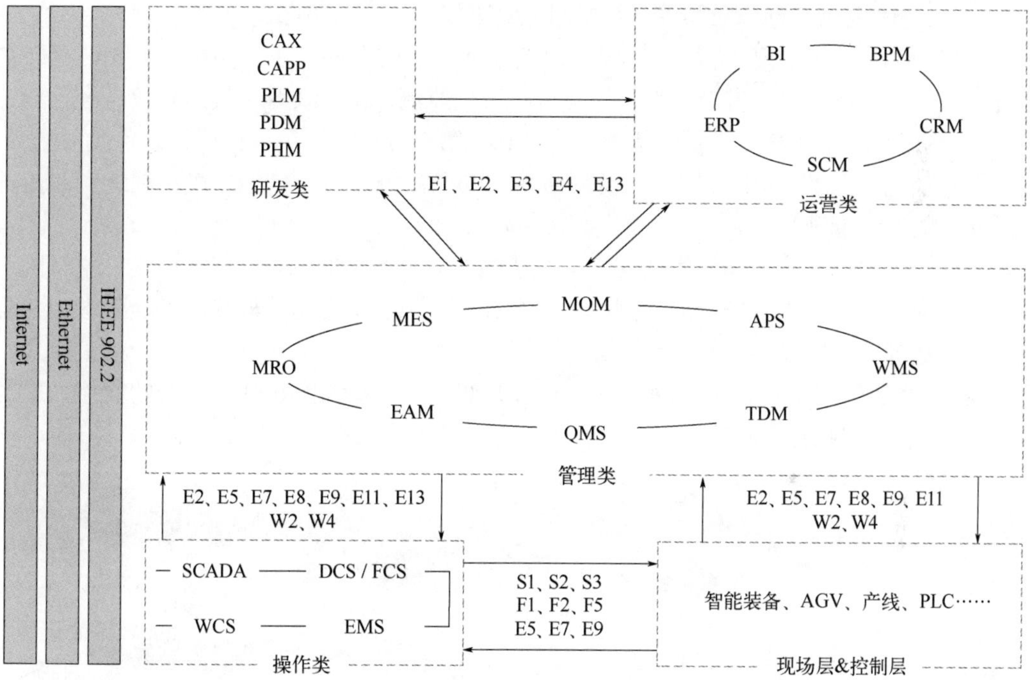

图 9-124　智能工厂主要业务场景纵向集成通信需求分析

9.4.3.4　基于工业互联网的纵向集成模式与发展趋势

工业互联网最早由通用电气公司提出，是美国工业 4.0 的战略核心，工业互联网平台作为各种先进技术的载体，可实现海量数据的采集、聚合及分析，从而支撑核心技术、制造资源与企业业务的深度融合，打造新型生态体系，促进企业内外部集成协同以及产业链协同协作，基于工业互联网平台的优势，可助力缩短研发周期，有助于提升生产效率、加速物资流转等。工业互联网平台将贯穿产品全生命周期的全过程，覆盖设计、原材料、加工、装配、物流及运维等所有环节，在提高企业生产灵活性的同时，也提升了产品的质量和竞争力。因此，智能工厂建设需要基于工业互联网平台实现全业务流程的集成、协同与创新。综上所述，基于工业互联网的智能工厂纵向集成将会成为新的发展趋势。

9.4.4 智能工厂网络安全详细设计

智能工厂网络安全详细设计是在网络安全规划的基础上，设计出具体的实施方案。近些年，随着“两化融合”脚步的加快，汽车制造工业自动化与控制网络向分布式、智能化的方向迅速发展，工控系统与外界的隔离和安全保护需求更加凸显。2021 年，起亚汽车美国分公司遭受全面 IT 服务中断影响，除此之外，还存在较多汽车制造业的网络安全问题。由此可见，汽车制造业各系统间的开放互联导致网络安全问题日益严峻，安全防护建设刻不容缓。结合目前各汽车制造企业的系统特点及发展趋势，汽车制造企业工业控制系统存在以下安全风险：

① 汽车制造企业生产网络操作员站、工程师站及关键服务器等缺乏必要的主机安全防护措施。

② 汽车制造企业办公网和生产网之间无隔离措施。

③ 各车间（冲压车间、焊装车间、涂装车间、总装车间）生产网络边界无隔离防护措施，并且在生产网络关键节点旁边无法进行流量监测，不能及时发现恶意攻击等行为。

④ 汽车制造企业缺乏必要的运维审计措施，第三方运维人员可直接将设备接入网络。

⑤ 汽车制造企业内部控制系统及网络缺乏安全监测与审计措施。汽车制造企业内部缺乏统一的安全管理平台。

据此，参照行业规范和国家标准，构建了图 9-125 所示的汽车行业智能工厂整体网络安全解决方案，重点围绕安全通信网络、安全计算环境、安全态势监测、安全管理中心与安全区域边界等关键功能进行介绍。

① 安全通信网络：在生产网与办公网边界部署防火墙，防止外部系统的网络入侵与攻击，保证生产网安全稳定运行。

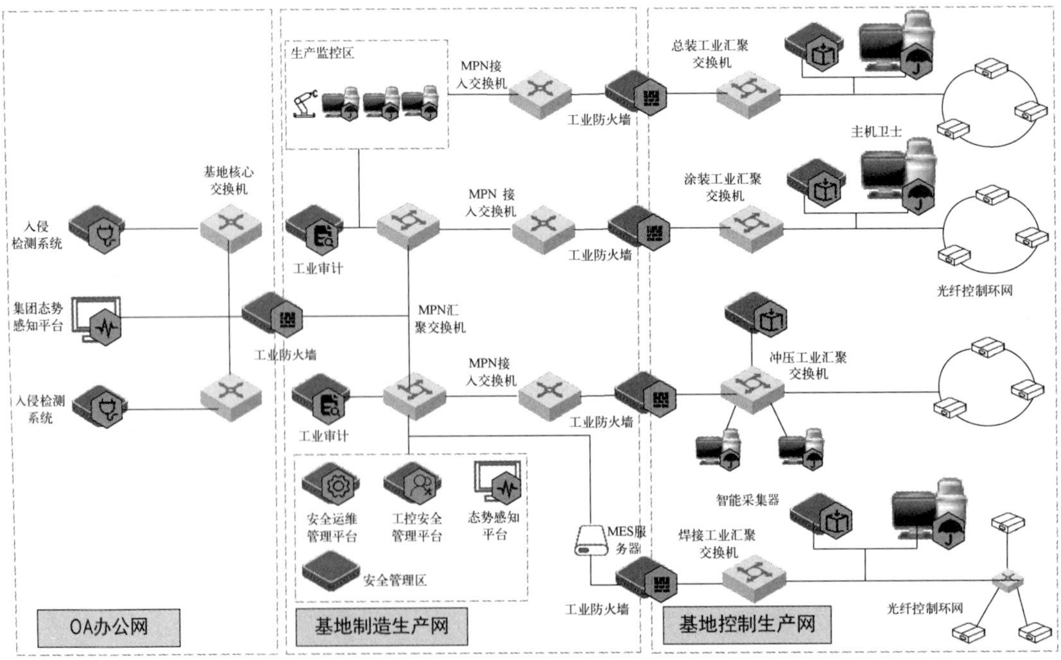

图 9-125 汽车制造企业工控系统安全防护图

资料来源：长扬科技

② 安全计算环境：针对生产网中的 HMI、操作员站及关键服务器部署工控主机卫士，基于程序白名单和外设管控等技术实现主机恶意代码防范，提升主机本体防御能力。

③ 安全态势监测：在基地制造生产网部署流量、日志采集探针和主机探针，在集团侧部署安全态势感知平台，集中展示各厂区的资产情况、网络拓扑、设备状态、漏洞分布、攻击态势等，提升整个集团网络安全防护能力、态势感知能力和应急处理能力等。

④ 安全管理中心：在生产网设立安全管理区，部署安全运维管理平台和工控安全管理平台，实现统一的日志收集分析、运维管控和策略下发。

⑤ 安全区域边界：在冲压、焊装、涂装和总装车间网络边界部署工业防火墙，实现内部安全域的边界隔离，在生产网关键网络节点旁路部署工业监测审计系统，通过实时流量监测，及时发现网络入侵、恶意攻击和违规接入等行为。

9.5 智能工厂布局与建筑详细协同设计

9.5.1 协同规划详细设计标准

智能工厂布局需依托成熟的建筑结构设计标准进行优化，协同设计时应考虑到建筑布局中的环境要素，包括生产通道、人行通道、环境绿化等，也应同步考虑工厂布局中可能会受建筑布局影响的部分，标准示例如图 9-126 所示。

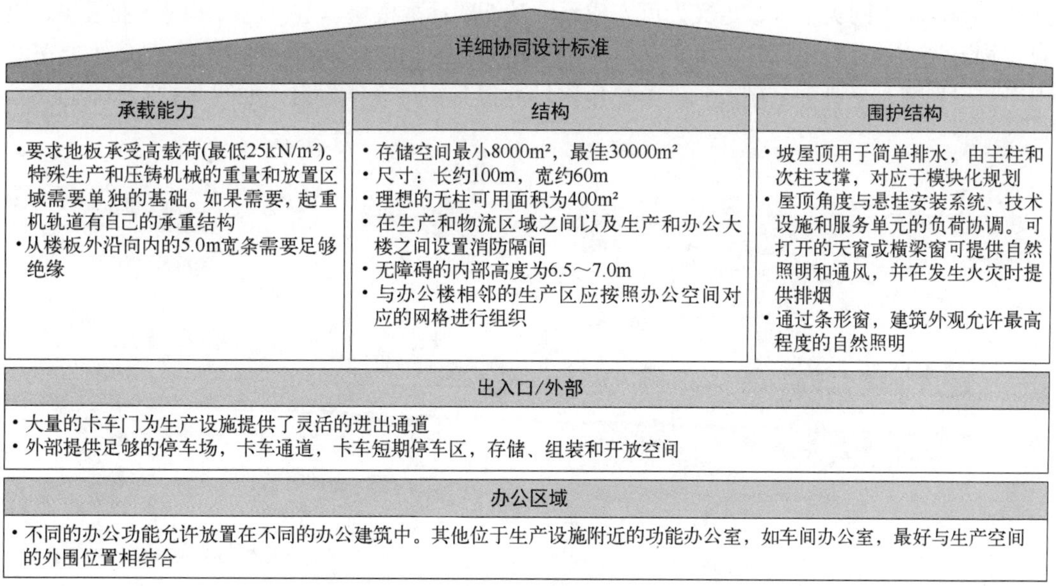

图 9-126　工厂布局与建筑详细协同设计标准

9.5.2 工厂布局与建筑协同数据匹配

协同设计标准确定后，应明确客户需求，校核建筑体积、数量等参数和工厂布局的重要数据，保证二者相互匹配。根据不同的匹配重要程度，可将工厂布局和建筑结构要素之间的关系定义为高、中、低三个等级，如图 9-127 所示。

工业建筑 / 工厂布局	建筑面积	建筑数量	建筑结构	建筑材料	建筑环境
物流运输	· 等级：高 影响：运输效率	· 等级：低 影响：运输效率	· 等级：高 影响：运输效率	—	· 等级：低 影响：运输效率
生产设备	· 等级：低 影响：设备数量	—	—	—	—
车间布置	· 等级：中 影响：车间面积	—	· 等级：中 影响：车间结构	—	· 等级：中 影响：车间面积
工艺布置	—	· 等级：中 影响：流程布局	· 等级：中 影响：流程布局	—	—
安全区域	· 等级：高 影响：覆盖范围	—	· 等级：高 影响：区域位置	· 等级：高 影响：建筑防火	· 等级：高 影响：建筑防火

图 9-127　工厂布局与建筑协同相关数据匹配

9.5.3　布局与建筑初步协同设计

在初步设计阶段，需要定义基于产品当前与未来需求数量的理想生产布局。在“以技术为导向”的基础上，为保证生产能力不受影响，需要特别考虑生产布局中的生产通道、物流路线以及生产单元等要素。具体步骤如下：首先需要定义标准模块，即依据区域位置、可作业高度等，将不同类型区域定义为可完成不同功能的标准模块，主要包括车间作业模块、通道与物流模块等；然后将前文中建立的生产布局抽象为上述建立的标准模块；最后需要在考虑所有已知限制条件的基础上，匹配模块区域并得到初步设计方案，如图 9-128 所示。

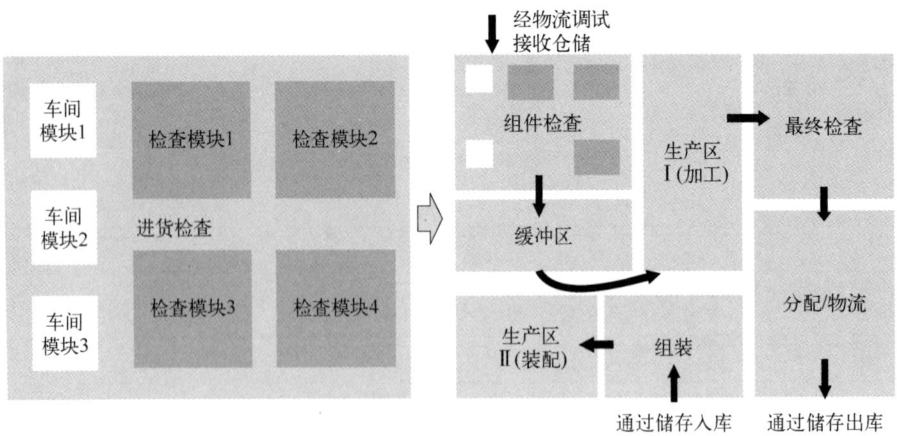

图 9-128　初始生产布局示例

9.5.4　布局与建筑详细协同设计

已完成的初步设计服务于工艺和布局规划，在详细设计阶段，需要在此基础上，与建筑规划人员综合考虑建筑结构与材料、承重等因素，在设备安装、后勤保障、网络服务等方面达成一致，完成可行性分析，以形成最后的详细生产布局和详细施工设计，绘制施工图纸，如图 9-129 所示。

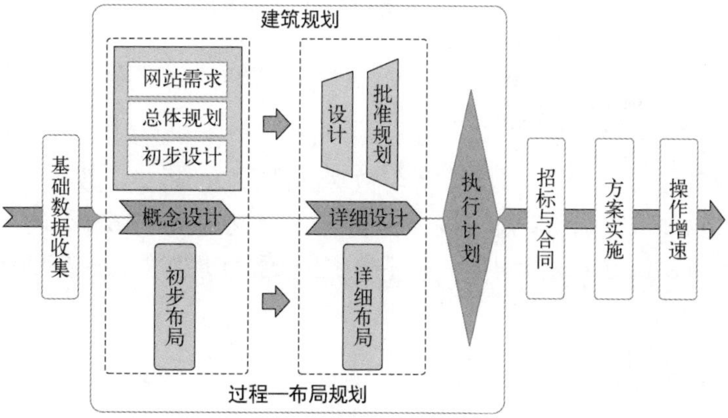

图 9-129　布局与建筑详细协同设计阶段

已完成的初步设计服务于工艺和布局规划，以便详细描述初步生产布局，从而为安装设备、后勤和 IT 供应以及生产和工作站提供技术概要，是详细生产布局的关键。在初步生产布局中制订的结果和要求被整合到施工设计中，以便进一步细化初步设计。

在详细设计过程中，需以差异化的方式考虑空间规划，具体示例如图 9-130 所示。该阶段中，应在执行前对项目进行成本评估，将工程量细分为具体项目后，也应规定每部分的成本范围，并在授予合同之前对其进行评估，总体成本不得超过总预算。在设计阶段，应实施规划审查和价值工程，以符合当地法规的施工、设备安装等相关文件要求。

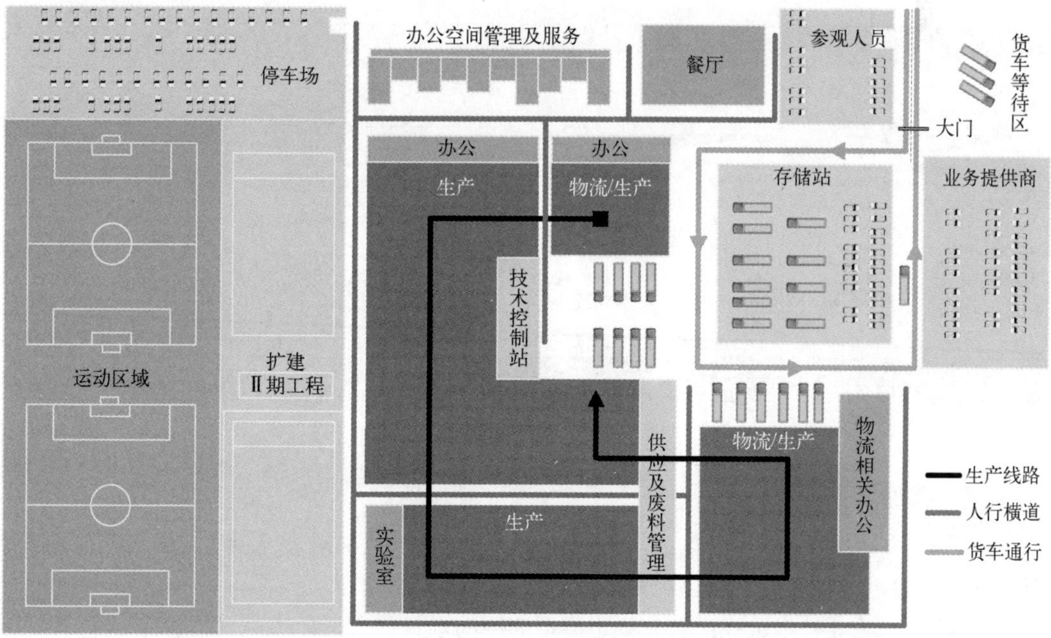

图 9-130　工程详细设计示例

9.6 智能工厂数字化模型集成与数字化交付

9.6.1 智能工厂建模方法

智能工厂模型是智能工厂中物理世界与数字世界连接的桥梁，数字化建模的目的是通过数字空间降低物理世界优化难度与减少成本，提高转型效率与效果；将复杂的智能工厂方案以更直观的可视化方式进行呈现；基于数字化模型实现对智能工厂的实时监控与全态势感知。

9.6.1.1 建模步骤及方法

（1）模型结构划分

根据工厂的生产现状，在数字化建模前需要从种类和层级上区分工厂 3D 模型类别，以便于确保模型的一致性与集成性。

① 从模型种类上可将模型分为静态模型和动态模型。静态模型指无相对运动的物体（如基建和公用动力设施）模型；动态模型指需动态仿真操作的物体模型，如生产线输送设备、机器人设备及物流设备等资源运行路径的仿真模型。

② 从模型层级架构上可将模型分为工厂级、车间级、产线级和设备级四个层级，如图 9-131 所示。每一层级体现不同的模型类别，便于筛选建模数据以及不同建模人员之间沟通评审需求。

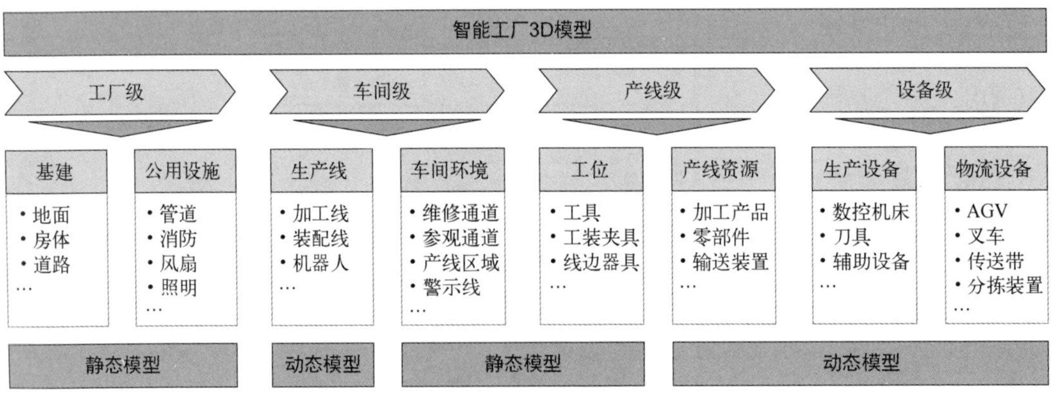

图 9-131 工厂模型层级架构

（2）建模步骤

工厂数字化建模流程可分为五个阶段，分别为建模场景与技术选择、数据采集与处理、三维模型构建、模型集成、模型应用与验证，如图 9-132 所示。

① 建模场景与技术选择：首先确定模型应用的场景需求，如生产过程管控、生产设备监控、工厂规划设计等，针对应用场景需求选择对应的建模技术，详细描述见第 9.6.1.2 节。

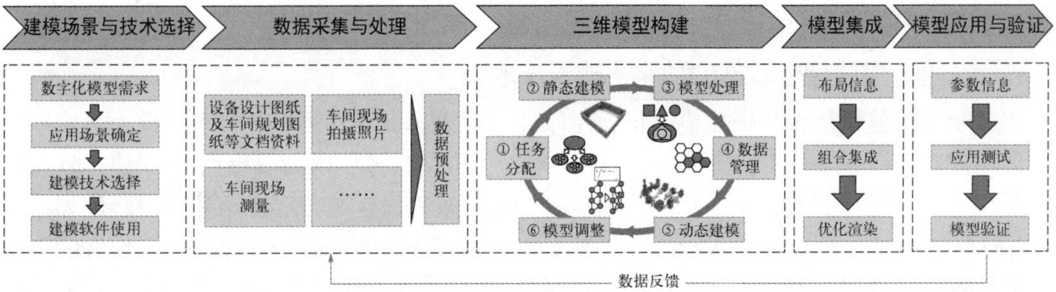

图 9-132　数字化建模流程

② 数据采集与处理：收集车间内制造资源的规格参数与相对位置等数据。针对无详细规格参数的生产资源，需要通过现场测量、拍照、专家访谈等方式获得。结合建模需求对相关数据信息进行分类整理，同时剔除冗余数据，如构建一台机床的数字化模型，若该机床只用于布局方案的调整，则可删除与机床内部结构相关的数据；若需要利用该模型进行离散仿真，涉及其运行动作仿真，则需要全方位构建机床模型。

③ 三维模型构建：基于收集到的制造资源规格参数构建三维模型，选择合适的模型构建方法及优化机制，以实现数字化建模的效果。在现有数字化建模软件的基础上，可根据如下流程实现模型快速构建。

a．任务分配：根据设定的工厂 3D 模型层级架构，按照不同模块将建模任务分配给多人协同建模。

b．静态建模：针对数据库中缺少的静态模型，可利用现场拍摄的资源图片进行建模或利用逆向扫描技术建模。

c．模型处理：每个建模人员需要对自己负责的模型进行轻量化处理，并导入仿真软件中，按照空间位置信息进行定位。

d．数据管理：将各层级静态模型同步上传至模型管理平台，由总负责人随时对工厂总体模型进行检查，必须保证所有模型格式、转换接口和通用参数的一致性，为后期的模型调用、优化奠定基础。

e．动态建模：工厂整体模型搭建完成后，分别对工厂内的动态资源进行仿真建模，结合不同动态资源的相对运动趋势，构建动态模型。

f．模型调整：结合车间现状与仿真方案对模型进行优化调整，得到最终资源数字化模型。

④ 模型集成：根据工厂布局、工艺路线等对三维模型进行组合，完成数字化工厂场景模型的集成，再对整个场景模型进行优化或渲染。

⑤ 模型应用与验证：完成模型集成后，通过输入生产计划、工艺规程、生产节拍、设备工艺参数等信息，进行场景模型的虚拟调试，验证模型适配度与可用性，并进行模型完善，从而达到模型的动态构建与持续优化。

9.6.1.2　建模技术与软件

数字化建模离不开建模技术与软件支撑，数字化建模技术按照建模方式不同，主要分为基于 3D 建模软件的数字化建模技术、基于图像的数字化建模技术与基于逆向工程的数字化建模技术，详细介绍如下。

（1）基于 3D 建模软件的数字化建模技术

基于 3D 建模软件是指建模人员使用软件进行人机交互式建模，要求建模人员能够熟练运用建模软件，具有工作量大、周期长、对建模人员技术要求高等特点。3D 建模软件已广泛用于产品设计开发、生产系统建模仿真、工厂规划设计等工厂应用场景中，例如：

① 3DS Max 侧重于三维动画渲染和制作，具有强大的动画制作能力及可堆叠的建模步骤特性，广泛用于产品设计、虚拟仿真系统开发、3D 可视化等场景。

② Rhino，常称为犀牛，为设计和创建 3D 模型而开发，可以创建、编辑、分析和转换 NURBS 曲线、曲面和实体，广泛用于工业设计、建筑设计等，擅长产品外观造型建模。

③ C4D，以极高的运算速度和强大的渲染插件著称，能够进行顶级的建模、动画制作和渲染，享有电影级的视觉表达能力，广泛应用于 UI 设计、工业设计、动画制作方面。

④ SketchUp，建模流程简单明了，能够充分表达设计思想且完全满足与客户即时交流的需要，是建筑或室内场景建模最常用的软件。

⑤ SolidWorks，能够提供不同的设计方案、减少设计过程中的错误以及提高产品质量，操作简单方便，可应用于机械零部件设计、工厂规划、模具设计等。

⑥ CATIA，侧重于产品设计，并支持项目规划内的从设计、分析、模拟、组装到维护的全部工业设计流程。

（2）基于图像的数字化建模技术

基于图像的数字化建模技术又称为基于图像的几何建模，通过计算机进行图像处理以及三维计算，自动生成物体三维模型，无须实地测量，但对照片数量与质量依赖性强，可应用于生产系统仿真、虚拟系统开发等工厂应用场景。常用建模软件有：

① Autodesk ReCap Photo，利用云计算的强大计算能力，将照片转换为 3D 模型，并自动赋予高质量纹理信息。

② 3DSOM Pro，可以从任何视点或角度创建可交互式的研究对象模型，能够应用于精确测量、3D 打印、虚拟现实等。

③ ContextCapture，具有高兼容性，能对各种对象、各种数据源进行精确无缝重建等，三维模型的精细化水平取决于输入照片的分辨率和精度。

（3）基于逆向工程的数字化建模技术

该技术主要是基于 3D 扫描技术获取物体点云数据，通过对点云数据处理实现模型构建。该技术具备建模速度快、模型精度高的特点，但在点云数据量庞大的情况下需要复杂算法支撑且成本较高，可用于数字孪生系统的开发与生产过程监测、虚拟系统的开发应用等。结合 3D 扫描技术使用的逆向建模软件有：

① Geomagic Wrap，可在短时间内将点云数据等转换为 3D 多边形网格，多用于制造、分析与设计场景。

② ImageWare，具有强大的点云数据处理能力、曲面编辑能力和 A 级曲面的构建能力，广泛应用于汽车、航空、模具、计算机零部件等设计与制造领域。

③ Artec Studio，利用先进算法进一步提升扫描和处理水平，侧重于三维扫描采集实物信息，并创建具有精准高分辨率的 3D 模型，兼容 Geomagic、CAD、SolidWorks 等软件。

（4）建模技术对比

综上所述，不同的建模软件适用的领域不同，呈现出的可视化效果也不尽相同。将各类常用建模软件按照适用领域、导出格式、优点与限制四个维度进行对比，如图 9-133 所示。

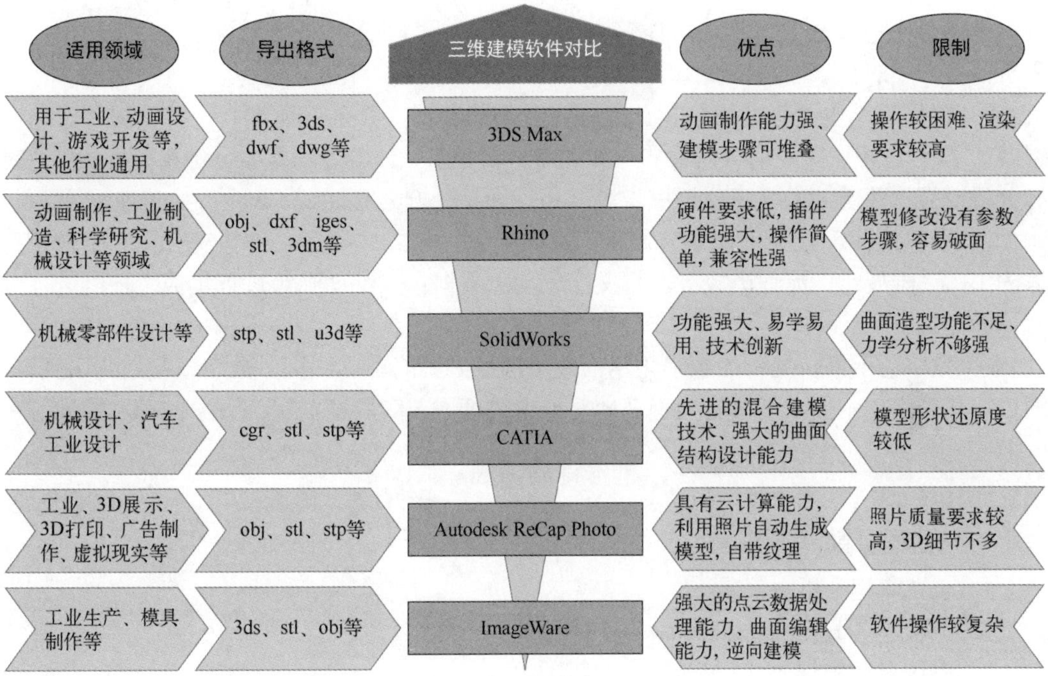

图 9-133　建模软件对比分析

9.6.1.3　应用需求与技术选择

在智能工厂中，不同应用场景对于数字化模型的需求不同，在分析和对比数字化建模软件自身技术特性的基础上，结合智能工厂中典型的数字化模型应用场景，对各类软件的各种场景的应用支撑进行分析。其中，研发设计场景对模型需求比较特殊，更加关注模型本身的设计是否科学合理，对模型精细度要求高，对应的数字化建模软件有 SolidWorks、CATIA 等，而工厂规划设计与数字化交付、工艺规划仿真、离散型生产系统仿真优化、数字孪生系统应用、虚拟系统开发仿真更加注重模型的集成及在此基础上提供仿真或监控等功能支撑。面向这些应用场景，需要适当降低模型精度（如 SketchUp），并同时提高建模效率（如基于图像和 3D 扫描等技术）。除此之外，建模技术与相关软件的应用可灵活多变，并非只能选择一种技术或软件，可根据实际情况灵活选择或融合运用，综合考虑建模需求、周期、成本等。

9.6.2　数字化交付

数字化交付是指通过数字化建模与仿真等数字化技术将工厂规划设计的方案通过数字化的方式进行交付，是一种区别于传统纸质文档交付的新型交付方式。数字化交付不仅有益于规划方案的直观展示与验证，而且能够为后续的智能工厂的实施以及后续的运行提供模型基础，数字化交付内容包括模型类、数据类、视频媒体和数字化示例，具体类型需要结合企业需求进行交付。

① 模型类。三维模型是对工厂规划方案的虚拟化可视化表达，涵盖设备模型、建筑模型、结构模型等，从不同层面展示工厂的整体规划方案（如布局、仓储物流、产线与关键工序自动化等）。仿真分析模型能够为用户提供更为直观的方案验证展示，并且通过仿真分析评估方案的科学性与可实施性。

② 数据类。主要包括规划设计过程所收集的数据（如工艺数据、设备数据、布局数据等）、规划过程中产生的各种报告（如调研分析报告、诊断评估报告、仿真分析报告、对标分析报告、关键技术验证分析报告等）和规划设计方案等。

③ 视频媒体。数字化视频交付将方案成果以视频媒体的形式进行交付，其中包括整体的工厂三维展示、流程模式等，将文字、动态数据、三维动画等进行集成，最终以视频媒体的形式交付。

④ 数字化示例。交付的数字化示例包括项目方案的单元示例、数字孪生系统示例等，通过构建数字化示例，能够更为直观地对方案进行展示和验证，提高方案的可实施性。

课后习题

一、名词解释

1. 工艺流程分析。
2. 流程程序分析。
3. 系统布局规划。
4. 精益设施布局系统（lean facility layout system，LFLS）。
5. 物流强度。
6. 生产节拍。
7. 产线平衡率。
8. 开放式自动化。
9. 纵向集成。

二、简答题

1. 简述生产工艺规划整体流程及重要性。
2. 说明系统布局规划、经验布局法与精益设施布局系统的主要差异。
3. 简述各层级布局规划的主要内容。
4. 说明 SLP 方法中物流关系与非物流关系的区别。
5. 说明 SLP 中综合相互关系评级的计算方法。
6. 列举柔性智能产线设计中需注意的关键因素。
7. 对比 U 形布局与直线形布局的优劣。
8. 说明线边物流设计中看板补货与顺序补货的适用场景。
9. 简述关键工序自动化详细设计的重要性与主要流程。
10. 说明产线控制系统中开放自动化架构与传统自动化架构的主要差异。

11．列举布局协同设计中需考虑的六大建筑要素。

12．简述智能工厂建模的步骤。

三、综合分析题

1．某工厂有一个多功能车间，设有 3 种零件 A、B、C，其工艺路线和日产量如表 9-12 所示（1～5 分别为 5 个车间的编号）。

表 9-12　工艺路线和日产量

零件名称	工艺路线	日产量/个	单件质量/kg
A	1—2—5	20	2
B	1—2—4—5	60	1
C	1—3—2—5	40	1

部门面积如表 9-13 所示。

表 9-13　部门面积

车间	1	2	3	4	5
面积/m^2	20	40	40	60	20

优化前各物料流向距离与搬运次数如表 9-14 所示。

表 9-14　优化前各物料流向距离和搬运次数

物料流向	1—2	2—5	2—4	1—3	4—5	3—2
优化前距离/m	30	130	90	50	40	40
搬运次数	10	10	5	5	5	5

现有车间初始布局如图 9-134 所示。

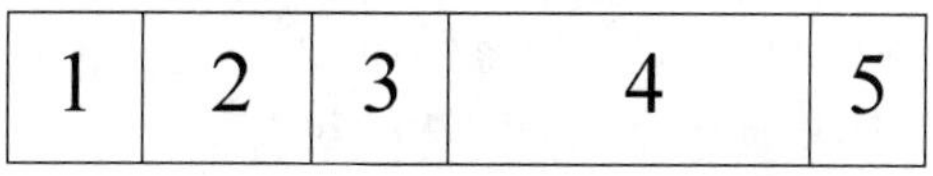

图 9-134　现有车间初始布局

要求：

① 根据 SLP 方法绘制物流关系图，并优化功能区划分；

② 绘制优化后的布局草图；

③ 计算优化前后的物流总路径，并分析优化效果。

2．某工厂的每班工作时间是 8h，两班制工作，时间有效利用系数 95%，且两班共装配 200 台风扇，废品率为 2%。假设你正在规划一个智能工厂的柔性生产线，要求：

① 计算节拍；

② 计算循环作业时间；

③ 计算最小理论工位数；

④ 计算改善前平衡率；

⑤ 对该电风扇装配产线进行工位规划。

电风扇装配由表 9-15 中的任务组成。

表 9-15　电风扇装配任务

任务	时间/min	任务描述	紧前任务
A	2	装配外框	无
B	1	安装开关	A
C	3.25	装配马达架	无
D	1.2	将马达架装入外框	A,C
E	0.5	安装扇叶	D
F	1	安装格栅	E
G	1	安装电缆	B
H	1.4	测试	F,G

3．某工厂计划建设一个新仓库，须满足以下条件：

① 仓库须存储总量为 2000t 的原材料，周转速度为 4 次/月，平均仓容占用系数为 0.8。

② 平均堆码高度为 2.5m，面积利用系数为 0.75。

③ 仓库内须划分固定货区和机动库位，货区须保证紧凑性、便于收发货及操作安全。请根据这些条件计算仓库的实际储存面积与整体面积，并提出货位优化设计方案。

参考文献

[1] 郑力, 莫莉. 智能制造: 技术前沿与探索应用[M]. 北京: 清华大学出版社, 2021.

[2] 吴甦. 工作研究与人因工程[M]. 北京: 清华大学出版社, 2012.

[3] 童时中. 工程设计与应用手册[M]. 北京: 中国标准出版社, 2011.

[4] GB/T 13630—2015. 核电厂控制室设计[S].

[5] 王瑛, 刘刚, 杨少华. 耦合约束柔性作业车间调度问题与调度优化算法设计[M]. 西安: 西安交通大学出版社, 2019.

[6] 韩忠华, 高治军, 孙亮亮. 具有容量限制的缓冲区排产系统最优策略研究[M]. 沈阳: 东北大学出版社, 2019.

[7] 刘振元. 服务系统中的多技能人员调度[M]. 北京: 清华大学出版社, 2019.

[8] 徐兵, 陶丽华, 白俊峰. 柔性作业车间生产调度与控制系统[M]. 北京: 化学工业出版社, 2015.

[9] 张俊峰, 邓璘. 汽车生产质量管理[M]. 北京: 机械工业出版社, 2021.

[10] Abd K K. Intelligent Scheduling of Robotic Flexible Assembly Cells[M]. New York: Springer, 2015.

[11] Liu J K. Intelligent Control Design and MATLAB Simulation[M]. New York: Springer, 2017.

[12] Kumar K, Zindani D, Davim J P. Digital Manufacturing and Assembly Systems in Industry 4.0 (Science, Technology, and Management) [M]. Florida: CRC Press, 2021.

[13] Murphy R R. Introduction to AI Robotics[M]. 2nd. West Yorkshire: Bradford Books, 2019.

[14] Klug F. Logistikmanagement in der Automobilindustrie: Grundlagen der Logistik im Automobilbau (VDI-Buch) [M]. New York: Springer, 2010.

[15] 马笑, 刘昌祺. 物流配送中心分类与拣货系统实用技术[M]. 北京: 机械工业出版社, 2014.

[16] Capacho L, Pastor R. A Metaheuristic Approach to Solve the Alternative Subgraphs Assembly Line Balancing Problem[J]. Assembly Line: Theory and Practice, 2011: 37.

[17] Luebbe R, Finch B. Theory of Constraints and Linear Programming: A Comparison[J]. International Journal of Production Research, 1992, 30(6): 1471-1478.

[18] Sivasankaran P, Shahabudeen P. Literature Review of Assembly Line Balancing Problems[J]. The International Journal of Advanced Manufacturing Technology, 2014, 73(9): 1665-1694.

[19] 李震宇. 精益物流规划的应用研究[D]. 上海：上海交通大学, 2011.

[20] 朱华炳. 制造业生产物流系统规划与调度技术研究[D]. 合肥：合肥工业大学, 2005.
[21] 刘伟超, 陈亮, 袁绍基，等. 拉动式车间物料配送控制方法及装置: CN110390473A[P]. 2019-10-29.
[22] Inderfurth K, Vogelgesang S. Concepts for Safety Stock Determination Under Stochastic Demand and Different Types of Random Production Yield[J]. European Journal of Operational Research, 2013, 224(2): 293-301.
[23] Cox M, Flavel A, Hanson I, et al. The Scientific Investigation of Mass Graves: Towards Protocols and Standard Operating Procedures[M]. Cambridge: Cambridge University Press, 2008.
[24] 易树平.基础工业工程[M].北京:机械工业出版社, 2018.
[25] 戴文斌. 开放自动化系统应用与实战: 基于标准建模语言 IEC 61499[M]. 北京: 机械工业出版社, 2021.
[26] IEC 61499-1: 2012. Function Blocks-Part 1: Architecture[S].
[27] 黄兆军. 智能工厂的工业控制系统网络安全防御体系的构建[J]. 工业技术与职业教育, 2019, 17(2):5-10,18.
[28] 寿海涛.数字化工厂与数字化交付[J].石油化工设计,2017,34(1):7,44-47.

本书配套资源

缩略语表

序号	缩写	英文全称	中文释义
1	3PL	the third party logistics	第三方物流系统
2	ADSP	advanced digital signal processor	高级数字信号处理模块
3	AE	application entity	应用程序实体
4	AES	advanced encryption standard	高级加密标准
5	AGV	automated guided vehicle	自动导引车
6	AI	artificial intelligence	人工智能
7	AMP	advanced manufacturing partnership	先进制造伙伴计划
8	API	application programming interface	应用程序编程接口
9	APS	advanced planning and scheduling	高级计划与排程
10	AR	augmented reality	增强现实
11	ASME	American Society of Mechanical Engineers	美国工程师学会
12	BaaS	backend as a service	后端即服务
13	BF	batch flow	批量流型生产系统
14	BIM	building information model	建筑信息模型
15	BOM	bill of material	物料清单
16	BPMN	business process modeling notation	业务流程建模表示法
17	C2B	customer to business	消费者到企业
18	CAD	computer-aided design	计算机辅助设计
19	CAE	computer aided engineering	计算机辅助工程
20	CAM	computer aided manufacturing	计算机辅助制造
21	CAPP	computer aided process planning	计算机辅助工艺规划
22	CAX	computer aided x	计算机辅助软件
23	CEMM	the connected enterprise maturity model	互联企业成熟度模型
24	CF	continuous flow	连续流型生产系统
25	CIP	common industrial protocol	通用工业协议
26	CLNP	connectionless network protocol	无连接网络协议
27	CNC	computer numerical control	数控机床
28	COTP	connection-oriented transport protocol	面向连接的传输协议
29	CPS	cyber-physical system	信息物理系统
30	CPU	central processing unit	中央处理器
31	CRM	customer relationship management	客户关系管理
32	CSE	common service entity	公共服务实体

续表

序号	缩写	英文全称	中文释义
33	CT	cycle time	循环周期
34	DCS	distributed control system	分散控制系统
35	DOE	design of experiment	试验设计
36	DRAM	dynamic random access memory	动态随机存取存储器
37	EAM	enterprise asset management	企业资产管理
38	EMS	energy management system	能源管理系统
39	EPL	equipment-paced line	设备定速流水线生产系统
40	ERP	enterprise resource planning	企业资源计划
41	ESB	enterprise service bus	企业服务总线
42	ES-IS	end system to intermediate system	终端系统到中间系统
43	FCS	fieldbus control system	现场总线控制系统
44	FDI	factory design and improvement	工厂设计和改进
45	FLP	factory layout planning	工厂布局规划
46	FMEA	failure mode and effects analysis	失效模式与影响分析
47	FMS	flexible manufacturing system	柔性制造系统
48	FPGA	field programmable gate array	现场可编程门阵列
49	FTP	file transfer protocol	文本传输协定
50	GDP	gross domestic product	国内生产总值
51	GIS	geographic information system	地理信息系统
52	GPU	graphics processing unit	图形处理器
53	GT	group technology	产品成组
54	HMI	human machine interface	人机界面
55	HTTP	hypertext transfer protocol	超文本传输协定
56	IBM	international business machines corporation	国际商业机器公司
57	ICT	information and communications technology	信息与通信技术
58	IDS	intrusion detection system	入侵检测系统
59	IEC	International Electrotechnical Committee	国际电工委员会
60	IEEE	Institute of Electrical and Electronics Engineers	电气电子工程师学会
61	IIIAS	informatization and industrialization integration assessment specification	“两化融合”评估规范
62	IIMA	industrial internet maturity assessment	工业互联网成熟度评估
63	IIoT	industrial internet of things	工业物联网
64	IIRA	industrial internet reference architecture	工业互联网参考架构
65	MMIMC	maturity model of intelligent manufacturing capability	智能制造能力成熟度模型
66	Industrie 4.0 MI	industry 4.0 maturity index	工业 4.0 成熟度指数

续表

序号	缩写	英文全称	中文释义
67	IoT	internet of things	物联网
68	IPS	intrusion prevention system	入侵防御系统
69	IQC	incoming quality control	来料质量控制
70	IRI	industry 4.0 readiness index	工业 4.0 就绪度指数
71	ISO	International Organization for Standardization	国际标准化组织
72	IT	information technology	信息技术
73	ITU	International Telecommunication Union	国际电信联盟
74	IVRA	industrial value reference architecture	工业价值链参考架构
75	JIS	just in sequence	准时化顺序供应
76	JIT	just in time	准时化生产系统
77	JS	job shop	单件小批量生产系统
78	KPI	key performance indicator	关键绩效指标
79	KSF	key success factors	关键成功因素法
80	LCL	lower control limit	下控制限
81	LFLS	lean facility layout system	精益设施布局系统
82	LMS	learning management system	学习管理系统
83	LOVEM	line of visibility enterprise modeling	企业可视化流程建模
84	MBD	model based definition	基于模型的定义
85	MBOM	manufacturing bill of material	制造物料清单
86	MBSE	model - based systems engineering	基于模型的系统工程
87	MC	mass customization	大规模定制化生产系统
88	MES	manufacturing execution system	制造执行系统
89	MESA	manufacturing execution system association	国际制造执行系统协会
90	MIS	management information systems	管理信息系统
91	MOM	manufacturing operation management	制造运营管理
92	MPN	metropolitan private networks	城域私有网络
93	MQTT	message queuing telemetry transport	消息队列遥测传输
94	MR	mixed reality	混合现实
95	MRO	maintenance repair overhaul	维护维修运行
96	MRP	material requirement planning	物资需求计划
97	NGFW	next generation firewall	下一代防火墙
98	NNMI	national network for manufacturing innovation	美国国家制造创新网络
99	NSE	network service entity	网络服务实体
100	OA	office automation	办公自动化
101	OEE	overall equipment effectiveness	设备综合效率

续表

序号	缩写	英文全称	中文释义
102	OPC	ole for process control	对象链接与嵌入的过程控制
103	OPC UA	open platform communications-unified architecture	开放平台通信统一架构
104	OPL	operator-paced line	人员定速流水线生产系统
105	OT	operation technology	操作技术
106	PaaS	platform as a service	平台即服务
107	PDA	personal digital assistant	便携式手持电子设备
108	PDM	product data management	产品数据管理
109	PDPS	process designer & process simulate	西门子工艺设计与仿真软件
110	PFEP	plan for every part	对生产过程中每一个零件制订详细计划
111	PHM	prognostics and health management	故障预测与健康管理
112	PLC	programmable logic controller	可编程控制器
113	PLM	product lifecycle management	产品生命周期管理
114	PQ	product quantity	产品产量
115	PR	product route	产品工艺路线
116	PTS	predetermined time standard	预定动作时间标准法
117	PV-LF	products& volumes- layout& material flow	产品种类、产量与布局、物料流矩阵图
118	QC	quality control	质量控制
119	QFD	quality functional deployment	质量功能展开
120	QMS	quality management system	质量管理系统
121	RAMI	readiness assessment model for industry 4.0	工业 4.0 就绪度评估模型
122	RAMI4.0	reference architecture model industry 4.0	工业 4.0 参考架构模型
123	RB Industry 4.0	roland berger industry 4.0 readiness index	罗兰贝格工业 4.0 就绪度指数
124	RFID	radio frequency identification	射频识别
125	SaaS	software as a service	软件即服务
126	SASE	secure access service edge	安全访问服务边缘
127	SCADA	supervisory control and data acquisition	数据采集与监控系统
128	SCM	supply chain management	供应链管理
129	SIRI	smart industry readiness index	智能产业准备指数模型
130	SLP	system layout planning	系统布局规划
131	SMSRL	smart manufacturing system readiness level	智能制造就绪度水平评估模型
132	SOP	standard operating procedure	标准操作规程
133	SPC	statistical process control	统计过程控制
134	TDM	time division multiplexing	时分多路复用
135	TPKT	—	传输协议数据单元核心

续表

序号	缩写	英文全称	中文释义
136	TPM	total productive maintenance	全员生产维护
137	TQM	total quality management	全面质量管理
138	UCL	upper control limit	上控制限
139	UML	unified modeling language	统一建模语言
140	UWB	ultra-wideband	超宽带
141	VDI	Verein Deutscher Ingenieure 2011	德国工程师协会
142	VDMA	Verband Deutscher Maschinen- und Anlagenbau	德国机械设备制造业联合会
143	VMI	vendor managed inventory	供应商库存管理
144	VR	virtual reality	虚拟现实
145	VSM	value stream mapping	价值流图
146	WCS	warehouse control system	仓库控制系统
147	WIP	work in progress	在制品数量
148	WMS	warehouse management system	仓储管理系统
149	XR	extended reality	扩展现实